編集復刻版

木村淳　編・解説

明治漢文教科書集成

第10巻

補集I　明治初期の「小学」編③

不二出版

〈復刻にあたって〉

一、資料8『漢文読本』は国立教育政策研究所教育図書館所蔵資料を底本とさせていただきました。記して感謝申し上げます。
一、収録した資料は適宜縮小し、四面付としました。
一、原本の表紙は収録しませんでした。
一、原本の白頁は適宜割愛しました。
一、印刷不明瞭な箇所がありますが、原本の状態によるものです。

（不二出版）

〈補集Ⅰ 明治初期の「小学」編 収録資料〉

松本豐多編纂

漢文 中學讀本初歩

東京 吉川半七藏版

凡例

一此書本於文部省改正學令之旨欲爲漢文科初級讀本故編中之文多取半葉左右者不取長篇

一此編專取邦人之文不取漢人之著者不獨止先内而後外之義以邦人之文其義易知於授業爲便也

一此書不以記事論説等立章次但有擇文義相關者遞次謄録以供參照之便

一編中之文有裁一章爲二節若三節者有抄録刪定者以從授業之便非肆爲割裂也

目次

漢文中學讀本初步目次終

漢文中學讀本初步

松本豊多編纂

第一　神州建基　藤田彪

古者稱天皇曰須明良美古登。須明良之爲言。統御也。美古登之爲言。尊稱也。蓋猶統御宇内之至尊云爾。又稱天業曰阿麻都斐都岐。阿麻都斐者天日也。都岐者繼嗣也。蓋謂必日神之胤。然後可繼皇緒也。爾來天日之嗣。世奉神器。以君臨萬姓。群神之胤。亦皆世其職。以翊戴皇室。此蓋神州建基之大端也。

第二　於保美多訶良　藤田彪

上古指人民曰於保美多訶良。於保者大也。美者御也。多訶良者寶也。其所以重生靈可謂至矣。夫農者天下之本。本固則國寧。國家之寶孰大焉。然則天下人牧。欲安其民者。尚無忽其所以爲大寶之意。則蓋庶乎不違神皇之道。

第三　取於人爲善　藤田彪

神代尚矣。神武帝以還十有四世。九百餘年。其間未有文學書契。其有之。則實始於應神帝云。當帝之時。衣食既饒。兵甲既足。而更召織縫釀治之工於海外。

厚生利用之政。於是乎益廣矣。風俗既美。綱紀既張。而更求文獻於異域。正德之教。於是乎大備矣。厥後烈聖相承。崇尚文學。以培養斯道者。蓋皆本於帝之美意也。昔者孟軻述虞舜之德。曰。樂取於人以爲善。嗚呼。神州之與西土。絕海殊域。帝之於虞舜。隔世異代。而其取於人爲善之美。若合符節。

第四　葡萄牙人傳火器　岡千仞

永正七年。葡萄牙船六隻來。薩摩種島。其人深目高鼻。言語不通。一漢人出接。杖畫沙曰。請互市。種島時堯購得鳥銃二口。使篠川時重傳習。百發百中。託爲

神器。翌年船再至。時堯使其臣學製銃。後界浦鍛匠又三郎根來僧杉房來傳製銃術。近畿始有火器。薩摩一商船漂至伊豆。北條氏得鳥銃。大悅。關東始有火器。是時所在兵戈。不數年。播遍海內。

第五　乘金剛艦　川田剛

乘金剛艦。長三十八間五尺八寸。寬六間五尺。深二丈一尺六寸。其製鐵骨木皮。暗輪螺旋。桅三本。礮九門。艙二層。分爲若干房。每房牀褥枕衾巾簞諸物皆具。廁傍設吸水機管。以便盥漱。別有客室。寬敞可容二十許人。華氈長桌。繞以椅子。柱懸大鏡。牀幔窗幃。

皆極鮮麗。艦內職員若干。將卒若干。以迄水火夫。凡三百零九人。居處有次。坐作有度。號令之嚴可知矣。樓上安鍼盤。設海程曆。傍懸沙漏。玻璃瓶兩枚。巨腹細口。而一枚盛沙實之。一枚空虛。虛實兩口。上下對合。通一線。以過沙。過盡爲一漏。即復倒轉易位。計一晝夜約二十四漏。每漏六十分。每分六十秒。一人手執長繩。繫尖板。轉以轆轤。投之海中。引繩按沙漏。計其丈尺。以辨船行里程與其遲速。

第六　勝山城址治兵一　川田剛

辛巳。秋八月三日。晴。車駕夙發。　行宮。

觀治兵於勝山城址。址臨絹河。在阿久津北。四面曠野。河水分派。間有林邱。尤宜布陣。蓋陸軍之制。步兵十人爲分隊。伍長率之。二十人爲半小隊。軍曹率之。四十人爲小隊。中尉若小尉率之。四小隊爲中隊。大尉率之。四中隊爲大隊。小佐率之。二大隊若三大隊爲聯隊。大佐若中佐率之。二聯隊若三聯隊爲旅團。少將率之。二旅團爲師團。中將率之。其騎兵礮兵工兵等。亦各分部伍。設將校。

第七　勝山城址治兵二　川田剛

是役也。東京鎮兵仙臺鎮兵近衛兵及士官學校生

徒合軍人軍屬無慮七千七百人以三好中將爲師團演習長曾我少將高島少將並爲審判官野津少將爲第一旅團長佐久間少將爲第二旅團長土屋大佐爲假設旅團長軍分東西而東者主攻西爲之敵擬東軍駐本營於二本松分兵從白河水戸二道攻宇都宮者諸將進陣於氏家驛先鋒至阿久津敵聞警逆擊之白澤臺外別遣精鋭馳過蘆沼涉東絹河擊破我右翼乃發援兵倚岸放礮敵遂巡遂乘勢追躡漸迫臺下因縱左翼東至寶積寺村將涉絹河下流繞出敵背敵據壘岡本村拒之會驟雨水漲隔岸礮戰良久既而三道並攻吶喊動地敵不能支引兵而退特發地雷火以防尾擊東軍遂取白澤臺已刻戰畢過午囘　　躍宇都宮。

第八　馬場信房論鬪　　岡　千仭

信房大小數百戰。未嘗取敗。未嘗蒙傷。或問之。曰無他術。能應變而已。變出意外。吾意逆而應之。故不敗不傷。吾觀今戰者。未戰心先沮。心沮則氣餒。氣餒則目眩。目眩則視亂。視亂欲應意外之變。而不可得。其敗且傷。不亦宜乎。

第九　武田信繁　　岡　田　僑

武田信繁。武田信玄弟也。父信虎愛信繁。欲立爲嗣。群臣皆服信玄。終逐信虎自立。信繁事信玄。謹愼數有功。信玄亦不之疑也。天文十四年。信玄使信繁平諏訪賴茂餘黨。二十三年八月。從擊上杉輝虎於川中島。敗之。乘勝追躡。既而敵將宇佐美定行。橫衝我軍。我軍不利。濟御幣河退。輝虎獨騎來薄麾下。拔刀斫信玄。信玄扞戰被創脫走。信繁在後軍。聞急以七十騎馳。隔河望見輝虎。呼而求戰。相搏河中死之。信繁嘗誡其子曰。事君勿敢懷二心。雖得殊寵。愼勿出入後庭。

第十　本多忠朝　　角　田　簡

本多忠勝病革。書遺命授家老。與次子忠朝以羨餘之金一萬五千兩。已而忠政不須老。以告忠朝。忠朝從容曰。宗國經費浩繁。我受支封。足以自給。雖苟先考至愛。而義不敢受。忠政聞之。心媿。出金付之。不可。相讓久之。諸父兄諭平分之。忠朝聽命。因請云。且留宗家。以竣我不虞需。從之。後大阪役興。忠朝云。事幸措辦矣。不取一金。

第十一　白石先生　　板　倉　勝　明

先生初仕于久留里侯。久留里侯國除。後仕於古河侯遊於順菴木下氏之門。以該博見稱。後有故致仕。去之日。止青錢三百。米三斗而已。隱居都下。處貧晏如。順庵欲薦先生於加賀侯。適加人岡島仲道戚然語先生曰。僕多年遠遊落魄。而老母衰頽。倚閭待僕。每一念至。百感攢心。幸得君先容。得釋褐本藩。則吾願足矣。先生以告順庵曰。美也求仕。何國之擇。請舍美薦仲通。順菴嘆曰。衰世人情。日趨偸薄。如卿實不易得也。乃推仲通。或謂先生曰。子嘗仕除封之人。且所師亦不遇之人。假令學優。恐無起身之期。須改所事而圖榮顯也。先生笑而不答。喻之再三。先生曰。凡人之所天者。君父師三而已。今吾既無君父。獨有師也。以師不遇而改所天。則四路諸子。豈從陳蔡之厄哉。

第十二　木下貞幹　青山延光

天和二年七月。徵加賀儒臣木下貞幹爲儒官。貞幹京師人。幼頴悟。僧天海一見異之。請父母爲弟子。貞幹不肯。年十三。作太平頌。後光明帝見而奇之。將召試。會崩而止。後師松永遐年。學大進。嘗從但馬守柳生宗矩遊江戸。或薦之大猷公。爲忌者所排抑。不得志而還。加賀侯聞其名。聘之。貞幹辭曰。吾師之子永三未仕。請先聘之。加賀嘉其義。并聘二人。至是貞幹徵爲學士。眷遇甚渥。貞幹善教人。一時英才多出其門。而新井君美室直清最著。

第十三　中江原　鹽谷世弘

慶安元年。近江中江原卒。年四十一。及疾病。屏婦女。隱几坐。召門人曰。吾逝矣。誰能任斯文者。言畢而瞑。池田光政使熊澤伯繼往賻。及葬。隣里鄕黨。扶老携幼。涕泣送柩。如喪父母。邑人修其宅。爲祠堂。春秋奉祀弗廢。後有一士人。弔其墳墓。問路農夫。農夫舍來耜。趨入舍。更服先導。拜跪洒掃甚恭。士心訝之。問曰。爾於先生。有何親故。農夫曰。閭鄉欽仰先生者。豈惟吾。吾里父子孝慈。夫婦有恩。室無怒罵之聲。面有和煦之色者。職先生之教之由。所以無一人不戴其恩也。士人動容曰。嗟乎。吾乃今知近江聖人之稱不虛也。乃敬拜而去。

第十四　德川家康好學　安積覺

皇朝武將好學。如神祖。自古所希。朝鮮之役。神祖從豐臣秀吉公在肥前名護屋。初識惺窩藤肅。聞其學術悅之。文祿二年。召惺窩於江戸。講讀大學及貞觀政要。及石田三成伏誅。神祖在京師。屢召惺窩使讀漢書及諸史。慶長十三年。又召惺窩門人林道春。爲講官。賜宅地於駿府。講四書六經及武經七書。日夜備顧問。使掌書庫鎖鑰。

第十五　後光明天皇一　　飯田忠彦

承應三年九月。天皇崩于假殿。年二十二。天皇天資英敏。宏度慈仁。自幼好學。粗通大義。曰。佛學者。有體而無用。苟治國家者。不可不學矣。命侍講者。令進程朱新注。講者奏。古來侍講。必用漢儒古注矣。帝曰。雖古賢。擇其善者從之耳。何別新古。乃進講新注。居常踈斥和歌及伊勢源氏所謂物語者。謂朝政廢弛。因耽玩之者也。帝嘗覲後水尾上皇。上皇曰。聞帝好學賦詩。未聞詠和歌。和歌者。吾朝故典。不可不學也。天皇乃獻和歌十首。上皇未盡覽之間。又立詠十首呈之。上皇歎曰。夫如斯。不學亦可。帝嘗賦餘寒詩云。風氣飄飄霜烈々。春來猶遺一般寒。愧違酬帝脫衣德。還覓重裘覺體胖。

第十六　後光明天皇二　　飯田忠彦

帝稟性惡雷。迨聞謝上蔡須從性偏所難克克將去之語。親自謂。忌雷者偏矣。一日迅雷。静坐簾外。色不爲變。竢止而入。爾後遂不畏又嗜酒。劇飮。公卿憂之。

而無敢諫者。特權大納言藤原公信。度醼興酣之時。奏言。上好劇飮。恐損玉體。請小減飮。帝震怒按劍。公信從容曰。自古未聞天子親斬人。臣伏劍下。實爲古今之一人。況上納諫。固身命非所惜矣。左右引公信而退。帝不懌罷宴。明日召公信。賜昨日所按之劍。以謝焉。其改過從諫如之。

第十七　根津宇右衛門一　　角田簡

根津宇右衛門事甲府參議綱重。爲人剛直。好強諫綱重飮酒日。劇殺人以爲笑樂。宇在側。每正色諫爭。綱重素重其爲人。雖醉未嘗不改容謝。親信有三村右近者。謂綱重曰。宇侍顧少留意。綱重乃怒曰。宇老人也。故強寛之耳。汝弱妄言不得比宇。立斬之。曰。以是勸酒。宇乃進曰。左右有罪。當下有司。如何屈公侯之重。下爲劊手之事。君所親殺者。咸不當死。況右近犯死敢言。縱不能容。豈忍誅之哉。從今後欲有言者。皆以右近爲誡。則忠臣日遠。佞者益進。君與誰治甲哉。

第十八　　角田簡

且臣聞大猷大君屢省獄辭。自誡曰。政不修歟。教不至歟。天之降亡。何時無有。務求可活之理。而出之。是君之所親見聞也。今親殺左右。侍臣朝夕所狎愛者。曰以是勸酒是人之情哉。右近妻子聞右近死投地擗膺恨不與之共死。而君曾不之省。是人之心乎。人而無人之心。不獸畜之類乎。且人孰無過。過而不改是謂之過。君若聽臣之詞而改其行。右近及前死者。以死格君之心。雖死猶生。願君留意臣之諫。綱重勃怒叱之曰。汝以我比禽獸。汝速行。不爾亦殺汝。宇曰。臣固分死。君不聽臣之言。臣不敢去。綱重忽舉前刀斬之。後飲酒稍多。則宇朝服在側。如將諫者。徹酒則去。由是少止其飲。曰。宇不爲身死。而遺救過也。雖古

所未聞也。建廟祀之。傅抱世子往禮焉。世子後自甲邸入承大統。是爲文昭大君。聞宇忠誠貫金石。改造廟上野西。

第十九　諫爭之臣　角田簡

東照大君曰。爲人臣者。君有過。則犯顏強諫。蹇々不止。其功過於先衆交刃萬萬矣。何邪。蓋臨軍有功則君錄其勳。賜邑封國。若死則君哀其爲國死。憂恤其妻子。然則死生俱爲富榮基也。若夫諫爭之臣。則不然。犯顏不止。則君或勃然怒之。姦佞邪臣。又從而讒害之。甚則戮施妻孥。由是觀之。其過於先衆交刃遠

矣。

第二十　忍說　貝原篤信

忍者何。忍忿慾也。忍之之道奈何。在制其心而已。故古人曰。心上有刃忍。古人制字之意可知而已矣。武王書銘曰。忍之須臾。乃全汝軀。君陳曰。必有忍。其乃有濟。有濟言能濟事也。此皆在忍其忿慾而已矣。苟不忍則害心壞事。損己傷人。其禍有不可舉言者。故孔子曰。小不忍則亂大謀。古語曰。莫大之過起於須臾之不忍。可不畏乎。程子曰。忿慾忍與不忍。便見有德無德。然則德之有無。繇忍與不忍耳。不可不愼而

守之。小杜詩亦曰。忍過事堪喜。言不能忍則必不堪其悔。能忍則無祇悔。誠可喜也。合斯數語看之。忍之時義大乎哉。

第二十一　紀侯護癥　安積信

公小時。近臣有不稱旨。即舉佩刀。不脫鞘而扶之。傅安藤直次聞之。即時入城。徑造公所。兩手搯公袴。諫曰。公於臣士。有不稱旨。何不命臣等罰之。而親加楚撻。其傲如此。烏得保五十萬石封。宜愼之。若不能愼。則自裁可也。直次素多力。公不能少動。謝曰。敢不從教。直次大悅。縱之。則衣袴俱破裂。兩股生赤癥。公晩

年入浴。護瘕不濕。侍豎以為發痛問之。公不應出浴。披衣匡坐而語曰。此直次遺物。所使我保五十萬石者。豈可洗而滅之。

第二十二　淺野長矩　　角田簡

元祿十四年。三月。天使來。大府命淺野長矩典勅使館。吉良上野介義英掌天使應接之事。使長短咨之。初義英以事辱加藤遠江守恭恒。恭恒欲中以危法。恭恒怒欲共之死。語之家老。家老因行千金于義英。而後遣恭恒。恭恒至。義英躧履趨出。如無自容之地。泰恒見之怍而不殺。既知家老行千金。恭恒雅與長矩善。知其剛戾吝財。而義英為人貪黷。故語長矩曰。昔者伊達政宗。與兼松正吉飲酒。輕重不相中。正吉以扇擊其額。政宗笑不省。夫政宗天下英雄也。豈不知以扇擊面之為辱哉。顧社稷重於身。身亦重於仇也。故含垢藏怒。以全社稷於君。如何長矩歎曰。賢哉恭恒曰。君以為賢。請先身後仇。以為萬全之計。十四日。常憲大君延天使。謝宣命。天使將辭。義英誤長矩。隨笑之。長矩怒。拔刀擊之。傷額被血而走。又擊中脊仆。不死。官衛揖川賴照自後抱持長矩。呼目付收之。常憲大君怒。即幽諸田村建顯邸。令其自裁。收長矩諸邸。

特以本莊之邸。授弟大學頭長廣。遂又收赤穗城邑。

第二十三　赤穗遺臣一　　室直清

赤穗遺臣大石良雄等。議襲其讐吉良氏。約期畢來會兩國橋上。眾咸衷甲。以韋夾蠡在頭。襲韋短服。各杖短槍代棍。如往救火者狀。用組若綿紗為絏約衣以便刺擊。又為隱語相應答。裂帛為二小幟。書姓名其上。縫其端於左右之袂。令幅白動搖。同仇相辨以為驗。眾各頭笳約。先獲仇人者。吹以相聞。令卒擔鐵挺竹梯斧釿之屬以從。遂進至吉良氏第。三面圍之。因部其眾為三隊。各皆聯四人為一。一人當敵。令左右相救。無為敵所獲。令曰。毋殺婦人走者。勿追。待初笳俱發。竟事出。以鑼鼓相集。毋相後。令已。先捕其後門隅街亭守者。戒無敢揚聲。使人以刃守之。笳發。眾呼曰。火。乃急梯屋椎壁。從三處入。先入者拔門揵。擒門者三人。又使人守之。門啓。眾亂入。且曰。故內匠頭淺野氏舊臣。以報主仇來。所請者上野君首耳。欲禦者出。不敵我者。我不敢害。義英家人格鬪者皆伏刃下。其餘多藏匿不出。

第二十四　赤穗遺二　　室直清

眾直進入。義英寢室。求義英不見。眾以手試牀蓐微媼曰。人去未久。急令搜索宅中。不得。見廚傍有室。彷彿聞有人聲。外施金鎖。若人未嘗入者。衆曰。此有謀也。以斧破之。果有三人匿其中。衆喜曰。賊在此。乃趨之。相戒曰。試以鐏擊地。有陷穽不可知。衆輒入。其一人逆衆奮戰。以死。其一人走。其一人縮首伏匿於什器之間。衆引出之罵曰。鄙夫。汝知上野君所乎。知則告我。我赦汝。不然我殺之。不應。聞光興怒。以槍突倒如六十許人。著縞在中。皆曰。豈此上野君耶。夫疵在乎。視之。裸而視之。果在。武林隆重手刃之。以其首出。召所擒三人。遞視之。皆曰。我君也。笳又發。衆皆抃躍。

相賀乃斬幟帛裹義英首。而懸之槍干。執之。又索子義周。不得。將出。衆呼曰。左兵衛君盍出。人取乃父頭去。盍出。遂不見。於是良雄令鑼者擊鑼。衆聚爲一處不損一人。

第二十五　性說　松崎復

性之在人。猶水之在地也。何地無水。何人無性。水之體本清。行之得其方。則可飲可食。可以薦鬼神。失其方也。滯滯必濁。指其濁者謂之水。可也。謂之水之體則不可也。人之性。本善。養之得其道。則可聖可賢。可以與天地參。失其道也亡。亡必惡。指其惡者謂之人

可也。謂之人之性。則不可也。夫濁者變之。而後可爲清。惡者化之。而後可爲善矣。舍濁者而不變。濁者益濁。棄惡者而不化。惡者益惡。噫。今之人。於水之濁者。則知變而爲清。於己之惡。則不知化而爲善。自甘禽獸之歸者。何也。曰。化之之道何如。曰。在先謂之省察。在後謂之克治。

第二十六　習說　尾藤孝肇

兩兒相嬉在于閭巷之中。跨竹而走。驅犬而鬭。其所爲不相似也。稍長各異趨舍。日疎月遠。其所為莫不相反也。及其壯也。乃一猪一龍。奚啻韓子所言而已

哉。嗚呼此何故也。豈非習使之然也歟。是故習可以成智。可以爲愚。可以爲賢。可以爲不肖。習之於人。所係其不大乎。吾視馬之習于火者。聞災即嘶。見燄即馳。與常馬慄而却走者。殆如殊其類。故君子愼乎習。習而不解。何憂其無成焉。夫子曰。性相近也。習相遠也。習之於人。其可不愼哉。

第二十七　示塾生　紫野邦彥

籠養小鳥者。捕獲鶯雛。患其聲澁濁。就老鶯善鳴者使學其聲。俗謂之附子。雛初在籠。遷躍上下。蹝然無少頃靜。忽聞老鶯一哢。便戢翼凝立。如諦聽者。越時

始能動身。既而低弄。如學之者。又如羞澁怕人聞者。如此一兩日。乃能放喉縱囀。音響劉亮可愛云。嗚呼。微彼小禽。尚思好其聲。而知希賢。可以人而不如鳥乎。癸卯二月十三日。聞之神川生。書以示塾生。

第二十八　奇童說一　伊藤長胤

世之夙敏穎悟者多矣。而其卒也。未必皆賢者也。而古之賢者。其始也。未必皆夙敏穎悟也。夙敏穎悟者。其果不可爲賢者歟。世之所謂幼而聰敏者。吾知之矣。五歲而誦詩書。則曰奇童也。十五而能焉。則凡人也。十五而講經屬文。則曰奇童也。三十而能焉。則凡人也。世之人唯見其五歲而誦詩書。十五而講經屬文。以爲異乎衆。而望其終身之異乎衆也者過矣。終身之異乎衆者。豈慧俊才辨者之所能遽得乎哉。必也眞積力久。仁漸義漬。薰蒸乎德行之化。浸漬乎禮法之場。而後始可得也已。故世之慧俊才辨者。其卒也未必皆賢者也。

第二十九　奇童說二　伊藤長胤

昔者張童子九歲而擧于禮部。韓文公贈之言曰。少之與長也異。觀少之時。人惟童子之異。及其長也。將責成人之禮焉。成人之禮。非盡於童子所能而已也。

善哉言乎。世之人不知出此。徒靚其篇章敏富。酬答辨利。目爲神童也。則父兄之無識者。亦從誇詡吹噓惛惛。溢美過譽。不嚴規誨。唯聲價馳騰之悅。希得外斗之祿焉。其既得也。其人亦自以爲吾事既畢矣。恃材陵衆之意滋。輕儇浮躁之態肆。氣滿志得。學殖荒廢。經史圖書。束之高閣。二十而所得無異十歲。三十而所成無異於十五也。不翅弗得就其器。亦且斲摧之。并其嘗所粗得者而喪之矣。欲爲鄕人。不可得也。噫。天下之奇材何限也哉。能養有成。則皆可以爲賢者矣。而爲父兄所賣弄。師友所譸張。賊其美質。吾甚惜之。故書以爲戒。

第三十　木獅子記　森田益

往時玉嶼之市。有伊庭翁者。爲人沈默寡言。平生無他嗜好。常愛玩其所藏一朽木。名木獅子者。終身摩挲不釋手。人呼曰木翁。余不及知其人。與其曾孫士行善。士行一日邀余飮於其秋香園。酒間出示其所謂木獅子者。屬記余。余觀之。其形爲獅子。驅馳顧眄之狀。奮迅之勢。森然欲搏人。余謂士行曰。是奇則奇矣。然非有聲色臭味之可愛。頑然一朽木耳。翁特惓惓愛之。傳子孫者。必有深意焉。余安得知之乎。雖然。

余且妄意忖度之。余聞、獅子者異國之猛獸也。其生子也、墜之於絶壑、試之。獅子墜其子於其中、豈保其必能上乎。以爲不能上、不足以育。故其能上者、及長威壓虎豹、虎豹慴伏。人之教其子也、置之於都會、試之。都會之地者、紛華利欲之絶壑也。人置其子於其間、豈保其必不陷乎。以爲陷焉、不足以有爲。故其能不陷焉者、及長才壓俊傑、俊傑畏服。雖然、爲獅子之子、能上者多矣。爲人之子、不陷者寡矣。翁沈默寡言、安知不寓不言之教於一朽木、戒其子孫乎。今欲質之翁、而不可得。姑書以問士行、併以問木獅子。

第三十一　畑時能據鷹巢城　賴　襄

延元二年、義貞戰沒北國、諸城悉陷。獨畑時能以殘兵二十七人、據鷹巢城。甚險固、賊不能拔。足利高經高師重合兵圍之、結三十七營、互進迭攻。時能幼喜角觝、材武絶人。姪僧快舜善戰。僕惡八郎鈇唇而有力。又畜一狗、名犬獅子。三人者夜出襲賊。每向一營、輒使狗先往。賊有備則吠。不則搖尾還報。三人者乃斫營入、大呼奮擊。賊輒委甲走、各潛賂時能曰、願勿襲我營。時能驍名震敵中、呼曰畑將軍。會一井氏政來入城共守。時能乃留氏政于城、而自以十六人夜出伊地山。高經以爲平泉僧徒來援城兵也、將三千騎邀擊。時能鮮甲鐵馬、躍出曰、畑將軍在此。高經陣動。時能馳而乘之。高經潰走。而快舜被七創、即日死。時能甲隙皆創、飛鏃沒肩、病三日死。自是北國無復官軍矣。

第三十二　紀由利八郎事　龍　公　美

由利八郎仕奧州藤泰衡。文治中、源公賴朝自將兵伐奧羽。泰衡軍敗績。八郎中流矢墮馬。天野則綱生獲之。源公召見叱曰、吾先將軍使泰衡之祖守奧羽。今何苦反乎。且奧羽天下彊國、帶甲數萬、乘騎數千。粟支十年、而不能一月防戰。何爲怯哉。八郎瞋目罵曰、勝敗則兵家之常。大不必制小、智不必勝愚。故左典廐爲關東十六州管領、手握天下之重兵、而平治之亂、平清盛自熊野還而攻之、不能一日防戰、挺身出亡、終爲忠致所弑。亦何爲怯哉。且廷尉素無罪也。公信讒相鬩。故閒行投我國而已。無佗謀。公強令誅之。泰衡奉命、既函送其首。今公反以殺廷尉爲罪、儼然發兵伐我、其名何耶。源公不能對、顧左右曰、壯士也。乃赦之云。

第三十三　紀鎭西八郎事一　源　邦　彦

保元之變。崇徳上皇在白川宮。徵兵。有源爲朝者。同
其父故撿非違使判官爲義。至爲義有四十餘子。長
曰義朝。材勇出衆。以宿衛禁垣不至。其餘諸子多從
焉。爲朝者其第八子也。初年十三。既有食牛之氣。凌
轢諸兄。判官嗔其不順。放諸西海。居於豐後。與肥後
平忠國相謀西侵。大小二十餘戰。遂覇九州。稱鎭西
八郎。朝廷檄諸郡討之。不克。褫其父官爵。令其招。爲
朝爲朝慨然曰。陷父於刑辟。不孝莫大焉。輙自詣闕
待罪。朝廷壯其志。赦之。因留父家。時年十九。身長九
尺。膽力過人。能彎九石弓。上皇素聞其名。及召見之。

果然能罷之將也。乃使左大臣藤公問策。爲朝對曰。
先則制人。後則制於人。臣請今夜急詣北闕。奉迎鑾
輿。令祝融氏助兵威。孰敢禦之。藤公曰。兵少。且待外
援。曰。臣兄在彼。我以謀彼者。彼亦以謀我。何遑待外
兵。弗聽。爲朝退歎曰。鸞鳳雖美。禽安知摯攫之事。摽
甲以待。夜未明。官兵果來。

第三十四　紀鎭西八郎事二　源　邦　彥

平清盛門于南門。其將伊藤陸兄弟。爭先而進。射之
皆死。清盛執矢而閲。長辭密節。鏃若巨鑿。左右傳觀
駭然失色。清盛胆落而退。義朝率數百騎。尋至遥呼

曰。順弟豈不念天顯乎。爲朝應聲曰。何物孝子敢抗
父兵。持滿嚮之。忽意今日之事。百無一濟。且存是人
則吾父尚有賴以全焉。仍射盔頂瞥之。義朝神色自
若。哂曰。吾弟年少技亦未精。曰爲兄長故。遜一矢耳。
如不得命。弟何敢辭。義朝色沮。即麾軍而進。爲朝挺
身奮擊。不可當。義朝乘風縱火。宮中騷擾。遂以大敗。
藤公奔亡途卒。爲義及諸子盡禽斬。而上皇幸讃岐。
獨爲朝逃在守山驛。爲追兵所獲。時會大赦。朝廷憚
爲朝膂力。斷其手筋。流于伊豆大島。而弓力不減。居
數歲。復起侵掠諸島。官兵討之。舳艫相銜而來。爲朝

以巨鏃箭。射居首者。透底而出。船即沈没。衆畏縮不
進。爲朝一笑而去。不知其所之。世傳。琉球國舜天王。
蓋其子也。

第三十五　源爲朝論一　齊　藤　馨

源爲朝居豐後。年甫十三。自稱九國總追捕。大小二
十餘戰。遂至掠略九國。吾讀史至此。未嘗不嘆其希
世之雄也。爲朝之祖與曾祖。皆威名雄一時。然其征
奧也。前九年。後三年。殫心竭力。僅獲之垂暮之年。爲
朝乃以稚弱之身。流竄之餘。而定西海九國於指揮
傳呼之頃。是其材不可謂非雄也。而吾所嘆者不在。

定九國而在去九國之速矣今夫獲千金於途而藏之雖有急遽必不棄而走是其初非我有也一旦獲之且不敢棄九國爲朝之千金也既取而據之乃聞父難輙脱然去之如視敝屣擧一身委諸朝廷處分而唯救父難之是慮孰謂見利忘義親制刃於父腹不恤者之弟而有此擧耶是兄不能捐己之一資半級而脱父於死弟能以父之坐廢故至於去二十餘戰所得之九國如視敝屣

第三十六　源爲朝論二　齊藤馨

使兄如弟則源氏之族未必滅絶蕩盡而平氏之蔓延不如此其甚也使弟如兄則據有西陲而可以觀釁窺覦于中國矣而爲朝棄之不顧其心可不謂君子耶兄固不足論兄之子他日覇天下號稱英雄而忌無辜之叔與有功之弟至于殺戮殄滅則其親親之心愧於爲朝多矣故余以爲以英雄之材持小人之心者頼朝是也爲朝乃以英雄之材兼君子之心者且爲朝之九國總追捕先頼朝而稱之頼朝稱天下總追捕於他日蓋亦襲其規摸也世傳爲朝後略琉球子孫王其地然則爲朝既爲六十六國外之總追捕乃謂其雄過頼朝亦何不可

第三十七　眞田父子嚮背　中井積善

慶長五年大君帥師伐會津徵兵諸藩眞田安房守昌幸率兵而下至狗節石田大谷書招之初昌幸爲三成友婿次子幸村娶於大谷氏而長子信幸贅於我卒列臣籍獲恩遇娶於本多氏昌幸召二子而謀之信幸請東幸村請西信幸曰内府待我以國士義不可畔假令我獨東西師敗之日足以請二人之命幸村曰豐公嘗活我舍舊而圖新非夫矣且西師如敗我唯有死而已矣何必請爲捐家殉國其慶愈於偸生苟存信幸怒昌幸曰二人言皆有理今日之難出於西人傾軋要舍邪而從正信幸以之其慮周矣事之是非姑舍之兵端既啓則寧西而死不東而生幸村以之其志確矣抑我則從確者乃使信幸東與幸村歸上田世子次小室令人招昌幸使者再反弗聽世子攻上田主人壅金川上游設伏於山中挑戰佯走我士爭進幸村縱精騎邀戰伏起夾擊我衆駭撓昌幸決金川我後軍不能繼是以甚敗相持三日信幸從世子曰貽書昌幸勸歸順卒不聽世子恐逗遛置戍而西

第三十八　眞田信幸　中井積善

關原亂平。眞田安房守昌幸致城邑。詣行營俟罪。大君欲處以死。伊豆守信幸因井伊榊原二子。請未減。二子為言之。大君曰。黄門恐不聽言於世子。世子作色曰。我以上田拒命。愆師期。且以是受譴取唾中外。實終天之憾。老華當斬萬段。借令君命加原宥。我將以死諍。卿等勿復言。信幸聞之。復見二子。稽顙曰。臣父罪大。邦有常刑。臣不敢復請。臣素知有今日。故上田之役。日夕發使熟諫。皆不見聽。實式部君所見也。臣既辱眷顧。又知邪正之歸。是以竊負父不負君。臣之事畢矣。今坐視父死。不能救。罔極之恩。謂之何。伏冀臣父臨刑之日。請先賜臣自盡。讐人之子而受戮。未為刑之濫。使臣父視臣死。知臣之不終負父。當甘心就刑。臣亦含笑入地。是臣死之時。猶生之日。君之惠也。臣之願也。敢布腹心。康政擊節曰。孝哉。我保房州之命矣。義朝氏當媿於地下。與直政入言之大君。世子皆動容嘆賞。卒減死論。并幸村放之高野。昌幸居九年而死云。

第三十九　安藤直次識鑒　中井積善

世子秀忠。至日籠。聞關原之捷。晨夜兼行。至行營。大君慍其失期。弗及事于關原也。托疾不見。世子攬涕而出。本多上野介正純。言於大君曰。臣之父正信。為世子謀主。勸有事于上田。其愆期。職此之由。請加顯戮於正信。以暴世子無咎於天下。大君稍霽威。世子喜。謂正純曰。今日之言。沒世不諼。正純揚揚而出。安藤直次語人曰。上州其無後乎。言傷倫而有得色。殆矣哉。既而正純增邑。人問直次曰。殆者若何。對曰。未也。及世子立。益有寵。增封食鬱宮二十萬石。人復詰直次。對曰。殆者正在此。居亡何。正純敗。衆服直次識鑒。

第四十　關原之戰　青山延宇

慶長五年九月甲寅。石田三成出軍關原。宇喜田秀家。小西行長。島津義弘。僧惠瓊等。背伊吹山而陣。大谷吉隆。平塚爲廣陣其後。豐臣秀秋陣松尾山。脇坂安治。朽木元綱。陣山下。長束政家。毛利秀元陣南宮山。乙卯。黎明。東照公進陣關原。福島正則為先鋒。細川忠興。黑田長政。藤堂高虎相繼而進。會天大霧。咫尺不辨。比霽。正則進擊秀家軍。長政擊三成軍。忠興擊義弘軍。本多忠勝指麾諸軍。既而三成分兵二千。繞出北山。欲橫衝我軍。忠勝分軍為四。以備之。三成果來擊。忠勝鏖戰敗之。徑前突義弘陣。又敗之。三成與秀家義弘更帥生兵迭進奮戰。長東政家。長曾我部盛親。安國寺惠瓊與輝政兵戰。秀元秀秋按兵不動。先是秀元秀秋與安治元綱等。密送欵關東。至是秀秋率兵萬餘。下山直突吉隆軍。平塚為廣橫擊破之。秀秋率生兵復戰。安治元綱等合勢應之。吉隆遂敗死。兩軍接戰。自辰至申。西軍大潰。三成部卒死傷略盡。部將島清興戰死。三成脫走。義弘收敗卒退去。秀家正家行長等亦皆潰走。東軍乘勝追亡。殺獲三萬二千六百餘。

第四十一　加藤清正　岡千仭

關原戰後。諸將事大坂漸怠。獨加藤清正。寘邸大坂。每東覲。必覲秀賴。本多正信私諷曰。卿有三可去。清正問之。曰。長髯一也。大坂邸二也。東覲從兵三也。清正曰。吾甲冑着頰鐵。有鬚髯。故肅然不動。置大坂邸。所以報故太閤恩也。千里東覲。若不以兵自從。則緩急不逮事。三者不可去一也。

第四十二　井伊直孝勤儉　角田簡

直孝倜儻有大略。軀長大。有骨幹。容狀雄偉。鬚髯逆植。人稱夜叉掃部。太習兵事。撫御有方。深得士心。大阪冬役。人或造營。欲面請事。直孝方臥。頃之揩目而

出。客不悅曰。戎事倥偬。胡得假寐。答曰。我自臨陣。慮敵斫營。夜間未嘗交睫。故不免晝寢耳。聞者嘆服。候騎還遇雨。衣裳霑濕。直孝惻然。解衣而授之。既而問左右。無副衣。因乞一領於安藤直次。以冒其軀。人皆感泣。大坂平。加賜五萬石。任侍從。預大政。久之賜暇之彥根。厥土膏壤。厥民豐華。加之有湖上舟船之便。鳥魚之利。故士庶用財侈靡。衣服皆競僭飾。家老岡本半介曰。俗侈無節度。公為執政。不先正其國。無輔上正天下。請為諸臣作節度。直孝曰。然。令之不如身之。乃儉節自約。身著棉衣。傳舍食其地之產。不以珍從。豫製棉衣。賚之家老以下。曰。卿等被甲冑勞軍事。有年于此。而今天下乂安。卿等服之以休息焉。於是群臣自顧大慙。又見騎士家馬良屋卑。曰。屋之固不可騎而出。令吏厚賜之。從此之後。無奢侈相矜者。

第四十三　柳瀨之戰一　巖垣松苗

天正十一年三月。柴田勝家大擧軍于柳瀨。秀吉命益修賤嶽城砦固守不出。夏四月。或謂作間玄蕃曰。敵砦皆固。但中川清秀塹壘不完。即間道出餘吾湖。以襲其不意。一擧可拔。盛政從之。南師果潰。清秀遂死之。盛政使人報捷。且曰。衆甚疲。當竢明日而退。勝

家謂使者曰便道財里許夫何疲之有宜亟還奇捷之利在收威養鋭克而懈殃弗可測矣頻遣騎趣之項背相望盛政傲然曰全勝之威孰敢敵者勇氏老而怯耳日既暮勝家頓足曰豎子敗乃公事秀吉欲攻岐阜會甚雨禄川暴漲不得濟命頓軍水岸是日午時賎嶽飛報至大垣秀吉大笑揮刀距躍曰敵在吾術中不圖我獲大捷如此之速乃選健步五十人命曰若等走至長濱半趣土人具酒餉芻豆夾道以待喻以倍償其價半驅沿道民持炬上山自長濱達賎嶽最以厚賞遂下令軍中曰有大利在柳瀨皆輕裝疾發留堀尾吉晴氏家行廣備岐阜

第四十四　柳瀨之戰二　巖垣松苗

晡時親將而發鼓鐙舞策步騎万五千颶擊而馳及暮炬火彌天簞壺咽路士氣益奮揚初更抵賎嶽使謂諸砦曰大兵既至黎明各以弓銃逼敵作閙盛政望炬光大愕士卒困臥莫能興盛政叱急整軍時月弦既闌諸砦視之弓銃爭發盛政戰且走至嶽北據岨臨柴田勝政將兵三千在嶽址二十一日平明盛政招之勝政將退秀吉自嶽南逼之矢丸雨下勝政軍擾秀吉顧左右曰可矣皆離次收功親隨加藤清正福島正則加藤嘉明平野長泰脇坂安治片桐且元糟谷武則提槍跳進所向無前大破之于清水岐獲勝政世傳之稱柳瀨七槍云南師追亡逐北偪盛政軍盛政大敗績追擊斬首五千餘級

第四十五　阿閉掃部　大槻清崇

越前侯秀康之就封也聞阿閉掃部為勳閥之士以重祿聘之狛伊勢亦越之世臣也將為其子行擐甲禮請掃部為賓禮畢置酒伊勢謂掃部曰今日豚兒擐甲之初願子語當年武功以祝兒前程掃部曰吾豈有武功可語乎無已則有一焉吾嘗見一士武風最可觀者矣賎嶽之役兩軍既散吾單騎沿余吾湖而退有一騎呼於後者回驪接之則曰朝來所殪皆雜兵矣不幸未遇好敵覩子儀容果非凡士敢請一戰決輸贏余曰諾下馬將交槍其人曰請俟之須臾我槍鋩矣沒鋒於湖洗之者三曰可以戰矣於是相鬭雌雄未決而日已昏黑乃呼曰可恨槍鋒難辨請期他日子為誰身是青木新兵也後日相見戎間誓不付勝負於他人矣揚鞭而別吾結髮從軍未嘗見從容整暇如此之士言未畢有青木方齋者自屏後出謂掃部曰側聽吾子話懷舊之淚不能自禁吾子

亦不記乎。爾時與君交鋒者即此翁也。掃部拍掌曰契濶久矣。今日相遇何其奇也。乃擧觴屬之。好以腰刀由此青木之名顯于一時。侯聞而聘之與掃部同其秩祿。

第四十六　那珂宗助　依田朝宗

那珂宗助出羽秋田藩士也。精水利掌封内水工。巧製浚河諸器。又造鑿巖器。製似水車。藉激水力以鑿之萬丈之巖石。未幾日洞然而崩矣。又樹枝繫草筵垂其端於渠中。激流搏擊。沙泥自除。其巧率似此。嘗受命浚一水地。在山僻處。多作竹籠以填石。其索須

古藤。因遣人抵城求彩布數十匹。吏疑其何用。然以河役盡委宗助。遂如其言。宗助乃募村民子弟。開角力場於水上。截布為帶賞勝者。子弟爭来角力。宗助乃命製藤索及竹籠。賞其多作者與以布一匹。皆大喜助役費減於舊而功倍之。

第四十七　石河甚四郎　小笠原勝修

天明八年正月。建仁寺前團栗里失火。會大風煽火烟漲京城。延燒皇宮上皇宮及二條牙營。公卿武臣宅百九十區。民屋十八萬三千戶。佛刹九百二十宇皆燬。死者二千六百三十餘人。二條城番屬石河甚

四郎議發倉賑都下人。城番曰。所司代未至。當請江戶而後發。石河曰。歲歉且災。可謂急矣。必稟而行則無及矯制之罪吾自任之。遂發穀數千石。事聞幕府。乃擢爲大目付。

第四十八　紀伊大納言　青山延光

慶安四年七月。弓商藤四郎訴曰。駿河人由井正雪。處士丸橋忠彌謀不軌。將火江戶。時正雪還駿河。聚黨。唯忠彌在江戶。松平信綱夜遣石谷貞清擒之。執政遣駒井右京於駿河。捕正雪。正雪與其徒九人自殺矣。執政籍賊黨。獲紀伊大納言書。大驚。伏甲士於

城。召大納言。示以其書。大納言徐覽之。從容曰。此國家之福也。方今主幼國疑。萬一賊僞作諸侯手書。則人心疑懼。處置太難。今乃擬吾書。此易辨耳。卿等若不釋然。於我則我當納吾國。以待命。天下無復可憂矣。喜見顏色。一坐歎伏。先是正雪因人請大納言曰。願執賤役以事公。老臣加納直恒曰。焉有兵家而執賤役者。是不可信也。議乃正人服其先見。

第四十九　和歌浦　齊藤正謙

十二日。余患腹瀉在寓。消此日。從者請往觀和歌浦。許之。賴子成嘗爲余談天下名勝。言和歌浦雖有明

光之稱。頗爲平平。且余聞本地人說明光之勝從紀三井寺望見爲佳。近日南行將經三井。故余不恨缺今日之游也。十七日登紀三井寺。堂宇宏麗。安十一面觀音。香客陸續來賽。堂前有傑閣架崖。憑欄俯瞰和歌浦王津島諸勝近在目睫。山水明媚。秀色可餐。浦島之名宇內。終不誣也。子成之游蓋不至此間。故不滿於和歌之勝也。不然子成明眼之士。何獨不知此爲佳山水耶。所謂身在廬山中不知其真面目者歟。客有識當時之事者。謂子成非不至此間。聞此寺藏古畫幅。與野呂介石特來觀。無可其意者。子成悵

然悔來。是既不滿於假山水。遂併真山水唾棄之耳。

第五十　那智山

齋藤正謙

二十九日。昏黑達那智山。投宿實法院。夜聞有聲殷殷震空中。蓋瀑聲也。余聞那瀑之勝久矣。私謂明旦得目擊。應慰平生之想。意興勃然。喜而不寐。三十日。快晴。早起揭簾。瀑布在前。心目俱醒。猶相距八町。自腰以下。蔽林麓。有神龍見首不見尾之致。紀國一位老侯。嘗來遊宿此院。親書天奇地靈四大字。賜於院主。院主裝飾爲扁。揭於正殿楣上。朝餐訖辭院。屈曲下阪。到瀑下。坐亭仰觀瀑之全身盡露。如白龍之倒

垂。到地下遇巉巖。輒怒雷鳴。飛沫霏散。至四五十步外。人衣盡濕。其壯且快。更勝素聞。但其下深潭絕谷。不可逼視。見土人。說瀑長百四十仞。其頂徑八仞。脚下怒張。有十五六仞之廣。天下談瀑布者先屈指於此。不亦宜乎。左折攀阪。至大悲閣。如意輪觀音像在焉。西國三十二所觀音。以此寺為第一。紀三井寺居第二。適大士啓龕。香客駢至。讚唱之聲不斷。其上有那智廟。熊野三山之一也。與本新二宮同祀天七地五之神。瞻拜而去。上大雲鳥坂。號為熊中絕險。余憫驛夫之勞。捨輿步行。回顧瀑布。為一匹飛練。搖曳雲

際。而下亦爲一奇觀。

第五十一　瑞巖寺

川田剛

過瑞巖寺。遇左大臣奉勅往野蒜港。乃入謁焉。主僧北山師歲七十餘。爲說堂宇廢興。此寺舊稱松島寺。台宗慈覺大師建之。後有法身和尚者。航海入宋受法於經山無準禪師。而還。鎌倉執權北條時賴爲造巨刹。以弘禪教。是爲開山第一世。至第九十五世陽巖和尚時。仙臺藩祖伊達政宗重建。規模宏壯。壁多名畫。中堂安其肖像。戎衣佩刀。威容可畏。史稱政宗眇一目。果然。自堂及門。子院夾道。左右各六。又

有法身窟。廣三丈。穿石壁而設。卽法身和尚坐禪處也。出門左曰繫舟灣。右曰觀月崎。崎上有亭曰觀瀾。以豐闢白伏水第村造之。余就宿焉。時日落風收。烟霧糢糊。漁火數點。出没洲渚間。亦佳矚也。

第五十二　富山　川田剛

經高水驛行里許。遙見塔尖於木末。卽富山也。坂路崄巇。五步休。十步息。始屆山門。扁曰大仰禪寺。老僧迎入中堂。堂在山頂。三面臨海。一望渺然。積翠浮空。昨日所見瞭如指掌。卽未見者亦皆呈奇競秀。向之巘業入雲者。變爲培塿。向之平遠連水者。變爲灣曲。

聚者散而蹂者密。夫者小而遠者近。去者來走者止。伏者起。隱者見。潮汐吞吐。雲霞掩映。猶撒百千珠玉於大琉璃盤。宛轉陸離。唾手欲拾。目眩神恍。不知所擇。余絶叫曰。奇哉。松嶋之觀。其盡於此乎。老僧曰。未也。內海弓形。南北六里。東西半之。蛇岬蜿蜒。走入海中。斜與磯崎對。而此在其背。眼界或有所局。彼大高森嶺者。位占中央。若能登臨。則一渚一洲。內無遁形。外望大洋。洵奇觀也。余意動。直欲一葦航之。則又曰。未也。觀盡內外。無以窮變化。宜於晴者。不必宜於雨。宜於月者。不必宜於雪。炎之於舟。涼之於樓。隨時異

宜。公果欲窮變化。盡圓其顱。緇其衣。朝於斯。夕於斯。起於斯。臥於此。木石之與居。麋鹿之與游。嗚呼。老僧警予矣。夫奉公者。不當殉私。余也身在宦途。不能絶情山水。乞假兩日。探勝一方。不亦太幸乎。乃得隴望蜀。更欲觀內外窮變化。是溺也。殉私也。古人曰。大溺者必有大忍。遂割愛而去。

第五十三　登山説　安井衡

有居窮谷者焉。一日登後山。眼界豁然。見數里之外。山勢起伏。江流逶邐。而城邑田野。錯落其間。暢然而樂。自謂能見人所不見。歸誇其徒。詡詡然高視於一

村矣。而家丘阜者乃笑之。故其居愈高。其觀愈大。登天下之高山。然後可以盡天下之大觀矣。然是觀也。必披荊棘。涉危崄。靡毒蛇之栖。切猛獸之穴。然後始能得之。自非强有力者。氣喘脚軟。神悸魂消。其不廢然而歸者。蓋少矣。宜矣登後山者之詡詡然高視於一谷也。予視世之學斯道者。何其與是人相肖也。四端不擴。五經不通。纔與衆人異。則便高視於一鄕。闊步長揖。役役乎名利之途。不復知觀有大於此者。終與草木同朽。豈不悲哉。察其所以陷於此。其病有二焉。曰憚勞也。欲速也。而是二病者。又胎於無志。故士必

尚志始可與言天下之大觀也耳。

第五十四　快字説

篠崎　弼

好快惡不快人之常情也。何謂快。所聽適耳所視適目所嗅且食適鼻與口。四體百骸莫所不適。謂之快也。然是身之快非心之快。何謂心之快。惡惡如惡臭心則快矣。好善如好色心則快矣。心苟不快則身所以為快者。必歸於不快矣。然則快之本在心而不在身。故快字從心。君子先心之快而後身之快。故心常快焉。而終身不失身之快矣。小人肆身之快而不顧心之快否。故心益不快而身之快亦隨亡矣。君子小人之辨在決其所快之先後而已。故快字又從夬。

第五十五　新寨之捷

安積　覺

慶長三年九月。嶋津義弘與其子又八郎忠恒在朝鮮築望津晋江永春金海固城昆陽泗川新寨八寨。父子居新寨為諸寨聲援。二十日。明中路提督董一元。攻抜望津永春二寨。二十八日。明兵襲泗川大同驍將李寧恃勇挺衆而進。義弘之兵撃斬之。遊撃虞得功中銃死。十月朔。董一元與部將茅國器葉邦榮彭信古攻新寨。義弘父子拒戰大敗之。二十萬兵一時潰走。一元不能制之。義弘之兵追撃之。其餘溺水墮塹死者無算。義弘下令不使窮追。至望津收兵還。凡獲三萬八千七百十七級。馘送筑紫。

第五十六　将士驩洽

古賀　煜

豐臣氏之征韓也。薩侯義弘功最大。韓人嘗欲以策離間薩將士。夜遣人覘其營。義弘方與諸將士熾火于爐。圍爐箕踞。韓人見之知其將士驩洽情若父子。決不可離間。嘆息而去。惟其如此。所以有成功也。後世君抗然于上。臣卑然于下。虛禮日繁。情意不通。滔滔者天下皆是。安得提其耳而諭以薩侯之事哉。

第五十七　北條氏康破両上杉氏軍

頼　襄

天文十三年。今川氏親使使與上杉憲政約發兵臨伊勢氏境上。圍長窪城。北條氏康親將且援之。會使者至自河越。曰。両上杉氏連和合兵將來圍焉。氏康還赴河越。不見敵。乃聚諸將議曰。河越當両上杉之衝。是必争之地也。以一勇將守焉。吾可以致敵而大克之。衆推北條綱成。綱成本福嶋氏。世為今川氏將。守遠江土方城。父正成為武田氏所殺。綱成猶幼。出奔相模。氏綱愛之。賜北條氏及其偏諱。常為軍鋒。其旗黄色。書八幡二字為號。其戰也。毎馳突敵陣。連呼勝矣。所嚮無不勝。當是時。黄八幡之名聞八州。於是氏康授之三千騎、令守河越而還、長窪圍亦解。

第五十八　北條氏康破兩上杉氏軍二　賴襄

十四年。兩上杉氏大擧來攻、曰、此行必剪滅小田原、至河越、圍城數重。意期必取、綱成固守不下、上杉氏使使古河、請晴氏、來助、晴氏乃盡其士衆至河越、上杉氏大喜、號令諸將、攻擊越歲、四絕其饟道、氏康聞之曰、吾必赴援、獨恐城兵之不俟我而決死也。誰能往告我計者、綱成弟辨千代、年甫十八。從在氏康左右。進請曰、此事至要、臣請往焉。卽爲敵所捕、拷掠百端、至死無言矣。氏康乃謂之曰、往語乃兄、善爲吾守、吾克兩上杉、不出數月矣。女毋遽出決死也。辨千代乃往、著上杉氏號、單騎入城、當是時、氏康兵四守疆上、諸城在者裁八千餘人、乃自將赴援、憲政、朝定并晴氏兵、凡八萬騎、氏康計驕而襲之也。佯請和解、憲政等不聽、

第五十九　北條氏康破兩上杉氏軍三　賴襄

氏康出至入間河南、上杉氏兵來迎、氏康不戰而走、入小田原、問諜者、曰、敵中云何、對曰、敵皆笑曰、豎子走矣。居五六日又出至河南、敵來又走、又問諜者、諜者曰、敵曰、豎子不能復出、卽出走耳、莫復顧也、氏康曰、可矣。夜勒兵親誓之曰、吾聞、戰道衆不必勝、寡不必敗、顧士心和否如何而已、古曰、怯於小敵、而勇於大敵。吾數與上杉氏戰、以我一人、當敵十人、以寡敵衆、何必始於今日哉。勝敗之決在此一擧。汝將士。其一心協力、唯吾所嚮是視、令其兵皆尚白布於鎧上。約之曰、遇不白者輙斫、勿取其首、令畢、乃引兵渡河、夜半直衝上杉氏軍、軍大驚擾亂、我兵縱橫奮擊、莫不一當百、殺傷二萬餘人、虜朝定、走晴氏憲政、八州豪傑。卽夜降氏康者。九十餘姓、時十五年四月二十日也。翌日。上杉氏麾下、諸將。聞氏康兵寡則大悔憤、欲乘其疲再戰、返至河越、則氏康已入松山城矣。諸將聚議不決、綱成自城內瞰之、開門突出、身先士卒、呼曰、勝矣。敵軍相驚曰、黃八幡也、卽敗走、

第六十　跋蒲生君臧手簡後　藤森大雅

嗚呼。名分者、天下之太關也。而其不明也久矣。冠履倒置。順逆同辭者。往往而有焉。蒲生君臧。獨自拔乎流俗之中。抗尊王明分之志。大聲疾呼。死而後已。可謂天下之偉男子矣。是其年少之日。與其友文翼書、雖未足以觀後日之所存、其辭義慨激可知非庸庸之流也。甲寅冬日、過訪大谷伯容、見出示此卷、感嘆

之餘。爲書其後。

第六十一　題小金原捉馬圖卷　佐藤　坦

總之野。司小金曠衍數十里。渺茫無際。官放牧龍種年以蕃息。今不知其爲幾千百群也。每歲十月。牧長率其屬驅而捉之。年有定額。捉捕之所。四面起壘。高二丈餘。區爲內外。內小外大。皆缺前面。先期數日。所在發丁。自數里外而驅之。柵斷奔路。使其可嚮入。而不可外逸。迨期牧長乘麾而騎。其屬亦皆騎從。遂見馬之所聚。則雖有林莽之欝密。藪澤之深阻。無不縱橫出沒。疾呼而從之。丁夫數百人。作聲揻手。應指麾而驅之。初馬之爲群。不過五六若七八。而見驅迫。歘成數十百。奔騰驚逸。響動萬雷。使其避之無地。皆入外壘。有一人持竿索。二人徒手從之。擇其可捉者。驅諸內壘。突入索約其頸。駭懼之際。一抱頸。一掣尾。合勢踣之。直以大索絡之。其可留以爲種者。印烙放去。蓋捉捕之術。在於脅制其氣。使蹄囓之不暇也。嗚呼。可謂巧且熟矣。鑑海世子。以壬戌之十月。往觀。歸而作圖。寄余索字。余亦嘗觀之。今二十餘年。尚記在懷。乃題略於卷首。

第六十二　題輕氣球圖　菊池　純

將驅役水火矣。於是乎有瀛車瀛船焉。將鞭笞雷霆矣。於是乎有電信之線焉。將駕御風雲矣。於是乎有輕氣之毬焉。夫驅役水火。鞭笞雷霆。駕御風雲。非神仙則所難能。而今之人容易驅役之。容易鞭笞之。容易駕御之。其變幻奇巧。若神仙然。無他。特人智之發明。令之然焉耳。故泰西智巧之士。有視蜘蛛度絲。以架橋梁者焉。有觀湯氣揻鼎鐺蓋。以創瀛船者焉。皆神智發明所致。吾故以謂古所謂神仙者。皆聰明智巧之士耳。豈別有神仙云者邪。故一發明其智巧。則水火也。雷霆也。風雲也。皆可以駕御而鞭笞也。又何怪於區區一輕氣毬也哉。觀此圖者。亦可以見人間智巧之無窮也。

第六十三　雲喩　齋藤　馨

物之往來聚散。漠然無心者。莫雲若也。雲縷縷然出岫。而紛紛彌漫。爲人物。爲鳥魚。爲屋宇樓閣。凡百諸狀。及其散也。蕩然無迹。不復知其所之也。見者亦曰。是雲之恆耳。而不以爲怪焉。雖然雲亦有時乎不若此而已。不見夫五六月之交乎。天旱無雨。田如龜背。民咸引領而望曰。何雲之不起也。將使吾苗槁矣。於是油然之雲。倏忽彌天。沛雨從至。苗則興矣。民乃相與抃於野、曰、噫。是雲之賜也。而雲不自以為功。飄然一散。至於不知其所之而止。等是雲也。或者澎湃於山林泉石之間。而或者光被乎城野衆庶之上。亦時則然也。雲豈有心于其間哉。嗚呼。吾出處進退之道。於雲乎得之矣。

第六十四　猫説　野田逸

猫之捕鼠也。與生俱生者。生而墮地。則有捕鼠之能。鼠之畏猫也。亦與生俱生者。生而墮地。則知畏猫。猫之捕鼠。與鼠之畏猫。一焉耳。是故猫之捕鼠也。無足稱者。所貴乎猫者。在不與鼠相抗也。余家多鼠。利皆

伺睡。旁睨側出。猖獗陸梁。無所不至。余患其暴。因乞得一猫。魁然如虎。爪牙如戟。旬而誅一鼠。月而誅一鼠。誅一懲百。無復鼠之患矣。或曰。子之猫。雄則雄矣。何其捕鼠之少也。曰。天地之間。物各有強弱。弱之肉。強之食也。猫而悉誅鼠耶。鼠未可悉誅。而猫已將罹禍。況千百鼠而當一猫。豈有不敵之理哉。而彼猶以為不能敵者。特畏其威而已矣。若捕之多。則其威損。威損則抗猫。而與鼠抗。豈在其為猫哉。然則其捕鼠少者。則其所以自逞其威也。今夫人為一縣之令。一官之長。則自高大。假威弄權。操下如束濕薪。唯其訶責

之不至。是懼。於是乎為下者瞷瞷相讒。側目而疾視之。嗚呼。鼠窮則咬猫。今民窮矣。烏知其不及噬令長也。必也能以猫之心為心者。可以為令為長矣。

第六十五　蝸説　松崎復

松子倦誦。臥竹床。久雨乍晴。林庭瀟洒。地潤而苔滑。有蝸上牆而行。行而兩角觸。觸而警。警而縮。縮而首尾俱藏入殻中。松子喟然嘆曰。蝸哉蝸哉。夫得潤而行。何似夫遇時而行者耶。觸警而縮。何似夫言而當忌諱。自反而引咎者耶。縮而藏。何似夫不用而自善者耶。古之人以汝名廬。抑亦以此歟。蝸哉蝸哉。何甚

似君子乎。又嘆曰。得潤而行。何似夫得幸而進者耶。觸警而縮。何似夫外剛而内荏者耶。縮而藏。何似夫緘口畏罪。而固其祿位者耶。古之人以汝為醢。抑亦以此歟。蝸哉蝸哉。何甚似小人乎。夫君子以似汝而為君子。小人以似汝而為小人。故吾甚好汝。而又甚惡汝焉。好汝則但恐其不為汝。惡汝則但恐其為汝也。是以欲居汝廬而為君子。又欲食汝醢而不為小人矣。是故先作汝説。

第六十六　藤説　齋藤馨

草木之生。區以別矣。然皆根為之本。而枝由以茂。各

隨天性而足一也。若夫根有所依枝有所附一立一仆不能自主而求助於外者唯藤為然藤之為物性柔體弱垂蔓裊娜攀松纒柏而生唯暮之春紫葩艶發嬌姿欲舞清芬馥馥襲人觀之儼然一佳卉也。而所攀之柯折則從之而折所纒之幹仆則從之而仆究竟依物為命將與夫無名野草比肩亦不可得也。余由悲世之立脚進歩莫能自主往往依人以成立一旦失所託則敗亡立至嗚呼。謂之人中之藤也亦宜。

第六十七　紀朝鮮使詣清事　赤松勲

康熙中朝鮮聘使至燕京清帝屬之使言朝鮮王曰朕國本小與王接壤不圖天幸以至于此。然誼存隣好安敢外之朕已多男。欲遣一子臣事於王祿位崇卑惟王所遇聘使反言之王王與諸臣議乃使奏曰謹奉帝子降臨之命敢不欣戴臣當避位以國奉之已唯是地隣日本世修舊好彼盟辭有言曰李氏有土萬世無渝今焉避位以奉帝子彼將得無異心否臨變謀之必有失機之悔因豫奏之亦唯皇上所命帝曰禪授非敢所望幸聽朕言唯王所遇汝歸再言之使者肅然改容奏曰帝子若臨王必避位内志已

決何族反命帝曰苟然事不諧矣。竟寢源君美曰朝鮮大黠此事蓋恥以我為解也。然傳聞出其人決非謬説也。

第六十八　紀貞婦某氏事　林長孺

貞婦者萩藩士某氏女也。名某面貌醜黑眉眼如鬼。及笄人不娶之父兄憫之曰苟有娶之雖賤人欲許之而某則自選耦常語人曰妾得如瀧鶴臺先生者為夫足矣。時鶴臺學徳高于一世故人皆笑之鶴臺聞之曰此我知己也。必善治内矣。遂娶之某既歸瀧氏日夕執事靡弗婉順然其識亦高鶴臺與客語某常坐屏外聽之談或及國政則諫止之居數年一日周旋間忽有赤絲團自其袖中出墜怪問之某赧然曰妾愚平日行事多可悔者。意欲少其過因嘗製赤白二絲團恆藏之袖中若有悪念則結赤絲有善念則結白絲一二年間赤團益大白團自若也。於是惕然自反更加脩省工夫今致赤白二團其大相埒此亦薫陶良人之所致也但恙未見白團大於赤團耳言畢又出一白團于袖中以示之嗚呼。古今婦女以貞淑稱者亦多矣未嘗聞識見高邁克治精功如此婦者也。奇哉。

第六十九　山内一豐妻　大槻清崇

山内猪右衛門一豐。始筮仕織田氏也。適有東國人來販名馬者。安土諸將士。皆驚其神駿。然爲價高之故。不能購也。販者將牽馬徒還。一豐見之。不勝流涎。歸家。獨自嘆曰。痛哉貧也。我當事君之初。獲此名馬。以見主公者。不唯一豐一人之榮。抑亦織田氏之榮矣。其妻聞之。就問價。曰。黄金十兩矣。妻曰。夫君必欲獲之。妾能辦焉。乃取金於鏡匳。致之一豐前。一豐且喜且恨曰。比來窮困之極。或恐及卿顛覆。而卿絕不言有金。何卿之忍耶。妻曰。夫君言亦有理。顧昔者妾

之來嫁也。妾父自納之鏡底。戒曰。汝勿以夫家貧故費此金。必也有關夫君一大事。然後用之。妾聞近日京師有簡馬之擧。令夫君而獲此馬。是一世之榮而所謂大事無乃此耶。是以敢爾。一豐泣而謝曰。卿之惠也。嶽翁之恩也。遂購其馬。無幾簡馬之期至矣。一豐乃騎而入京。風骨峻爽奮鬣一嘶。信長望見大驚曰。猪右何所獲此乘乎。一豐具告其故。信長歎曰。我家多士而不能購一馬。洵爲上國之恥。汝落魄歸於我。乃能爲此非常之擧。以一洒我恥。武夫用心。不當如此耶。一豐釋褐五百石。於是增爲千石。遂以見任

用。

第七十　群瞽圖卷摹本序　林長孺

僧月仙群瞽行旅圖一卷。係隨念寺所藏。余借而覽之。卷中所圖。策杖行者一二人。或五六人。且連且斷。亂次以進。此爲卷首負琵琶行者。俯首行談者。聞吠犬驚走者。驚倒者。擧杖逐犬者。奮杖擬擊者。誤擊人者。遭一擊而倒者。彈琵琶者。聞琵琶而驚者。口吹烟。兩手弄煙管者。左手持煙管。右手搜火氣者。按摩者。令人按摩者。放屁者。慼頞掩鼻者。笑而背者。搖摺扇以避臭氣者。此爲卷中。搴裳擬涉河者。匍匐橋上者。

橋斷沒水者。此爲卷尾。合計凡百三人。其俯仰行止坐作走倒之態。歡樂欣笑疑懼悲驚之情。描寫精巧。一一逼眞。搆思變化。筆筆不同。可謂奇畫矣。余展觀之際。不勝賞贊。而又有所感焉。余試閱歷代之史。其浮競躁進者。卷首之瞽也。無知妄作。自誤誤人者。卷中之瞽也。晩節蹉跌。遂喪其身者。卷尾之瞽也。彼月仙亦老於禪者。豈寓規戒于此畫乎。觀畢乃令吉田久道摹寫一本。以藏之。因錄前言于卷首。

第七十一　記二丐夫事　渡邊魯

江戸室町有商人吉兵衛者。其管家曰市十郎。享保

癸卯十二月十七日市十郎懷收債三十兩而還誤遺囊橐于途。行里許覺之不知所爲以謂移晷已久必墮他人手矣。然猶庶幾萬一就舊路搜索有丐夫見焉而問曰子無乃遺金者與。予嚮拾之欲得其主而返之子果其主請驗其言市十郎色蘇具陳囊中金員及券書姓名丐夫曰信乃出諸袖中與之市十郎大喜分與之五兩固辭不受市十郎曰毋嚮此金必於不得。幸爲汝所拾得復歸於我手而吾獨取之不可願汝受之丐夫曰子試思之予欲之受五兩孰若盡取三十兩唯嚮所以拾之者竊謂若他人得之或不返之其主若自遺其金猶之可不幸係主家之金則其人必大困阨也是以姑拾之待其主焉耳今予素志遂矣。復奚受報之爲揮袂而去市十郎不得已呼之與金一星曰非敢爲報也今日寒威料峭汝歸以是取微醺就溫不亦可乎曰此則君之惠也敢不唯命是聽拜而受之問其名曰予甲頭車善七之部屬八兵衞也遂去市十郎歸具告吉兵衞吉兵衞驚嘆必欲與之五兩厥明使市十郎齎金詣善七所告之故喩八兵衞受之至而物色之其徒曰八兵衞昨夕得金來具酒殽引曹輩酣醉就眠及曉暴死蓋

食傷所致也市十郎驚惋哭之盡哀且謂其徒曰予將葬之善護之乃歸告吉兵衞請其屍用五兩給棺斂葬之本莊無縁寺之兆域云。

加賀侯之墳墓曰野田山世世葬焉以故闔藩之士亦多葬其麓土俗中元設篝燈于墓門厚祿之家則別作廬使人通宵護之其賤且貧者親自往焉過夜半而歸大率爲常有惡少年伺其去滅火竊燭會丐夫覆蒿而臥謂曰人爲祖考置之而公等暴凌乃爾得無不可耶惡少群罵曰咄寒乞兒汝何爲者勿闢此公所爲丐夫徐曰予不爲公等所爲安免寒乞絕不復爭。

漢文中學讀本初步終

明治廿八年三月十日印刷
同　廿八年三月廿二日發行

定價金貳拾錢

版權所有

編纂者　松本豊多
東京市牛込區市ヶ谷田町三丁目十九番地

發行兼印刷者　吉川半七
東京市京橋區南傳馬町壹丁目十二番地

關西大販賣所　松村九兵衛
大阪市南區心齋橋南

資料10

明治廿九年十月十五日
文部省検定濟
尋常中學校漢文科教科用書

秋山四郎編

中學漢文讀本初步 卷之上

東京 金港堂書籍株式會社

中學漢文讀本初步例言

一予曩編中學漢文讀本十卷。以充生徒課本。既而官改中學學齡制度。卑於前者二年。則讀本之外。所以更編此初步也。

一編童蒙課本甚難矣。蓋其文以簡易平直爲主。其事則不可不適童蒙心情。而危激者。荒誕者。其文雖佳固不可取。撰擇資料。如此其難。予撿討彌久。始成此書。然不知其撰擇果得宜乎否。

一童蒙始讀漢文者。未解其讀法。爲之教授者。尤不可不致意焉。予從事於此有年矣。非無聊所發明。然未能猝定其得失。故此書從普通體裁。不敢出新機軸。至其教授法。則一任教師手腕耳。

明治二十九年八月　秋山四郎識

金港堂書籍株式會社

中學漢文讀本初步卷之上目錄

目錄終

中學漢文讀本初步卷之上

秋山四郎編

黑田孝高。薙髮號如水。

雪山學書　角田簡

北村雪山。少時淸貧。家唯壁立。上漏下濕。繫浴盤於梁上。端坐其下。泰然學書。

黑田如水　中村和

豐太閤問如水曰。天下何物最多。對曰。

人也。太閤又曰。何物最少。對曰。人也。太閤嘉其對。

直孝斬盜　安積信

井伊直孝。幼育於箕輪里正。夜有盜數人入焉。直孝揮刀斬先進者。餘駭散。時年纔十一。人知其爲偉器。

井上蘭臺　原善

井上蘭臺。閉戶讀書。有客至。則自答以不在。客以爲戲。蘭臺勵聲曰。主人自答如此。何僞之有。讀書不輟。

德川光圀　中村和

光圀年甫七歲。一日父賴房從容謂曰。我若臨陣被創。汝能扶持而退否。對曰。兒踰尊體。進斬敵耳。賴房奇之。

本多忠勝　賴襄

本多忠勝與叔父忠眞從軍。忠眞鏦斃

一人。顧忠勝取其首。答曰。孺子不欲因人成功。自斃一人。馘之。

長湫。在尾張。

忠勝機智　中村和

長湫之役。本多忠勝率三百人。與秀吉大軍隔一隄並行。相距可二町。敵爭發砲。死傷相次。忠勝令曰。每砲聲必仰天。衆皆如令。敵人謂銃度失高。自是丸皆不及。

膳臣姓。巴提使名。

竹中重治　中村和

重治一日集僚佐談軍事。其子左京尚少在坐。談未畢而起。重治曰。汝何之。對曰。欲溺。重治曰。寧坐溺。武人論兵。豈有談未終而起者乎。

膳臣巴提使　巖垣松苗

巴提使之在高麗也。一夕大雪。失其幼子。見戸外有虎跡。跡而至虎穴。虎張口來。噬巴提使。左手執虎舌。右手拔刀刺殺之。乃持其皮進獻。

唐白居易詩曰。香爐峯雪掲簾看。

清少納言　青山延于

清少納言。清原元輔之女也。有才學。給事後宮。甚見眷遇。一條帝雪後顧左右曰。香爐峰雪如何。清少納言即起捲簾。人稱其敏捷。

博泉機警　角田簡

水足博泉。幼時能大書大字。每客至。父屛山必命書之。一日客至。博泉方嬉戲。屛山數召之。乃徑前客前。張兩手。開股而立。客歎其機警。

島清齋　角田簡

島清齋新裁綢絺。試服欣然曰。吾衣諸公所。不亦華乎。適有人來勸釣鱸。清齋一諾而往。鉤巨魚。撥刺泥中。懽呼捕之。鮮衣盡汚。

徂徠惜分陰　原善

徂徠看書向暮。則出就簷際。簷際亦不可辨字。則入對齋中燈火。故自旦及深夜。手無釋卷之時。其平生惜分陰者。率此類也。

嵩山房　原善

書商小林新兵衛。請徂徠曰。小子無家

（五嶽。泰山。衡山。嵩山。華山。恒山也。）

號。顧先生命焉。徂徠笑曰。書賈出入吾門者五人。而爾所鬻價最高。猶嵩山於五嶽。宜名嵩山房。

徂徠博識　原　善

大岡忠相聞。徂徠博識洽聞。無所不知。將試問以蹟其答。乃招問曰。世有鼠婚之說。何謂也。徂徠答曰。事出於某年某人所著一小說也。乃其書所載鼠類之眷屬名姓。矢口縷縷如注。忠相始服其彊記。

（遊計子。俗曰見世物師。）

隻眼國　岡　白駒

東北有國。其人皆隻眼。有遊計子。欲得其人。歸以賣觀。乃航海抵其界。彼國人見之曰。奇貨可居。吾聞西南有國。其人皆雙眼。幾是也。乃抱賣于市。

賴朝試諸弟　賴　襄

賴朝擇西征大將。欲試諸弟之材。陰以火烙盥器。而使諸弟更侍執焉。執輒驚釋。獨義經終盥不釋。神色自若。賴朝是以知其堪事。而心陰畏之。

倉崎一信　角田　簡

倉崎一信。致仕自髡。飮酒放言。春日雪行。陷窖。腰以下在泥中。徐鑽燧吹烟。友人見之走救。一信擧手曰。勿效尤。乃授索以出。出曰。其釣維何。其魚章魚。

鍛匠孫次郎　青山延光

肥後鍛匠孫次郎。貧而篤行。母嗜酒。屢沽進之。酒家感其孝。與酒。孫次郎不悅曰。如是則子飮吾母也。非吾意。乃去而之他。酒家皆悟其意。每來沽賤直賣之。

伊達政宗　中村　和

伊達政宗。幼名梵天。生甫五歲。嘗出遊

岩手。在紀伊。

佛寺。見不動像。指問近臣曰、此何者。何、其顔貌之猛也。對曰、不動明王。其貌雖猛。其心則慈悲濟衆。梵天曰、武將宜如此。

德川賴宣　中村和

賴宣漁于岩手。使壯士游泳。佐波與助不習水。殆沈者數矣。水野十太夫呼曰、攀吾船。可以免死。賴宣聞之曰、宜曰攀吾船以休息。今言免死。士豈攀人船以免死者哉。

威公。德川賴房卿私謚也。

威公養士　藤田彪

威公養士。恩威并施。嘗就國。有岩本越中者。放銃獲鷺於城上之樹。公召詰之。對曰、臣善病。聞食鷺可癒。當時唯鷺是視。不視府城。然臣之與鷺孰重。公笑曰、汝與法孰重。越中屈服。公竟舍而不問。

棘鬣魚。鯛也。

黑田孝高　岡田僑

日根野備中使朝鮮也。借金黑田孝高。既歸。懷金詣孝高。孝高爲置酒。適有贈棘鬣魚者。命吏烹其骨爲羹。而貯其肉。備中心鄙之。宴已畢。出懷中金還之。孝高不受。備中大愧。

關原。在美濃。

黑田長政　青山延光

關原之役。黑田長政戰功最大。然深自抑損。毫無驕色。小瀨甫菴著太閤記。諸將多錄戰功。付之長政。老臣請之長政。長政曰、武夫戰鬪非爲名也。今天下既平。將韜鬪是務。何敢誇耀。聞者歎美。

長政。孝高子也。

熊斐畫虎　角田簡

熊斐嘗奉幕府命。將畫虎。會蠻人貢虎。欲寫其象。乃持筆硯與衆俱往觀虎。俯低首。熊斐以竹捽之。虎則怒擡頭。眼光

捽。摩也推也。

電發。閃閃射人。觀者怖怯走去。熊斐神色自若。徐取圖而返。

二山伯養　原　善

伯養居家。平生著上下。上下禮服也。居本鄉弓街時。其家無井。常汲於鄰家。鄰家一日濬井。義當出役夫以助之。適伯養僕有疾。伯養乃出躬自執綆分力。尙不脫上下云。

林羅山　原　善

羅山生而秀偉。幼即嚮學。甲斐德本過父讀太平記。羅山時年八歲。一聞記之。即背誦者數十張。又嘗造某許。講論語集註。中脫一葉。乃操筆諳寫以補葺之。一字不謬。其强識率此類也。

下毛野公助　德川光圀卿

下毛野公助。父武則扈政兼家。隨身也。嘗從父賭射右近馬塲。不勝。武則怒撻之。公助伏而受之。人曰。何不逃。公助曰。父老足弱。追我疾走則懼致顚躓。若有損傷。是重吾罪也。是以受而不逃。聞者感歎焉。

道長一　巖垣松苗

花山天皇時。道長與道隆道兼二兄。少同爲郎。一夕雨暗。皆在上前。譚及怪事。

移時坐懷畏怖。上曰。誰冒此黑闇。能詣無人處者邪。道長曰。臣可詣。上壯之。乃命兄弟三人曰。道隆宜往豐樂院。道兼仁壽殿。道長大極殿。各宜出某某門。

道長二　巖垣松苗

時已三更。二兄畏縮。不得已而起。道長曰。臣固獨往。願假左右小剪刀。當取證來。乃去。俄頃二兄各走歸。曰。途已見怪。

柹同柿。音肺。削下木片也。

不得前。股栗不定。面色如土。上大笑之。良久道長徐還。即上小木柹爲信。曰是所削。取大極殿御牀南面下柱片也。上遣人令驗。果爾。二兄大慚。

楠正行　　成嶋　讓

楠正行。正成長子也。年甫十一。訣父還河内。既聞父死湊川。悲痛欲自殺。母趨止之曰。先考豈教汝殉邪。要將在起兵討賊。以靖國難也。正行愧止。自此嬉戲。常爲搏戰馳逐之狀。曰以討賊復讎爲事。

右府察微　　大槻　清崇

信長嘗自剪十指甲。使侍臣收其剪餘。侍臣搜索左右。久而不去。信長問汝何故不退。答曰。剪餘既得九。而未見其一。信長爲起拂兩袖。則爪片墜者一。信長

大賞之曰。人之用心。當如此緻密。

德川義直　　中村　和

天草時定。幼而穎敏。能書。八歲時至江戶。或薦之公。公乃召見之。令書大字。至末迫窄。輒縱筆直下。引至茵席。觀者嘆其豪邁。公獨以爲此兒幼有陵貴之心。長必作賊。不可近也。遂不祿之。後果作亂。

荒木村重　　賴　襄

村重素以雄豪聞。部兵皆驍。義昭之變。首應信長。迎謁于大津。面貌甚偉。會有獻饅頭者。信長拔佩刀。貫饅頭于鋒。以啗村重。村重進。開口受之。信長笑曰。好男子。攝津十三郡。任汝剪取之。

羽柴秀吉　　中村　和

秀吉爲織田信長。使於荒木村重。村重

饗之。其臣河原林治冬。請殺秀吉。村重不可。告之秀吉。秀吉曰。壯士也。召而觴之。且脫腰刀。而與焉。村重曰。予唯一刀。奈之何。曰。吾非以刀劍仕織田氏者也。一坐服其膽勇。

豐太閤擲錢　中村　和

朝鮮之役。豐太閤赴那古耶行營。途過藝州。詣嚴島祠。令左右取錢一緡。祝曰。投而皆面。必得志矣。揮手一擲。每錢皆面。擧軍歡呼。太閤大喜。隨納錢于神庫。蓋豫粘合二錢。作兩字也。

加藤清正　中村　和

清正渡海。遇颶。舟將覆沒。梢長訴曰。海神爲祟。無所祈。若投人于海。庶幾可以免矣。清正毅然正色曰。人命至重。貴賤皆同。殺人自生。豈忍爲哉。無已則以汝

胡孫。猨也。

曹充之。於是水手奮操舟。既而風波稍斂。卒得無恙。

清正讀論語　大槻　清崇

清正航海歸肥後也。駕大艦呼天地丸者而西。艙間日。讀論語。以朱墨自句。清正有所愛胡孫。游戲不離側。偶起之厠。胡孫瞷其亡。竊把朱筆。縱橫塗抹卷上。清正復坐視之。笑曰。汝亦有志聖人之道乎。復研朱墨。句而不輟。

東照公　中村　和

公幼在駿。土人以端午日。作石戰戲。觀者分黨助之。公年甫十歲。坐奴肩。往觀之。一隊三百餘人。一隊半之。人爭赴衆。公命奴就寡。奴怪問之。公曰。衆者恃勢。其心不一。寡者懼而專力。其勝也必矣。果爾。

山本北山。

小川泰山　東條耕

泰山自一執謁於北山。雖烈風大雨未嘗不蹈師家之閾。嘗大雪戴一巨笠赴之。途未至半。雪積笠重。力不能勝之。顛蹶大傷膝。人憫扶之。勸令返家。不肯。遂至師許。忍痛受業若常。比隣傳爲美談。

寺田與左衛門　鹽谷世弘

土井利勝之宰曰寺田與左衛門。有奇

金港堂書籍株式會社

大將軍。謂德川三代將軍家光公也。

才。大將軍時使人就利勝家。詢事。命曰。利勝不在。則諮於與左。與左慮事。或未決。輒歸家。白晝閉戶點燈。繫鼓於頸舞踏。然後謀慮出。率出人意表云。

伊能東河　角田簡

伊能東河。好星曆之學。最精於推步測量。齡踰七旬。鬢霜皤皤。而意氣蓬勃。如少壯人。每測量命下。輒喜見顏色。不日而發。乃躬歷險阻。凌海濤。奔走數十百里。風雨寒暑。未嘗少沮喪。

井上正利　中村和

正利爲寺社奉行。其聽訟。雖老僧必以雛僧呼之。一日某僧訴訟。亦呼曰雛僧。僧不悅曰。貧道雖不肖。爲住持。而呼爲雛僧。不亦甚乎。正利曰。僕固知之。汝既爲住持。而不能治子院事。其智實爲雛

金港堂書籍株式會社

僧。僧默然。

中江藤樹　角田簡

中江藤樹。恒患痰咳。每疾累數枕而臥。從愈去之。病革時。其母問之。藤樹懼母之憂。力疾手自去一枕。曰。小愈。母曰。然則不日必起。悅而出。藤樹則死矣。川田琴卿歎曰。先生之於孝。至死不變。可謂至孝矣。

林鳳岡　原　善

林鳳岡爲人豪俊雄邁。嘗詣貴戚。主人固重鳳岡。乃延與坐欵語。時天寒。鳳岡喫煙。且傲然曰。老人頭冷。不得不用巾。即取諸懷中著之。既而主人揖鳳岡背曰。膚理潤澤。矍鑠哉老翁也。鳳岡曰。肩下作痒。少伸手搔之。

油斷大敵　安積信

永井尚政。嘗詣井伊直孝。問居官之要。直孝曰。善哉問。予少就仕途。歷諸官。以至於老。不無所得。然不可輕授。須齋戒受之。乃刻日。尚政宿齋戒。着禮衣而至。直孝亦禮服出見。正色誨之曰。諺云。油斷大敵。此一語不可斯須忘也。

敠以智反。改也。

浮屠圓通　角田簡

浮屠圓通。好作草書。嘗爲人作字。龍蛇

飛動。人讀之至波瀾處。問曰。何字也。圓通再三覽觀。謂曰。予亦讀不得也。有雛僧慣讀我書。子就問之。一日將訪人。偶忘其名居。乃徘徊問曰。紀國圓通所當到之處。將無是乎。

謙信給鹽　賴　襄

信玄國不瀕海。仰鹽於東海。氏眞與北條氏康謀。陰閉其鹽。甲斐大困。謙信聞之。寄書信玄曰。聞氏康氏眞困君以鹽。不勇不義。我與公爭。所爭在弓箭。不在米鹽。請自今以往取鹽於我國。多寡唯命。乃命賈人平價給之。

今川氏眞。

輝虎賦詩　青山延于

上杉輝虎。勇畧絕人。善用兵。每臨行陣。馳行軍中。數次隊伍乃定。雅好藝文。其征能州。適値九月十三夜。會諸將讌飲。

賦詩曰、霜滿軍營秋氣清、數行過雁月三更、越山幷得能州景、遮莫家鄉憶遠征、其風流如此。

箙梅　小川弘

福原之役、梶原景季折梅花一枝、挿之箙、以自標、及入城門、敵四面萃之、其父景時既引軍去、景季馬殪兜墮、背巨巖自防、梅花繚亂、猶與八騎鬪、景時還軍救之、景季奮擊斬菊池高望而出、景季風流勇名、由是聞于世。

義經挑弓　小川弘

屋島之戰、義經親擊郤敵、追而入海、墜所執弓于波上、俯欲取之、平盛嗣自船上以鐵搭鉤其冑、義經右手揮刀扞之、左手用鞭挑弓、從騎連呼曰、公舍弓、義經如不聞、徐收弓而退、皆曰、公何輕身而重弓也、義經笑曰、非弓之重、耻之重也。

挑。取也。

教經　賴襄

壇浦之戰、教經進索義經、卒與之遇、教經免冑撤鎧袖、躍入其船、敵兵遮鬪、輒搏仆之、直逼義經、敵中有安藝家村、力兼三十人、率二力士、進當教經、教經蹴仆其一人、挾二人投海死。

北條時宗　賴襄

時宗爲人強毅不撓、幼善射、弘長中、大射於極樂寺第、將軍欲觀小笠懸、顧命諸士、無敢應者、時賴曰、太郎能之、太郎時宗幼字也、召而上場、時年十一、跨馬出、一發而中、萬衆齊呼、時賴曰、此兒必任負荷。

小笠懸。射儀名也。

人穴　小川弘

二世謂鎌倉二代將軍頼家卿也

仁田忠常嘗從二世獵富士山中有穴名人穴二世命窮其所至賜寶劍與從者五人入焉狹隘不可廻踵冷水浸脚蝙蝠撲顏入漸深豁然見大河逆浪沄沄忽隔水見火光從者四人中毒死忠常解劍投河獨從一卒得歸往來穴中一晝夜云

中學漢文讀本初步卷之上 終

明治二十九年八月廿五日印刷
同 年八月廿八日發行

定價壹册金拾五錢

版權所有

著作者 東京市永田町二丁目廿八番地 秋山四郎
發行兼印刷者 東京市日本橋區本町三丁目十七番地 金港堂書籍株式會社
代表者 右社長 原亮三郎
賣捌所 各府縣特約販賣所

中學漢文讀本初步奥付

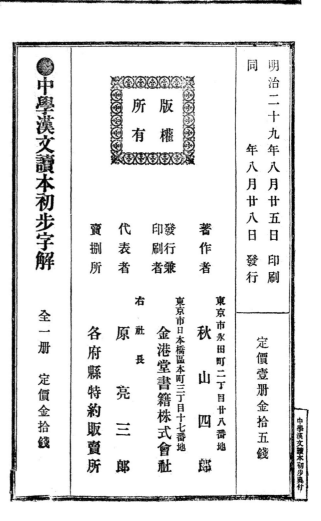

明治廿九年十月十五日
文部省檢定濟
尋常中學校漢文科教科用書

秋山四郎編

中學漢文讀本初步 卷之下

東京 金港堂書籍株式會社

中學漢文讀本初步卷之下目錄

目錄終

中學漢文讀本初步卷之下

秋山四郎編

菅公忠愛　青山延于

菅原道眞歷事五朝。尤爲宇多帝所親任。帝嘗好游獵。道眞諫止之。隨事獻替。多所匡救。及被配。閉門不出。託文墨自遣。雖謫居無憀。未嘗忘忠愛之意。一日遇重陽。賦詩曰。去年今夜侍淸涼。秋思詩篇獨斷腸。恩賜御衣今在此。捧持每日拜餘香。聞者莫不感歎。

雄略帝　德川光圀卿

雄略帝獵葛城山。皇后從焉。野猪突至。帝命舍人逆射。且刺之。舍人懼而失色。猪躍將衝觸。帝蹈殺之。獵罷欲斬舍人。皇后諫曰。遠近皆謂陛下荒畋。以獸故臏脽。臀也。

殺人。無乃不可乎。帝欣然納其言。與皇后上車曰。獵者獲禽。朕獨獲善言而還。樂哉。遂赦舍人。

調伊企儺　　徳川光圀卿

調伊企儺。難波人。爲人勇烈。欽明帝時。副紀男麻呂。問新羅之罪。軍敗被執。伊企儺不屈。新羅拔刀逼之。脫其褌露其臀。使向日本而呼曰。日本將噉我臏脽。

伊企儺大呼曰。新羅王噉我臏脽。新羅王大怒。益加侵辱。伊企儺辭色不變。遂遇害。

泰時援弟　　小川弘

北條泰時嘗在政所。聞其弟朝時第有寇。即起趨之。家令平盛綱諫曰。明公位貴職重。宜無輕擧。如此小事。臣等奉命足矣。泰時曰。吾弟有急。在他人則爲小

建保元年。和田義盛作亂。承久三年。後鳥羽上皇討鎌倉。

事。在吾身則不減建保承久之難。苟喪吾弟。貴重何益。時人美之曰。諫之者固善。對之者更善。

泰時聽訟　　服部元喬

北條泰時聽政日。有訟獄。甲既極口申陳己理。及乙者乃執要而對。絕有辭。甲者憮然不覺大息曰。吁吾屈矣。聞者嗤笑。泰時獨感賞曰。不然。知過憚改。遁辭

不已。多是訟者情已。吾聽獄久矣。未曾見若此人眞率不吝矣。遂喩乙者中分其理。

台德公　　鹽谷世弘

台德公偉度宏量。幼時使人讀書而聽之。猝有怒牛登堂。奔突戶障。左右錯愕失厝。公神色自若。聞書不輟。豐臣太閤與諸將觀猿樂。有虎破檻出。走攀堂階。

諸將或起或走。虎進向加藤清正。清正按劍叱之。轉近公坐。公端坐睨之。虎乃去。

井伊直孝

安積信

君嘗出遊。見門廡荒敗。一士洗馬焉。徑入問其祿。對曰。百五十石。君擊節嗟賞曰。汝祿不多。而能養駿馬。欲立武功於戰陣。曾屋宇荒陋之不顧。何壯也。彼堂廡宏麗者。觀則美矣。一旦有事。可騎而戰乎。即日倍賜其祿。闔藩聞之。莫敢復飾居室。

春日局

中村和

大閣。初鹿野傳右衛門也

局嘗夜歸。過平川門。閽人曰。夜間出入。非有監察之命不能也。局自稱名。閽人以白大閣。大閣曰。無監察之命。天照太神不可入焉。況於春日乎。局大窘。竚于門外。時方隆冬。寒氣刺骨。久之命下。然後得入。局感其守法嚴正。翌朝遣人遺點心謝之。

函人

中村和

某侯使函人作鐵甲。成。欲試之矢。函人曰。臣能以身當之。乃擐其甲而坐。侯命善射者。以強弓勁矢利鏃射之。中胸。鏗然矢躍而不入。侯曰。善。吾既試其前矣。未知其後何如。將試其背。函人釋甲而號曰。臣未慣作怯者甲。請辭。侯曰。吾過矣。賞之以金。

芳洲學歌

原善

雨森芳洲年八十一。始將學倭歌。而意謂詩則有時作之。雖無可稱者。得不謬平仄。至國風。一不解其法。先莫如熟讀古歌。自今讀古今集者一千遍。而後自賦者一萬首。其或有所少通焉。乃經二年千遍畢。又三年而萬首就。

高倉帝　　德川光圀卿

高倉帝幼時。有獻紅樹者。帝極愛之。命藤原信成守之。一日仕丁乘信成不在。斫枝爲薪。以煖酒。信成歸見而大驚。縛仕丁。會帝使信成上其樹。信成具奏其狀。叩頭請罪。帝從容曰。唐詩有云。林間煖酒燒紅葉。誰教仕丁作此風流。無復所問。

鴻藏主　　中村和

輕海之役。池田庄三郎恒興。佐々內藏介成政。同擊稻葉又右衛門。獲其首級。讓功不決。信長以其過於遜也。不悅。有僧鴻藏主。爲人滑稽。進曰。獲首級者。非庄三郎。又非內藏介。二人之讓固當矣。

輕海。在美濃。

信長曰。二人之中。非一人獲之而誰。對曰。譬猶瓜。其蔕自然隕也。信長大笑。

蔕。丁計反。與蒂同。謂脫華處。

中根東里　　東條耕

東里之父善飲。每出醉則歸家晩。東里秉燭常迎之。嘗迓之途中。父醉甚。不辨東里乎他人也。大罵之。遂倒樹下而睡。扶持之不起。走反取幮於家。而恐其母不安。故稱父宿某許。今夜醉客衆。某家又無餘幮。與兒一宿而還。遂到父睡處。張幮於樹。護之以徹夜。遲其睡覺而持之還家。鄕人皆稱其孝焉。

松平信綱　　安積信

君初爲大猷公侍臣。同僚皆年少。離次退休。君堅坐不動。呼輒至。公以爲忠。嘗臨西城。時新造橋。小不稱旨。顧君曰。宜命有司少加穹窿。君取腰扇。開二摺以爲準。公曰、差高矣。又開一摺曰、可矣。乃呼匠監。擧扇指示。便領其意。公以爲智。新賜五百石。寵用自此始。故支封以三扇爲徽章云。

枕撓　角田簡

角力者谷風。軀幹豐偉。強力無雙。中井竹山。甞寓京師。谷風來訪。時諸子會集。竹山素有力。酒酣觴谷風。請爲枕撓戲。

谷風笑許之。於是竹山與谷風撓枕。枕壞。更執它枕。爲谷風所牽撓。周旋數反。手不離枕也。及老酒間話次及此曰。谷風之力。不可敵。固無論也。但予雖見凌曳。枕不見奪。則謂不之負亦可。

野中兼山　原善

野中兼山。土佐人。甞來江戶。及歸期也。致書鄉人曰。土佐無物不有。自江戶齎歸。惟有蛤蜊一艘耳。海路幸無恙。以歸日。饋之。衆以爲嘗異味。計日待歸。既至則命投其所漕於城下海中。不餘一箇。衆怪問。兼山笑曰。此不獨饋諸卿。使卿子孫亦飫之也。自此後果多生蛤蜊。遂爲名產。衆始服其遠慮。

空海　服部元喬

弘仁帝好書。秘府多藏中有絕佳者一

卷。帝珍之。出示空海曰。如斯誠亦不可學也。恨未知何人書。空海曰。是臣僧在唐國所作。帝以其體異不信。空海曰。亦隨風土俗尙變爾。乃裂軸奏覽。書曰。某年某日。沙門空海書于靑龍寺。帝驚歎。先是帝自以爲勝於空海。於是矜心頓廢。益重空海書。

仁和寺僧　靑山延光

仁和寺僧。嘗設宴。一僧醉甚。取小鼎蒙首。壓鼻纔入。乃婆然起舞。一座鼓掌大笑。舞罷欲脫鼎。不得。面腫滿鼎。血涔涔下。衆蒼黃欲毀鼎。痛楚不可勝。往謀之醫。醫亦束手。乃還寺。衆環視無策。一人曰。極力脫之。縱失鼻耳。猶不至死。衆然之。遂齊力挽之。乃脫。鼻耳皆墮。僅得免死。

一口。在山城。

絕。度也。

謖所六反。起也。

畠山重忠

小川弘

重忠爲人多力。元曆元年。從源義經伐源義仲。北軍拒之宇治河。春水暴漲。義經欲試諸將。曰。俟水落乎。將由淀一口也。重忠奮曰。治承之役。足利忠綱涉之。彼亦人耳。非鬼神也。率五百騎絕河。馬中矢。乃潛行水底。大串重親者。其愛將也。溺水。重忠拯之投對岸。重親謖然起。自名號步軍先登。聞者笑之。

松壽。毛利元就幼名。

松壽

賴襄

松壽幼有器量。其保嘗抱之。濟水而躓。溺。保惶懼謝罪。松壽曰。行道而躓。常也。庸何傷。比髫齔。詣嚴島神祠。既歸。問從者曰。汝輩何祈。曰。祈郎君主安藝也。松壽曰。汝盍祈吾主天下。夫願主天下者。能主一方。願主一方者。能主一國。今願主一國矣。其所成可知已。聞者奇之。

藝侯戒諸子

大槻清崇

元龜二年六月。藝侯元就病將死。致諸子於前。呼取箭數條。一如其子之數。乃手自糾爲一束。極力折之。不能斷也。單抽其一條。隨折隨斷。因戒曰。兄弟猶此箭也。和則相依濟事。不和則各人各敗。汝等銘心勿忘。次子隆景進曰。夫兄弟之爭。必起於欲。棄欲思義。何不和之有。元就悅以爲然。顧餘子曰。宜從仲兄之言。

伊達政宗　　青山延光

慶長中。伊達政宗設伎樂於國。東照公聞之欣然。加藤淸正謂左右曰。今凶亂既平。海內寧息。雄彊如政宗。亦娛意聲伎。可以卜天下之無患矣。此公之所以喜也。吾亦當輕裘緩帶。近歌童舞女。以追蹤政宗耳。其見稱慕如此。政宗晩年賦詩曰。少年馬上過。世平白髮多。殘軀天所許。不樂也如何。後人傳誦焉。

上杉景虎　　中村和

足利義輝畜猛猿。見人必怒跳躍。常入之于柙。景虎至京。義輝欲以猿試其勇。景虎察知之。乃使侍臣鬼小島彌太郞。

佯爲巡禮。懷果往與之猿。猿喜啗之。又置果于柙外。猿延臂將取之。彌太郞握其臂。磨之柙木。猿臥而泣。翌日景虎入見。彌太郞從焉。義輝豫令吏牽猿居其所過處。猿視彌太郞。低首舐地。景虎徐行。

光圀敎頑民　　安積信

水戶封內。有弑父者。吏捕而鞫之。將處極刑。民性愚。生長山谷。未嘗知倫理。乃不承曰。我若殺人之父。則當受刑。今我殺吾父而刑之。何寃也。吏以聞。公召儒臣曰。以此頑民付汝。三年受業。宜竭力敎導。懈將罪汝也。儒臣敎督甚至。未三歲。民稍解讀書。始知弑逆之爲大罪。甚慙。自請就刑。然後誅之。

德川賴宣　　安積信

元和元年。東照公征大坂。賜公旗幕。從軍。五月七日。公聞先鋒接兵。馳至則戰已訖矣。見東照公。泣曰。兒不幸不得爲先鋒。故不及戰。殊可憾也。松平正綱在側。慰之曰。公妙齡。後來臨陣必多矣。不須深憾。公怒曰。咦。正綱謂賴宣再有十四歲之時乎。東照公悦曰。今日使賴宣有戰功。不若此一語爲雄偉也。列侯在座者。皆感歎。以爲有食牛之氣。

尸子。虎豹之子。雖未成文。已有食牛之氣。

結城秀康　　安積信

公與福島正則相友善。正則嘗造之、通謁竢堂上。見手槍在側。脱鞘以指爪揩之。監察使見之以聞。公勃然變色。令侍臣取寶刀。侍臣駭。私告正則。正則亦愕。稱宿疾暴發。遽出。公令侍臣取槍來。又召司兵某。脱鞘熟視。謂之曰。鋒刃精瑩。

揩。摩拭也。

正則以爪試之。何愧。若有一塵翳。將磔殺汝。汝雅素注心護兵仗。大可嘉。加賜祿百石。

村田吉次　　岡田僑

村田吉次。黑田孝高之臣也。吉次甫九歲。孝高嘗欲試其才。夜使人僞刑死。倚磔柱上。命吉次往檢之。吉次唯而起。獨至磔柱下。植標將歸。柱忽搖動。吉次以爲氣息未絶也。將攀柱刺之。其人窘急脱走。吉次大怒追之。路有一祠。跳入祠中。閉扉告故。吉次不信。示孝高所與章服偏袖。吉次乃釋之。由是孝高知其器可用。

石川八左衛門　　大槻清崇

東照公嘗攻敵城。敵在櫓上。露臀罵公。極其醜惡。公大怒。使從士石川八左衛門射之。一箭殪之。輾轉以墜。公望見大笑。八左衛門亦開口絕倒。敵忽射之。箭穿口中。八左輙顚。公即履八左肩。以拔其箭。鮮血流迸。滿身淋漓。乃使人扶而返營。八左含鹽止血。將息一夜。翌日從軍如常。乃曰。齒舌不傷。並無害飮啖。但言語微苦艱澁耳。

義家

德川光圀卿

金港堂書籍株式會社

決。他達反。過也。

胡籙。箙也。

貞任之敗。弟宗任詣賴義降。賴義善遇之。而宗任日侍義家。朝夕不懈。義家亦推誠接之。未嘗小猜嫌。一日獵裝之野。獨令宗任從。見一狐。逐之曰。我不忍殺之。言終發矢。矢決耳間著地。狐斃。宗任擧而示之。義家曰。畏怖卒倒耳。今將蘇。蘇則縱之。宗任取其矢進之。義家背而令挾之胡籙。見者危之。而宗任卒不敢加害。

忠盛

青山延于

白河上皇有寵姬。造宮於祇園祠東南。處之。世稱祇園女御。上皇嘗微服潛幸焉。忠盛以北面從之。會雨夜闇。路有如夜叉者。頭髮毿毿如束銀針。口吐火光。忽明忽滅。上皇見而怪之。從者皆畏怖。不敢進。上皇使忠盛捉之。忠盛徑前抱

金港堂書籍株式會社

之。乃一老僧也。將點火於祠。首戴麥稈。手火器。行且吹火。衆始知其非鬼物。上皇大稱其勇。

西一鷗

角田簡

西一鷗。小倉侯醫員也。性卓犖輕人。嘗應邑長之請而往。家兒迎曰。貴客辱臨。寒鄉僻陋。無物可羞。一鷗曰。我嗜雞羹。田家多雞。幸供。其他勿以。既而診病者。

渡部。在攝津。

謂曰。無他故。少間。室内躁擾。親故悲咽。家兒出曰。病者已死。客幸歸。一鷗神色泰然曰。不審平生脉。故以誤診。將出顧家兒曰。向所請雞。意已殺。爾家無所用。請畀我。

逆櫓　　賴襄

義經發京師。艤于渡部。東兵不習水戰。人人自危。梶原景時曰。請爲逆櫓。義經

舳。舟尾也。艫。船首也。

介。甲也。

曰。何謂逆櫓。曰。舳艫皆設櫓。進以舳。退以艫。義經曰。求進而退。兵之通患。乃欲求退乎。曰。宜進而進。宜退而退。良將也。有進而無退。野猪而介者耳。義經變色曰。猪乎鹿乎。吾不自知。吾唯知進而勦敵爲快而已。公若爲大將。逆櫓千百聽公所爲。若義經則不欲也。衆目笑景時。景時慚恚。

護良親王　　成島讓

護良親王戰敗。走匿南都般若寺。一乘院僧好專將兵來圍。時早晨。從者適皆外出。王計不免。將引決。偶覩佛殿有三大函。盛大般若經。其一脫蓋。乃跳入函中。以經自覆。賊遍搜索。及經函。而王所匿以其蓋開。不撿而去。王意彼若再來。索則危矣。遽移入別函。好專兵果還。傾

倒空函。展經謔曰。不見大塔王。惟見大唐玄奘三藏耳。哄而去。

本間資氏　　賴襄

湊川之戰。兩軍相持。未戰。我軍有一騎。挾弓立岸。呼曰。將軍西來。必載津妓。置酒高會。請進一物佐酒。注箭而俟。適有鶚攫魚而擧。乃馳而射之。斷其隻翼。墮敵舟中。兩軍讙呼。尊氏使人問其名。答

我軍。謂新田義貞軍也。將軍。謂足利尊氏也。

本間孫四郎。

曰。東人或識。請投刺焉。復發一箭。軼三百步。貫船舷。尊氏視其箭。彫於笴曰。相模人本間資氏。敵中傳觀。資氏揚扇呼曰。方今戰國。一矢可愛。願見返賜。賊中有答射者。箭不達岸。我軍齊笑。

新田義貞　成島讓

湊川之戰。新田義貞望敵旗幟曰。由西宮者。皆其偏裨。不足挍。而由湊川者。尊

氏兄弟也。我親當之。返陣生田森。分三隊殊死戰。兵寡遂敗。殿以退。所乘馬蹶。登隴上。以俟後騎至。敵競集之。義貞射殪一人。餘兵逡巡不進。更亂射如雨。義貞名甲一聯。曰薄金。寶刀二枝。曰鬼切。曰鬼丸。擐其甲。揮其刀。截飛矢十六。趫捷如神。既小山田高家來。以其馬授義貞。自鬪死。賴此脫還京。

後龜山天皇　德川光圀卿

後龜山天皇諱熈成。後村上帝第二子也。母嘉喜門院。幼觀放鷹于菟摘川。有巨石負松。顧侍臣曰。持致內廷。將以獻上。及還索之。泣且不止。侍臣舁一小石。著以松枝。舁至進之。若重不任。帝曰。不是侍臣詐曰。向致此石。當阨不通。有修驗者過呪之。石忽變小。臣復請再呪。如

舊。修驗者曰。前路多阨。大乃難通。臣然其言。且持至耳。帝色解曰。憾不復喚修驗者來。呪以小汝大虛言也。衆服其慧。皆謂德業可期。

森蘭丸　大槻清崇

信長近臣。有森蘭丸者。謹信而聰慧。右府甚愛寵之。嘗奉信長刀在側。刀鞘黑漆。有欵紋數十條。蘭丸潛料記其數。信

長観知之。而不言也。居數日。集左右近臣。撫其刀謂之曰。有能賭射鞘上欵數者。乃與此刀。衆爭射之。不能中也。蘭丸獨默不言。信長問汝何故不射之。蘭丸謹對曰。臣嘗料記其數矣。今如爲不知者。而中之。是賣主公以貪其賜也。臣心所深耻。是以不敢。信長悅其誠愨不欺。賜以其刀。

中學漢文讀本初步卷之下終

明治二十九年八月廿五日印刷
同　年八月廿八日發行

定價壹冊金拾五錢

著作者　東京市永田町二丁目廿八番地　秋山四郎
發行兼印刷者　東京市日本橋區本町三丁目十七番地　金港堂書籍株式會社
代表者　右社長　原亮三郎
賣捌所　各府縣特約販賣所

中學漢文讀本初步奥付

資料11

薩摩　重野安繹
伊豫　竹邨鍜　同纂

新撰漢文講本

東京　合資會社　冨山房發兌

新撰漢文講本

例言

一中學課漢文。要在使多識慣用熟語。且曉通句法章法。以資於國文。編漢文讀本。宜以此爲準繩。蓋一二年級子弟。年尚幼。知見未廣。學力未進。所課讀本。宜博涉史傳、文學、地理、動植、工藝諸科。取其平易簡明者。使子弟熟讀精思。以長養各種趣味。三年級以上。則學力漸進。多讀本邦諸儒所作。辨其諸體。而後徧及明清唐宋諸家。以溯漢魏先秦。粗知漢土歷代漢文梗概。可也。近時坊間所行漢文讀本。不下七八種。雖非無長短得失。而所載大抵係史書。如初級課本。專摘錄近古史談、昭代記、名節錄、名賢言行略、先哲叢談之類。多止慶元以上武弁言行。上級課本。亦不過抄載史記、通鑑之類。文

○　合資會社冨山房藏版

則偏於記事一體。材則局於史傳一科。是豈得讀本之體者。而世之任漢文教授者。見博蒐文材者。以爲駁雜不得要。往往欲以日本外史、皇朝史略之類。充讀本。如斯輩。未足與語中學教授法也。頃者得少閒。編此書以問于世。庶幾免效尤歟。

一此書凡六卷。每卷分上中下三篇。第一年級課入門及卷一。以下每級課一卷。

一入門爲未通漢文讀法子弟作也。其編次體裁。全出於編者創意。當有與坊間讀本異撰者。

一此書第一第二卷。史傳、文學。可以資於採錄者。不乏其書。然至工藝、動植、理科之類。則得之極難。故自撰數十篇。以補其闕。

一第三卷專載本邦諸儒所作。第四第五卷。備收明清唐宋諸家之作。間溯漢魏以上。取其傳誦爛熟者。不敢擇奇求新。又不必避坊間諸本已選出者。人或疑其陳腐。然欲使子弟粗知歷代漢文梗概。則撰擇之法。不可不如此也。初學讀之。何篇不新且奇。

一坊間諸書。初卷以至三四卷。專錄本邦史傳。此書則多採漢土史傳。蓋雞口牛後、刎頸交、水魚情、碌碌、諤諤、四面楚歌、多多益辨、差強人意、盤根錯節、吳下阿蒙、須惜分陰、彼亦人子之類。邦人日常慣用熟語。多見于蒙求、十八史略等。令誦習此等熟語者。則漢文讀本之本領。是此書所以多採漢土史傳也。且中學初級子弟。未習漢土史傳。如陸績懷橘、子路負米之類。尚且不記。而本邦史傳。則在小學已受之國文讀本

亦多載本邦人嘉言善行。何須屋上架屋。然此書不敢偏本邦忠臣孝子美談。所採錄者亦不鮮。欲使子弟有所感興也。

一論孟小學等所載彝訓嘉言。施於今而不悖者。亦多採錄焉。而尤取卑近切實者。蓋近時子弟。於此等諸書。未嘗寓目。故要使知其一斑。

一詩賦資於國文。不多讓散文。且諷唫遺興。往往足發抒志氣。學漢文者。又不可不兼修。此書第二卷。載五七言絕句。第三卷以下。漸及律詩古體。專收膾炙人口者。而多由白氏文集採入。蓋源語榮花之類。引用白詩者頗多。欲使子弟他日讀國文。有所對照也。

一各章敍次。先易後難。然事關時令者。不必然。例如觀櫻記收于春季課中。觀月記收于秋季。要使所讀之事與讀之之時

新撰漢文講本　例言　○　合資會社富山房藏版

不相齟齬。而坊間讀本。此類多漫然。冬季所課。或載納凉記等。使讀者興味索然矣。故此書用意於此。

一名人傑士見于文中者。一一考之本傳。註記其鄉貫、字號、歿年等。以資於教授參照。但欄外太迫。割愛者極多。且印刷期迫。未及檢出者。他日當補之。

一艱深語句及典故之類。註記。以便子弟按講。

一作者皆附小傳。蓋欲善讀其書。不可不先知其人也。

一第三卷以下。文中佳處加批圈。批圈者漢文特有。而如歐西文章。絕不用之。坊間讀本亦皆無。然警發讀者心情。莫善乎此焉。故今特加之。

一此書第一第二卷。每六七頁。設溫習之目。就前數章中。摘錄熟語、難句、異字、及疑似易誤者等。以便覆講。第三卷減其數。

第四卷以下全省之。

一附訓點。要不乖國語格法。然漢文自有漢語格法。不可必據國語格法也。此書訓點。務期簡明切實得其中。如徒拘格法。陷冗漫膚泛。此書所不取也。

明治三十一年九月中浣　　編者識

新撰漢文講本入門

薩摩　重野安繹
伊豫　竹部　鍛　同纂

〔解説一〕先ヅ生徒ニ對ヒテ、漢文ニハ送リ假名ヲ添ヘテ讀ムベキモノタルコトヲ説明スベシ。左ニ顚倒ナクシテ直讀シ得ベキ例ノミヲ示サン。初ニ句例トシテ短句ヲ擧ゲ、次ニ文例トシテ短文ヲ擧ゲ、共ニ假名交リ文ニ譯シタルモノト對照ス。以下皆コレニ準ズ。

句例

日月徒ニ過グ。

日月徒過。

容貌甚ダ壯ナリ。
困苦殊ニ甚ダシ。
三タビ戰ヒ三タビ勝ツ。
將軍安クニカ在ル。
天高ク地低シ。
兄友ニ弟敬ス。
仆レテ復タ起ク。
宜ナル哉是ノ言。
今幷セテ記スト云フ。

容貌甚壯。
困苦殊甚。
三戰三勝。
將軍安在。
天高地低。
兄友弟敬。
仆而復起。
宜哉是言。
今幷記云。

文例

北海全道物產極メテ多ク、海產ノ利特ニ巨ナリ。

北海全道。物產極多。海產之利特巨。

三歲ノ間五穀豐熟シテ、百姓殷富ニ、炊煙簇リ起レリ。

三歲之間。五穀豐熟。百姓殷富。炊烟簇起。

閏月大ニ風雷シ、虜艦悉ク敗壞ス。脫シ歸リシ者纔ニ三人。

閏月大風雷。虜艦悉敗壞。脫歸者纔三人。

暹羅雞ハ大抵高サ二尺餘、肩張リ脛大ク、距尖リテ長シ。羽毛多ク禿ゲテ、冠尾共ニ小ナリ。性剛勁ニシテ善ク鬪フ。

暹羅雞。大抵高二尺餘。肩張。脛大。距尖而長。羽毛多禿。而冠尾共小。性剛勁善鬪。

溫習

(一)河水大漲。　(二)地廣人衆。
(三)嘆曰機已去。　(四)其勤儉率皆此類。
(五)其色漸近漸明。　(六)王幼臣驕。亂之端也。

(七)著書三十餘種。其梓行者十餘部。

〔解説二〕 反リ點ニ〔一〕(レ)、〔二〕(一)(二)(三)(四)(五)、〔三〕(上)(中)(下)、〔四〕(甲)(乙)(丙)(丁)ノ數種アルコトヲ説明スベシ。左ニ先ヅ(レ)ノ例ノミヲ擧グ。

句例

立ㇾ志。

志ヲ立ツ。

尊ㇾ師敬ㇾ長。

師ヲ尊ビ長ヲ敬ス。

宜ㇾ花宜ㇾ月。

花ニ宜シク月ニ宜シ。

不ㇾ日臺成。

日ナラズシテ臺成ル。

爲ㇾ人所ㇾ知。

人ノ爲メニ知ラル。

互有ㇾ所ㇾ主。

互ニ主トスル所有リ。

船不ㇾ能ㇾ動。

船動クコト能ハズ。

莫ㇾ不ㇾ適ㇾ意。

意ニ適セザル莫シ。

何功不ㇾ成。

何ノ功カ成ラザラン。

敢不ㇾ奉ㇾ命。

敢テ命ヲ奉ゼザラン。

未ㇾ可ㇾ去。

未ダ去ル可カラズ。

將ㇾ在ㇾ近。

將ニ近キニ在ラントス。

猶ㇾ指ㇾ掌。

猶ホ掌ヲ指スガゴトシ。

當ㇾ求ㇾ師。

當ニ師ヲ求ムベシ。

宜ㇾ改者多。

宜シク改ムベキ者多シ。

須ㇾ期ㇾ立ㇾ功。

須ラク功ヲ立テンコトヲ期スベシ。

汝盍ㇾ學ㇾ之。

汝盍ゾ之ヲ學バザル。

文例

敖不ㇾ可ㇾ長。欲不ㇾ可ㇾ縱。志不ㇾ可ㇾ滿。樂不ㇾ可ㇾ極。

敖ハ長ズ可カラズ。欲ハ縱ニス可カラズ。志ハ滿ツ可カラズ。樂ハ極ム可カラズ。

晉孫康家貧無ㇾ油。常映ㇾ雪讀ㇾ書。少小淸介。交遊不ㇾ雜。

晉ノ孫康家貧ニシテ油無ク、常ニ雪ニ映ジテ書ヲ讀メリ。少小ヨリ淸介ニシテ、交遊雜ナラザリキ。

犬性喜ㇾ雪。怕ㇾ暑。惡ㇾ濕。知ㇾ恩。酬ㇾ仇。鼻利能齅ㇾ

犬ノ性雪ヲ喜ビ、暑ヲ怕レ、濕ヲ惡ミ、恩ヲ知リ、仇ヲ酬ユ。鼻利クシテ能ク氣ヲ齅ギ、又能ク家ヲ守ル。

氣。又能守家。

啄木鳥小ナル者ハ雀ノ如ク、大ナル者ハ鴉ノ如シ。足皆青色ニシテ剛爪利觜、舌長サ數寸端ニ刺有リ。能ク木ヲ穿ツテ蟲ヲ啄ム。

啄木鳥小者如雀。大者如鴉。足皆青色。剛爪利觜。舌長數寸。端有刺。能穿木啄蟲。

牛舌魚ハ形畧ボ鰈ニ類シテ狹長ナリ。色淡赤黑ニシテ、細鱗尾無シ。大ナル者ハ一尺許リ、眼背ニ在リ。肉モ亦鰈ト同ジク、味稍淡シ。

牛舌魚形略類鰈而狹長。色淡赤黑。細鱗無尾。大者一尺許。眼在背。肉亦與鰈同。味稍淡。

宋ノ黃履精ヲ專ニシテ書ヲ讀ム。早晨、經書每ニ誦スルコト五百遍。飯後、史書誦スルコト百遍。夜、子書誦スルコト三百遍。書ヲ誦スル每ニ、危坐シテ動カズ。句々分明ナリキ。

宋黃履專精讀書。早晨經書每誦五百遍。飯後史書誦百遍。夜子書誦三百遍。每誦

書。危坐不動。句々分明。

溫習

(一)修學習業。　(二)賜物賞之。

(三)一字不可改。　(四)終日射之終不能中。

(五)所見不稱所聞。　(六)衆人之言未足信也。

(七)嚮之不進者非不能進也。　(八)武士之用心不當如此耶。

〔解說三〕 次ニ第二種ノ反リ點ノ中、(一)(二)ノ二ツノミヲ用フル例ヲ擧グ。

句例

左右ヲ召ス。　召左右。

左右ニ問フ。　問左右。

名馬有リ。　有名馬。

江戸ニ在リ。　在江戸。

追擊セラル。　被追擊。

任用セラル。　見任用。

敵兵ヲ見ル。　見敵兵。

大將ニ見ユ。　見大將。

新撰漢文講本入門

十三

能ク爲ス無シ。
之ニ筆ヲ與フ。
之ヲ師ニ質ス。
之ヲ道ト謂フ。
名ヲ秀吉ト改ム。
寺ヲ其ノ傍ニ建ツ。
門前ニ彷徨ス。
必シモ窮追セズ。
亦甚ダシカラズヤ。

無能爲。
與之筆。
質之師。
謂之道。
改名秀吉。
建寺其傍。
彷徨門前。
不必窮追。
不亦甚乎。

○合資會社富山房藏版

十四

黄海ニ戰フ。
前日ニ倍ス。
衆中ニ颺言ス。
名ヲ異域ニ耀ス。
匕首ヲ懷ニ取ル。
大學ヲ東京ニ建ツ。
衆人ノ間ニ卓然タリ。
歐洲ヨリ還ル。

戰於黄海。
倍乎前日。
颺言於衆中。
耀名於異域。
取匕首於懷。
建大學於東京。
卓然乎衆人之間。
還自歐洲。

新撰漢文講本入門

十五

優劣スル所無シ。
復タ救フ可カラズ。
以テ意ト爲ス勿レ。
以テ世ヲ利スルニ足ル。
敢テ勉メズンバアラズ。
敢テ黽勉セザランヤ。
啻ニ益無キノミナラズ。
一日モ安ズルコト能ハズ。
識者ノ爲メニ笑ハル。

無所優劣。
不可復救。
勿以爲意。
足以利世。
不敢不勉。
敢不黽勉。
不啻無益。
不能一日安。
爲識者所笑。

○合資會社富山房藏版

十六

自ラ其ノ行フ可カラザルヲ知ル。
將ニ辭シ歸ラントス。
未ダ嘗テ門ヲ出デズ。
宜シク之ヲ點檢スベシ。
猶ホ樹ニ緣リテ魚ヲ求ムルガゴトシ。
侍臣ヲシテ之ヲ請ハシム。
寺僧ヲシテ往イテ說カシム。

自知其不可行。
將辭歸。
未嘗出門。
宜點檢之。
猶緣樹求魚。
令侍臣請之。
使寺僧往說。

文例

宇野明霞鐵匠ノ側ニ居リ、門ヲ杜ヂテ日夜苦學ス。曰ク鐵匠ト精力ヲ角スルナリト。

宇野明霞居於鐵匠側。杜門日夜苦學。曰、與鐵匠角精力。

風蘭ハ根土ニ着カズシテ木石ノ上ニ叢生ス。取ツテ之ヲ簷際ニ懸クルニ、時ニ風ノ爲メニ吹カルレバ則チ愈茂盛ス。

風蘭根不着土。叢生木石之上。取而懸之

簷際。時爲風吹。則愈茂盛。

淺見絅齋少壯ニシテ武ヲ好ミ、常ニ長刀ヲ帶ビ、其ノ鐔ニ鐫リテ曰ク、赤心國ニ報ズト。毎旦馬ヲ驅ルコト數回。

淺見絅齋少壯好武。常帶長刀。鐫其鐔曰。赤心報國。毎旦驅馬數回。

告天子ハ鶉ニ似テ小ク、褐色ナリ。黎明ノ時、天晴ルヽニ遇ヘバ、則チ且飛ビ且鳴キ、直チニ雲端ニ上ル。其ノ聲連綿トシテ已マズ。

告天子似鶉而小。褐色。黎明時遇天晴。則且飛且鳴。直上雲端。其聲連綿不已。

富士山ハ直立一萬三千尺、下三州ニ跨レリ。又蓮峰ト名ヅク。峰頂ノ積雪皓々トシテ白ヲ凝ラシ、終古融セズ。

富士山直立一萬三千尺。下跨三州。又名蓮峰。峰頂積雪。皓皓凝白。終古不融。

陶淵明彭澤ノ令ト爲リ、一奴ヲ遣リ歸シ、其ノ子ノ薪水ニ給ス。仍ツテ子ニ書ヲ遣リテ曰ク、彼モ

亦人ノ子ナリ。善ク之ヲ遇ス可シト。

陶淵明爲彭澤令。遣一奴。歸給其子薪水。仍遺子書曰。彼亦人子也。可善遇之。

林羅山幼齡ニシテ書ヲ東山ノ僧舍ニ讀ム。五行倶ニ下リ、目ヲ過グルトキハ皆記臆ス。人目シテ囊耳ト曰フ。言フ心ハ入ツテ漏レザルナリ。

林羅山幼齡讀書於東山僧舍。五行倶下。過目皆記臆。人目曰囊耳。言入而不漏也。

司馬温公幼ニシテ機敏、嘗テ群兒ト戯レシニ、一

兒水甕中ニ墮ツ。群兒譁ギテ皆棄テ去レリ。公獨リ石ヲ以テ甕ヲ破リテ兒ヲ取リ、死セザルヲ得タリ。

司馬溫公幼機敏。嘗與群兒戲。一兒墮水甕中。群兒譁皆棄去。公獨以石破甕取兒。得不死。

鼠ハ其ノ類頗ル繁シ。形兎ニ似テ小ク、四ツノ齒有リテ牙無シ。長鬚露眼ニシテ、前ノ爪四ツ、後ロノ爪五ツ、尾ノ文織レルガ如クニシテ毛無ク、長

サ身ト等シ。

鼠其類頗繁。形似兎而小。有四齒無牙。長鬚露眼。前爪四。後爪五。尾文如織而無毛。長與身等。

前川虛舟能ク細字ヲ刻ス。嘗テ方寸許ノ石ヲ以テ後赤壁ノ賦ヲ刻セリ。賴春水歎ジテ曰ク、絕技無雙、獨リ惜ムラクハ世ニ之ヲ觀ル目無キヲト。

前川虛舟能刻細字。嘗以方寸許石、刻後赤壁賦。賴春水歎曰。絕技無雙。獨惜世無

觀之目也。

晉ノ車胤幼ニシテ恭勤博覽、家太ダ貧ニシテ、常ニ油ヲ得ズ。夏月練囊ヲ以テ數十ノ螢火ヲ盛リ、書ヲ照シテ之ヲ讀メリ。後チ官尚書郎ニ至リキ。

晉車胤幼恭勤博覽。家太貧不常得油。夏月以練囊盛數十螢火。照書讀之。後官至尚書郎。

梁田蛻巖嘗テ友ヲ會シテ詩ヲ賦セリ。時ニ或人石見ノ國ハ硯ノ如シヲ以テ對ヲ求ム。衆苦思ス

レドモ未ダ得ル能ハズ。蛻巖徐ニ對ヘテ曰ク、竹生島ハ笙ニ似タリト。一坐歎稱セリ。

梁田蛻巖嘗會友賦詩。時或以石見國如硯求對。衆苦思未能得。蛻巖徐對曰。竹生島似笙。一坐歎稱。

鱠殘魚大ナル者ハ二三寸、身圓クシテ箸ノ如シ。潔白ナルコト銀ノ如クニシテ鱗無ク、已ニ鱠ニセル魚ノ若シ。但目ニ兩黑點有ルノミ。小ナル者ハ曝乾シテ以テ四方ニ貨ル。

鱠殘魚大者二三寸。身圓如箸。潔白如銀無鱗。若已鱠之魚。但目有兩黑點爾。小者曝乾以貨四方。

孫敬常ニ戸ヲ閉ヂテ書ヲ讀ミ、睡ルトキハ則チ縄ヲ以テ頸ニ繫ケテ、之ヲ梁上ニ懸ク。嘗テ市ニ入リシニ、市人之ヲ見テ皆曰ク、閉戸先生來ルト。辟命スレドモ至ラザリキ。

孫敬常閉戸讀書。睡則以縄繫頸。懸之梁上。嘗入市。市人見之皆曰。閉戸先生來也。

辟命不至。

鰕ハ凡ソ江湖ニ出ヅル者ハ大ニシテ色白ク、溪池ニ出ヅル者ハ小ニシテ色青シ。皆背ニ斷節有リ。尾ニ硬鱗有リ。足多クシテ好ンデ躍ル。其ノ子ハ腹外ニ在リ。品類甚ダ多シ。

鰕凡江湖出者。大而色白。溪池出者。小而色青。皆背有斷節。尾有硬鱗。多足而好躍。其子在腹外。品類甚多。

後漢ノ高鳳ガ家農ヲ以テ業ト爲ス。鳳精ヲ專ニ

シテ誦讀シ、晝夜息メズ。妻嘗テ田ニ之キ、麥ヲ庭ニ曝シ、鳳ヲシテ雞ヲ護セシム。時ニ天暴カニ雨フル。而シテ鳳竿ヲ持シ經ヲ誦シテ、潦水ノ麥ヲ流スヲ覺エズ。妻還リテ怪ミ問ヒケレバ方ニ悟レリ。後チニ名儒ト爲リキ。

後漢高鳳家以農爲業。鳳專精誦讀。晝夜不息。妻嘗之田。曝麥於庭。令鳳護雞。時天暴雨。而鳳持竿誦經。不覺潦水流麥。妻還。怪問方悟。後爲名儒。

新撰漢文講本入門　〇　合資會社富山房藏版

三浦梅園幼ニシテ穎敏、綾部絅齋ニ從ウテ學ビ才俊ヲ以テ稱セラル。隱居シテ仕ヘズ。梅園ガ先、人ノ塋舍南數百歩ニ在リ。壯歲墓ヲ拜スルコト日ニ三タビ、老ニ到ツテ日ニ二タビ、以テ常ト爲ス。寒暑風雨ト雖モ少シモ懈ラザルナリ。

三浦梅園幼穎敏。從綾部絅齋而學。以才俊稱。隱居不仕。梅園先人之塋。在舍南數百步。壯歲拜墓日三。到老日二。以爲常。雖寒暑風雨不少懈也。

温習

(一)讀古書友古人。

(二)駕快車降急阪。

(三)秀吉有將將之才。

(四)不數年富致巨萬。

(五)使人追懷不能已。

(六)人莫不飲食也。鮮能知味。

(七)欲使敵不暇於防禦。

(八)吾今而知汝等不足爲我用也。

(九)新井白石推服瑞軒。稱爲偉人。

(十)從容談笑。使人不得發怒。

(十一)福島正則資性温藉。其暴猛不至如世所傳。

(十二)無貴賤無親疎。互相戒告。

(十三)若犬馬之與我不同類也。

〔解説四〕 次ニ(一)(二)(三)ノ三ツヲ用フル例ヲ擧ゲン。

句例

以テ模範ト爲ス可シ。　可以爲模範。

以テ尊念ヲ勞スル勿レ。　勿以勞尊念。

悉ク寶器ヲ燒カント欲ス。　欲悉燒寶器。

能ク其ノ狀ヲ說クモノ無シ。　無能說其狀。

必シモ多言ヲ用ヒス。　不必用多言。

未ダ曾テ獨行セズンバアラズ。　未曾不獨行。

安ゾ肆ニ人家ニ入ルヲ得ン。　安得肆入人家。

未ダ遽カニ民心ヲ失フ可カラズ。　未可遽失民心。

此レ貧民無キ所以ナリ。　此所以無貧民。

敢テ或ハ生還スル者有ルコト無カラン。　無敢或有生還者。

獨リ賢者ノミ是ノ心有ルニ非

ルナリ。　非獨賢者有是心也。

皆飢ヲ支ヘテ以テ麥ノ熟スルヲ待ツヲ得タリ。　皆得支飢以待麥熟。

外ニ救援無シト雖モ、遂ニ叛者無シ。　雖外無救援。遂無叛者。

焉ゾ群雄ヲシテ服從セザラシムルヲ得ンヤ。　焉得使群雄不服從乎。

是レ猶ホ足ヲ擧ゲズシテ泰山ニ登ラント欲スルガゴトキナ　是猶欲不擧足而登泰山也。

リ。

文例

立原翠軒深ク新井白石ヲ信ジ、多ク其ノ著書ヲ儲フ。行役シテ江戸ニ抵ル毎ニ、必往イテ其ノ墓ヲ拜掃セリ。

立原翠軒深信新井白石。多儲其著書。每行役抵江戸。必往拜掃其墓。

島東皐少年ノコロ好ンデ三絃ヲ弄セリ。一日聖學ノ要ヲ聞キ、慨然トシテ歎ジテ日ク、豈ニ復タ

此ノ物ヲ弄ス可ケンヤト。火ニ投ジテ之ヲ焚ケリ。

島東皐少年好弄三絃。一日聞聖學之要。慨然歎日。豈可復弄此物乎。投火焚之。

南方ノ人常ニ橄欖ヲ食ヒ、果ニ當テ茶ニ代フ。賓客有ルトキハ、必先ヅ之ヲ呈ス。蓋シ南方ハ地濕ニシテ此レヲ食ハズンバ、以テ瘴癘ヲ禦グコト無キナリ。

南方人常食橄欖。當果代茶。有賓客。必先

呈之。蓋南方地濕。不食此。無以禦瘴癘也。

棘鬣ハ鱗鬣淡赤白ニシテ、潮ヲ離ルヽトキハ則チ赤ニ變ズ。其ノ肉白ク、味尤モ美ナリ。以テ魚品ノ首ト爲ス可シ。播磨明石ヨリ出ヅル者最モ名有リ。

棘鬣鱗鬣淡赤白。離潮則赤變。其肉白。味尤美。可以爲魚品之首。出於播磨明石者。最有名。

魏ノ鄧艾少ウシテ家貧シ。高山大澤ヲ見ル每ニ、

新撰漢文講本入門 ○ 合資會社富山房藏版

輒チ軍營ノ處所ヲ規度指畫ス。時人多ク之レヲ笑フ。後チ征西將軍ニ累遷シ、蜀ヲ征シテ大ニ之ヲ破レリ。

魏鄧艾少家貧。每見高山大澤。輒規度指畫軍營處所。時人多笑焉。後累遷征西將軍。征蜀大破之。

井伊直孝幼ニシテ箕輪ノ里正ニ育ハル。夜盜數人有リテ入ル。直孝刀ヲ揮ウテ先ヅ進ミシ者ヲ斬レバ、餘ハ駭キ散ゼリ。時ニ年纔ニ十一。人、其ノ

偉器タランコトヲ知レリ。

井伊直孝幼育於箕輪里正。夜有盜數人入焉。直孝揮刀斬先進者。餘駭散。時年纔十一。人知其爲偉器。

中井蕉園詞藻敏捷。嘗テ自ラ己ガ賦才ヲ試ミント欲シ、其ノ父竹山ニ白シテ題ヲ乞ヒ、一宵ニ十篇ヲ作ル者再ビ。時ニ年二十六。賴山陽稱シテ文妖ト曰ヘリ。

中井蕉園詞藻敏捷。嘗欲自試己賦才。白

其父竹山乞題。一宵作十篇者再。時年二十六。賴山陽稱曰文妖。

書商小林新兵衞物徂徠ニ請ウテ曰ク、小子家號無シ。願クハ先生命ゼヨト。徂徠笑ウテ曰ク、書賈ノ吾ガ門ニ出入スル者五人、而シテ爾ガ鬻グ所價最モ高シ。猶ホ嵩山ノ五嶽ニ於ケルガゴトシ。宜シク嵩山房ト名ヅクベシト。

書商小林新兵衞請物徂徠曰。小子無家號。願先生命焉。徂徠笑曰。書賈出入吾門

者五人。而爾所鬻價最高。猶嵩山於五嶽。宜名嵩山房。

上杉景勝豪邁ニシテ膽大ナリ。平素未ダ曾テ喜悅ノ色ヲ見ハサズ。家ニ養フ所ノ胡孫有リ。偶景勝ガ脫セシ所ノ巾幘ヲ蒙リ、走ツテ庭樹ニ升リ、景勝ニ向ウテ點頭スル者三タビ。景勝始メテ莞然タリ。左右ノ侍御景勝ノ笑顏ヲ見シハ唯、此ノ一事ト云フ。

上杉景勝豪邁而膽大。平素未曾見喜悅

之色。家有所養胡孫。偶蒙景勝所脫巾幘。走升庭樹。向景勝點頭者三。景勝始莞然。左右侍御見景勝笑顏。唯此一事云。

後漢ノ陳蕃年十五、嘗テ一室ニ閒處シテ庭宇蕪穢ス。父ノ友薛勤來ツテ之ヲ候シ、蕃ニ謂ツテ曰ク、孺子何ゾ洒掃シテ以テ賓客ヲ待タザルト。蕃曰ク、大丈夫世ニ處スル、當ニ天下ヲ掃除スベシ。安ゾ一室ヲ事トセンヤト。勤其ノ世ヲ清ムル志有ルヲ知リ、甚ダ之ヲ奇トセリ。

後漢陳蕃年十五。嘗閒處一室。而庭宇蕪穢。父友薛勤來候之。謂蕃曰。孺子何不洒掃以待賓客。蕃曰。大丈夫處世。當掃除天下。安事一室乎。勤知其有清世志。甚奇之。

毛利元就幼ニシテ大志有リ。嘗テ嚴島ノ神祠ニ詣デ、既ニ歸リテ從者ニ問ウテ曰ク、汝何ヲカ祈ルト。曰ク、郎君ノ安藝ニ主タランコトヲ祈ルノミト。元就曰ク、盍ゾ吾ガ天下ニ主タランコトヲ祈ラザル。夫レ天下ニ主タランコトヲ願フ者ハ

能ク一方ニ主タリ。一方ニ主タランコトヲ願フ者ハ能ク一國ニ主タリ。今一國ニ主タランコトヲ願ヘリ。其ノ成ル所知ル可キノミト。聞ク者之ヲ奇トセリ。

毛利元就幼有大志。嘗詣嚴島神祠。既歸。問從者曰。汝何祈。曰祈郎君主安藝而已。元就曰。汝盍祈吾主天下。夫願主天下者。能主一方。願主一方者。能主一國。今願主一國矣。其所成可知已。聞者奇之。

溫習

(一)不敢後他人。 (二)得因以歸鄕里。

(三)任其所自好耳。 (四)吾知其無能爲。

(五)不欲久在其下。 (六)蓋慮累及友人也。

(七)終身不復入都門。 (八)使其子賣薪於市。

(九)不知今夜將何處宿。 (十)是非凡人所能企及。

(十一)不忍坐視國運之衰。 (十二)每隣里有暴客往捕之。

(十三)不若及今快戰暴

骨原野。 (十四)大小數十戰。未嘗一受刀瘢。

(十五)豈可驕奢以破我家朴素之風乎。 (十六)未必不此之由也。

〔解說五〕 次ニ(一)ヨリ(四)、又ハ(五)マデヲ用フル例ヲ擧ゲン。サレドコノ例ハ甚ダ稀ナレバ、今僅ニ一二ノ句例ヲ示シテ已マントス。

句例

人ト爲リ方嚴剛峻、望ンデ其ノ端士タルヲ知ル可シ。

爲人方嚴剛峻。可望而知其爲端士。

予當時ノ史ヲ讀ム每ニ、未ダ嘗テ卷ヲ掩ウテ其ノ風俗ノ汚下ニ流レシヲ嘆ゼズンバアラズ。

予每讀當時之史。未嘗不掩卷嘆其風俗流汚下。

〔解說六〕次ニ第三種ノ反リ點、(上)(中)(下)ヲ用フル例ヲ擧ゲン。コノ反リ點ハ(上)(下)ノ二ツノミヲ用フルト、三ツ共ニ用フルトアレド、共ニ已ニ(一)(二)(三)ナドノ反リ點ノ用ヒアルニ、尚ホソレヲ越エテ、上下ニ跨リ讀ムベキ時ニ限リテ、コノ反リ點ヲ用フルモノナルコトヲ說明スベシ。

句例

奮起セザル者無シ。

無不奮起者。

寧ロ士卒ニ先ツテ進マント欲ス。

寧欲先士卒而進。

宜シク其ノ性ニ隨ウテ以テ之ヲ導クベシ。

宜隨其性以導之。

安ゾ豪雄清正ノ如キ者ヲ得ンヤ。

安得豪雄如清正者乎。

邦典ヲ究メ古道ヲ明カニスルヲ以テ自ラ任ズ。

以究邦典明古道自任。

單身勁敵ヲ斃シテ以テ其ノ主ヲ救フニ至ル。

至單身斃勁敵以救其主。

事亦宜シク謹厚ニ過グベカラザル者有ルナリ。

事亦有不宜過乎謹厚者也。

當ニ大魚千尾ヲ送ツテ以テ都人ノ目ヲ駭カスベシ。

當送大魚千尾以駭都人之目。

夢ニ黑旗ヲ背ニ樹ツル者薙刀ヲ以テ敵將ノ首ヲ斬リシヲ見タリ。

夢見樹黑旗於背者以薙刀斬敵將首。

文例

雀ノ目昏ニ盲ス。故ニ人昏ニ至ツテ物ヲ見ザル者有レバ、之ヲ雀盲ト謂フ。

雀目昏盲。故有人至昏不見物者。謂之雀盲。

箱館ノ市民ハ概ネ本洲ヨリ來住セル者多シ。戶口月ニ增シ、商業日ニ熾ナリ。

箱館市民。概多自本洲來住者。戶口月增。

商業日熾。

凡ソ人ノ上タル者ハ當ニ人ニ先ツテ損シ、人ニ先ツテ苦ミ、人ニ先ツテ勞スベシ。苟モ之ニ反スレバ、則チ名ヲ辱メ、身ヲ毀ラザル者鮮シ。

凡爲人上者。當先人而損。先人而苦。先人而勞。苟反之。則鮮不辱名毀身者。

桃ハ品類甚ダ多ク、栽種ニ易ク、且早ク實ヲ結ブ。五年ニシテ宜シク刀ヲ以テ其ノ皮ヲ剝ギテ脂液ヲ出スベシ。則チ多ク數年ヲ延ブ。其ノ花ニ紅

紫白有リ。

桃品類甚多。易於栽種。且早結實。五年宜以刀剝其皮。出脂液。則多延數年。其花有紅紫白。

德川秀忠枕ニ伏スルコト數旬、未ダ嘗テ一朝モ梳頭ヲ廢セズ。曰ク、然ク病ムト雖モ天下ノ政ハ敬ンデ聽カザル可カラズ。豈ニ蓬頭亂髮ヲ以テ之ニ接ス可ケンヤト。

德川秀忠伏枕數旬。未嘗一朝廢梳頭。曰。

雖然病矣。天下之政。不可不敬聽。豈可以蓬頭亂髮接之乎。

後漢ノ孔融幼ニシテ異才有リ。四歲ノ時、諸兄ト共ニ梨棗ヲ食フ每ニ、輙チ小ナル者ヲ引ク。大人其ノ故ヲ問ヘバ、答ヘテ曰ク、我ハ小兒、法當ニ小ナル者ヲ取ルベシト。是レニ由ツテ宗族之ヲ奇トセリ。

後漢孔融幼有異才。四歲時每與諸兄共食梨棗。輙引小者。大人問其故。答曰。我小

兒。法當取小者。由是宗族奇之。

建築ノ制一ナラズ。神祠社殿ノ若キハ、古制ノ存ズル者有リ。佛寺堂塔ノ若キハ、法海外ヨリ傳フル者有リ。近時又石造、煉化石造等ノ諸法有リ。專ラ世ニ行ハル。

建築之制不一。若神祠社殿。有古制存焉者。若佛寺堂塔。有法自海外傳者。近時又有石造煉化石造等諸法。專行于世。

荒木村重面貌壯偉。其ノ信長ニ謁セシトキ、會、饅

頭ヲ獻ゼシ者有リ。信長佩刀ヲ拔キ、饅頭ヲ鋒ニ貫キ、以テ之ニ啗ハシム。村重進ミ口ヲ開イテ之ヲ受ク。信長笑ウテ曰ク、好漢、攝津十三郡汝ノ之ヲ略取スルニ任ゼント。

荒木村重面貌壯偉。其謁信長。會有獻饅頭者。信長拔佩刀。貫饅頭于鋒。以啗之。村重進。開口受之。信長笑曰。好漢。攝津十三郡任汝略取之。

王僧孺幼ニシテ聰明、年五歲初メテ孝經ヲ授カリ、大旨ヲ問フ。師曰ク、忠孝ノ二事ヲ論ズルナリト。答ヘテ曰ク、若シ爾ラバ、願クハ常ニ之ヲ讀マント。其ノ父ニ李ヲ饋ル者有リ。先ヅ一ヲ以テ之ニ與フ。辭シテ受ケズ。曰ク、大人未ダ見ズ。敢テ先ヅ嘗メズト。七歲ニシテ能ク千萬言ヲ讀メリ。

王僧孺幼聰明。年五歲初授孝經。問大旨。師曰。論忠孝二事。答曰。若爾。願常讀之。有饋其父李者。先以一與之。辭而弗受。曰。大人未見。不敢先嘗。七歲能讀千萬言。

後漢ノ劉寬倉卒ニ居ルト雖モ、未ダ嘗テ疾言遽色セズ。夫人寬ヲ試ミテ恚ラシメント欲シ、朝會ニ當ツテ裝嚴已ニ訖ルヲ伺ヒ、侍婢ヲシテ肉羹ヲ奉ジテ、翻シテ朝服ヲ汚サシム。婢遽テ、之ヲ收ム。寬神色異ラズ。乃チ徐ニ言ウテ曰ク、羹汝ノ手ヲ爛セシカト。其ノ性度此クノ如シ。

後漢劉寬雖居倉卒。未嘗疾言遽色。夫人欲試寬令恚。伺當朝會裝嚴已訖。使侍婢奉肉羹翻汚朝服。婢遽收之。寬神色不異。乃徐言曰。羹爛汝手乎。其性度如此。

二山伯養家ニ居テ、平生上下ヲ著セリ。本郷弓街ニ居リシ時、其ノ家井無ク、常ニ鄰家ニ汲メリ。鄰家一日井ヲ濬ス。義當ニ役夫ヲ出ダシテ以テ之ヲ助クベシ。適伯養ノ僕疾有リ。伯養乃チ出デ、、躬自ラ綆ヲ執ツテ力ヲ分ツ。尙ホ上下ヲ脫セザリキト云フ。

二山伯養居家。平生著上下。居本郷弓街時。其家無井。常汲於鄰家。鄰家一日濬井。

義當出役夫以助之。適伯養僕有疾。伯養乃出。躬自執綆分力。尚不脫上下云。

温習

〔一〕將與謙信和。　〔二〕宜滅明國而後止。

〔三〕欲分其田與兩兒。　〔四〕當以此人爲始祖。

〔五〕乃出戰袍有槍痕者。　〔六〕自有不可得而同者。

〔七〕不騎此馬先登不生還。　〔八〕使天下皆欲援弓而射之。

〔解說七〕次ニ第四種ノ反リ點(甲)(乙)(丙)(丁)ヲ用フル

新撰漢文講本入門　○　合資會社富山房藏版

例ヲ擧ゲン。サレドコハ極メテ稀ナレバ、僅ニ一ツノ句例ヲ示シテ止マントス。

句例

復タ將ニ朝敵ヲ除滅シテ、宇内ヲシテ再ビ皇化ニ歸セシメントス。

復將除滅朝敵俾宇内再歸皇化

新撰漢文講本入門　終

(新撰漢文講本奥附)

入門		定價金拾貳錢
卷一ノ上	全	金拾六錢
卷一ノ下	全	金貳拾五錢
卷二ノ上	全	金貳拾錢
卷二ノ下	全	金貳拾八錢
卷三ノ上	全	金貳拾錢
卷三ノ下	全	金貳拾八錢

入門 明治三十二年二月十一日印刷　仝年二月十五日發行
卷一ノ上下 仝 年二月二十二日印刷　仝年二月二十八日發行
卷二ノ上下 仝 年三月二十七日印刷　仝年三月三十日發行
卷三ノ上下 仝 年四月十八日印刷　仝年四月二十一日發行
明治三十三年一月十一日訂正再版印刷
仝　年一月十四日仝　仝　發行

版權所有

編纂者　重野安繹
編纂者　竹村鍛
發行者　東京市神田區裏神保町九番地　合資會社冨山房
代表者　合資會社冨山房社長　坂本嘉治馬
印刷者　東京市日本橋區藥研堀町三十三番地　仁科衞
印刷所　同所　厚信舍　(電話浪花一四六番)

發兌元　(明治廿九年六月設立)　合資會社冨山房
長距離加入(電話本局一〇三六番)　電報畧號　ヤマフ

渡貫勇編纂

中學漢文學初步

明治三十二年十月三十日文部省
檢定濟中學校漢文科教科書

文學社

資料12

例言

一、本書欲充中學漢文科初級讀本編之、

一、本書首掲直譯漢文爲時文者、以與小學讀書科聯絡、次錄時文中摘一句若數句漢語者、以使窺漢文訓點之一斑、然後漸入漢文、因題曰中學漢文學初步、蓋今之出小學始遷中學者、大抵年少學淺、未可遽以漢文授焉、謂如此則自易入難、勞少功多、漢文教授法不當不然也、

一、所憾於今之學生者、方其讀書、止暗句解字、務應試不落焉耳、觀忠孝節義之蹟而感奮興起者幾希矣、昔人有詩云、十年螢雪有何補、但是看書不讀書、殆是矣、本書多收古賢人名士嘉言善行可玩可鑑者、庶幾使學生誦讀之際、忠孝節義之心油然生沛然起也、特恐或輕輕看過、故警語妙句可玩味者、前後呼應起伏緊接者、及一篇主旨存處、爲施點圈、使其反覆熟讀神會意得焉、謂教授上亦不爲無補矣、非敢品隲古人之文也、

一、事係政論禪話、及姦譎怪異者、於少年養氣成德、有害無益、本書一切除之、

一、本書純編邦人之文、而不收漢人之文、多取叙事之類、而不及議論之類、此先內後外之意、亦自易入難之法、且辨稱呼、正讀方等、用意不少、他不必贅焉、

明治己亥五月於五城僑居

渡貫勇識

中學漢文學初步卷一

目次

以上漢文五十二篇

中學漢文學初步卷一

渡貫勇編纂

國體 原漢文

會澤正志齋 名安、常陸人、著新論、

昔天祖ノ肇メテ鴻基ヲ建テタマフヤ。位ハ卽チ天位。德ハ卽チ天德。以テ天業ヲ經綸シタマヒ。細大ノ事。一トシテ天ニ非サルモノナカリキ。德ヲ玉ニ比シ。明ヲ鏡ニ比シ。威ヲ劍ニ比シ。天ノ仁ヲ體シ。天ノ明ニ則リ。天ノ威ヲ奮ヒ。以テ萬邦ニ照臨シタマフ。天下ヲ以テ皇孫ニ傳ヘタマフニ迨

ヒ。手ツカラ三器ヲ授ケタマヒ。以テ天位ノ信トナシ。以テ天德ニ象リ。而シテ天工ニ代リテ天職ヲ治メ。然ル後。之ヲ千萬世ニ傳ヘシメタマフ。天胤ノ尊キコト。嚴乎トシテ其レ犯スヘカラス。君臣ノ分定マリテ。大義以テ明ナリ。

天祖ノ神器ヲ傳ヘタマフヤ。特ニ寶鏡ヲ執リテ。祝シタマヒテ曰ク。此ヲ視ルコト猶吾ヲ視ルカ如クセヨト。而シテ萬世祀ヲ奉シ。以テ天祖ノ神トナシ。聖子神孫。寶鏡ヲ仰キテ影ヲ其中ニ見タマフ。見タマフ所ノモノハ。卽チ天祖ノ遺體ニシ

テ視タマフコト猶天祖ヲ視タマフカ如シ。是ニ於テカ盥薦ノ間、神人相感シ、以テ已ムヘカラス。則チ其遠ヲ追ヒ孝ヲ申ネ身ヲ敬ヒ德ヲ修ムル。亦豈已ムヲ得ンヤ。父子ノ親、敦クシテ至恩以テ隆ナリ。

天祖既ニ此二者ヲ以テ人紀ヲ建テ訓ヲ萬世ニ垂レタマヘリ。夫レ君臣ト父子トハ天倫ノ最大ナルモノナリ。而シテ至恩、內ニ隆ニ大義、外ニ明ニ忠孝立チテ天ト人トノ大道昭昭乎トシテ其レ著シ。忠以テ貴ヲ貴ヒ孝以テ親ヲ親ミ億兆能

ク心ヲ一ニシ上下能ク相親ムコト亙ニ以アルナリ。

仁德天皇 原漢文　青山拙齋（名延于、常陸人、著皇朝史略、）

仁德天皇攝津ノ難波ニ都シタマフ。之ヲ高津ノ宮ト謂フ。宮室堊セス。務メテ節儉ニ從ヒタマフ。一日、帝、臺ニ登リテ遠望シタマヒシニ、人煙起ラス。以爲ヒタマハク、百姓窮乏ニシテ家ニ炊クモノナキナリト。詔シテ課役ヲ除キタマフコト三年。宮垣頹敗スレトモ營作シタマフ所ナシ。」三年ニ及フ比、五穀豐穰シ、百姓殷富ニシテ、歡聲路ニ

盈ツ。其後帝復臺ニ登リ遠望シテ炊煙ノ盛ニ起ルヲ見タマヒ、皇后ニ謂ヒテ曰ヒタマハク、朕既ニ富メリ。復何ヲカ憂ヘンヤト。后曰ヒタマハク、今、宮室朽壞シテ暴露ヲ免レス。何ソ富メリト謂ヒタマフヤト。帝曰ヒタマハク、君ハ民ヲ以テ本トナス。民貧シケレハ朕貧シ。民富メハ朕富メリ。未タ民富ミテ君貧シキモノハアラス。今、炊煙盛ニ起ル。富庶知ルヘキナリト。」諸國稅調ヲ輸シテ以テ宮室ヲ修メンコトヲ請フ。聽キタマハス。後數年アリテ始メテ課役ヲ科シ宮室ヲ造リタマ

フ。百姓老ヲ扶ケ幼ヲ携ヘ、先ヲ爭ヒテ來リ赴キ。材ヲ運ヒ簣ヲ負ヒ、日夜勞作シ、未タ幾ハクナラスシテ宮室悉ク成リヌ。

信長皇居ヲ營ム 原漢文　大槻盤溪（名清崇、陸前人、著近古史談、）

足利氏ノ季、宮闕ノ頹廢セルコト極マレリ。當時ノ古老ノ言ヲ傳フルモノアリ。云フ、茨墻竹柵、復門闕ナク、群童日ニ階下ニ來リ、土塊ヲ摶シテ以テ戲トナス。時ニ簾ヲ掲ケテ戶ヲ窺フニ、闃トシテ人ナキカ如シ。而シテ公卿ハ窮阨スルコト殊ニ甚シ。近衞公ノ國歌會ニ饑團ヲ三寶盤ニ盛リテ

客ニ供セルニ盤板煤蝕シテ深黒ナルコト漆ノ如シ人アリ常盤井公ニ謁ス時方ニ盛夏公襌衣ナク直チニ蚊幮ヲ體ニ纒ヒテ以テ其人ヲ見キ其瑣尾ナルコトモ此ノ如シト織田氏ノ興ルニ及ヒ則チ宮禁ヲ營ミ供御ヲ辨シ廢典ヲ擧ケ常職ヲ續キ然ル後ニ煥然トシテ始メテ觀ルヘキモノアリキト云フ

徳川家康 原漢文

賴山陽 名襄、安藝人、著日本外史日本政記等、

東照公人トナリ沈毅ニシテ大略アリ兵ヲ用フルコト神ノ如シ而シテ學ヲ好ミ治ヲ求メ人ヲ愛シ能ク容レ事ヲ處スル必ス百世ノ後ヲ規ス其朝廷ニ事フル恭順殊ニ至リ王國ヲ鎭護スルヲ以テ己カ任ト爲シ自ラ儉約ヲ執リ敢テ驕侈セス最モ稼穡ノ事ヲ重シ至リテ微細ノコトト雖モ諳知セサルハナク屢遊畋ニ託シ以テ疾苦ヲ訪ヘリ其政ヲナスヤ務メテ士氣ヲ養ヒ言路ヲ開キ巧佞浮華ノ習ヲ防ケリ公幼クシテ尾張ニ質タリ百舌ヲ獻スルモノアリ卻ケテ受ケス左右故ヲ問フ公曰ク吾聞ク主將ハ小慧ノ者ヲ取ラスト其岡崎ニ在リシトキ禁ヲ犯セル者二

人アリ其一ハ囿ニ弋シ其一ハ濠ニ網シ皆拘繫セラル牙兵鈴木某之ヲ諫メント欲スレトモ未タ路アラス乃チ故ラニ自ラ令ヲ矯メテ池籞ノ鯉ヲ取リ煮テ之ヲ食フ他日公池ヲ觀テ守者ニ問フ守者故ヲ告ク公大ニ怒リ手ツカラ鈴木ヲ斬ラント欲ス鈴木入リ目ヲ張リ罵リテ曰ク噫暗主禽魚ヲ以テ人ニ易ヘントス惡ソ天下ヲ爲ムルヲ得ント公大ニ悟リ刀ヲ抛チテ入リ遂ニ前ノ二人ヲ釋シ鈴木ヲ召シテ之ヲ褒シヌ後人ニ語リテ曰ク直言ノ功ハ一番槍ニ愈ル敵ヲ犯ス者ハ賞倖スヘシ君ヲ犯ス者ハ罰測ルヘカラサレハナリト公少キトキヨリ武田氏ト兵ヲ連ヌ後武備ヲ講スルニ多ク其法ヲ取ル或ヒト說キテ曰ク武田ノ箭ハ必ス其鏃ヲ甘クス人ニ中リテ拔ケ難カラシムルナリ請フ之ニ倣ヘト公顰顣シテ曰ク忍ナルカナ孰カ天下ノ民ニ非サラント因リテ令シテ曰ク德川ノ箭ハ必ス其鏃ヲ固クシ人ニ中リテ拔ケ易カラシメヨト公幼クシテ今川氏ニ育セラル今川義元ノ墓ハ桶峽ニ在リ公過クル毎ニ必ス下拜シキ其仁且ツ義

桶峽、尾張ニ在リ、

上杉輝虎、謙信ト號ス、越後ノ將、武田晴信、信玄ト號ス、甲斐ノ將、既望、十六日ナリ、

ナルハ蓋シ天性ナリ。

犀川ノ戰 原漢文

賴山陽

天文二十三年八月。謙信八千騎ヲ以ヰテ信濃ニ入ル。曰ク吾此行必ス信玄ト親戰シ、雌雄ヲ決セン、ト。進ミテ犀川ヲ渡リテ陣ス。既望。信玄二萬人ヲ以ヰテ出テ、之ト對シ。壘ヲ固クシテ出テス」。間日。謙信、村上義清ヲシテ。夜、兵ヲ伏セ。曉ニ樵ヲ采ル者ヲ出シテ。甲斐ノ壘ニ近ツカシム。甲斐ノ兵出テヽ之ヲ追ヒ。伏ニ陷リテ皆死ス。諸隊隨ヒテ出テ大ニ戰フ。終日十七合。迭ニ勝敗アリキ」。

信玄潛ニ令ヲ下シ。縆ヲ犀川ニ張リテ渡リ。旗幟ヲ伏セ。蘆葦ノ中ヲ徑リ。直ニ謙信ノ麾下ヲ襲ヒシニ。麾下潰走セリ。信玄勝ニ乘シテ進ム。宇佐美定行等。手兵ヲ以ヰテ。橫擊シテ之ヲ破リ。之ヲ河ニ擠シヌ」。信玄數十騎ト走ルトキ。一騎アリ。黃襖騮馬、白布ヲ以テ面ヲ裹ミ。大刀ヲ拔キ。來リ呼ヒテ曰ク。信玄何クニ在ルト。信玄馬ヲ躍ラシ。河ヲ亂リテ將ニ逃レントス。騎モ亦河ヲ亂リ。罵リテ曰ク。豎子此ニ在ルカト。刀ヲ擧ケテ之ヲ擊ツ。信玄刀ヲ拔クニ暇アラス。持ツ所ノ麾扇ヲ以テ之ヲ扞ク。扇折ル。又擊チテ其肩ヲ斫ル。甲斐ノ從士之ヲ救ハントス。欲スレトモ。水駛クシテ近ツクヘカラス。隊將原大隅。槍ニテ其騎ヲ刺シヽカ中ラス。槍ヲ擧ケテ之ヲ打チテ。馬首ニ中ツ。馬驚キ跳リテ湍中ニ入リ。信玄纔ニ逸レヌ。武田信繁。信玄ノ危キヲ聞キ。之ニ返シ。騎ヲ呼ヒテ戰ヲ索メ。戰ヒテ之ニ死セリ」。是日、兩軍死傷大ニ當ル。而シテ信玄創ヲ被リ。夜、兵ヲ收メテ退ク。後、越後ノ捕虜ヲ獲。言フ、嚮ノ騎ハ乃チ謙信ナリト。

豐公首鎧ヲ忠勝ニ賜フ 原漢文

大槻盤溪

關白既ニ小田原ヲ滅シ。兵ヲ引キテ東シ。將ニ奧州ヲ征セントシ。宇都宮ニ次ル。時ニ本田忠勝。土寇ヲ伐チテ總ノ廳南ニ在リ。公、人ヲ差シテ之ヲ行營ニ致ス。一日、大ニ列侯諸將ヲ會シ。首鎧一領ヲ出シ。衆ニ示シテ曰ク。是ヲ佐藤四郎忠信ノ鎧トナス。誰ソヤ今日忠信ノ忠勇ニ比スヘキモノ。苟モ其レ之レアラハ。孤、將ニ擧ケテ以テ之ヲ與ヘントスト。衆敢テ應スル者ナシ。公因リテ颺言シテ曰ク。此鎧ヲ服シテ愧色ナキモノハ。唯徳川氏ノ臣本多中書ヲ然リトナス。記ス。昔長湫ノ役

ニ。我褊將三人ヲ失ヒ。孤、憤怨ノ極。敗ヲ聞キテ即チ發シ。歩騎三萬飈擊シテ馳ス。時ニ中書敵營ニ在リ。之ヲ聞キ。手兵五百ヲ率ヰテ赴キ援ヒ。我軍ト相距ル數百歩。隊ヲ並ヘテ馳セ。兩軍相摩スル毎ニ。輙チ銃ヲ發シテ戰ヲ挑ム。我軍敢テ動カス。行クコト里餘。一騎アリ。鹿角ノ冑ヲ蒙リ。鞍ヨリ下リ。馬ヲ河ニ飲マシム。問フ、渠ハ誰タルト。稻葉伊豫曰ク。本多平八ナリト。孤覺エス涙簌簌トシテ下ル。曰ク、壯ナルカナ平八。我三萬ヲ以テ渠カ五百ヲ擊ツ。猶石ノ卵ヲ壓スルカ如シ。粉虀踵ヲ回

サス。渠ハ則チ從容トシテ馬ニ飲マシメ。以テ餘暇ヲ示ス。何ソ其レ壯ナルヤ。但我之ヲ殺スモ。亦勝敗ノ數ニ補ヒナシ。若カス且ク之ヲ縱シテ以テ渠カ勇ヲ成サシメンニハト。故ニ顧ミスシテ馳セヌ。今日之ヲ古人ニ求ムルニ。藤ノ忠信ニ非サレハ以テ比スヘキナシト。遂ニ以テ忠勝ニ賜ヒヌ。」是夜。公竊ニ忠勝ヲ召シ。自ラ茶ヲ點シテ之ニ侑メテ曰ク。子ノ勇、誠ニ無雙ナリ。然リト雖モ。之ヲ衆ニ夸揚シテ以テ海內ノ名ヲ成サシメシモノ。孤ノ力モ亦多トス。因リテ徐ニ問ヒテ曰ク。

未タ知ラス德川氏ト其恩ノ輕重大小何如ト。忠勝伏シテ答ヘス。之ヲ强フ。則チ曰ク、殿下ノ恩江海無量ナリ。但臣德川累世ノ臣屬タリ。君恩ノ大。輕重ヲ以テ較スヘキニ非サルナリト。公之ヲ聞キ。懌ハスシテ罷ミヌ。

雅量 原漢文

服部南郭 名元喬、京都人、著大東世語、

袴垂ハ京都ノ大盜ナリ。夜、藤原保昌ノ笛ヲ吹キテ獨行スルヲ見テ。劫シテ之カ衣ヲ奪ハント欲シ。踵行スルコト里許。數發セント欲シ。心、坐ニ畏難ス。既ニシテ刃ヲ抽キテ逼從ス。保昌徐ニ吹ヲ

停メ。顧ミテ其名ヲ問フ。袴垂覺エス屈伏シ。自首スラク。劫ヲ作ス袴垂トイフ者ナリト。保昌曰ク。奴、久シク之ヲ聞クト。叱シテ後ニ從ハシメ。復笛ヲ吹キテ徐行シ。家ニ到リ。一袴ヲ取リテ之ニ與ヘテ曰ク。奴、殺スニ足ラス。後、乏キトキハ我ニ求メヨ。復爾スルコトヲ作スコトナカレト。」藤原實方。意ニ藤原行成ヲ怒ルコトアリ。共ニ省中ニ在リシトキ。初ヨリ都テ言ナシ。忽チ起チ。手ニテ行成ノ幘ヲ批チ落シ。之ヲ庭上ニ擲ツ。行成言貌夷然。徐ニ侍史ヲ召シテ幘ヲ取ラシメ。整ヒテ之ヲ

蕃山、熊澤氏、名ハ伯繼、字ハ了介、蕃山又息遊軒ト號ス、京都ノ人、備前侯ニ仕フ、元緑辛未八月歿ス、

戴キ。乃チ容ヲ斂メテ實方ニ對シテ曰ク。未タ罪由ヲ知ラサルニ。忽チ挫辱セラル。請フ其譴ヲ審ニシテ、而シテ後應ニ辨スヘキノミト。實方怍チ逃レキ。

蕃山師ヲ求ム 原漢文　原　念齋 名善、下總人、著先哲叢談、

蕃山初メ笈ヲ負ヒテ京ニ上リ。良師ヲ求ムレトモ未タ其人ヲ得ス。共ニ宿ニ投スルモノ語リテ曰ク。往日、余、主ノ爲ニ遠行セシトキ。金二百兩ヲ懷ニス。即チ主ノ齎ラサシムル所ナリ。途ニテ驛馬ニ跨リ。金ヲ出シテ鞍ニ繫ケ。日暮之ヲ收ムル

時七十三、

コトヲ忘レテ宿シ。困頓枕ニ就キ。半夜始メテ覺ム。乃チ金ヲ遺レシヲ覺ユ。則チ茫然トシテ猶疑ヒテ夢寐トナス。既ニシテ神乃チ定マリ。痛心疾首。千思萬慮。之ヲ求ムルニ術ナク。一ニ死ヲ雉經ニ決シ。戚然トシテ自ラ嘆ス。天ニ弔恤セラレスシテ此ノ悲涼ニ逢フカト。時ニ剝啄ノ聲甚急ナルヲ聞ク。之ヲ問ヘハ則チ馬夫某ト稱ス。因リテ亟ニ出ツ。渠レ即チ金ヲ出シテ曰ク。小子家ニ歸リテ、將ニ馬ヲ洗ハントシ。鞍ヲ解クニ及ヒテ之ヲ得。是レ君ノ遺ルヽ所。故ニ來リテ還呈スト。封完

故ノ如シ。吾驚喜措ク所ヲ知ラス。腰纏別ニ十六兩アリ。即チ解キテ以テ之ヲ謝ス。馬夫受ケスシテ曰ク。君ノ物ヲ君ニ付ス。奚ソ謝スルコト之レ有ラン。然レトモ爲ニ夜ヲ冒シテ來ル。此顧賃二百錢ヲ得ハ足ルト。吾曰ク。孽自ラ作ス。汝カ發義ノ心ナカリセハ。吾、生ヲ得ル地ナケン。謂ハユル死ヲ生シテ骨ニ肉スルモノナリ。不腆ノ黄物。敢テ報ト云フニアラス。聊以テ寸志ヲ表スルノミト。馬夫愈辭ス。乃チ八兩ヲ減スレトモ亦受ケス。稍稍減シテ纔ニ方金二ニ至ル。馬夫執ルコト益確

中江與右衛門、名ハ原、字ハ惟命、藤樹ト號ス、近江ノ人、

クシテ曰ク。君、我ヲ溷ルコト毋レ。予守ル所アルナリト。吾歎シテ問ヒテ曰ク。欲ニ淡キモノ。今ノ世ニ多ク見ス。其ノ義ヲ以テ利トナスコト。汝カ如キニ至リテハ。則チ絕エテ得ヘカラス。謂ハユル守ル所トハ何ソヤト。曰ク賤役シテ口ヲ糊ス。豈利ヲ思ハサランヤ。而ルニ中江與右衛門ト云フ者アリテ。里中ニ教授ス。嘗テ其言ヲ聞クニ。曰ク。誠正以テ其身ヲ修メ。君ニ事ヘテハ忠ヲ致シ。親ニ事ヘテハ孝ヲ盡シ。貧ナルヲ以テ濫ルコト勿レ。賤ナルヲ以テ枉クルコト勿レト。今若シ賜

ハルヲ以テ之ヲ利セハ。則チ此心ヲ欺クナリト。言ヒ畢リテ去リヌ。噫、澆世安ソ此ノ如キ人アルヲ得ンヤト。蕃山傾キ聞クコト良久ウシテ曰ク。馬夫ハ一鄉ノ鄙人ノミ。素ヨリ道ノ何物タルヲ識ラス。則チ利ニ趨ルコト鶩ノ若ク。何ノ義カ之レ思ハン。而ルニ其廉潔ナルコト。古ノ君子ニ愧チサルハ。必ス教育ノ致シヽ所ナラン。謂ハユル中江氏ト云フ者。其德ト學ト想見スヘキナリ。今ノ世ニ方リ。此人ヲ捨テヽ誰ニカ適從セント。是日即チ束裝シテ往キテ謁シ。業ヲ門ニ受ケンコ

大洲、伊豫ニ在リ、

トヲ請フ。藤樹辭スルニ人ノ師トナルニ足ラサルヲ以テス。蕃山益請ヒテ置カス。二夜其廡下ニ寢ス。藤樹ノ母之ヲ見テ。藤樹ニ謂ヒテ曰ク。人遠方ヨリ來リ。懇請スルコト此ノ如シ。之ニ其習ヘル所ヲ傳フルモ。誰カ好ミテ人ノ師ト爲ルト謂ハンヤト。是ニ於テ始メテ接容シキ。

中江藤樹

鹽谷宕陰（名世弘、江戸人、著丞揚錄、籌海私議、昭代記等、）

中江原。字ハ惟命。近江ノ人ナリ。父吉次農ニ隱ル。祖吉長。加藤貞泰ニ大州ニ仕ヘ。原ヲ取リテ己カ子トナス。原生レナカラニシテ異稟アリ。童丱ニ

シテ成人ノ如シ。年十一ノトキ。始メテ大學ヲ讀ミ。身ヲ修ムルヲ本トナストイフニ至リ。嘆シテ曰ク。聖人豈學ヒテ至ルヘカラサランヤト。因リテ淚下リ衣ヲ沾ス。屬、僧ノ京師ヨリ來レルモノアリ。就キテ論語ヲ受ク。後ニ四書大全ヲ得タリ。時ニ俗、武ヲ尚ヒ。士人、書ヲ讀ム者ヲ斥ケテ交ハラス。是ニ於テ晝ハ諸士ト武技ヲ習ヒ。夜ハ燈ヲ挑ケテ誦讀シ。刻苦淬厲ス。通セサルコトアレハ。輒チ凝思精考ス。夢寐ノ間。或ハ神アリテ之ヲ示スカ如シ。卒ニ深造自得ス。既ニシテ吉長死ス。原

近江ニ歸リ母ヲ省シ。伴ヒ來ラント欲ス。母、海ヲ踰エテ他鄉ニ如クコトヲ欲セス。原乃チ獨リ大洲ニ返リ。思慕シテ已マス。因リテ仕ヲ致シ歸養セント請フ。許サレス。乃チ家什ヲ鬻キテ債ヲ償ヒ。官ヲ棄テヽ逃レ。近江ニ還ル。携フル所ノ資銀僅ニ百錢ノミ。壚ニ當リ酒ヲ賣リ。以テ母ヲ養フ。母歿シ。喪ニ居ルコト三年。禮ヲ盡ス。行誼醇篤。聰明內ニ蘊フ。其子弟ヲ導クニ。專ラ孝經ヲ講シ。愛敬ノ二字ヲ揭ケ。懇々說示シテ曰ク。愛敬ハ是レ人心自然ノ感通ナリ。猶水ノ濕ニ流レ火ノ燥ニ

就クカ如シ。吾人全ク氣習ニ蔽ハル。然レトモ父子兄弟ノ間。猶時アリテ發見ス。苟モ斯ノ心ヲ認得シテ以テ存養セハ。則チ聖賢ノ氣象窺ヒ知リ難カラスト。毎ニ村民ヲ引キテ之レヲ訓諭ス。人賢愚トナク。皆其教ニ服シ。商賈ト雖モ。亦廉恥ヲ知リ。旅舍若肆ニ至ルマテ。客ノ遺レタル所ノ物アレハ。輒チ必ス之レヲ庋閣シテ以テ俟チ竟ニ收用セス。里人アリ。驛ニ供シ。直ヲ受ケテ二錢ヲ餘ス。客ヲ追ヒテ之ヲ還ス。其人曰ク。汝一ニ何ソ廉ナルヤ。曰ク敢テ廉ナルニ非ス。吾師ノ教乃チ

爾ルナリト。郷人推尊シ。稱シテ近江聖人トナシ。學者遠キヨリ至リテ業ヲ受ク。其家古藤アルヲ以テ號シテ藤樹先生ト曰ヒキ。慶安元年卒ス。年四十一。疾病スルニ及ヒ。婦女ヲ屏ケ。几ニ隱リテ兀坐シ。門人ヲ召シテ曰ク。吾レ逝カン。誰カ能ク斯文ニ任スル者ソト。言ヒ畢リテ瞑ス。池田光政熊澤伯繼ヲシテ往キテ賻セシム。葬ルニ及ヒ。隣里郷黨。老ヲ扶ケ幼ヲ携ヘ。涕泣シテ柩ヲ送ル。父母ヲ喪フカ如シ。邑人其宅ヲ修メテ祠堂トナシ。春秋奉祀シテ廢セス。後一士人アリ。其墳墓ヲ弔

ハントシ。路ヲ農夫ニ問フ。農夫耒耜ヲ舍テ。趨リテ舍ニ入リ。服ヲ更メテ先導シ。跪拜洒掃甚恭シ。士。心ニ之ヲ訝リ問ヒテ曰ク。爾。先生ニ於テ何ノ緣故カアルト。農夫曰ク。闔郷。先生ヲ欽仰スル者。豈惟吾ノミナランヤ。吾里ハ。父子孝慈ニシテ。夫婦恩アリ。室ニ怒罵ノ聲ナクシテ。面ニ和煦ノ色アルモノハ。職トシテ先生ノ教ニ之レ由ル。一人トシテ其恩ヲ戴カサルモノハナキ所以ナリト。士人容ヲ動カシテ曰ク。嗟乎吾今ニシテ近江聖人ノ稱ノ虛ナラサルヲ知リヌト。乃チ敬拜シテ去リ

キ。

村上義光　附子義隆　原漢文

成島稼堂 名讓、江戸人、著後鑑、南山史等、

村上義光ハ彥四郎ト稱シ。左馬權頭トナル。子義隆ハ彥五郎ト稱シ。兵衞佐。藏人トナリ。父子倶ニ親ク護良親王ニ事フ。王ノ十津川ニ竄レタマフヤ。熊野ノ僧定遍。之ヲ購フコト急ナリ。去リテ吉野山ニ如キ。路ニテ士人芋瀨トイフ者。兵ヲ以テ之ヲ要シタテマツルニ遇フ。窘ミタマヒテ出ツル所ナシ。王。人ヲ遣シ諭スニ深ク相託スル意ヲ以テシタマフ。芋瀨曰ク。今定遍東命ヲ承ケ。王等

ヲ索メタテマツルコト甚急ナリ。臣如シ王ヲ納レタテマツラハ、則チ誅滅立トコロニ至ラン。然レトモ其急ヲ視タテマツレハ、亦相要シタテマツルニ恐ヒス。願クハ齎シタマフ所ノ錦旗、或ハ從臣一輩ヲ授ケタマハラハ、賴リテ以テ口ヲ籍ラン。二者聽カレタマハスハ、則チ罪ヲ逃ル丶所ナシ。一箭ヲ進メタテマツランノミト。王嘿然タリ。赤松則祐曰ク。危ヲ見テ命ヲ授クルハ人臣ノ分ナリ。臣請フ駐ラン。平賀三郎曰ク。凡テ羈靮ヲ執リテ王ニ從フ者ハ、皆王ノ股肱ナリ。一ヲ去ルモ不可ナリ。宜シク錦旗ヲ授ケタマフヘシト。王之ニ從ヒタマフ。義光後レテ至リ。芋瀨ノ卒、錦旗ヲ捧ケテ還ルヲ覩。憤然トシテ曰ク。何物ノ奴カ乃チ敢テ爾ルト。直ニ進ミテ奴ヲ掀シ、旗ヲ奪フ。芋瀨驚愕シテ遁レ去ル。王大ニ喜ヒテ曰ヒタマハク。此三人アレハ、天下ヲ平クルコト難カラサルナリト。進ミテ吉野ニ抵リ。城ヲ築キテ之ニ據リタマフ。賊ノ大軍來リ攻ム。城、將ニ陷ラントス。王親ラ戰ヒタマフコト數四。退キテ從臣ト帳中ニ訣別シタマヒ。悲歌慨然タリ。義光鎧ニ矢ヲ受

楚ノ項羽、漢ノ沛公ヲ滎陽ニ圍ミシトキ、漢將紀信僞リテ漢王ト稱シ、出テ降ル、漢王因リテ以テ脱スルヲ得、事史記項羽本紀ニ見ユ、

クルコト枯蓬ノ如シ。趨リ告ケテ曰ク。臣久ク拒戰シ。歌聲ヲ聞キテ來リ會ス。今、賊勢熾ニシテ。城、支フヘカラス。願クハ王ノ甲ヲ借リタテマツリ。敵ヲ詐キテ以テ死セン。王、間ニ乘シテ出走シタマヘ。天下ノ事惟今日ノミナラスト。王曰ヒタマハク。死セハ則チ同ク死セン。此ニ至リ豈相棄ツヘケンヤ。義光聲ヲ勵マシテ曰ク。君、滎陽ノ事ヲ聞キタマハサルカ。大事ヲ擧クルモノハ何ソ細節ヲ顧ミント。自ラ起チテ王ノ甲ヲ脱カセタテマツル。王曰ヒタマハク。卿ノ忠、倫ナシ。我若シ難ヲ免レハ、必ス爲ニ厚ク冥福ヲ修メン。若シ其レ免レスハ、則チ黄泉ニ相見ンコト、遠カラサルナリト。王行キタマフ。義光譙ニ登リ。其稍遠キヲ望ミ視テ。高ク呼ヒテ曰ク。護良勢蹙リテ自刃ス。汝等天誅遠キニ非ス。視テ以テ法トナセト。腹ヲ屠リテ腸ヲ抽キ。壁ニ投シテ以テ死ス。賊四集シテ其首ヲ斬ル。初メ義隆父ニ從ヒ死セントス。義光叱シテ曰ク。亟ニ去リテ王ヲ護リタテマツレ。徒死奚ソ益アラント。義隆泣キテ訣レ。追ヒテ王ニ吉野ニ及フ。岩菊之ヲ蹹ス。義隆奮闘シテ數卒

帝トハ後醍醐天皇ナリ、

志士仁人云々論語ニ見ユ、

ヲ斬リ。廿許ノ瘡ヲ被リ。篁中ニ入リテ自殺ス。王、間ニ乘シテ逸レ去リタマフ。義隆、時ニ、年十八。

兒島高徳 原漢文　賴山陽

兒島氏ハ本三宅氏。世備前ノ兒島ニ居タリ。兒島範長トイフモノ。備後ノ守トナリ。子高徳、備後三郎ト稱ス。帝ノ笠置ニ在セシトキ。範長高徳赴キ援ヒタテマツラント欲セシニ。笠置陷リ楠氏敗レヌト聞キテ乃チ止ミヌ。已ニシテ帝、西ニ遷リタマフト聞キ。高徳其衆ニ謂ヒテ曰ク。吾聞ク。志士仁人有殺身以成仁。見義不爲無勇也ト。盍ソ要シ

テ駕ヲ奪ヒタテマツリ。以テ義ヲ擧ケサルト。衆奮ヒテ之ニ從ヒ。舟坂山ニ伏シテ待ツ。久クシテ至ラス。人ヲ遣シテ之ヲ候ヒタテマツラシムレハ。駕ハ山陰道ニ向ヒタマヘリト曰フ。乃チ間道ヨリ杉阪ニ至レハ。則チ已ニ過キタマヒキ。衆乃チ散シ去ル。高徳悵恨シテ去ルコト能ハス。乃チ服ヲ變シ駕ヲ尾シテ行クコト數日。一タヒ帝ニ見エテ言ヒタテマツル所アラント欲スレトモ。間ヲ得ス。是ニ於テ夜、帝ノ館ニ入リ。櫻樹ヲ白リテ之ニ書シテ曰ク。天莫空勾踐。時非無范蠡ト。旦

日護兵聚リ視テ讀ムコト能ハサルナリ。乃チ之ヲ奏シタテマツル。帝之ヲ熟視シタマヒ。欣然タリ。心ニ勤王ノ者アルヲ知リタマヘルナリ。

自警四則 原漢文　貝原益軒

名篤信、筑前人、著樂訓、養生訓、愼思錄等百餘種、

雜慮。　心中一事ヲ有スヘカラス。常ニ須ラク灑落快活ニシテ。滯著繫累ナキコトヲ要スヘシ。閑思雜慮ハ。最モ心術ヲ害シ精力ヲ損ス。事ナキトキハ。常ニ當ニ靜坐シ。慮ヲ息メテ以テ本源ヲ涵養スヘシ。事アルトキハ。詳ニ之ヲ處スル方ヲ慮ルヘシ。其他ヲ思慮スヘカラス。且ツ思慮ヲ過

スコトナカレ。大凡事ヲ思慮スルニハ。宜シク徐緩ニシテ安詳ニスヘシ。急迫ニシテ勞擾スヘカラス。

輕言。　言ヲ出ストキハ。必ス其是非得失ヲ察スヘシ。輕卒ニスヘカラス。一詞輕ク發スレハ。駟馬モ追ヒ難シ。喜怒ニ方リテ尤モ言ヲ訒ムヘシ。喜怒ニ乘シテ易ク言フヘカラス。他人事ヲ以テ相託スト雖モ。勢、行フヘカラサレハ。必ス明ニ其行フヘカラサル由ヲ告ケヨ。輕ク諾スレハ。則チ言ヲ履ムコト能ハス。

誹謗。　人ヲ誹ルハ忠厚ノ道ニアラス。乃チ物ヲ害スル殺機ナリ。且ツ禍ヲ招ク基ナリ。孟子曰ク。言人之不善。當如後患何。宜シク深ク之ヲ戒ムヘシ。

作事粗略。　事ヲナスニハ。須ラク逐一精詳ニスヘシ。一事モ放過スヘカラス。然ラスハ必ス過失アリテ。理ニ中ラサルモノ多カラン。周公曰ク。不矜細行。終累大德。

物部徂徠　字茂卿、

自警十條　節二　　室鳩巢　名直清、備中人、著義人錄、

一。雜念不問善惡。最害於讀書之間。戰戰兢兢。可預防之。

一。對案之間。惰念將生。呼起正念。可痛懲之。暫時不可忽。

徂徠惜陰　　原念齋

徂徠看書向暮。則出就簷際。簷際亦不可辨字。則入對齋中燈火。故自旦及深夜。手無釋卷之時。其平生惜分陰者。率此類也。

信不可失　　賴山陽

台德公、德川秀忠公謚號、

東照公、原作神祖、

台德公出行。既戒駕而止。則親面徒御寵之。嘗戒行。漏刻報期。公方食。舍箸而出曰。信不可失也。

指節成繭　　青山拙齋

東照公。自少至老。大小凡四十八戰。每臨行軍。秉麾指揮士卒。急輒以拳叩鞍。至流血不已。後指節成繭。不復流血。

有功不伐　　中井履軒　名積德、大阪人、著通語、

永井善左不伐。長篠之役。力戰有功。傷巨擘墮刀。敵兵拾刀而逃。追而擒之。取刀而還。後有問指創者。輒曰爲馬囓。

竹中重治、古兵家也、

重治誡子　　中村栗園　名和、豐後人、著日本智嚢、

重治一日集僚佐。談軍事。其子左京尙少在座。談未畢而起。重治曰。汝何之。對曰。欲溺。重治曰。寧坐溺。武人論兵。豈有談未終而起者乎。

猛虎逡巡　　廣瀨林外　名孝、豐後人、

豐太閤會列侯。觀猿樂。虎出於押。咆哮奔逸。殿上騷擾。虎躍向台德公。公不動。虎不敢進。轉向伊達政宗加藤淸正。二侯按劍叱之。虎逡巡下殿。

道灌達觀　　原尙庵　名瑜、京都人、著雙桂集、

太田道灌。既城江戶。初居焉。有菌生其庭。大如巨傘。

徳川義直、家康第九子、封尾州名古屋、

衆以爲怪異、走告道灌。道灌就而觀之、哂曰、大哉菌也。然亦何怪焉。若令此菌倒生乎、亦可以怪耳。

義直卓識　鹽谷宕陰

義直幼而岐嶷。童亂在駿府。諸公子學猿樂、義直獨不學。侍臣慫慂之。笑曰、吾爲將種、弓馬刀槍、吾學之。雖技何爲。及長、好讀書、焚膏繼晷、矻矻不倦。朝野屬望。

看書有法　貝原益軒

看書先正其心、端坐肅容、不可起他念。須專一看去。看書貴涵泳精熟。不宜務多鹵莽。須逐行徐緩看去。見去時、不可遊目於他行。

油斷大敵　角田九華　名簡、豐後人、著近世叢語、

永井尚政始爲老中、求教井伊直孝。直孝曰、子先齋戒。於是尚政齋七日、朝服而來。直孝亦朝服見之、誡曰、諺有之曰、油斷大敵。請勿忘之。

直次快諫　安積艮齋　名信、岩代人、著艮齋文略、烈婦傳等、

遠州安部川原、有巨鑊。焉相傳烹罪人之器。東照公嘗見之、命吏遷濱松。本多重次途遇之、督役夫擊碎、使吏報曰、君欲廓清四海、撫綏人民、安用湯鑊之刑。臣謹爲君碎之。

忠常、本多氏、

淺見安正、號絅齋、近江人、承應元年歿、

觀瀾三宅氏、仕水戸、

忠常至性　安積艮齋

君平素嗜淡巴菰。然以尊人不好、侍左右不敢喫。尊人屢勸之、竟不用。惟私室從所嗜。謁尊人、必漱盥更衣以進。尊人歿三年、斷煙。忌日終身不用。其敦篤如此。

絅齋好武　原念齋

絅齋少學山崎闇齋、砥行植節。社中無出其右者。兼好武事。常騎馬擊劍、其所帶劍鐔鐫觀瀾篆赤心報國四字。

尚志　角田九華

稱京都云平安城、

山崎闇齋幼也、其祖母多治比氏、常語之曰、諺有之。身一錢目百貫。汝善習字。不識字、則與盲無異也。母佐久間氏亦敕云、饑鷹不喙穀。士當尚志。

饑人知命　角田九華

平安有饑人。路拾黃金、訪主還之。主人謂曰、子也饑矣。拾得財貨、是天之賜也。而有此行。其潔如冰。雖然、烏得中心無欲之乎。饑人哂曰、予不幸饑死、是乃天命也。夫惡死背命、貪塵芥、猶且不屑也。況乎於黃金。

豪商誡子弟　角田九華

豪商臨終、謂子弟曰、予幸不貧。千金良藥、莫不用焉。

帝、垂仁天皇也、

泰山、小川氏、

然不能飯食。已瀕於死。由是觀之。雖王公貴人。不飢而死者鮮矣。人之處世。衣食不乏則可。豈可逞慾苦人乎。汝等誡諸。

角力　青山拙齋

野見宿禰出雲人。天穗日命之裔也。以勇力聞。時當麻邑有當麻蹶速。膂力絕人。常誇其勇。以爲天下之人無能抗己者。帝聞之求其對。或薦野見。帝乃召二人。命角力。野見踢蹶速膂。腰骨折而斃。輙以其田宅賜之。

泰山勉勵　東條琴臺（名耕、信濃人、著先哲叢談後篇、）

山本北山、名信有、

泰山自一執謁於北山。雖烈風大雨。未嘗不蹈師家之閾。曾大雪。戴一巨笠赴之。途未至半。雪積笠重。力不能勝之。顚蹶大傷膝焉。人愍扶之。勸令返家。不肯。遂至師。師許。恐痛受業若常。比隣傳爲美談。

皆川淇園　角田九華

皆川淇園。匡坐一室。門生來受業。或與客語。未嘗移座。人退則憑案讀書。是以奴婢掃其室。每無及其座。一日伺其不在。除皐皮視之。厚席拗敠暗黑。因徹厚席。則牀已腐矣。其勤勉類此。

資朝棄臺樹　服部南郭

藤資朝。避雨東寺門。有乞兒。多聚其側。痀瘻短倭。手足攣拳。種種醜狀。一無全者。始見頗玩其奇。須臾興盡。不堪其惡。歸則春檻臺樹。平常所愛。俄命盡棄之曰。那復愛似夫乞兒者耶。

安藝孝子　角田九華

安藝有孝子。將出。母曰。雨後土濕。穿木屐而行。孝子曰唯。乃著屐。父睹之曰。天既晴。草履可也。孝子謹脫屐。母又曰。何不穿木屐。則屐。父復曰草履。則又履。且脫且穿數四。竟左右各著一隻而行。

春齋詩誌　原念齋

林春齋、名春勝、羅山第三子、京師人、雍州、擬我山城也、

某侯。一夜與近臣左右飲。侯問曰。自江戶至京。經國幾也。一人屈指答曰。武藏相模伊豆駿河。而言窮。座有少年。誦春齋詩云。武相豆駿遠州際。參尾勢江雍路中。侯喜誦其句者再三。

六角義鄉　藤井懶齋（名藏、京都人、著國朝諫爭錄、本朝孝子傳、）

關白豐臣公秀次。一日遊六角義鄉之第。謂義鄉曰。人皆患多遺忘。我能記事。義鄉答曰。不然。曰何由知其不然。曰以君位職忘天下之蒼生。譬猶以父母忘子也。遺忘孰大焉。秀次赧然。

樵夫淸七　角田九華

清七、河內日下村人、

樵夫清七。獨與母居。母壯也。爲富商乳媼。口慣美味。不能蔬食。清七力儉奉養。朝先人而入山。暮後人而歸。其所采薪。常倍於人。乃分之爲二。一供平日之費。一貧不時之需。一夜。母欲食鶉炙。適有書然觸窓者。驚出視之。則鶉也。人皆以爲孝感所致矣。

源光明決　青山拙齋

延喜十三年、

十三年春三月。右大臣兼左近衛大將源光薨。初五條道祖神祠。有大柹樹。時人訛言。有佛現樹上。放光雨寶華。擧都集拜。光聞之。謂必妖魅所爲。乃往樹下。辟人仰視。移時不瞬。佛忽變爲大鵄而墮。人服其明決。

三丈夫　岡田鴨里

名僑、淡路人、著名節錄、日本外史補等、

福島正則臣、福島丹波守、

丹波貌醜而跛。關原大捷後。東照公召諸侯家臣有功者。賜盃。福島氏臣尾關石見長尾隼人及丹波皆與焉。隼人缺脣。而石見瞎。三人同進。左右皆掩口而笑。既退。公叱左右曰。彼輩皆以功名顯。乃眞丈夫也。汝輩安得以其貌嗤之哉。左右皆有慚色。

宣常善射　東條琴臺

石瀨濱、名宣明、字子誼、奧州人、

瀨濱之高祖宣常。以射術仕于武田晴信。以勇武聞於世。所謂甲斐强力石金左馬之助者是也。晴信嘗

中學漢文學初步 卷一 五十三 五十四 文學社

陸奧守、八幡太郎也、

欲試其技。置堅甲於石上射焉。宣常乃抽一矢。從容而進。一發貫。洞汰著石。鏃入寸餘。晴信嘆曰。古之善射。有曩祖陸奧守及鎭西爲朝。而未聞穿石者。賜氏石金。

士要細心　廣瀨林外

石井兄弟報讐於龜山。將赴上國。至坂下驛。遇一士人。氣宇俊邁。乃謂曰。我復讐矣。三日不眠。今將賴子以眠。其人曰。諾。寢之一室。已急裝以待。追者。二子移時而起。士人贈十金曰。以供不虞。二子曰。僕固有備。出百金示之。士人曰。爲士者不當如是耶。乃別。

顯雅狷介　服部南郭

寬治堀河天皇年號、顯雅、六條右府顯房之子、官大納言、號楊梅、

寬治時。夜讌奏樂。既且五更。上曰。傳道。五常樂。急奏至百遍。艸木爲舞。今夕當驗。既而及五十遍。天將且。樂人豐時元。乃開簾看庭樹動搖曰。妙哉。艸木已舞矣。郎源顯雅在座。不好樂。直云。非舞。風吹草木耳。

小冠洪量　服部南郭

靜賢、小納言通憲之子、法勝寺執行法印、

法印靜賢。許一丈夫。稱有膂力。與一小冠爭奕。以小刀刺小冠臍下。已徹。小冠不駭。便進奪其刀。伏大男子。騎其上。將已刺殺。顧披己創自視。乃曰。既至如是。殺汝亦易耳。而吾創既劇。不可活也。殺汝無益。乃免

之至。師前、曲說事由、然後斃。人莫不憫惜。

咬菜軒　中村栗園

板倉重矩種菜于園中。有客手摘以薦之。扁其廬曰咬菜軒。迨貴。或謂之曰、昔者君居散官。其咬菜固也。今爲老中、而猶咬菜。恐來識者之譏。重矩曰、大抵人情位高祿多、則忘貧賤時、驕溢以災其身者、往往有之。余不肖、聊以是爲知足之警耳。

加藤清正　一　齊藤拙堂

名正謙、伊勢人、著拙堂文集、海外異傳等。

朝鮮役。諸將以狀報于名護屋。連署花押。加藤清正花押字畫煩重、良久而成。福島正則曰、花押易書爲妙。不然則病褥作遺書、不得辨。清正微笑曰、我志欲枕戈戰死。遺書無所須也。押字煩重亦何妨。

加藤清正　二　津阪東陽

加藤侯清正渡海遇颶。舟覆沒。梢長訴曰、海神祟甚。無所禱。若取人投與、庶幾可以免矣。公毅然正色曰、人命至重。貴賤皆同。殺人自救、豈忍爲哉。必也無已、則以汝曹充之。於是水手奮操舟。無何風波歛。卒得無恙。

藤原吉野　靑山拙齋

承和、仁明天皇年號。

承和十三年秋八月。正三位藤原吉野薨。吉野自少

遊學。不恥下問。累官至中納言。以親老請解職侍養。不許。吉野性至孝。定省溫凊。造次無闕。其父嘗聞有鮮肉。遣人索之。庖人以吉野不在弗與。吉野歸而聞之。大悔恨責讓庖人。終身不復食肉。

蕃山講武　原念齋

蕃山年少時、體貌充肥。自以爲武夫之職、一旦緩急、被甲持兵、馳驅奔走、無所不爲。而豐肥如斯、甚艱之。雖由稟受、亦或安佚所致。從是攻苦食淡、日夜武事是講。或出曠野放鳥銃、或行山村投民家。其當宿直也、藏木兵于裀笥。僚友就寢後、獨竊出空庭、演槍劍法。或深夜登屋、習禦火。如是者十餘年、身軀稍瘦削。

東里至孝　東條琴臺

東里、中根若思、字敬夫、伊豆人。

東里之父善飮。每出醉則歸家晚。東里挑燭常迎之。嘗迓之途中。父醉甚、不辨東里乎他人也。大罵之。遂倒樹下而睡。扶持之不起。走反取幗於家。而恐其母不安。故稱父宿某許。今夜醉客衆。某家又無餘幗。與兒一宿而還。遂到父睡處、張幗於樹、護之以徹夜。遲其睡覺、而持之還家。鄕人皆稱其孝焉。

二童忠勇　岡田鴨里

佐佐清藏、山口小辨、仕織田信忠、爲近昵。後明智光

秀謀逆。攻信長於本能寺弑之。遂圍信忠於二條城。事起匆卒。從臣單衣出戰。清藏謂小辨曰。我曹不介而死。其屍可醜。請介而死。二人乃共出戰。各獲一甲首入城。取其甲自擐。復出共拒賊。力戰死之。時年皆十六。觀者流涕。

天下第一流　安積艮齋

京師有名娼。曰阿國。歌舞精妙。冠絕一世。德川秀康在伏見。召而觀之。娼掛水晶念珠於頷。秀康曰。念珠猶粗。未足副絕藝。命侍臣。取鎧上所掛珊瑚念珠賜之。舞畢。秀康嗟賞流涕曰。妙哉技至此乎。眞天下第一流女子也。而我未能爲天下第一流男子。豈不大可耻哉。

惜名不顧利　角田九華

龜長崎人。傳父業。善鑄香爐。奉行嘗承執政之意。使之製香爐。踰半歲不成。奉行任滿將還。乃使鄉吏數促之。既而成。猶未肯進。鄉吏懼。遣卒數人守其家。而督責嚴急。龜不以爲意矣。一日置其所製于案上。踞牀持大管吹烟。熟視數刻。風致不愜意。乃擧大斧。一喝打碎。造奉行東上。香爐竟不隨矣。

反射鑪　原伍軒（名忠成、常陸人、著尙不愧齋存稿、）

水戸藩嘗設反射鑪。先聚精其術者數人議之。其人曰。造鑪在擇土。乃命擇國中土之宜者。其人用分析術理之。曰。某土鐵氣多。曰某土銅氣多。曰某土善。某土惡。數旬而終。偶有陶工來。曰。諸君何勞。賤人試理之。一見辨其土性。不差分釐。余於是知凡事在熟之而已。不然。其術雖工。其手雖勞。亦猶夫造鑪者。安若陶工一見辨之乎。

隨身公助　藤井懶齋

公助者。東三條太政大臣之隨身武則之子也。右近馬場有賭弓。公助與焉。而其射不如人。父武則自傍見之。怒提公助於稠人中。公助不避。伏而受其杖。武則怒解而去。或人問公助曰。何不避乎。公助曰。我父老而性急。我走必追。追必顛蹶。我恐或傷其身。故不避焉。問者歎服。竟以孝聞。

平手政秀　藤井懶齋

（政秀原作淸秀、然參諸書、其爲政秀不可疑矣、）

中務太輔政秀。織田公信長之傳也。公少喪父。無禮。處事不謹。賞罰不中。不好文而惟武是勗。言行交際。皆放縱無制度。政秀憂之。進言不輟。已閲歲月。公自若也。政秀以爲與其生而無補於公。不如諫之以死。庶幾其感悔也。遂乃自殺。公驚且悔。殆改其行。新築

備前侯、池田光政也、

梵刹以吊政秀云。

泝天龍川　林鶴梁

梁名長孺、江戸人、著鶴梁文鈔、

天龍川流急。上流尤甚。余嘗命舟。自船明村。至横山村。時雨後水肥。流益急。舟人執棹。窮力掉之。進寸退尺。終不能達。蘇東坡云。學書。如泝急流。用盡氣力。不離舊處。余始以坡論爲誠然。今泝此河。不啻不離舊處。又退舊處。但此際。兩崖絕壁。奇勝不可言。因其進退一處。得縱觀之。亦急流之賜也。

玩物喪志　津阪東陽

備前侯少時。頗愛禽鳥。有所籠養。儒臣講春秋傳。至

昭公十九猶有童心。公顰蹙曰。我年已踰冠。亦未免童心。尤可慙愧也。講畢入内。親開籠。盡放其所畜。謂侍臣曰。玩物喪志。君子所戒。籠養禽鳥。小人之事。不但童心也。夫聞講如公。眞謂之學矣。宜其爲天下所仰也。

兼山遠慮　原念齋

野中兼山。嘗來江戸。及歸期也。致書郷人曰。土佐無物不有。自江戸齎歸。惟有蛤蜊一艘耳。海路幸無恙。以歸日饋之。衆以爲嘗異味。計日待歸。既至。則命投其所漕於城下海中。不餘一箇。衆怪問。兼山笑曰。此

元就、毛利氏、任大膳大夫、叙從四位上、

隆景、出嗣小早川氏、任權中納言、叙從三位、

不獨饋諸卿。使卿子孫亦飫之也。自此後。果多生蛤蜊。遂爲名産。衆始服其遠慮。

藝侯戒諸子　大槻磐溪

元龜二年六月。藝侯元就。病將死。致諸子於前。呼取箭數條。一如其子之數。乃手自糾爲一束。極力折之。不能斷也。單抽其一條。隨折隨斷。因戒曰。兄弟猶此箭也。和則相依濟事。不和則各人各敗。汝等銘心。勿忘。次子隆景進曰。夫兄弟之爭。必起於欲。棄欲思義。何不和之有。元就悅以爲然。顧餘子曰。宜從仲兄之言。

元春、稱少輔、毛利元就第二子、

知子不如親　中村栗園

吉川元春。小早川隆景。猶幼。嘗與群兒掬雪相撲。元就密自墻隙觀焉。元春奮勇銳進。隆景爲之敗。既而再鬪。隆景伏二人于途。率三人而進。元春銳進如初。隆景僞敗而走。急使二人自側突起。一齊亂撲。元春遂敗走。元就出而止之曰。我知二人之性。北方人勇而銳。元春汝當之。南方人好謀。隆景宜任之。他日開濟之業。定於是日云。

二家用兵之異　大槻磐溪

謙信臨戰。俄欲分部隊。則單騎馳入其中。馬行所過。

左右自分爲兩隊。當是時。挈槍夫在彼。主不能呼。主人在此。槍夫不得就。各自揮刀殊死戰。每以奏奇功。信玄將戰。必演習數回。申明約束。其戰罷。輒與諸將論勝敗之理。可者賞之。不可者戒之。故每戰軍機漸熟。遂以至精勁無匹。是亦可以了二家用兵約略矣。

聽曲流涕　　齋藤竹堂 名馨、陸前人、著竹堂文鈔、

上杉輝虎。命瞽人演平語。瞽人乃演賴政射怪事。輝虎淚數行下。老臣侍側皆異之。輝虎曰。皇國之武衰久矣。鳥羽帝時。皇宮有怪。義家鳴絃攘之。乃賴政之時。則射且不死。使井野早太殺之。其相去僅四十六

年耳。而弓箭之道不及古如此。今去賴政之時。又四百五十年。吾望賴政且不可得。欲不泣得乎。

謙信給鹽　　中井竹山 名積善、大阪人、著逸史、

甲侯統下皆山國。仰鹽于駿相。駿侯與相侯合謀。禁商賈絕甲鹽漕。甲人大窘。越侯謙信聞而嘆曰。夫二家不能以武加甲。乃困人以卑怯下策。可憎矣。甲雖仇讎。其民何辜。因修書甲侯曰。公與寡人所爭在武。駿相下策。寡人所惡聞。自今通商販。給以北鹽。請信意取之。遂下令賈人曰。務平鹽價。毋有擅利。既越甲水陸。轉漕相接。甲人深服其義。

甲侯、武田信玄、駿侯、今川氏眞、相侯、北條氏康、

泰時敦親　　青山佩弦齋 名延光、常陸人、著國朝紀事本末、

泰時聞盜襲弟朝時家。即馳赴之。衆皆從之。會朝時不在。家衆禦盜破殺之。泰時途聞之。迺還。平盛綱曰。君任太重。縱有大寇。猶當遣使偵探。然後命僕等禦之。今何自輕至此。泰時曰。人之在世。所恃惟親族。弟若爲賊所殺。而兄不暇救。恥孰大焉。故賊攻吾弟。在他人則爲小事。在我則一家大變。不減建保承久。朝時聞之感喜。贈誓言曰。吾子孫世世事兄子孫。無敢有貳。

北條武藏守泰時、時爲執權、

中學漢文學初步卷一 終

明治三十二年五月廿五日印刷
明治三十二年五月廿八日發行

中學漢文學初步　全二冊
定價各金貳拾錢

編纂者　仙臺市花京院通二十九番地　渡貫勇
發行者兼印刷者　東京市日本橋區本町四丁目十六番地　小林義則
發兌　東京市日本橋區本町四丁目十六番地　文學社
印刷所　東京市神田區錦町三丁目一番地　文學社工場

渡貫勇編纂

中學漢文學初步

明治三十二年十月三十日文部省
檢定濟中學校漢文科教科書

文學社

中學漢文學初步卷二

目次

以上漢文六十二篇

京師所司代板倉勝重、

中學漢文學初步卷二

渡貫勇編纂

奇童

大槻盤溪

勝重子重宗。代父爲京尹。謁祇園祠。祠前群童聚戲。一童子以邦訓。呼數字曰。自一至九。語尾皆帶都音。十獨無者何也。群兒茫然。有一童。年僅九歲。應聲曰。亦有然者。五字既重都音。所以十字止本訓。重宗聞而奇之。翌日使人召致之。乃合二餅餤爲一團。使童子食之曰。今所喫。上者旨。下者旨。童子沈吟。忽拍掌作聲曰。今所拍。左者鳴。右者鳴。重宗益異焉。擧置之左右。後遂列近臣。

妙術

服部南郭

有人。詣太醫丹雅忠。主人方待他客。出在堂側。便接見其人。少頃。來乞診者。相尋入門。主人遙望其面。顧對其人。歷指病者。暗言其所患。及皆坐陳其惡。無不悉中。俄頃所待客至。是安晴明子吉平。主人爲設杯酒。先擧杯未飲。吉平曰。急之地今且震覆。杯可惜。主人以爲戲。從容未飲。俄而地震。杯酒果覆。並是妙術。其人大驚以語世。

巧書

服部南郭

弘仁帝好書。秘府多藏。中有絕佳者一卷。帝珍之。出示空海曰。如斯誠亦不可學也。恨未知何人。海曰。是臣僧在唐國所作。帝以其體異不信。海曰。亦隨風土俗尙變爾。乃裂軸奏覽。書曰。某年某月沙門空海書于靑龍寺。帝驚嘆。先是帝自以爲勝於海。於是矜心頓廢。益重海書。空海左右手足及口。挿筆竝書。世稱五筆和尙。

野田山丐夫

渡邊樵山（名魯、近江人、著樵山存稿、）

加賀侯之墳墓。曰野田山。世世葬焉。以故闔藩之士。亦多葬其麓。土俗中元設篝燈于墓門。厚祿之家。則別作廬。使人通宵護之。其賤且貧者。親自往焉。過夜半而歸。大率爲常。有惡少年。伺其去。滅火竊燭。會丐夫覆藁而臥。謂曰。人爲祖考置之。而公等暴凌乃爾。得無不可耶。惡少群罵曰。咄。寒乞兒。汝何爲者。勿關此公所爲。丐夫徐曰。予不爲公等所爲。安免寒乞。終不復爭。

菅原道眞

青山拙齋

延喜三年春二月。太宰權帥菅原道眞。薨于貶所。年五十九。道眞歷事五朝。尤爲宇多帝所親任。帝嘗好遊獵。道眞諫止之。隨事獻替。多所匡救。及被配。閉門不出。託文墨自遣。雖謫居無憀。未嘗忘忠愛之意。一日遇重陽。賦詩曰。去年今夜侍淸涼。秋思詩篇獨斷腸。恩賜御衣今在此。捧持每日拜餘香。聞者莫不感嘆。至是薨。天曆初。建祠於右近馬場以祀之。號北野社。

本多忠勝 一

青山拙齋

（本多中務大輔忠勝、通稱平八郞、東照公原作神祖、東照公與武田氏戰三方原、不利、）

忠勝自少從軍。摧堅陷陣。勇冠一時。前後大小五十七戰。未嘗創傷。又未嘗少衄。東照公嘗與武田氏戰不利。忠勝殿而退。甲軍追躡。忠勝揮槍逼之。甲軍皆披靡。不能追。忠勝膂力絕人。善用槍。槍長一丈四尺。名曰蜻蛉切。忠勝晩歲在桑名。一日跨馬出游。把槍揮之數次。既反截其柄數尺。人問其故。忠勝曰。器仗長短。隨力製之。今吾力衰。故截之耳。

本多忠勝 二

大槻盤溪

中書忠勝病將死。召其二子忠政忠朝。遺言後事。忠政就蓐問曰。大人苟所欲言。請謹聽之。忠勝曰。唯有一事。何也。曰。願不死耳。二子怪問曰。人生有始必有終。大人所悉。今何爲出此言耶。忠勝乃使忠政執筆。以書。其辭曰。死止毛奈阿羅死止毛奈死止毛奈。御恩遠受志君越思邊盤。譯曰。死可惜兮噫死可惜君恩海壑未全酬。二子泣未答。忠勝則奄然而逝。時年六十三。

大窪佳謔　　大槻盤溪

幕府有饗禮。進鶴羹。適大窪彦左謁焉。照公命賜之羹。彦左退坐外廳。換幾椀喫之。復入謝曰。小人飽嘗君之羹。爲賜多矣。然臣家亦自不少此物。公曰。汝薄祿之家。安得有之。彦左曰。且勿疑。臣將以明日獻之。翌日。盛青菘於白板盤。堆積如山。自捧以獻焉曰。昨日所賜臣即此是也。但此物臣家呼做菘。君之朝則

上元正天皇也、

特謂之鶴耳。公笑而納之。乃命左右讓厨人。

養老醴泉　　青山拙齋

養老元年秋九月。上行幸美濃。觀當耆郡醴泉。初郡中有樵夫。事父至孝。家極貧。鬻薪以養父。父嗜酒。樵夫常提瓠過市。賖酒以進。一日往山薪樵。誤墜巖谷之際。聞有酒氣。心怪之。回顧其側。有泉湧出。其色似酒。嘗之芳烈甘美。樵夫大喜。汲以供父。至是車駕幸美濃。過郡觀之。以爲孝感所致。遂名其泉曰養老。因改元。授樵夫官。家至富饒。

士期馬革　　廣瀨林外

木蓬萊、名貞貫、字君恕、初號嶺

藤堂侯臣。山岸喜太郎。與弟莊三郎。從大阪役。其父岩之助。年老致仕。住伊賀上野邑。喜太郎陣歿報至。岩之助方與客碁。妻流涕告之。客請退。岩之助夷然曰。雖乃輟碁。死者非活也。下子如初。妻曰。兄也既死。弟也如何。曰。昨聞其死。妻大哭。曰。士期馬革。是好消息耳。又何哭。岩之助久在軍旅。其甲敝而又新者十七札云。

木蓬萊　　東條琴臺

蓬萊少時。家貧常無十日食。有流氓男女來立門外乞食者。倒米櫃與焉。蓬萊嘗曰。己不善而人譽之。不

南、後號蓬萊、尾張人、仕于勝山侯、

孝道、尾張守藤原孝定子、樂所頭、

足以爲喜。己善而人毀之。不足以爲憂。蓬萊講說經義。取譬教諭。言語明爽。頗似中江藤樹爲人。故雖至愚之人。領了其旨。仰慕師德。常謂曰。白鷗在于水。悠然而浮。淸閑自得。而其足躁擾不得少息。以是不失其性矣。人處於世亦若此耳。節略

諧談　　服部南郭

妙音相公命藤協律孝道。期某日有事幹。必至。其日孝道放浪都下。過期。公令索之不得。及晩自至。公大怒。急命左右。令作麥飯鰯魚。須臾供至。公乃使孝道啖焉。孝道適飢。擧皆盡之。公益怒。命拜伏三千餘回。

孝道素健。且加食力。起伏無艱勞色。公搔頭曰、奴已如斯。吾無可奈何。乃止。公嘗遠行。遇麥飯鰯魚并食。以爲人之苦惡莫過此者。故令用爲罰。于時傳聞作笑談。

傳家之寶　廣瀬林外

水侯之臣中山備前之隷。有扇谷八兵衛者。其刀太美。其主欲之。不與。欲以他刀及金換之。又不可。備州怒。使之杜門待罪。其友問故。扇谷曰、我雖淪僕隷。寶上杉憲政嫡孫。是傳家之寶。我元可奪。刀不可獲也。備州聞之召問之。低頭不言。侯聞之。謂備州曰、卿置之上座。宜其不答也。備州延之上座。乃不辭而進。始述閥閲。侯延見之。與之抗禮。給祿二百石。上賓遇之。

利勝、土井氏、職原作續、

利勝端正　鹽谷宕陰

利勝溫厚端正。奉職恪勤不怠。前大將軍之傳職也。謂大將軍曰、吾有重寶七。以傳于汝。爲利勝居其一。利勝雖不學。明達理義。不惑巫覡言。卜人進年筮曰、某月可愼。利勝曰、一言一動不可不愼。豈容有不愼之月日哉。且吉凶在人。不在月日也。

捕雀說　賴山陽

雀小黠善畏。望食而不敢下。鴉多智善就利避害。鴉之所在。雀則下之。故捕雀者。以鴉爲招。繫鴉之足。環散粟而隱網其傍。鴉俯啄粟也。群雀望視之。嘖嘖然。蓋相告曰、彼在焉。我可以往也。連翼而下。百喙喧爭。而網已掩之矣。嗚呼彼自謂智且巧。莫或敢侮予。而爲食縶其手足。貪戀不能自脫。而視之者。不以爲可憫。而以爲可與歸。胥溺於禍機。而兩不悟也。可不哀哉。

艮鷹藏爪　大槻盤溪

織田氏臣。有善射者。信長聞之。欲試其技倆。爲設演射塲。卜日往觀之。餘士皆多中。某終日而射。卒不能中也。信長不懌。歸而嘆曰、所見不稱所聞。人言果不足信耳。其後國內土寇蜂起。勢頗猖獗。信長自將討之。衆逡巡不進。當此時。某直進立信長馬前。引滿當敵。縱横放射。率無虛箭。寇爲之卻走。信長於是歎曰、有是哉。渠之深於技也。嚮之不中者。非不能中也。欲養餘力。以收異日之功耳。諺曰、艮鷹藏爪。猶信厚賜物以賞之。

黑田孝高、稱勘兵衞、後祝髮號

如水節儉　賴山陽

高麗之役。太閤使日根野某于海外。某乏資。介三好某借銀三百枚。黑田如水。使事竣。齎其子本共三百

如水、

三十枚。與三好俱造如水氏。座定。如水呼其人。命曰。嚮所獲紅魚。聶切爲三。而羹其骨。以供客。客心薄之。及酒罷。出銀袖。謝而返之。如水曰。吾賚之也。非貸之也。外史氏曰。嗇於有用。而豐於無用。今之習也。古之人反之。如水氏之樹功於天下也。亦嗇嗇豐豐而已。

細川藤孝　大槻盤溪

細川兵部大輔藤孝。少小不喜國歌。自謂。是縉紳婦女之技。非武夫之事也。偶某地之戰。追敵之棄馬走者。不及而返。從者執馬銜以諫曰。窮追勿失。臣驗馬背尚暖。以知其行不遠。古歌不云乎。君波麻太遠玖波行志我袖乃。袂乃涙比延志果年盤。藤孝領之。即馳逐。執其人以還。從此潛心歌道。深沈奧妙。至窮古今集秘訣。所謂幽齋玄旨是也。

譯曰、君行知不遠、吾袖淚猶需、

稻葉一徹　大槻盤溪

一徹、一作一哲、

稻葉伊豫守一徹。既服從織田氏。而信長意未釋然也。乃設茗讌。延之茶室。竊使其臣三人。託伴接以圖之。一徹從容入室。朗誦壁間所挂詩曰。雲横秦嶺家安在。雪擁藍關馬不前。三人就問其義。一徹一一分解。并說其典甚詳。信長隔壁傾聽。忽然走出。謂一徹曰。我初謂汝一武勇男子也。今乃知其有文學如此。猜疑之心頓消矣。一徹頓首而謝。於是命三人。各取匕首於懷示之。一徹亦袖裏出一刀。笑謂三人曰。今日之事。僕亦期不徒死耳。

秦嶺藍關一聯、唐韓愈字退之者、謫潮州、途上所賦詩中句也、

中學漢文學初步 卷二 十七 十八 文學社

不辱君命　廣瀨林外

信長欲降雜賀孫一。遣人說之。不返。尋遣稻葉一哲。孫一從一哲來見。信長曰。先所遣者。何故不返。孫一曰。臣見其人。多從騎卒。踵城門。呼曰。信長公使臣某。言色俱勵。臣惡其倨傲。故殺之。信長曰。何爲不殺一哲。曰。此人未至城五六里。先使人通姓名。臣自櫓上觀之。鞍馬素樸。從者寡少。至城門下馬。進退不苟。威儀可觀。臣出迎。共語。執禮甚恭。臣安得不與來。信長曰。不辱君命。

桶峽之戰　中井竹山

織田信長聞丸根警。投袂而起。及于熱田。行合諸砦兵。得三千。先鋒佐佐隼人等。馳駿師而死。駿人獻其首。義元笑曰。尾人當殲於是役。乃張宴酣飲。信長望丸根鷲津之煙。令軍中曰。轉取山路。偃旗鼓。直衝中堅。時風砂撲面。雷雨暴至。諸將或諫止。弗聽。梁田出羽呼曰。奇策必有奇勝。師競攀山踰嶺。則趾卽桶峽。

矣。皆鼓譟而下。駿麾下驚擾。駿侯親出帳。叱之。尾士服部小平太望見而輅之。駿侯抜刀斫其膝。毛利秀高槍刺其首。駿師大敗績。

岩間大藏　大槻盤溪

岩間大藏爲人魁梧儼然。一丈夫也。信玄抜之伶人中。以列士伍。而性怯懦畏死。殊甚。信玄試之戰陣。七進七退。信玄曰。是不可以常法馭焉。我聞。西域崑崙山鐵化爲金。則人性怯懦。亦在鼓鑄如何耳。一日臨戰。俄捕大藏。縛之竹牌外。使向敵坐。寸步不能動。則矢丸雨下。礮聲如雷。大藏膽落神死。無復人色。幸而不中。竟戰惴惴。以得無恙。大藏於是幡然改悟曰。人苟有命。矢丸且不能中。死豈足畏哉。自此每戰鼓勇先登。遂以成驍名。

二世鎌倉二代將軍頼家卿也。

朝比奈義秀　小川心齋（名弘、越後人、著鎌倉史、）

義秀稱朝比奈三郎。勇力絶倫。兼善游。二世嘗遊小坪之海。命義秀游。海游泳徘徊。遂沒而不見。衆大恠之。頃焉。挾三鮫魚而出。二世歡甚。賜所騎駿。兄常盛嘗請此馬而不得。進請曰。義秀雖善游。而角觝不及臣善。願使臣兄弟角觝。勝者拜賜。二世笑而從之。下船。入小阪氏。觀角觝。常盛勢稍屈。北條義時。不欲決

勝負。進而解之。常盛便跨馬而去。義秀搔首彷徨。無如之何。觀者皆解頤。然義秀名由是益著。

熊説　齋藤竹堂

西土之獸。猛莫如虎。而我無有也。我之獸。號爲猛者熊耳。熊藏於穴。春出冬蟄。人欲捕者。積薪於穴口。熊便怒。取而移之於尾。復積之。亦如初。久之。穴中皆薪。熊無所跧伏。全身皆出。人擒縛之。搦殺之。向使熊深居穴中。則雖有孟賁之勇。烏獲之力。孰敢攖之。今乃不勝一怒。致失其所。而死於山野匹夫之手。豈可悲已。然彼獸也。無足言者。獨怪世人所爲。亦有類此者何哉。熊雖死。皮爲茵褥。膽爲藥餌。尚足適用。人死骨朽。肉爛而止。是乃熊之不若也。噫。

魚買八兵衛　蒲生修靜（名秀實、字君平、著山陵志、不恤緯等、）

後光明帝以痘瘡崩。時朝議依舊將火葬。有一民鬻魚爲業者。呼八兵衛。常聽命於宰夫。出入宮門。聞之大悲慟。歎曰。嗚呼聖天子何天命之薄也。可奈之何。且夫火葬者。非聖人之道也。況今大行在天之靈。蓋嘗疾浮屠之虛誕。斥異端最甚。送終尚猶從事於其所斥耶。吾小人。苟目不瞑。不肯從朝議。敢諫爭止之。不能則身死之。於是。奔走於仙洞及執政之門。所至

號哭悲泣。敢請止火葬以從大行之志。朝議輙爲之改。而火葬止焉。蓋感八兵衛忠誠也。

上杉景勝　大槻盤溪

黃門上杉景勝。豪邁而膽大。其臨陣。前隊既交戰。矢丸雨下。呼聲震天地。而景勝身尙臥幕中。鼾聲如雷。其朝于京師。一行鹵薄。數十百人。寂不聞咳聲。唯覺人馬行聲肅肅然耳。嘗渡富士川。人多船小。中流殆欲沈。景勝怒立舟頭。擧鞭一揮。衆皆躍入水。泝而涉。船乃得達岸。平素未嘗見喜悅之色。家有所養胡孫。偶蒙景勝所脫巾帽。走升庭樹。向景勝點頭者三。景勝始莞然。左右侍御見景勝笑顏。唯此一事云。

太閤薨　大槻盤溪

太閤。以慶長三年八月十八日午晌薨。壽六十三。葬於東山阿彌陀峯。初聚樂第之成。公偶詠國歌一首。自書之箋。使尼孝藏主函而藏之。戒曰。他日有需則出之。後十二年。至此病篤。俄召尼孝。命之曰。持昔所付國歌來。尼孝出而進之。公直援筆。記歲月日及諱於其後。欲幷造花押。半成而腕澁。乃擲筆。明日而薨。蓋豫以擬絕命詞。臨薨出以遺後人也。其歌曰。露止置露止消奴留我身哉。奈仁波乃事波夢乃世乃中。

譯曰。露生露滅是吾躬。浪速榮華一夢中。此箋今尙傳在木下侯云。

奇男子　廣瀨旭莊（名謙、豐後人、著梅墩詩鈔、）

豐臣公陣於名護屋。以濟伐朝鮮之師。一日在樓。有帽掩其面者騎而過前。公勃然曰。奴何爲者。不脫帽不下馬而過我前。命軍吏殺之。吏走馬追之。公復召軍吏曰。無禮則有之。然敢無禮於乃公。其膽可嘉。聽彼自刃。亦鞭馬出。公又召軍吏曰。奇男子。唯問其名。勿問其罪。亦出。先者及焉。呼曰。我公有命戮汝。次者將及。呼曰。公聽汝自刃。後者遙呼曰。問名而已。騎士聞之。回探懷。出蠟書曰。上之我名亦在焉。遂去。吏歸獻。公視而火之。無知其故者。

曾魯利　藪孤山（名愨、肥後人、）

豐公將微行。近臣諫不聽。相謀曰。非曾魯利不能止公也。迺命之。曾魯利以滑稽寵於公。於是曾魯利入見公。面覆於地。咯咯作聲。公怪問焉。曾魯利曰。臣適食怪物。心甚惡焉。故欲嘔耳。公曰。何食。曰。昔者臣遊北山。逢一鬼。長丈餘。人形而翼。鼻長數扶。卽世所傳天狗也。將攫噉臣。無脫足。乃試問曰。我聞子有翻術。請一觀而就死。天狗曰。唯爾所欲。臣曰。子既魁然。我唐首、以旄牛尾飾兜首者。

欲觀子眇然耳。於是條乎一翻。飛止臣掌。則惴惴如蟻矣。臣因一口吞之以歸。天狗神獸也。一失其威。則爲臣食矣。不然。臣葬乎其腸胃之間也久矣。公笑曰。善。孰使女說。遂止徵行。

神子田長門　大槻盤溪

美濃之戰。敵軍大敗。我士池田勝三郎。追敵之唐首。甚急。竟不及而返。信長謂勝三曰。今之唐首而走者。必神子田長門也。凡方追兵之甚急。怯懦之士。必反擊死。不死而遠遁。非大剛者不能矣。既問之。果神子田也。寧靜子曰。太閤嘗問前田毛利諸公曰。假使故右府率兵五千。與蒲生氏一萬人戰。則卿等將何屬。諸公未以有對也。太閤曰。如孤屬右府耳。何則。使南軍得北軍首五六級。其一必氏鄕首也。北軍得南軍首。雖至四千餘級。決不能見右府面。是其將將之才。所以不可及也。余謂。太閤此言。與右府所論互相發明。然則三十六計走爲上策者。豈爲將將者言之歟。

森蘭丸　原尚庵

平信長之內豎。有森蘭丸者。慧而謹信。常侍左右。一日信長如厠。使蘭丸隨而執劍。劍鞘黑髹。有欵紋數條。蘭丸跪而執劍於厠外者良久。因戲料其欵數。信

長自厠中覰知蘭丸料之。然爲不知而出也。蘭丸固亦不知信長覰之也。居數十日。信長與衆近臣飮酒酣。信長弄其劍曰。誰能闇射鞘上欵紋之數者。苟能中之。吾必有賜焉。蓋欲賜於蘭丸也。於是衆近臣皆爭射之。而獨蘭丸則默而無言。信長問於蘭丸何故不射。蘭丸曰。臣嘗知其數也。是以不言焉。昔者君令臣執之於厠上也。臣偶料其數。業已知之。今若爲不知而射之以貪其賜。是欺君也。賣輩也。縱君不知。而有賜焉。臣豈忍爲之乎。是臣之所以獨默而不言也。於是信長大賞其誠忠。賜以其劍云。

太閤雜事 節三　大槻盤溪

小牧之役。前軍既成陣。馳人伏見。請進馬。時豐公與茶博利休著飮。聞報便起。直自後園出。蹇衣撫髀曰。來來。其輕擧弄敵。每每如此。前田德善院嘗以爲言。公笑曰。勿用。方今天下英豪誰復有尙乎我者耶。公之東征。次宇都宮。召佐野天德寺。語戰國事。天德寺盛稱武田上杉勇武無比。公笑曰。使二髡在乎。一人提長刀導前。一人揭朱傘擁後。亦足以壯吾儀衞矣。而今不在。是實孤之不幸。而二髡之幸耳。書史在側。草檄文。偶忘醍醐醍字。公以指畫大字於

地曰、大字當如此書。蓋以醍大邦讀相近也。其檄征韓諸將、往往用粘合紙、文亦有塗抹處、輒付使者曰、持此往矣。

置小墅於城之山里、使茶禿梅松守之。軒前新植松數株、既而生蕈。其實自外移之也。梅松釆以獻之聚樂第。公笑曰、吁、孤之威靈能使蕈生於數月間耶。及其狃而屢獻、則又笑曰、止止。使蕈多生、太不可。

貝原益軒　　原　念齋

益軒、以寛永庚午十一月十四日、生福岡城中官舍。父利貞、號寛齋。通軒岐家言。益軒自幼警敏、有殊質。九歳就兄存齋讀書、多成暗誦。及中年、入京講學。是時都下名彦、胥傾心下之。遂以博見篤學、名重海内。益軒學無常師。或以爲松永昌三門人者、謬矣。太宰德夫、於儒林最鮮許可。其於益軒、嘗稱說曰、博學洽聞、海内無比。嘗居東將西歸。取路于海上。同船數人。名姓不相知。雜然相向、喋喋相語。中有一少年、亢顔談經、旁若無人。益軒瘖無言、若無能者。既而及船達岸、各告其姓名郷里。則少年始知爲益軒。悪然不自容、遂不陳其名、鼠竄去。

源義家　一　　青山拙齋

天仁元年秋八月

秋八月、前鎭守府將軍源義家卒。年六十八。義家小字源太。初頼義夢八幡神賜劔、覺而異之。既而其妻有身、生義家。年甫八歳、加元服於石清水社。因號八幡太郎。義家毎出、唯使一小冠者持大刀耳。嘗詣右大臣藤原頼宗第。圍碁會、有人挺刀突入、走過南庭。義家乃抗聲曰、義家在斯。不聽而過。義家急呼從者、使止之。從者呼曰、八幡殿在。何不止。其人投刀就縛。俄而從兵數十人來集、遂拘而去。人以是知其有備。益畏之。初奥州之役、義家毎射、甲士皆應弦而斃。清原武則欲試其弓力、疊堅甲三領、挂之樹枝、請義家射之。義家一發洞貫。武則大驚曰、神也。非人之所能矣。

父將軍、陸奥守源頼義也、
江師、大江匡房也、

源義家　二　　服部南郭

源義家微服夜至人家。安宗任一人爲僕從。留在中門。其夜雨甚闇。有劫盜數十人、持炬窺門。犬吠。自中門出。宗任試以蟇目小箭射犬。犬吠且走。復射再中。義家於内問誰。應曰、宗任。義家曰、注矢之疾。何乃輕躁。盜聞之相驚曰、咄咄、八幡公在。乃逃。義家從父將軍東征十二年。平奥而還。詣宇治公、話征戰事。江師側聞之。先退出。私自言、渠有將才、惜未知兵道。時義

寛治、堀川天皇年號、

義光、頼義之子、稱新羅三郎、刑部丞、

家從者。聽得而志。待其主出而告之。義家曰。此公必有教。追及謹請。遂執弟子禮。受兵書。後寛治中。拜將征奥。武衡方攻金澤城。行見鴈正將下忽復亂過去。曰。是江公所教。必當有伏。令軍避過。果賊數百在其野。

義光授秘曲　服部南郭

源義光。學笙豐時元。時元卒時。其子時秋尚幼。秘曲未可授。乃授義光大食調入調。後義光憂其兄義家東征賊未平。乞朝欲赴戮力。不許。乃解官獨發。日夜兼行。時秋遂驛馳至。乃請與俱。義光頗怪數苦駐行。

及足柄山。辭喩再三。猶不肯。義光忽復悟其意。路傍班荊。布二楯分座。乃胡籙中出時元所書與大食入調譜示之。問有齎笙耶。時秋乃出笙。義光曰。子所追。想必此事。我今赴戰。生歸難期。子卽豐氏世守也。殉我無益。若信吾志歸全其道。悉傳秘曲畢各別去。

眞田信幸　齋藤竹堂

松代侯眞田信幸。性無嗜好。近臣某勸以籠禽供娯。侯曰。善。因使某造籠。大可容人坐。旣成。侯謂某曰。汝試入籠中。卽入。侯曰。我出云則出。侯去。某在中。可坐不可臥。侯旣使人賜美酒佳饌。而某食不甘飮不醉。

黄門義公、水戸中納言光圀卿也、

如是者一日夜。侯至。問之曰。籠中之居樂乎。曰。知苦耳。曰。可也。宜出而憩矣。某排籠而出。如脫重囚。侯乃曰。禽與人一也。人苦禽亦苦。爲籠中之禽。而飽於美餌。孰若爲山野之禽而飮啄自在。吾是以不爲也。而固知汝愛君之志矣。因賜金若干。某慚謝而退。

黄門義公　大槻盤溪

國家有禁殺鶴者。刑甚重。仙禽也。水戸黄門公時。有人銃鶴於禁獵所。縣吏捕以獻焉。公怒下之獄。久而不問。歲亦云暮。明年春正月。公招致封内八巨刹住僧。自饋享之例也。禪話之次。及殺生事。公因謂僧徒。

曰。日有犯禁殺鶴者。寡人嘗學斷此獄。僧等觀焉。乃引出囚人於庭。縛之松樹。大聲喝曰。汝犯國家大禁。其罪不可赦。拔刀擬之。而故躊躇。七僧觀之。瞠若不出一語。公於是投刀罵曰。咄鈍僧輩。我豈以人替禽者乎。特法律之不可曲。欲待沙門一哀以宥之。今乃七僧駢首。呆然視其危而莫之救。慈悲之道安在哉。夫僧而無慈悲之心。亦安用浮屠哉。命盡逐七僧。而遂宥殺鶴者。

敗天公　大槻盤溪

豐後岡城外數百步。有諸士塋域。每風雨夜暗。有怪禽出。腷膊鼓羽。其聲如豹。士女相戒。莫敢過其所云。
赤座七郎岡藩砲隊長也。其妻村井氏弟伴。勇而好
武。時寄寓赤座氏。一夕自外歸。途過怪之所。忽有物。
飛拂頭上。隨風淅瀝有聲。村井意欲生縛。銜暗徐進。
從其聲以捕之。則敗天公之懸籬。而不墜者矣。村井
乃解其懸。持以歸。赤座氏連呼曰。起起。我獲怪物矣。
赤座蹴衾起。則村井執敝笠在手。笑曰。果如所聞。其
腷膊者此怪之觸籬婆娑也。其聲如豹者。此怪之受
風飛鳴也。相共拍掌。明日岡城人傳誦曰。怪既爲村
井氏所捕矣。夜行無復所患。

松平信綱 一

鹽谷宕陰

世子竹千代即德川家光公也。大將軍二代將軍德川秀忠公。夫人原作大妃。

世子嘗見屋上乳雀。命近臣往捕之。屋係大將軍燕
室。衆莫敢往。乃推信綱。曰。汝年幼體輕。宜往。信綱勉
強應命也。夜潛緣屋索之。失足墮中庭。譟然有聲。大
將軍提刀。夫人執燭而出。見信綱。詰之。對曰。臣觀雀
兒。心欲之。竊來捕也。大將軍曰。否。是必有主使者。窮
詰再四而不告。大將軍怒。內信綱於巨囊中。而緘其
口。懸之柱。曰。汝首實即許去。信綱自囊中爭之徹旦。
旦日大將軍出視朝。夫人憫之。私胠囊口。以餕啗之。
復緘口如初。日中大將軍入。復詰之。終不改辭。夫人

固請而縱之。大將軍目送焉。謂夫人曰。孺子能如此。
後必羽翼吾兒。

松平信綱 二

鹽谷宕陰

大將軍三代將軍德川家光公。

信綱機智捷給。稱爲智囊。嘗歲除驟雪。有司白。明旦
朝會。自鐵門至廳事前。例當掃雪。而大雪如此。掃除
不及。將如何。信綱曰。宜布草筵于塗。俟雪積撤之外。
旋積旋撤。則勞省而人休。大將軍狩于郊。扈從士四
散驅獸。大將軍謂信綱。宜令監察及巡使在左右。信
綱曰。有令則立辦矣。不必置側。大將軍曰。事與堂陛
之上異。不若在側之便。信綱答之如初。大將軍不悅。

既而有赤白二旆。離立于前頭百餘步外。而隊伍頗
擾。大將軍令交互其旆於左右。而鎭定其衆。信綱揚
麾一揮。則旆交而衆定。大將軍顧井伊直孝曰。汝見
信綱舉動乎。直孝曰。明主使能臣執事。可謂雙美
矣。

松平信綱 三

青山拙齋

信綱嘗欲引玉川水。漑其封邑。命邑宰開渠九十餘
里。以通玉川。已成。踰歲水不入渠。信綱召邑宰問之。
邑宰曰。水當至。君宜無憂。居數歲。水遂不至。信綱又
召邑宰問之。對曰。水之所以不來。由民之灌漑田野。

羅山林忠、一名信勝、京都人、仕于幕府、薙髮號道春。

者多也。若潤澤滿野、水必至矣。又踰歳、水又不至。信綱又召邑宰、問之、對亦如前說。信綱怒曰、汝不知地之卑高、妄穿溝瀆、故至此。爾邑宰固執前說、毫無撓色。已而秋大淫雨、水果至溢于溝洫。由此田野大闢、磽确之地盡爲膏田。信綱召邑宰、大稱其功、增其俸祿、後遂擢爲顯官。

林羅山　　原　念齋

羅山、生而秀偉、幼即嚮學。甲斐德本過父、讀太平記。羅山時年十八歲、一聞記之、即背誦者數十張。又嘗造某許、講論語集註。中脫一葉。乃操筆暗寫以補葺之一字不謬。其強識率此類也。明曆丁酉正月十九日、郭北失火。弟子報不可免。羅山首肯、讀書不輟。又報延燒剝膚。先生盍去乎。於是手其所讀、上轎。轎中讀之、猶不輟。既而至郭外別業、神色自若、讀者如故。少焉有一人馳報、第宅盡爲焦土。羅山曰、及銅庫乎否。曰、共爲烏有。羅山慨然仰天嘆曰、多年所力蓄者、一旦爲祝融奪。可惜可惜。是夕鬱鬱不適、越五日奄然長逝。

銅庫即銅造書庫、係官賜。

道長雅量　　服部　南郭

寬和帝、華山天皇也。

寬和帝時、藤道長與二兄少同爲郎。一夕雨暗、皆在上前、譚及怪事。移時坐懷畏怖。上曰、誰冒此黑闇、能詣無人處者耶。道長曰、臣可詣。上壯之、乃命兄弟三人、曰、道隆宜往豐樂院、還道兼仁壽殿、道長大極殿。各宜出某某門。時已三更、二兄畏縮、不得已而起。道長曰、臣固獨往、願假左右小剪刀、當取證來。乃去。俄頃二兄各走歸、曰、途已見怪、不可得前。股栗不定、面色如土。上大拍笑之。良久道長徐還、即上小木柹、爲信曰、是所削取大極殿御牀南面下柱片也。上遣令驗果爾。二兄大慚。

二兄、道隆道兼也。道長、官至太政大臣、萬壽四年薨。

藤原實資　　青山　拙齋

永承、後冷泉天皇年號。

永承元年春正月、右大臣藤原實資薨。實資資性忠恪、不阿權貴。初上東門院入内也、道長要一時名輩、作和歌以裝屏風。藤原公任爲其選首。華山法皇亦有御製。實資獨拒不作。乃歎曰、豈有身爲列卿、而受大臣命作其屏風和歌者乎。我未之聞也。況上皇之尊乎。公任身出華胄、職典廷尉、當自異常流、而阿從之甚。何心敢爾。道長使人懇祈、竟固辭不作。實資少有操行。人或姍笑之、實資不以爲意、益加勉勵。嘗移居新宅、適失火。衆皆來救。實資止之、徐駕車而出。唯攜一笛。人服其曠達。

甘藷先生　原　念齋

青木昆陽。出伊藤東涯門。其學壹志有用。於經義文章。不必究思。嘗嘆曰。凡有罪非死刑者。遠放之嶋嶼。要在使其終天年耳。然諸島少五穀。常以海產木實給食。是以往往不能免餓死。豈不亦痛哉。即雖種藝之地。遇歲歉。則民不能無菜色。意者百穀之外。可以當穀者。莫如蕃薯也。乃陳官。求種子于薩摩。試種之官藥苑中。則極蕃衍。於是以國字著蕃薯考一卷。而演其培養之法。官鏤版。併種子。行下諸島及諸州。未數年。無處不種。至今。上下便之。雖歲不登。民不遑餓者。實昆陽之惠及無窮矣。題其墓門之碑。曰甘藷先生之墓。有以哉。

薩人奪錨　小笠原午橋 名勝修、岩代人著續國史略、

文久三年七月。英艦入鹿兒島洋。曰。生麥村之事。與政府平。更得贖金二萬元於貴藩。以養死者妻孥。不得主使者。英欲奪薩艦爲質。會大風雨。薩人邀戰。英艦七隻。其一不動。其六宛轉自在。向岸砲擊。丸無虛發。碎我數砲臺。數十砲門。及鹿兒島市。延燒數百戶。我丸亦能達。毀其六艦。英死傷數十人。喪二將。遂不得志而去。謀再擧。至九月。薩借七萬兩於幕府償之。

賤嶽之戰、一曰柳瀨之戰、

此戰。英一艦。不遑拔錨。絕纜而去。薩人奪錨。及和成。英懇請得之。萬國之法。奪錨。則傳之四方。告戰勝。事平。則出金贖之。英不費一金。得之。喜出望外云。

賤獄之戰　一　巖垣謙亭 名松苗、京都人著國史略、

天正十一年三月。柴田勝家大擧軍于柳瀨。秀吉命益修賤獄城砦。固守不出。夏四月。或謂作間玄蕃曰。敵砦皆固。但中川清秀塹壘不完。即間道出餘吾湖。以襲其不意。一擧可拔。盛政從之。南師果潰。清秀遂死之。盛政使人報捷。且曰。衆甚疲。當竢明日而退。勝家謂使者曰。便道財里許。夫何疲之有。宜亟還。奇捷之利。在收威養銳。克而懈。殃弗可測矣。頻遣騎趣之。項背相望。盛政傲然曰。全勝之威。孰敢敵者。舅氏老而怯耳。日既暮。勝家頓足曰。豎子敗乃公事。秀吉欲攻岐阜。會甚雨。祿川暴漲。不得濟。命頓軍水岸。是日午時。賤獄飛報至大垣。秀吉大笑。揮刀踴躍曰。敵在吾術中。不圖我獲大捷。如此之速。乃選健步五十人。命曰。若等走至長濱。半趣土人。具酒餉芻豆。夾道以待。喻以倍償其價。半驅沿道民。持炬上山。自長濱。達賤獄。勗以厚賞。

賤獄之戰　二　巖垣謙亭

遂下令軍中曰、有大利在柳瀨。皆輕裝疾發。留堀尾吉晴氏家行廣、備岐阜。晡時親將而發。鼓鐙舞策。步騎萬五千。颷擊而馳。及暮炬火彌天。簞壺咽路。士氣益奮揚。初更抵賤嶽。使謂諸砦曰。大兵既至。黎明各以弓銃逼敵。作間盛政望炬光大愕。士卒困臥莫能興。盛政叱急整軍。時月弦既開。諸砦視之。弓銃爭蹙。盛政戰且走。至嶽北據岨隘。柴田勝政將兵三千在嶽址。二十一日未明。盛政招之。勝政將退。秀吉自嶽南逼之。矢丸雨下。勝政軍擾。秀吉顧左右曰。可矣。皆離次收功。親隨加藤清正福島正則加藤嘉明平野長泰脇坂安治片桐且元糟谷武則。提槍跳進。所向無前。大破之于清水岐。獲勝政。世傳之稱賤嶽七槍云。南師追亡逐北。逼盛政軍。盛政大敗績追擊斬首五千餘級。

越前侯德川秀康公。

青木新兵衛　　廣瀨林外

越前中納言聞阿閉掃部名。厚祿聘之。世臣狛壹岐。將鎧其子。招阿閉爲賓。宴酣請曰。君武譽震世。願語快戰以祝豚兒。阿閉曰。僕豈敢。抑賤嶽之役。某暮過餘吾湖上。一壯士自後呼曰。請相當槍將接。其人曰。待之。槍血未乾。恐汙君子。徐洗槍湖水。既而接戰。未決。其人曰。日既暝。請息戰。吾爲青木新兵衛。願報貴名。某亦告之。其人曰。他日重相當。若兩國講和。願爲莫逆之交。某鬩敵多矣。未見斯人也。有青木方齋者。漫遊在越。與壹岐善。是日在座。謂掃部曰。愴然懷舊。所謂新兵衛者。僕也。乃話戰狀。掃部驚且喜。觴之。侑以腰刀。遂爲密友。方齋之名大起。中納言聘之。與掃部同祿。

黑田長政　一　　大槻盤溪

賤嶽之戰。中川清秀敗死。諸砦皆懼。結束欲退。神子田半左大聲呼曰。明旦羽柴氏大軍至矣。諸君努力。諸砦聞之。復皆固守備。當是時。黑田孝高亦守一砦。知其不可支。自決死。召栗本四郎。諭之曰。汝護阿吉而逃。勿使黑田氏無後。其功百倍于共死。四郎勉強從之。阿吉長政小字也。途問曰。率我將何之。四郎泣告。實驚曰。大人每戒兒云。武夫之子。有進無退。今而逃。是負平生戒也。策馬北馳。是夜秀吉果至。砦遂得不陷。是係長政十歲時之事。

寧靜子曰。如水氏之智。而一時不如神子田先見。天也。抑阿吉之以十歲。決進退。亦可以卜前程矣。

黑田長政　二　　鹽谷宕陰

長政以關原功、封筑前五十二萬石。偃武後、絕口不復言兵事。招學士林信勝、受論孟。信勝爲著扈言抄。有小瀨甫庵者。編豐臣氏史。請長政需其功狀。長政曰。予之從軍。爲國而不爲名也。今世屬升平。而以武顯。非吾志也。平素檢身修政。能納規諫。月集士大夫。燕語以求直言。名曰異見會。嘗宴宰臣。長政誦謠。合座嗟賞。獨毛利光一。默然垂泣。長政問其故。曰。臣粗學謠。識其曲節。今公所誦。無有合調者。公聰明。何不知其拙。而誦之非驕乎。群臣皆知其劣。而譽之非諂乎。君驕臣諂。臣不知其終如何。是以不覺涕下。長政

稱善。賞以名刀。終身不復誦謠云。

藤說　齋藤竹堂

草木之生。區以別矣。然皆根爲之本。而枝由以茂。各隨天性而足一也。若夫根有所依。枝有所附。一立一仆。不能自主。而求助於外者。唯藤爲然。藤之爲物。性柔體弱。垂蔓裊娜。攀松纏柏而生。唯暮之春。紫葩艷發。嬌姿欲舞。清芬馥郁襲人。觀之儼然一佳卉也。而所攀之柯折。則從之而折。所纏之幹仆。則從之而仆。究竟依物爲命。將與夫無名野草比肩。亦不可得也。余因悲世之立脚進步。莫能自主。往往依人以成立。

一旦失所託。則敗亡立至。嗚呼。謂之人中之藤。亦宜也。

仁齋、名維楨、京都人、

伊藤仁齋 一　原 念齋

仁齋自幼穎異挺發。異群兒。其始習句讀時。意已欲以儒焜燿于一世。及稍長。堅苦自勵。而家素業賈。故親串以爲迂于利。皆沮之曰。學問是彼邦事也。在此邦固屬無用。假令能之。不易售。不如爲醫術以致生產。仁齋不從。當是時。家日衰謝。沮者愈不止。而其志確乎不變。後德大寺藤公好學。時集京師諸名儒。使其相討論。以聽其定說。時仁齋年方壯。亦被召在列。

諸儒皆初怡聲下氣以辯說。而及各不相容也。努嘴立說。諠譁不已。仁齋獨坦夷溫厚。終始如一。竟擧坐皆歸之。大石良雄。取贅仁齋。一日來侍其講書。而時時睡弗聽。衆皆匿笑。退後。垢罵曰。惰懶如彼。不如不學。仁齋曰。小子勿妄謗。以予觀彼。非庸器。必能堪大事。

伊藤仁齋 二　原 念齋

大高坂清介著適從錄。以駁仁齋。弟子持來眎之曰。先生作之辨。仁齋笑而不言。弟子曰。人著書以恣議己。苟辭不塞。豈可默而止乎。先生而不答。則請余代

東涯、名長胤、字原藏、仁齋長子、

折之。仁齋曰、君子無所爭。如彼果是、我果非、他日彼其學長進、則當自知之。小子宜深戒。爲學之要、惟虛心平氣、以爲己爲先。何毀彼立我。徒增茲多口。仁齋實爲一代儒宗。天下學者、四面來歸之。東涯盍簪錄曰、先人教授生徒、四十餘年。諸州之人、無國不至。唯飛彈佐渡壹岐三州人、不及門。執謁之士、以千數。

伊藤仁齋 三 原念齋

仁齋家故赤貧。歲暮不能買糯餈。亦曠然不以爲意。妻跽進曰、家道育鞠、妾未嘗爲不堪。而獨其不可忍者、孺子原藏、未解貧爲何物。羨人家有餈、連求不已。

妾雖口能譙呵之、腸爲斷絕。言訖泣下。仁齋隱几閱書、一言不爲之答。直卸其所著外套、以授妻。邦俗立春前一夕、撒炒豆、高聲叫曰、福內鬼外。殆不類於兒戲乎。而仁齋必著禮服、行之家。其不好爲崖異者如此。嘗率門人數輩、徜徉梵刹。見佛即拜。門人不悅曰、先生恒力辨釋氏之非。而今拜其像者何也。仁齋曰、釋誠與儒異。然而過其地、不禮其主、可乎。

伊藤仁齋 四 原念齋

嘗夜行郊外。劫賊四五人、當路立、各按劍曰、吾徒不醉不樂。今無酒資。客若欠腰纏、則自脫衣裳供之。仁

齋神色不少動曰、今日適無橐錢。敝縕袍脫以遺之耳。且問、汝輩常以何爲業邪。曰、昏夜橫行、掠奪以自給。是其業也。仁齋曰、以若所爲爲業、吾何拒焉。輒脫服以授之。將去。於是賊止仁齋曰、吾儕草竊爲衣食、數年。未嘗見擧止如客者。抑客何爲者。曰、儒者也。曰、儒者爲何事。曰、以人道教人者也。所謂人道者、孝於親、弟於弟。不可一日無者是也。人而無道、禽獸焉耳。言未畢、賊皆頓首涕泣曰、噫君與吾均是人也。而事業之迥異如是。吾甚恥。願君宥吾儕罪。今而後飮灰洗胃、謹奉教于門下。遂皆改心自勵云。

碁局滅燭 大槻盤溪

修理大夫酒井忠直二子。長曰遠江守忠隆。次曰右京亮忠稠。皆年少嗜武技。而忠稠特膂力過絕人。忠隆有所愛名馬。曰新月。忠稠甚欲得之。屢請之。兄不許。忠稠臣高木源日置新等、皆以多力相競。忠稠嘗觀其絕技、因有所悟。乃謂忠隆曰、我力能揮棋局、滅燭火。伯氏無意觀之乎。忠隆掉頭曰、吁夫危矣。絕臏之事、其可不思。忠稠奮曰、果有所能、伯氏亦能割愛於新月乎。忠隆曰、可也。於是設大燭於室中。隻手擎棋局、一掃滅之。忠隆驚嘆、遂以馬與之。事達乃父

修理大夫。大夫顰蹙、召忠稠戒之曰、汝雖小傔、亦爲一面將。將乃秉麾以指揮衆士者。一人强力、果爲何用。抑持固有之力。深藏而不見。此裡自有許多勝算。非汝所知耳。

垂松鷲

安井息軒（名衡、日向人、著息軒遺稿、）

飫肥之南五里、曰垂松。地枕于海。而江灑其內。衆鳥聚焉。有鵰鳩。每日出扇海。攫浮魚。沖空悲鳴。須臾有鷲來。盤于下。鵰鳩候其至于下、投所攫魚。鷲仰受之以去。率以爲常。鷲或不能承。誤墮之海。鵰鳩直下擊之。鷲不敢挍。甘受一擊。䶆然而往矣。鷲鳥之至猛者也。當其下擊之時、非力不能與之挍。蓋彼盡其心力、忍朝饑以供我。而我則誤墮之。其曲在我。若又恃力以刼之、彼將奮翰遠擧。以滅其踪。安所朝朝享其利哉。故寧忍小辱。以伸其氣。使彼畏不敢懼。懷不敢狎。以効其功於我。嗚呼智矣。而道寓焉。而鵰鳩亦能忘鷲之勢。敢規其過。不再獻以啓貪。不違命以買罪。雖受制於鷲、而因其威。以自尊於衆鳥之間。亦小蟲之矯矯者也。

畏齋義俠

東條琴臺（臼井畏齋、名可久、備前人、元祿三年歿、）

有一小奴買魚於市鄽。而爲飢鳶所捉奪。深懼其主之詬罵、畏縮無計。不得歸家。涕泣途者。畏齋不忍覩之。乃倒囊與錢若干、使其小奴再買持去。畏齋嘗懷償債之金五兩、行遺之途。訪索不得。徒然以歸。妻甚不悅。畏齋曰、楚人失弓、楚人得之。苟有損於遺者、則必益於拾者。遂無吝之意。畏齋與友人三四輩郊行。視一男子卒倒于糞溷中。而不潔已沒其身也。友人及行路之人、皆雖憐之、惡其穢臭、不得敢近。特畏齋急下手於溷中。以援得之。其所爲如不見不潔者。既而里人來視、謂曰、之子患癎久矣。偶發于此耳。君儻不回顧而援之、彼身朽於溷中。而人莫之知。大謝之。

畏齋之所居、四隣皆窮民。畏齋常節己之衣食、雖無餘財、賑賙其急。人皆無不倚賴之者矣。

賴光勇武

青山拙齋

治安元年秋七月、伊豫守源賴光卒。賴光爲人英武。驍勇冠世。善射。以將略稱。歷事圓融華山一條三條及帝。累官至正四位上伊豫守。長保中、爲東宮大進。侍直。時有狐、臥殿上。太子命射之。賴光一發中之。太子感賞、賜以寮馬。賴光嘗夜過弟賴信宅、宴飲。適見繫一人於廐中。問彼何人。賴信曰、鬼同丸者也。賴光曰、彼固多力。何不嚴其縛。賴信乃令繫以鐵鎖。鬼同

（治安、後一條天皇年號、長保、一條天皇年號、）

藤樹、中江原也、

丸聞而怨之。爾夜賴光醉臥賴信家。鬼同丸脫鎖逃出。潛上藻井。將伺便刺之。賴光召從士警衞。鬼同丸不得發。聞其往鞍馬。欲要之於路。乃赴鞍馬至市原。殺野牛。匿身其間。以待之。既而賴光至。源綱公時平定道平季武從。賴光見牛群遊。令從士射之。綱見斃牛。射之。牛突然而起。俄而鬼同丸跳出揮刃逼賴光。賴光挺刃斬之。遂墜其首。人服其勇武。

知行合一　原　念齋

藤樹篤信王文成致知之學。先躬行後文詞。每引四民訓諭之。人無賢愚皆服其德。莫不興起于善。今世諸儒絕無近似者。嘗夜自郊外歸。有賊數人突從林中出。遮路曰。客解囊以供我飲酒。藤樹乃熟視。擧錢二百授之。賊拔刀叱曰。所以求客者。豈止是而已哉。速卸衣裳及佩刀。否則不須多言。藤樹神色不變曰。姑緩之。吾慮其授與不孰是。乃瞑目叉手。少頃曰。吾慮之。假戰而不利。無輕卸以與汝之理。即撫刀起。且曰。戰者必先以姓名告。我近江人中江與右衞門也。於是。賊大驚。投刀羅拜曰。敝鄕雖五尺童子。莫不知藤樹先生爲聖人者。吾黨雖攘攫爲活。豈得施之聖人哉。願先生矜其不知而宥之。藤樹曰。人誰無過。過而能改。善孰大焉。乃說之以知行合一之理。則賊咸感泣。遂率其黨爲良民。

中學漢文學初步卷二終

明治三十二年五月廿五日印刷
明治三十二年五月廿八日發行

中學漢文學初歩　全二册

定價各金貳拾錢

版權所有

編纂者　仙臺市花京院通二十九番地　渡貫勇

發行兼印刷者　東京市日本橋區本町四丁目十六番地　小林義則

發兌　東京市日本橋區本町四丁目十六番地　文學社

印刷所　東京市神田區錦町三丁目一番地　文學社工場

弁言

此卷爲讀漢文者階梯初學須先熟於此而後入本編

新定漢文讀例

興文社編次

第一

上下和合ス。

上下和合。史記

第二

天長ク地久シ。

天長地久。老子

第三

朋友信アリ。

朋友有信。孟子

第四

公平ニシテ私ナシ。

公平無私。戰國策

第五

後生畏ルベシ。

後生可畏。論語

第六

學ヲ好ミテ倦マズ。

好學不倦。禮記

第七

開物成務。易經

物ヲ開キ務ヲ成ス。

第八

宜兄宜弟。詩經

兄ニ宜シク弟ニ宜シ。

第九

禮不踰節。禮記

禮ハ節ヲ踰エズ。

第十

過猶不及。論語

過ギタルハ猶ホ及バザルガゴトシ。

第十一

時不再來。國語

時ハ再ビ來ラズ。

第十二

何待來年。孟子

何ゾ來年ヲ待タム。

第十三

富在知足。說苑

富ハ足ルコトヲ知ルニ在リ。

第十四

有備無患。書經

備アレバ患ナシ。

第十五

積而能散。禮記

積ミテ能ク散ズ。

第十六

節用而愛人。論語

用ヲ節ニシテ人ヲ愛ス。

第十七

量入以爲出。禮記

入ルコトヲ量リテ以テ出スコトヲ爲ス。

第十八

弔有憂。賀有喜。國語

憂アルヲ弔ヒ。喜アルヲ賀ス。

第十九

送往者。迎來者。國語

往ク者ヲ送リ。來ル者ヲ迎フ。

第二十

滿ハ損ヲ招キ。謙ハ益ヲ受ク。

滿招損。謙受益。書經

第二十一

天ヲ怨マズ。人ヲ尤メズ。

不怨天。不尤人。論語

第二十二

苟モ訾ラズ。苟モ笑ハズ。

不苟訾。不苟笑。禮記

第二十三

惡言ハ口ヨリ出サズ。

惡言不出於口。禮記

第二十四

人ノ惡ヲ稱スル者ヲ惡ム。

惡稱人之惡者。論語

第二十五

孝ハ百行ノ首タリ。

孝爲百行之首。顏氏家訓

第二十六

孝ハ親ヲ寧ンズルヨリ大ナルハナシ。

孝莫大於寧親。揚子法言

第二十七

戰陳ニ勇ナキハ孝ニ非ザルナリ。

戰陳無勇非孝也。禮記

第二十八

師ハ人ノ模範ナリ。

師者。人之模範也。揚子法言

第二十九

友トハ。其ノ德ヲ友トスルナリ。

友也者。友其德也。孟子

第三十

己レニ如カザル者ヲ友トスルコトナカレ。

無友不如己者。論語

第三十一

仁ニ當リテハ師ニ讓ラズ。

當仁不讓於師。論語

第三十二

人ヲ愛シ物ヲ利スルヲ仁ト謂フ。

愛人利物之謂仁。莊子

第三十三

仁ナレバ則チ榮エ。不仁ナレバ則チ辱メラル。

仁則榮。不仁則辱。 孟子

第三十四

己レガ欲セザル所ハ。人ニ施スコトナカレ。

己所不欲。勿施於人。 論語

第三十五

物本末アリ。事終始アリ。

物有本末。事有終始。 大學

第三十六

其ノ身ヲ脩メムト欲スル者ハ。先ヅ其ノ心ヲ正シ

クス。

欲脩其身者。先正其心。 大學

第三十七

身ヲ修メ言ヲ踐ム。之レヲ善行ト謂フ。

修身踐言。謂之善行。 禮記

第三十八

之レヲ知ルコトノ艱キニ非ズ。之レヲ行フコト惟レ艱シ。

非知之艱。行之惟艱。 書經

第三十九

行ヒテ餘力アレバ。則チ以テ文ヲ學ブ。

行有餘力。則以學文。 論語

第四十

人禮アレバ則チ安ク。禮ナケレバ則チ危シ。

人有禮則安。無禮則危。 禮記

第四十一

禮ハ其ノ奢ラムヨリハ寧ロ儉セヨ。

禮與其奢也寧儉。 論語

第四十二

人遠キ慮ナケレバ。則チ近キ憂アリ。

人無遠慮。則有近憂。 論語

第四十三

終ヲ愼ムコト始ノ如クナレバ。則チ敗事ナシ。

愼終如始。則無敗事。 老子

第四十四

人能ク道ヲ弘ム。道ノ人ヲ弘ムルニ非ズ。

人能弘道。非道弘人。 論語

第四十五

爲ル者ハ常ニ成リ。行ク者ハ常ニ至ル。

爲者常成。行者常至。 說苑

第四十六

百里ヲ行ク者ハ九十ヲ半トス。

行百里者半於九十。戰國策

第四十七

強メザレバ達セズ勞セザレバ功ナシ。

不強不達不勞無功。孔子家語

第四十八

足ラザル所アレバ敢テ勉メズバアラズ。

有所不足不敢不勉。中庸

第四十九

人ニ若カザルコトヲ恥ヂズバ何ゾ人ニ若クコトアラム。

不恥不若人何若人有。孟子

第五十

君子ハ思フコト其ノ位ヲ出デズ。

君子思不出其位。論語

第五十一

其ノ位ニ在ラザレバ其ノ政ヲ謀ラズ。

不在其位不謀其政。論語

第五十二

賢者位ニ在リ能者職ニ在リ。

賢者在位能者在職。孟子

第五十三

四方ニ使シテ君命ヲ辱メズ。

使於四方不辱君命。論語

第五十四

大節ニ臨ミテ奪フベカラザルナリ。

臨大節而不可奪也。論語

第五十五

利ヲ見テハ義ヲ思ヒ危キヲ見テハ命ヲ授ク。

見利思義見危授命。論語

第五十六

樂ムニ天下ヲ以テシ憂フルニ天下ヲ以テス。

樂以天下憂以天下。孟子

第五十七

天ヲ樂ムコト能ハザレバ其ノ身ヲ成スコト能ハズ。

不能樂天不能成其身。禮記

第五十八

仰ギテ天ニ愧ヂズ俯シテ人ニ怍ヂズ。

仰不愧於天。俯不怍於人。孟子

第五十九

内ニ省ミテ疚シカラズバ。夫レ何ヲカ憂ヘ何ヲカ懼レム。

内省不疚。夫何憂何懼。論語

第六十

天道ハ親ナシ。常ニ善人ニ與ス。

天道無親。常與善人。老子

第六十一

善ヲ爲ル者ニハ福アリ。不善ヲ爲ル者ニハ禍アリ。

爲善者有福。爲不善者有禍。管子

第六十二

禍福ハ己レヨリ之レヲ求メザル者ナシ。

禍福無不自己求之者。孟子

第六十三

君子ハ諸レヲ己レニ求メ。小人ハ諸レヲ人ニ求ム。

君子求諸己。小人求諸人。論語

第六十四

君子ハ行ヲ以テ言ヒ。小人ハ舌ヲ以テ言フ。

君子以行言。小人以舌言。孔子家語

第六十五

其ノ言アリテ其ノ行ナキハ。君子之レヲ恥ヅ。

有其言無其行。君子恥之。禮記

第六十六

己レヲ枉グル者ニシテ未ダ能ク人ヲ直クスル者ハアラザルナリ。

枉己者未有能直人者也。孟子

第六十七

玉琢カザレバ器ヲ成サズ。人學バザレバ道ヲ知ラズ。

玉不琢不成器。人不學不知道。禮記

第六十八

時過ギテ然シテ後ニ學ベバ。則チ勤苦シテ成リ難シ。

時過然後學。則勤苦而難成。禮記

第六十九

身ハ親ノ枝ナリ。敢テ敬セザラムヤ。

身也者親之枝也。敢不敬與。禮記

第七十

君子重カラザレバ則チ威アラズ。學モ則チ固カラズ。

君子不重則不威。學則不固。論語

第七十一

士ハ以テ弘毅ナラズバアルベカラズ。任重クシテ道遠シ。

士不可以不弘毅。任重而道遠。論語

第七十二

心ヲ勞スル者ハ人ヲ治メ。力ヲ勞スル者ハ人ニ治メラル。

勞心者治人。勞力者治於人。孟子

第七十三

善ク戰フ者ハ人ヲ致シテ。人ニ致サレズ。

善戰者致人。而不致於人。孫子

第七十四

人惰リテ侈レバ則チ貧シク。力メテ儉スレバ則チ富ム。

人惰而侈則貧。力而儉則富。管子

第七十五

不義ニシテ富ミ且ツ貴キハ。我レニ於テ浮ベル雲ノ如シ。

不義而富且貴。於我如浮雲。論語

第七十六

君子ハ其ノ人ヲ養フ所以ノ者ヲ以テ人ヲ害セズ。

君子不以其所以養人者害人。孟子

第七十七

無益ヲ作シテ有益ヲ害セザレバ。功乃チ成ル。

不作無益害有益。功乃成。書經

第七十八

父子篤ク。兄弟睦シク。夫婦和スルハ。家ノ肥エタルナリ。

父子篤。兄弟睦。夫婦和。家之肥也。禮記

第七十九

一家仁ナレバ。一國仁ニ興リ。一家讓ナレバ。一國讓ニ興ル。

一家仁。一國興仁。一家讓。一國興讓。大學

第八十

倉廩實テバ則チ禮節ヲ知リ。衣食足レバ則チ榮辱ヲ知ル。

倉廩實則知禮節。衣食足則知榮辱。管子

第八十一

恆ノ產アル者ハ恆ノ心アリ。恆ノ產ナキ者ハ恆ノ心ナシ。

有恆產者有恆心。無恆產者無恆心。孟子

第八十二

德アル者ハ必ズ言アリ。言アル者ハ必シモ德アラズ。

有德者必有言。有言者不必有德。論語

第八十三

君子ハ言ヲ以テ人ヲ擧ゲズ。人ヲ以テ言ヲ廢テズ。

君子不以言擧人。不以人廢言。論語

第八十四

衆ノ之レヲ惡ムモ必ズ察シ。衆ノ之レヲ好ムヲモ必ズ察ス。

衆惡之必察焉。衆好之必察焉。論語

第八十五

人ヲ愛スル者ハ。人恆ニ之レヲ愛ス。人ヲ敬スル者ハ。人恆ニ之レヲ敬ス。

愛人者。人恆愛之。敬人者。人恆敬之。孟子

第八十六

親ヲ愛スル者ハ敢テ人ヲ惡マズ。親ヲ敬スル者ハ。敢テ人ヲ慢ラズ。

愛親者。不敢惡於人。敬親者。不敢慢於人。孝經

第八十七

敖ハ長ズベカラズ。欲ハ從ニスベカラズ。志ハ滿ツベカラズ。樂ハ極ムベカラズ。

敖不可長。欲不可從。志不可滿。樂不可極。禮記

第八十八

慾ニ克ツニ剛ヲ以テスルハ。須ラク猛將ノ敵ヲ塵ニスルガ如クナルベシ。

克慾以剛。須如猛將之塵敵。愼思錄

第八十九

反正天皇ノ元年。五穀大ニ熟シテ。人民富饒ナリ。

反正天皇元年。五穀大熟。人民富饒。國史紀事本末

第九十

雄略天皇ノ六年。諸國ニ令シテ桑ヲ植エシメ。后妃ニ敕シテ桑トルコトヲ躬セシメテ。蠶ノ事ヲ勸メタマヒキ。

雄略天皇六年。令諸國植桑。敕后妃躬桑。勸蠶事。日本政記

第九十一

君ハ一日モ民ヲ忘レタマフコト能ハズ。民豈一日モ君ヲ忘ルベケムヤ。

第九十二

君不能一日忘民。民豈可一日忘君哉。 賀陽亨雜著

民ノ上ヲ戴クコト日月ノ如ク。君ヲ親ムコト父母ノ如シ。

第九十三

民之戴上如日月。親君如父母。 管子

天ノ覆フ所。地ノ載スル所。人ノ履ム所。忠ヨリ大ナルハナシ。

新定漢文讀例 三一 三二

天之所覆。地之所載。人之所履莫大乎忠。 忠經

新井白石兒タリシトキ。嬉戲スルニ每ニ天下一ノ字ヲ寫セリ。人以テ英物ト爲シキ。

第九十四

新井白石爲兒。嬉戲每寫天下一之字。人以爲英物。 近世叢語

第九十五

伊藤仁齋。常ニ子弟ヲ警戒シテ日ハク。汝等志ヲ立ツルニハ。須ラク第一等ノ人ト爲ラムコトヲ期スベシト。

伊藤仁齋常警戒子弟曰。汝等立志。須期爲第一等人。 近世叢語

第九十六

君子ノ道ハ。辟ヘバ遠キニ行クニ必ズ邇キヨリスルガ如シ。辟ヘバ高キニ登ルニ必ズ卑キヨリスルガ如シ。

君子之道。辟如行遠必自邇。辟如登高必自卑。 中庸

第九十七

大ナルコトヲ好ミテモ大ナルコトヲ爲サザレバ大ナラズ。高キコトヲ好ミテモ高キコトヲ爲サザレバ高カラズ。

新定漢文讀例 三三 三四

好大而不爲大不大矣。好高而不爲高不高矣。 揚子法言

第九十八

中村蘭林ハ。室鳩巢ニ學ベリ。鳩巢ノ歿セシ後ハ。毎月ノ忌日ニ。必ズ行キテ其ノ家廟ヲ拜セリ。

中村蘭林學于室鳩巢。鳩巢歿後。毎月忌日。必行拜其家廟。 續近世叢語

第九十九

我レ恩ヲ人ニ施サバ。忘ルベシ。我レ惠ヲ人ニ受ケバ。忘ルベカラズ。

我施恩於人。可忘。我受惠於人。不可忘。言志耋錄

第百

綾部道弘。其ノ子絅齋ヲ敕メテ曰ハク。道ハ人倫ニ外ナラズ。空文ニ馳セテ以テ日用ニ遠ザカルコトナカレト。

綾部道弘。敕其子絅齋曰。道不外於人倫。勿馳空文以遠日用。近世叢語

第百一

文章ハ純正典雅ニシテ理アルヲ尚ビ。巧麗浮華ニシテ實ナキヲ尚バズ。

文章尚純正典雅而有理。不尚巧麗浮華而無實。愼思錄

第百二

服部南郭ノ曰ハク。予レ熊澤了介ノ經濟説ヲ讀ムニ。足其ノ地ヲ蹈ミ。口其ノ政ヲ論ズ。事事確説ニシテ他人ノ空言ニ似ズト。

服部南郭曰。予讀熊澤了介經濟説。足蹈其地。口論其政。事事確説。不似他人空言矣。

第百三

豐太閤常ニ言ハク。關東ノ本多平八。鎭西ノ立花左近ハ。海內一雙ノ勇士ト謂ヒツベキカナト。

豐太閤常言。關東本多平八。鎭西立花左近。可謂海內一雙勇士哉。擊壤錄

第百四

寛文中。水戸中納言徳川光圀。備前少將松平光政。會津中將保科正之ハ。皆仁明ニシテ學ヲ好メリ。時ノ人目シテ三賢ト爲シキ。

寛文中。水戸中納言徳川光圀。備前少將松平光政。會津中將保科正之。皆仁明好學。時人目爲三賢。擊壤錄

第百五

中村惕齋ハ。伊藤仁齋ヨリ少キコト二歳ナリ。頡頏シテ名ヲ齊シクセリ。當世稱シテ曰ハク。惕齋ハ兄タリ難ク。仁齋ハ弟タリ難シト。

中村惕齋。少伊藤仁齋二歳。頡頏齊名。當世稱曰。惕齋難兄。仁齋難弟。先哲叢談

第百六

本居宣長恆ニ言ハク。京師ニハ歌人蘆庵アリ。江都ニハ文人春海アリ。余ガ企テ及ブ所ニ非ザルナリト。

本居宣長恆言。京師有歌人蘆庵。江都有文人春海。非余所企及也。續近世叢語

第百七

凡ソ國語ハ體ヲ先ニシ用ヲ後ニシ。漢語ハ用ヲ先ニシ體ヲ後ニス。漢ニハ看花看月ト云ヒ。此ニハ花看月看ト云フ。頗ル梵語ト相類ス。

凡國語先體後用。漢語先用後體。漢云看花

看月。此云花看月看。頗與梵語相類。秇苑日渉

第百八

人ノ地上ニ在ルハ。船中ニ在ルガ如シ。地轉ジテ人動クコトヲ覺エザルハ。猶ホ船行キテ人去ルコトヲ覺エザルガゴトシ。

人在地上。如在船中。地轉而人不覺動。猶船行而人不覺去。博物新編

第百九

魚ハ水ニ賴リテ以テ長ジ。人ハ氣ニ藉リテ以テ生ズ。魚ハ水ヲ離ルルコト能ハズ。人ハ氣ヲ離ルルコト能ハズ。其ノ理相同ジ。

魚賴水以長。人藉氣以生。魚不能離水。人不能離氣。其理相同。博物新編

第百十

五井持軒ハ。天資謹愼ナリ。常ニ天物ヲ暴殄スルヲ以テ戒ト爲シ。尺牘ノ往來ニ。敗紙ヲ揀擇シテ其ノ空白ヲ用ヰ。

五井持軒。天資謹愼。常以暴殄天物爲戒。尺牘往來。揀擇敗紙。用其空白。近世叢語

第百十一

小早川隆景嘗テ書佐ヲシテ急ニ書ヲ作ラシメムトシテ。之レニ謂ヒテ曰ハク。事急ナリ。宜シク心ヲ靜ニシテ以テ之レヲ書クベシト。書佐是ニ於テ誤リ寫スコトナカリキ。

小早川隆景。嘗使書佐急作書。謂之曰。事急矣。宜靜心以書之。書佐於是無誤寫。日本智囊

第百十二

眞ニ大志アル者ハ。克ク小物ヲ勤ム。眞ニ遠慮アル者ハ。細事ヲ忽ニセズ。

眞有大志者。克勤小物。眞有遠慮者。不忽細

事。言志錄

第百十三

五井持軒。嘗テ人ニ謂ヒテ曰ハク。人ノ性ハ善ナリ。孰レカ好ミテ惡ヲ爲ス者アラムト。一書生アリ。卒然トシテ答ヘテ曰ハク。吾ガ輩ハ然ルコト能ハズト。持軒色ヲ正シクシテ曰ハク。惡若シ爲スベクバ。試ニ之レ爲セト。

五井持軒。嘗謂人曰。人性也善。孰好爲惡者。有一書生。卒然答曰。吾輩不能然。持軒正色曰。惡若可爲。試爲之。近世叢語

第百十四

吾ガ輩今日富マズ貴カラズ。力ナク財ナクシテモ。以テ大善事ヲ行ヒ。大陰德ヲ積ムベキコトヲ知ラムコトヲ要ス。

要知吾輩今日不富不貴。無力無財。可以行大善事積大陰德。勸言

第百十五

良藥ハ口ニ苦ケレドモ。病ニ利アリ。忠言ハ耳ニ逆ヘドモ。行ニ利アリ。

良藥苦於口。而利於病。忠言逆於耳。而利於行。孔子家語

第百十六

良岑安世ハ。少クシテ鷹犬ヲ好ミシガ。長ズルニ及ビテ孝經ヲ讀ミテ。卷ヲ輟メテ嘆ジテ曰ハク。名教ノ極ハ。其レ斯ニ在ルカト。迺チ節ヲ折リテ書ヲ讀ミ。卒ニ名臣ト爲リキ。

良岑安世。少好鷹犬。及長讀孝經。輟卷嘆曰。名教之極。其在斯乎。迺折節讀書。卒爲名臣。國史紀事本末

第百十七

山崎闇齋ノ幼カリシトキ。其ノ祖母多治比氏常ニ之レニ語リテ曰ハク。諺ニ之レアリ。身ハ一錢。目ハ百貫ト。汝善ク字ヲ習ヘ。字ヲ識ラザレバ。則チ盲ト異ナルコトナキナリト。母佐久間氏モ亦敕メテ曰ハク。饑ヱタル鷹ハ穀ヲ啄マズ。士ハ當ニ志ヲ尙クスベシト。

山崎闇齋幼也。其祖母多治比氏。常語之曰。諺有之。身一錢。目百貫。汝善習字。不識字。則與盲無異也。母佐久間氏亦敕云。饑鷹不啄穀。士當尙志。近世叢語

第百十八

豐太閤將ニ朝鮮ヲ攻メムトスルトキ。其ノ國ノ八道ノ圖ヲ作リ。八色ヲ以テ之レヲ界シ。以テ攻伐ニ便シ。晉州ヲ目シテ丹國ト爲シ。佗ノ黄國青國モ之レニ倣ヘリ。蓋シ亦闇號ノ意ナリ。

豐太閤將攻朝鮮。作其國八道圖。以八色界之。以便攻伐。目晉州爲丹國。佗黄國青國倣之。蓋亦闇號之意也。日本智嚢

第百十九

彼レヲ知リ己レヲ知レバ。百戰シテ殆カラズ。彼レヲ知ラズシテ己レヲ知レバ。一タビハ勝チ一タビハ負ク。彼レヲ知ラズ己レヲ知ラザレバ。戰フ每ニ必ズ敗ル。

知彼知己。百戰不殆。不知彼而知己。一勝一負。不知彼不知己。每戰必敗。孫子

第百二十

竹中重治。客ト兵ヲ論ズ。其ノ子重門尚ホ幼シ。侍坐シテ之レヲ聽ク。談酣ナルトキ起チテ廁ニ如カムトス。重治痛ク之レヲ叱リテ曰ハク。何ゾ坐ニ溺セザル。重治ノ兒。兵話ヲ貪リ聽キテ以テ其ノ席ヲ汙ストモ。誰レカ不可ナリト謂ハムト。

竹中重治。與客論兵。其子重門尚幼。侍坐聽之。談酣起如廁。重治痛叱之曰。何不溺于坐。重治之兒。貪聽兵話。以汙其席。誰謂不可。擊壤錄

第百二十一

學ヲ爲ルコト專一ナラザレバ。則チ其ノ志立タズ。其ノ功成ラズ。故ニ學ハ專一ナルヲ貴ブ。程子ノ曰ハク。專一ナラザレバ則チ直遂スルコト能ハズト。是レ必然ノ理ナリ。小道ニ於テモ亦然リ。況シテ大道ニ於テヲヤ。專一トハ。心ヲ用キルコトノ分レザル謂ナリ。

爲學不專一。則其志不立。其功不成。故學貴專一。程子曰。不專一。則不能直遂。是必然之理也。於小道亦然。況於大道乎。專一者。用心不分之謂也。愼思錄

新定漢文讀例

終

明治三十三年三月　七日印刷
明治三十三年三月十一日發行

漢文讀例
定價金十八錢

編輯發行兼印刷者　東京市日本橋區馬喰町貳丁目壹番地　興文社
代表者　鹿島長次郎

印刷所　興文社工場

發行所　東京市日本橋區馬喰町二丁目一番地　興文社

關西大賣捌　大阪市東區南久寶寺町四丁目　前川善兵衛

興文社編次

訂正 新定漢文

明治三十三年十二月五日 文部省檢定濟
中學校用書

興文社藏版

例言

一此編本以使生徒理會普通漢文。兼識得作文用語爲主旨。而諷誦之際。又欲使之并長進智德。鍛錬志氣。故其擇材。務取文意明暢。義理平正。不戾教育方針者。若事涉矯激。論流迂腐者。其文雖佳。不取。

一此編分爲五卷。以充中學五年間課程。第一第二兩卷。專取邦人之作。第三卷。并取邦人漢人之作。第四卷以下。全係漢人之作。而其一二施傍訓。三四存反點。五止點句讀。

一本邦史談。參取散見小學教科書中者。欲使生徒就既知事項。習未識文章也。蓋一二年級子弟。以其得力尚淺。導之不得不如此。若夫事項聯絡。於初學尤爲切要。故一二兩卷。概取事之相因者排敍。

一一二兩卷中。其係節錄者。或有年月姓氏不備。今皆補足。又事

係德川幕府。名稱不妥當者。亦改之。

一先儒所施經史傍訓。多稚馴可誦者。後人不察。妄意改竄。往往誤語格。此編訓譯。一務從正。

一注解不啻失讀本之體。亦恐使生徒生依賴之念。故此編不載之。欲俟他日別作一部字解。以資講餘考索。但其難字險句故事熟語等。可要讀者注意者。於欄外隨在標記。

一此編今新經訂正。頗有所增損。庶幾繁簡得宜。爲完好之書矣。

編者識

新定漢文卷之一目次

以上

新定漢文卷之一 訂正

興文社編次

三種神寶 日本書紀

舍人親王

天照大神賜天津彥彥火瓊瓊杵尊八坂瓊曲玉。及八咫鏡。草薙劍三種寶物。因勅皇孫曰。葦原千五百秋之瑞穗國。是吾子孫可王之地。宜爾皇孫就而治焉。行矣寶祚之隆。當與天壤無窮者矣。

寶祚之隆、當與天壤無窮者矣、

崇神天皇 日本政記

賴襄

崇神天皇六年。遷奉神器于大和笠縫邑。祭天照太神。命皇女豐鍬入姬。常侍掌祀事。先是列朝皆安神器於殿內。同牀卧起。帝懼其褻瀆。故有此舉。別摸造劍鏡。置之御座。

侍掌、 褻瀆、 摸造、

四道將軍 國史紀事本末

青山延光

崇神天皇十年秋七月己酉。詔群卿曰。導民之本。在於敎化。今既禮神祇。災害皆銷。然遐荒遠俗。未習王化。其選群卿。遣之四方。令知朕意。九月甲午。遣大彥命於北陸。武渟川別於東海。吉備津彥於西道。丹波道主命於丹波。詔曰。若有不受敎者。以兵伐之。乃皆授印綬。爲將軍。

導民之本在於敎化、遐荒遠俗未習王化、 印綬、

上毛野形名妻 國史略

巖垣松苗

舒明天皇九年。蝦夷叛。以大仁上毛野形名。爲將軍。討平之。初形名戰。軍敗入保壘。爲夷所圍。衆多潰散。形名不知。

潰散、

斟酒、　撫綏東陲、　書隼、　勇力絕人、寬容待士、能得死力、賛、　跡而至虎穴、　脫其褌露其臀、　啗我臗脽、　辭色不變、　通經典、

所爲將踰壁遁。其妻諫止之。乃斟酒飲之。而佩夫之劍。使數十婢鳴弦。以助兵勢。夷以爲壁中卒猶多。不近攻之。於是散卒又聚。因擊大破蝦夷。遂撫綏東陲。

坂上田村麻呂　皇朝史略　青山延于

弘仁二年。五月。大納言兼右近衛大將坂上田村麻呂薨。年五十四。田村麻呂。苅田麻呂之子也。赤面黃鬚。眼如蒼隼。勇力絕人。有將帥之量。數征蝦夷。每出有功。寬容待士。能得死力。及薨。帝深悼惜。贈從二位。親賛其像。

膳臣巴提使　國史略　巖垣松苗

欽明天皇六年。春。遣膳臣巴提使於百濟。至冬而還。巴提使之在高麗也。一夕大雪。失其幼子。見戶外有虎跡。跡而至虎穴。虎張口來噬。巴提使左手執虎舌。右手拔刀刺殺之。乃持其皮進獻。

調伊企儺　大日本史　徳川光圀

調伊企儺。爲人勇烈。欽明帝時。副紀男麻呂。問新羅之罪。軍敗被執。伊企儺不屈。新羅拔刀逼之。脫其褌。露其臀。使向日本而呼曰。日本將啗我臗脽。伊企儺大呼曰。新羅王啗我臗脽。新羅王大怒。益加侵辱。伊企儺辭色不變。遂遇害。其子舅子抱父屍而死。

文教始興　國史纂論　山縣禎

應神天皇十五年。百濟王使子阿直岐貢良馬。阿直岐通經典。帝問之曰。汝國有博士賢於汝者乎。對曰。有王仁者。

一國之秀、　歸化、還俗、　周孔之道、　憲章文物粲然可觀、　義理、　飽食暖衣逸居無教則近於禽獸、　學問之要有二、　治國安民必以孝理、　鄉閭、　不友、配、

一國之秀也。帝乃遣荒田別。徵王仁。百濟王使王仁入朝。獻論語十卷。千字文一卷。文教之興。始於此。

創學制禮　國史紀事本末　青山延光

天智天皇元年。百濟僧詠歸化。以文學聞。帝敕還俗。爲大學頭。初帝與中臣鎌足。倶學周孔之道於南淵先生。及即位。創學校。制典禮。憲章文物。粲然可觀。

學校本旨　愼思錄　貝原篤信

天下不可一日而無義理。無義理。則人道廢矣。是以國家不可一日而無學校。無學校。則義理之教不興。人倫之道不明。故曰。飽食暖衣。逸居無教。則近於禽獸。

學問之要　愼思錄　貝原篤信

人生而不學。與不生同。學而不知道。與不學同。知而不能行。與不知同。故爲人者必不可不學。爲學者必不可不知道。知道者。必不可不行。學問之要有二。在知其所未知。行其所已知而已。

家藏孝經　國史紀事本末　青山延光

孝謙天皇天平寶字元年。夏四月辛巳。敕曰。古者治國安民。必以孝理。百行之本。莫先於茲。宜令天下家藏孝經一本。精勤誦習。百姓閒有孝子。爲鄉閭所慕者。宜令長官具以名薦。其有不孝不恭不友不順者。宜配陸奧桃生。出羽小勝。

仁明天皇　國史纂論　山縣禎

御輦、　諮、　沒階、　夫孝自天子、以達庶人、　備力、　侍湯藥、略閑禮儀、　旌表門閭、　有至性、　落髮、誓念苦至、　攝政、隨身、賭射、　顚躓、

嘉祥三年春正月。天皇朝太皇太后於冷泉院。奉太后命。階下乘輦而還。初帝毎朝必歩。是日太后欲觀帝御輦之儀。帝固辭。太后不許。帝諮之左右。咸曰。唯命是從而可也。於是帝至簾前。北面而跪。輦進。帝猶且歩下殿。沒階乃乘之。左右皆嘆曰。至尊敬親如此。夫孝自天子以達庶人。誠哉。有涙下者。

福依賣　大日本史　　徳川光圀

福依賣者。薩摩民家之女也。父母老無男子。皆病在牀。備力以養之。侍湯藥二十餘年。雖生長於草野。略閑禮儀。恭敬父母。未嘗怠惰。仁壽中。賜爵三級。旌表門閭。

橘逸勢女　大日本史　　徳川光圀

橘逸勢女。有至性。及逸勢得罪遭貶。悲泣徒歩從之。監護使者叱而使去。女乃晝止夜行。遂得不相離。及逸勢死。乃收屍葬之。廬于其側。守而不去。自落髮爲尼。名妙冲。誓念苦至。曉昏不懈。見者爲之流涕。後又負其屍以還。人皆異之。稱爲孝女。

下毛野公助　大日本史　　徳川光圀

下毛野公助。父武則攝政兼家隨身也。嘗從父賭射右近馬場。不勝。武則怒撻之。公助伏而受之。人曰。何不逃。公助曰。父老足弱。追我疾走。則懼致顚躓。若有損傷。是重吾罪也。是以受而不逃。聞者感歎焉。

安藝孝子　近世叢語　　角田簡

穿木屐、唯、　睹、　各著一隻、　別墅、　毫無悋色、方正、　庭訓、　地之肥腴、物之攻緻、　不肖、　忝承家嗣、　窳物、　糾、　和則相依濟事、　銘心、　棄欲思義、

安藝有孝子。將出。母曰。雨後土濕。穿木屐而行。孝子曰。唯。乃著屐。父睹之曰。天既晴。草履可也。孝子謹脱屐。母又曰。何不穿木屐。則又屐。父復曰草履。則又履。且脱且穿數四。竟左右各著一隻而行。

石田梅巖　近世偉人傳　　蒲生重章

石田梅巖年十歳時。遊別墅。多拾栗子來。父見問曰。汝安拾得之。梅巖曰。於別墅境界上。父曰。此栗子非吾墅之物。是必隣墅之栗樹蔽吾墅。而其子墜于吾地也。汝速投諸隣墅。梅巖乃從父命。毫無悋色。後來梅巖之方正。皆出其庭訓云。

北條泰時　大東世語　　服部元喬

泰時。其父卒。遺命曰。地之肥腴。物之攻緻。凡百所有。固宜在嗣子家。但復分其餘。賑濟弟妹。既而泰時曰。我不肖。忝承家嗣。何患不給。弟妹則仰我生活。是宜先焉耳。乃擇物良者。悉分弟妹。所餘於家。唯窳物而已。

藝侯戒諸子　近古史談　　大槻清崇

元龜二年六月。藝侯元就病將死。致諸子於前。呼取箭數條。一如其子之數。乃手自糾爲一束。極力折之。不能斷也。單抽其一條。隨折隨斷。因戒曰。兄弟猶此箭也。和則相依濟事。不和則各人各敗。汝等銘心。勿忘。次子隆景進曰。夫兄弟之爭。必起於欲。棄欲思義。何不和之有。元就悅以爲然。顧餘子曰。宜從仲兄之言。

恪勤稼穡、
從容、贅子、
大人一塊肉、
盍使弟克家、
兄屏弟立不祥也、事必無譜也、
邑宰、府主、
復其稅、
賚、

若狹農夫 近世叢語 角田簡

若狹有農夫。兄弟和睦。恪勤稼穡。克事父母。弟出入城爲人奴。兄從容謂父曰。兒也贅子。弟則大人一塊肉。盍使弟克家。父以告弟。弟曰。兄屏弟立。不祥也。兄聞之謂曰。予之不去。事必無譜也。乃亦出爲人奴。及父死。兄弟相讓。無繼家者。邑宰以白府主。府主感嗟。賜兄以米而使承家。又復其稅。弟則賚月俸。許佩刀。

惜陰、
精力漸耗、
不、

惜陰 言志録 佐藤坦

人方少壯時。不知惜陰。雖知不至太惜。過四十已後。始知惜陰。既知之時精力漸耗。故人爲學。須要及時立志勉勵。不則百悔亦竟無益。

某許道人、
詣、
命理奄忽、

登蓮法師 大東世語 服部元喬

衆人會談。及一秘事。或人曰。某許道人知此秘。登蓮法師在座。卽起求雨具。座人問何之。蓮曰。欲詣某許聞秘事爾。皆曰。方雨何乃太急。蓮曰。命理奄忽。那復爲人且待雨霽。

執謁、
閾、
顚蹶、不肯、

小川泰山 先哲叢談後編 東條耕

小川泰山自一執謁於山本北山。雖烈風大雨。未嘗不蹈師家之閾。嘗大雪。戴一巨笠赴之。途未至半。雪積笠重。力不能勝之。顚蹶大傷膝焉。人愍扶之。勸令返家。不肯。遂至師許。忍痛受業若常。比隣傳爲美談矣。

上國、阨窮、
愀然、
衣敝囊罄、

山本北山 續近世叢語 角田簡

蒲生君平。少壯好遊。嘗自上國反江都。阨窮殊甚。過親人。家不受。詣山本北山。北山一見愀然。手贈數金。君平駭辭焉。北山曰。足下遊學數年。今將歸鄉。而衣敝囊罄。非所以慰尊親也。君平感涕。謝而受之。

學貴以漸日進、
力征、下學之功、

漸進 愼思録 貝原篤信

學貴以漸日進。天下之極遠。固有人跡所不及者。然日日力征而不已。則亦無所不至也。學之源流遠矣。苟下學之功日進不息。久則可以上達矣。

不多讀則不能記、
強仕之時、

記誦 愼思録 貝原篤信

記誦是讀書第一法。不多讀則不能記。不記則無由考究義理。故記誦誠是學者之要務。然記誦之須於少壯之時。苟到強仕之時。雖強記誦。然易忘失。徒勞力而已。

秀偉、嚮學、
背誦、造、
操筆暗寫以補葺之、
強識、

林羅山 先哲叢談 原善

林羅山。生而秀偉。幼卽嚮學。甲斐德本過父。讀太平記。羅山時年八歲。一聞記之。卽背誦者數十張。又嘗造某許。講論語集註。中脫一葉。乃操筆暗寫。以補葺之。一字不謬。其強識率此類也。

丹黄工緻裱釘精整、句讀、圈發、
標書、爛然如繡、繕寫、
書疏、

太宰春臺 近世叢語 角田簡

太宰春臺爲人強力。讀書精詳。一字一句不苟過。點畫有訛。必更而止。丹黄工緻。裱釘精整。若夫史漢。則句讀圈發。及標書。五色爲之。爛然如繡。且大小筆墨刊行著述。皆親繕寫。遠近書疏。莫不手答。

習慣 愼思録 貝原篤信

幼成如天性、習慣如自然、
性相近也、習相遠也、
習與性成、
聰慧負氣、嬉、鬩鬩、
剖決、矜傲、矯以恭遜、
變化故習、
行止遽忙、君子不重則不威、學則不固、
輕偷、 察諸徵兆、
規諸已形、
命之曰重、
風格峻整、襞摺不亂、盌碟匙筯措置有常、
人須自性偏難克處克將去、
霹靂、
端坐、神色、

古語曰。幼成如天性。習慣如自然。誠哉是言也。人只習善則爲善人。習惡則爲惡人。習之移人也大矣。故孔子曰。性相近也。習相遠也。凡學則須習。習則熟。熟則如自然。所謂習與性成也。

恩田鶴城

續近世叢語　角田簡

恩田鶴城。幼聰慧負氣。與群兒嬉也。每有鬩鬩者。輒爲剖決其曲直。以服群兒。比年十二三。自悔其矜傲。矯以恭遜。能變化故習。如老成人。

藪孤山

續近世叢語　角田簡

藪孤山六七歲時。父愼庵見其行止遽忙。厲聲叱曰。君子不重則不威。學則不固。旣長將遠遊。乞言諸友。李紫溟適

書斯語以贈。孤山乃歎曰。余病在於輕偷。先君察諸徵兆。紫溟規諸已形。不可弗愼也。游學四年還鄕。乃榜讀書之齋。命之曰重。

賴春水

續近世叢語　角田簡

賴春水。風格峻整。雖妻子未嘗見其有惰容。衣雖久服襞摺不亂。臨食。盌碟匙筯措置有常。

後光明天皇

尙不愧齋存稿　原忠成

後光明天皇嘗誦宋謝艮佐人須自性偏難克處克將去之語。每用意於此。性太忌雷。嘗曰。是亦性偏所致。一日霹靂震鳴。乃出簾外端坐。神色不變。自是不復忌雷。

福嶋氏

續近世叢語　角田簡

寡居、
正襟、
偏多、功者、上手、冥盡、所存不出於此、
秘府、
風土俗尙、裂軸奏覽、
沙門、
矜心頓廢、
閉閣唯聞朝暮鼓登樓遙望往來船、
一聯、改遙作空更妙、
詩情、
南廂粉壁、遒勁神逸冠、

福嶋氏。尾張人。年十九。歸于本藩成田喜和。年二十五。喪夫寡居。事舅撫子。治家事。皆不失其宜。性畏雷。而恐子視以慣怯。每雷必端坐正襟。未嘗爲畏怖之態。

技藝

先哲叢談後編　東條耕

榊原篁洲常云。天下技藝。各有四等。一曰偏多。二曰功者。三曰上手。四曰冥盡。上下三千年。縱橫一萬里。所存不出於此。學者之於道亦然。

僧空海

大東世語　服部元喬

弘仁帝好書。秘府多藏。中有絕佳者一卷。帝珍之。出示空海曰。如斯誠亦不可學也。恨未知何人。海曰。是臣僧在唐國所作。帝以其體異不信。海曰。亦隨風土俗尙變爾。乃裂

軸奏覽。書曰某年某日沙門空海書于青龍寺。帝驚歎。先是帝自以爲勝於海。於是矜心頓廢。益重海書。

小野篁

大東世語　服部元喬

弘仁帝時。白氏文集一部獨藏秘府。世未有睹者。帝幸河陽館。賦詩云。閉閣唯聞朝暮鼓。登樓遙望往來船。本白氏一聯也。試視小野篁。篁曰。聖製改遙作空更妙。帝驚曰。此樂天句也。本已作空。聊試卿爾。乃卿詩情已至與白氏同邪。

小野道風

皇朝史略　青山延于

延長六年。夏六月。命少內記小野道風。書賢君名臣言行於淸涼殿南廂粉壁。道風篁之孫也。工艸隸。遒勁神逸冠

絶古今、　三蹟、　珍襲、　得無年時相睽邪、　雅度、　自若、　牖、器度足任、　疏斥、　資性敏慧、　博渉和漢舊記、兼通朝廷典故、　日本紀局、　擧坐失措、以遲燭至、弗輟講、講訖

絶古今。片紙隻字。人競求之。至不得者以爲恥。其爲世所貴。如此。後世稱道風。及藤原佐理。藤原行成。爲三蹟。

朗詠集　大東世語　服部元喬

一癡人珍襲朗詠集。稱是小野道風筆。或問此集四條亞相所選。小野公乃爲數世先輩。得無年時相睽邪。其人曰。是乃所以爲珍也。

藤原行成　皇朝史略　青山延于

藤原行成。少有雅度。一條帝時。嘗在殿上。與藤原實方論事。實方不勝怒。直取其冠。投之中庭。行成神色自若。徐召小吏。取冠著之。帝偶隔牖見之。知其器度足任。擢歳人頭。疏斥實方。爲陸奥守。

紫式部　大日本史　德川光圀

紫式部。式部丞藤原爲時女也。嫁右衛門權佐藤原宣孝。式部資性敏慧。幼時聞人讀書。輒能諳記。爲時甚愛之。常撫之曰。恨不使汝爲男。長而能和歌。博渉和漢舊記。兼通朝廷典故。著源氏物語五十四帖。一條帝讀而大賞之曰。是善諳熟日本紀者也。人呼曰日本紀局。

塙保己一　國史畧　菊池純

塙保己一嘗詣一諸侯。侯命講源語。會日昏。既而風滅燭。擧坐失措。以遲燭至。保己一從容弗輟講。講訖而謂坐客曰。諸君明目無燭乃廢矣。何其不及盲者之自由邪。

清少納言　扶桑蒙求　岸鳳質

才藝優美、　蚤、不知香爐峯雪柰何、　前褰翠簾、　香爐峯雪撥簾看、　性行端慤、　昔者、　不亦慧乎、　椎魯不文、　陪遊、　泛中流、汀、乞因便廻棹見載、　彫刻組織、倘徒事丹青爛絢、　披古淨衣、擁桐火桶、凝然、雅淡深邃、語熟意婉、　渉獵史傳、天資、縱横

清少納言者。肥後守清原元輔女也。才藝優美。給侍永延帝之藤皇后。帝雪後蚤坐宮中。顧乃曰。不知香爐峯雪柰何。少納言默起。前褰翠簾。帝賞其慧而有學。其意乃白居易有香爐峯雪撥簾看之句。

湯淺常山母　近世叢語　角田簡

湯淺常山母瀧氏。性行端慤。好讀書。常山之少也。語之曰。昔者永延天皇雪後。望山誦曰。香爐峯雪。侍女清原氏起而卷御簾。不亦慧乎。當時婦女尚爾。況丈夫乎。今苟爲士。而椎魯不文。可恥之甚。汝勉哉。

源經信　國史畧　巖垣松苗

承保三年。白河帝幸西河。詩歌管絃三舟。陪遊諸臣各隨能分載。權中納言源經信獨未至。上頗不悦。比乃至。皆已泛中流。經信跪汀。招呼舟人曰。三舟不敢擇。乞因便廻棹見載。人歎其兼達。

藤原俊成　大日本史　德川光圀

藤原俊成。幼而聰慧。善和歌。常曰。歌之佳處。在得大體而已。不可務爲彫刻組織。譬諸畫工圖物。倘徒事丹青爛絢。則反使人厭之。要自然而有味。是爲得之。平居作和歌。披古淨衣。擁桐火桶。凝然靜坐。未嘗有惰容。及成雅淡深邃。語熟意婉。

藤原定家　大日本史　德川光圀

藤原定家。頗渉獵史傳。又能詩。而和歌之才。得之天資。縱

馳騁曲盡精微、家學有淵源、洞開、淸肅、百人一首、少小、縉紳、執馬銜、君波麻太遠具波行志我袖乃袂乃淚比延志果年盤、領、深沈奥妙、通象胥之言、操諸邦音、平仄、國風、賦、五言律、

横馳騁。曲盡精微。且家學有淵源。奥義秘說。無所不究極。其在家作歌。必洞開南面。令可遠望。而整襟端坐。日。平常於淸肅中。習之。則雖在至尊之前。不至失措。定家嘗撰自天智帝。至當時作者凡一百人和歌各一首。書以與人。世謂之百人一首。仁治二年薨。

細川藤孝　近古史談　大槻淸崇

細川兵部大輔藤孝。少小不喜國歌。自謂是縉紳婦女之技。非武夫之事也。偶某地之戰。追敵之棄馬走者。不及而返。從者執馬銜以諫曰。窮追勿失。臣驗馬背。尚暖。以知其行不遠。古歌不云乎。君波麻太遠具波行志我袖乃袂乃淚比延志果年盤。藤孝領之。卽馳遂執其人以還。從此潛心歌道。深沈奥妙。至窮古今集秘訣。所謂幽齋玄旨是也。

雨森芳洲　先哲叢談　原善

雨森芳洲。通象胥之言。其每與韓人相說話。不假譯者。韓人嘗戲謂曰。君善操諸邦音。而殊熟日本。年八十一。始將學倭歌。而意謂。詩則有時作之。雖無可稱者。得不謬平仄。至國風。一不解其法。先莫如熟讀古歌。自今讀古今集者一千遍而後自賦者一萬首。其或有所少通焉。乃經二年。千遍畢。又三年而萬首就。

富士谷北邊　續近世叢語　角田簡

皆川淇園嘗與淸田儋叟會。其弟富士谷北邊家。席上出百題。各作五言律。自午至子爲限。淇園詩先成。儋叟次之。

小倉百首湊合、大江千里月、春道列樹山、齋、譴、寄食、一鞭遲到請無怒君駕大龍吾鐵牛、辨給、周愼謹朴、不以己長加人、迭、恬退、謝遣、聰明不衰、及疾病、文才敏贍、不與校、

北邊尚下筆。不輟。二子謂。北邊之敏捷。今日何後吾輩也。既成。覽之。皆副以和歌。於是滿坐驚服。

服部南郭　續近世叢語　角田簡

服部南郭嘗訪物徂徠。徂徠出小倉百首湊合。其中姓名。與和歌首句字。誦曰。大江千里月。南郭應聲朗吟曰。春道列樹山。

塙直次　擊壤錄　木内倫

塙直次獲加藤氏譴。削髮號鐵牛。寄食妙心寺。嘗與大龍和尚約赴人家齋。後期而至。和尚不悅。詰其故。直次徐徐就席。答曰。一鞭遲到請無怒。君駕大龍吾鐵牛。和尚欣然。喜其辨給。

春澄善繩　皇朝史略　青山延于

天安十二年。參議春澄善繩薨。善繩性周愼謹朴。不以己長加人。爲文章博士。時諸博士。各自名家。迭相輕侮。弟子亦立門戶。常爭短長。善繩恬退。謝遣門徒。終不爲謗議所及。年老聰明不衰。文章加麗。及疾病。詔授從三位。

紀長谷雄　日本政記　賴襄

延喜十二年。中納言紀長谷雄薨。長谷雄文才敏贍。詔敕多出其手。嘗與三善淸行論文。不合。淸行罵曰。自古無有無才博士。有之始於汝。長谷雄不與校。其愼如此。

伊藤仁齋　先哲叢談　原善

後德大寺藤公好學。時集京師諸名儒。使其相討論。以聽

怡聲下氣、 怒嘴、 坦夷温厚、 臧否、 贈己序、 蒙鬼臉恐喝孩兒、 親炙、 評騭、 修書請益者、不可枚擧、 謙虚自卑、 提誨、 結構、 藁、 丐正、 改撰、 喋喋、意氣傲然掉頭鼓舌、 沈默竦聽、 恧然不自容、 鼠竄、 救世之心實苦、

其定說。時伊藤仁齋年方壯、亦被召在列。諸儒皆初怡聲下氣、以辨說、而及各不相容也。怒嘴立說、諠譁不已。仁齋獨坦夷温厚、終始如一。竟擧坐皆歸之。

伊藤東涯　先哲叢談　原　善

伊藤東涯與荻生徂徠同時、各鳴東西。而徂徠每臧否東涯、不置。或遇自西至者、卽首叩以東涯所業。東涯異於此。嘗麟嶼至日、出徂徠贈己序以見之。麟嶼出東涯曰、物氏文譬猶蒙鬼臉恐喝孩兒者。奥田三角多年親炙東涯。聞其評騭徂徠、唯此一言耳。

安積澹泊　先哲叢談　原　善

安積澹泊博學能文。名振四方。其修書請益者、不可枚擧。

而謙虚自卑、於其親受提誨者、不敢以弟子視之。意謂吾安能足爲人師。其所結構文詩、必示藁於衆人、以丐正。有一字可議、輒改撰。是以人皆益敬服焉。

貝原益軒　近世叢語　角田簡

貝原益軒名篤信、筑前人。嘗自京師歸、取路于海上。同船數人、名姓不相知。喋喋相語中、有一少年、意氣傲然、掉頭鼓舌、解說經義。益軒沈默竦聽、如不知字者。既而及船達岸、各告其姓名鄕里。少年始知爲益軒、恧然不自容、遂不陳其名、鼠竄去。

其二　先哲叢談　原　善

益軒好著書。而救世之心實苦。其所著百有餘種。多書以

紅女、隷卒、 泛泛、迥不類、 善修養、 投老、 矍矍、 屬綴、 善嫺文墨、 遊記、 内助、 小子、 身被堅手執銳、 字號、 名、通稱、

國字、語極懇切。田夫紅女、童兒隷卒、皆便之。與近時所刊行泛泛者、迥不類。又善修養、投老猶矍矍不衰。其所屬綴者不少。六十作和漢名數增補。六十七作大和廻。七十四作筑前續風土記及點例。七十五作諸榮譜。七十九作大和本艸。八十一作樂訓。八十四作養生訓。

貝原益軒妻　先哲叢談　原　善

益軒妻江崎氏、名初。才德並全、治經通史、善嫺文墨。工作隷書。又詠國風。常從益軒遊歷勝地。益軒多著遊記、實有内助云。

山崎闇齋　先哲叢談　原　善

山崎闇齋嘗問群弟子曰、方今彼邦以孔子爲大將、孟子

爲副將、率騎數萬、來攻我邦、則吾黨學孔孟之道者、爲之如何。弟子咸不能答。曰、小子不知所爲。願聞其說。曰、不幸若逢此厄、則吾黨身被堅手執銳、與之一戰、擒孔孟、以報國恩。此卽孔孟之道也。

佐藤直方　先哲叢談　原　善

佐藤直方無字號。或謂曰、山崎闇齋子之師也。淺見絅齋三宅尚齋則子之友也。而皆以號稱。子獨無可尊稱者。不知有何說歟。直方曰、余從邦俗耳。此邦自古無字號。何必背邦俗之爲。假令余之彼西之邦、亦以名直方。通稱五郎左衛門。居故雖弟子、直稱曰直方先生。

正名　愼思錄　貝原篤信

兄弟有伯仲叔季之序、往往、布袍綻裂、則撚紙縷補綴之、匝、覩、敕、義不敢脫、膝行就刑、幽、資、囹圄、晏然、縕袍、蚊幬、定省、縫刺澣濯、絲毫、迄、不靡、荒游畋、

兄弟有伯仲叔季之序。日本古昔、伯稱太郎、仲稱次郎、叔稱三郎、季稱四郎。近世其稱顚倒失次序、兄稱十郎、弟稱五郎之類。往往皆然。有志于正名之士、宜復古制。是亦正名之一端也。正其名而天下之法定矣。

三宅尙齋　近世叢語　角田簡

三宅尙齋在獄中、每旦請水爲浴。布袍綻裂、則撚紙縷補綴之。朝夕食後、必匝獄中數百反、約凡一里。精神不減平日。一吏巡警覩之、敕守者曰、監守莫怠。尙齋聞之、忿然曰、丈夫假令一縷縳之、義不敢脫。予所以然者、獨懼擢脚疾、膝行就刑、爲人所笑故爾。

三宅尙齋妻　近世叢語　角田簡

三宅尙齋見幽于忍。託其妻田代氏、以母及二子、而與黃金廿兩、以爲資。田代氏念夫囚在囹圄、艱辛無量、爲其妻子、而晏然煖飽、心不忍爲也。自是冬不穿縕袍、夏不張蚊幬。定省之暇、爲人縫刺澣濯、以給奉養。如此三年。所得廿金、絲毫不費也。迄尙齋見赦、乃出金還之。尙齋怒曰、其如此奉養、必有闕也。田代氏徐語以養姑之故、而言、此金之不靡、乃豫備君今日之用也。尙齋感嗟久之。

雄略天皇　國史纂論　山縣禎

雄略天皇五年、帝獵葛城山。皇后從焉。野豬突至。帝命舍人逆射且刺之。舍人怖而避之。豬直突、將觸帝。帝蹴殺之。獵罷、欲斬舍人。后諫曰、天下皆謂陛下荒游畋、以獸故殺人。無乃不可乎。帝欣然納之、與后上車曰、獵者獲禽、朕獨獲善言而還。樂哉。衆呼萬歲、遂釋舍人。

獵者獲禽、朕獨獲善言而還、凍餒、假以顏色、持己嚴恪人難盡言、異同得失、奚敢分辨、除目、燎燭、調選、詮量、旋風、粃糠塵亂、僮奴、駭態、供米、颺、傍看、寤、考問、前識過人、下問、覈據典故、承顧問、

醍醐天皇　國史纂論　山縣禎

醍醐天皇慈仁愛民。寒夜親脫御衣、以想察民間凍餒。又每見群臣、假以顏色。嘗曰、持己嚴恪、人難盡言。故朕常溫顏色、以待諫者。

村上天皇　大東世語　服部元喬

天曆帝留意政事。召賤吏老者、密問當今與前朝延喜之時、異同得失。吏曰、無異。上切問再三。令以實奏。吏乃拜伏曰、微賤下吏、奚敢分辨。唯當今除目之夜、聊覺用燎燭多耳。上悟爾後調選、必先日時、加思詮量。

鳥羽僧正　大東世語　服部元喬

鳥羽僧正好戲畫。嘗作旋風圖。吹米囊在空、粃糠塵亂、側畫僮奴遽欲抑留之狀、妙極駭態。時人傳玩、轉進上皇。上皇覽大笑、且歎其工。及僧正朝、問其畫意。便應曰、有此事。近日官供米至。大風忽起、輕颺囊穀。奴輩騷擾。臣僧傍看、不堪可笑。戲作此爾。上皇乃寤、令考問倉吏。果有不法。供米多雜粃糠。

藤原在衡　大東世語　服部元喬

粟田公在衡、才學不必廣博、而前識過人。每有帝下問、應對明詳、覈據典故、未嘗有窮。每朝上車中行且披覽一書、及入承顧問、必其書事也。又恪勤見稱。一日風雨甚、衛士

相謂。設是在衡。恐不可參言。未畢。雨衣滲灑。衡冒乃至。

源雅信　國史略　　巖垣松苗

源雅信。寛平皇孫。任官。朝事克治。不減老吏。人問其故。雅信曰。我以不才。尸素宗籍。世事人情。未嘗歷試。乃自散列時。每班朝位。必先人入。後人退。默而習者多年。乃亦得知一二。

徳川家康　日本智嚢　　中村和

公幼拘于尾。人籠養小禽之能作百鳥聲者以獻。公命卻之。左右問其故。公曰。我聞之。小巧無大智。多藝無逸技。今此禽好傚佗聲。必不能自鳴。不足賞也。聞者吐舌。

伊達政宗　日本外史補　　岡田僑

伊達政宗。幼名梵天。生甫五歳。嘗出遊佛寺。見不動像。指問近臣曰。此何者。其貌爾猛也。對曰。不動明王。其貌雖猛。其心則慈悲濟衆。梵天曰。武將宜如此。

蒲生氏郷　擊壤錄　　木内倫

蒲生氏郷年十三。侍織田公。公與稲葉一鐵。講論兵法。通昔不寐。侍者皆睡。氏郷獨在傍傾聽焉。一鐵視之云。此子警敏。必爲名將矣。公亦器之。呼曰忠三郎。以女女之。殊被親暱。

武田信玄　日本外史　　頼襄

武田信玄。居常略渉書志。嘗以孫子語。書其旗曰。不動如山。侵掠如火。其靜如林。其疾如風。馬場信房問曰。風雖疾

雨衣滲灑、衡冒乃至、　朝事克治、　尸素宗籍、歷試、散列、　班朝位、　小巧無大智、多藝無逸技、　甫、　慈悲濟衆、　通昔、　傾聽、　器之、以女女之、　親暱、　居常、不動如山、侵掠如火、其靜如林、其疾如風、

哉。非倏起倏止者乎。信玄曰。兵鋒貴疾耳。苟止矣。則吾以麾下繼之。信房曰。君要第二合之勝也。其君臣講究武事。皆此類也。

上杉謙信　擊壤錄　　木内倫

上杉謙信尊信儒術。正風恤下。常延學士。講論經史。嘗克七尾城。置酒高會。時際九月望前。夜色清朗。賦詩曰。霜滿軍營秋氣清。數行過雁月三更。越山併得能州景。遮莫家郷念遠征。謦欬而罷。

其二　日本外史　　頼襄

武田信玄。國不濱海。仰鹽於東海。今川氏眞與北條氏康謀。陰閉其鹽。甲斐大困。上杉謙信聞之。寄書信玄曰。聞氏康。氏眞困君以鹽。不勇不義。我與公爭。所爭在弓箭。不在米鹽。請自今以往。取鹽於我國。多寡唯命。乃命賈人。平價給之。

用財　愼思錄　　貝原篤信

君子棄其財。而救貧窮者。非不愛其財。愛其財甚。而欲用之德義也。故能賑恤貧窮者。視其平日用財。必儉約不妄費之士也。不能救貧窮者。必驕奢妄費之人也。

後三條天皇　大日本史　　徳川光圀

後冷泉帝末年。風俗華侈。雖下吏車。飾之以金。帝欲革其弊。即位初。幸石清水。都人士女出觀。鹵簿車有金飾者。帝爲駐鑾輿。命盡剝去。唯乳母所乘。得請而僅免。後幸賀茂。

倏、　麾下、要第二合之勝、　正風恤下、　置酒高會、望、霜滿軍營秋氣清、數行過雁月三更、越山併得能州景、遮莫家郷念遠征、　謦欬、　陰閉其鹽、　所爭在弓箭、不在米鹽、以往、平價、　賑恤、　華侈、革、　鹵簿、　駐鑾輿、剝去、

儉素、檜柄 藍紙、青魚、

絶無金飾車者。專尚儉素。御扇用檜柄藍紙。炙青魚頭。塗胡椒以充御膳。

衣襲、

源頼朝 大東世語

服部元喬

源大將軍常誡武人過奢。有侯兼者。盛飾美服出公。取其佩刀看之。即抽盡斷其衣襲曰。士祿有限。汝將欲以何物養兵邪。

助治具、糊 補紙格、

凡物有小破、宜修補之、

松下禪尼 大日本史

德川光圀

北條時頼母安達氏。秋田城介景盛女也。稱松下禪尼。嘗爲時頼設食。兒義景來助治具。尼方手裁小紙。糊補紙格。義景請命人爲之。尼不顧。義景曰。補之不若新之之省勞。尼曰。我豈不之知乎。凡物有小破。宜修補之。欲使兒輩知此意耳。人謂時頼克守勤儉。政理寧靜。亦母教之使然也。

政理寧靜、

邀、

裝束、故直 垂、挈、

下物、

中夜、

庋、豆豉著 餘、

暢然、

北條時頼 大東世語

服部元喬

平宣時老後。謂人曰。昔者相州一夕見邀。尋使再至曰。既夜。不必裝束。願疾見臨。乃著故直垂去。至則相州自挈酒出曰。偶有此物。不可獨酌。聊復迎爾。恨無下物。廚下或有餘食。既已中夜。人靜煩君。唯所自得。余乃秉燭入廚。徧索無肴。僅見庋上土器。豆豉著餘。棄在其中。試且擧至。相州曰。亦足矣。乃暢然對酌。遂至歡醉。其時率如此。

短少眇目、

聲績著聞、

咬菜 野史纂略

青山延光

延寶元年六月朔。内膳正板倉重矩卒。重矩短少眇目。貌甚醜。温和有度量。執政九年。中鎮京畿三年。聲績著聞。一時稱爲良臣。少時嘗扁其居曰咬菜。及居顯職。猶揭舊額。人問其故。重矩曰。吾今富貴。侈心易生。不有此扁。何以自警。及卒家無餘財。時人悼惜。

扁其居曰咬 菜、

列侯、

循謹、梁、

搢紳、敍別、

不論直、

寒素、

三扇函 野史纂略

青山延光

元祿二年十一月二十六日。封因幡守本莊宗資爲列侯。賜一萬石。宗資爲人循謹。以盛滿爲戒。常掛五十錢於梁。書其旁曰三扇函。人問其故。曰。吾昔有京。貧甚。適關東有命招我。我乃之市。欲買扇三柄。贈一搢紳敍別。囊中僅有五十錢。市人聞關東招我。不論直而授扇。其窮如此。今日身極榮顯。恐忘寒素。故揭此自警耳。

彩服、

即世、享俸 資、

人情難於儉、 而易於奢、

綾部道弘 近世叢語

角田簡

綾部道弘。自處節儉。不喜華飾。嘗有人遺彩服於其子。遂不許服曰。先君貧素即世。吾亦辛勤多年。幸享俸資。煖養兒女。是君之惠也。夫人情難於儉而易於奢。予非不愛兒也。不欲使習奢耳。

邸守、饋以 餺飥、

糖之甛旨易 釀小兒病、

憮然、

中井履軒 續近世叢語

角田簡

尾邸守中西甲。訪中井履軒。饋以餺飥。履軒乃戒其子曰。此所謂小倉野者。其味甚美。然毒物也。必勿食之。中西駭問其故。曰。糖之甛旨易釀小兒病。其害不小。是以吾家不使兒食糖味也。中西憮然。

黄門、健啖 無比、道、

健啖黄門 大東世語

服部元喬

三條黄門某。健啖無比。常患肥大。謀之醫。且道其常食量。

伏暑、食水飯清淨其中、扛、鮎鮓、分供、案、

醫曰、故有治方。但先節減食用、而後可施。時今伏暑、且先宜食水飯。清淨其中。黃門乃從其言。他日醫來、察其食限。乃見二丈夫扛銀盤徑二尺、盈水飯其中。又一丈夫進大銀盤。貯鮎鮓五六十頭。醫以爲亦分供己。又有一人。以案捧銀椀二。皆至前。黃門乃獨下箸七八回。飯鮓俱盡。醫駭曰。如此水飯亦不可療。乃逃。

任達不覊、芋魁、盂、生平、坊、緡、稍稍取給辦芋、

僧都盛親　大東世語

服部元喬

僧都盛親。任達不覊。甚嗜芋魁。談義座側。貯盛大盂。且啖且論。未始進人。有病必擇芋魁殊美者。閉居飽食。疾亦誠愈。生平居貧。其師死。遺一坊及錢二百緡。亦賣坊百緡。都將三百緡。擧託人家。稍稍取給辦芋。無用他事。亦復未幾皆盡。

新定漢文卷之一　四三 四四

衛生在口腹、以衡量飯、耄、天折、一日保殘喘則兆民有一日之利、

盤珪禪師　續近世叢語

角田簡

盤珪禪師年老。自謂衛生在口腹。乃以衡量飯。每飲食必謹。有一僧。笑謂耄所爲也。盤珪聞之曰。生無益于人者。即天折。固不足愛也。生有益于人者。一日保殘喘。則兆民有一日之利。貪生甚於俗。爲此也。是豈汝所知也哉。

黍餅、色沮不肯食、垂誡之旨、

白隱禪師　續近世叢語

角田簡

海西某侯謁白隱禪師。乞教。偶有村婦。來供黍餅。白隱執薦之。侯色沮不肯食。白隱叱曰。强食之。當知小民之疾苦。垂誡之旨。不外于此。

鐵眼和尚　近世叢語

角田簡

夙、勸化、市門、印板鳩功、

鐵眼和尚肥後人。初奉親鸞教。後登黃檗山。受業木庵禪師。夙有刻一切經之志。勸化四方。値歲饑。擲金錢出市門。覩有飢色者。悉頒與之。已而勸化。又饑施予如初。然後印板鳩功。

倣、致貲巨萬、及晚、經疏、振救、

僧月仙　續近世叢語

角田簡

僧月仙。修淨土教。住伊勢寂照寺。嗜畫。從圓山應擧學。後倣雪舟筆意。以寫山水人物。名顯四方。請求者不絕。以是致貲巨萬。以其貪錢甚。人或譏之。及晚建山門。修佛殿。廣買經疏。振救貧民。臨死遺言。又納金於官。以備振救。於是人始服焉。

新定漢文卷之一　四五 四六

學旃、

賈人坐禪　近世叢語

角田簡

江都一賈人好禪。一夜坐禪。忽記數年前賣物於人。而未收其直。明日遂尋其人。取直而歸。欣欣然謂其子曰。大矣哉。坐禪之德。使人記其所忘。汝曹必學旃。

累鉅萬、鬱積、聚封、

錢癖　尙不愧齋存稿

原忠成

有家累鉅萬者。性甚吝。不散一錢。嘗方夜有物叫於屋後。聲如牛鳴。或謂曰。是銅氣鬱積而發者。盍少散之以賑窮生。其人曰。物之有聲。求其友也。益聚封之。

群偸、所有都將去、徒尼、紙被、渠、

安養尼　大東世語

服部元喬

群偸夜入安養尼之室。所有都將去。偶遺一衣於路。徒尼拾來納尼公。尼公時臥紙被中。乃曰。渠已以爲已物。今雖遺落。不容復有於我。汝當速追與之耳。徒尼如其言。偸輩

悄伏、并置諸物而去。

贏餘、乞假、慶弔、紡績、隣里、郷黨、精苦、

妙喜尼 近世叢語　角田簡

妙喜尼、豊後速見郡鶴見村人。性甚慎勤、服農事、執女工、必衣食于其力。苟有贏餘、輒施佛寺、未嘗乞假於人。人有贈、必報。交際慶弔、莫不用意焉。年踰八十、康健無比。奉佛之餘、猶尚紡績、半日所織、得丈二尺。郷黨隣里、愛其篤實、而服其精苦。

一夫不耕則天下或受其飢、一婦不織、則天下或受其寒、女功、農績、有司、

繼體天皇 國史紀事本末　青山延光

繼體天皇元年春三月、詔曰、朕聞、一夫不耕、則天下或受其飢、一婦不織、則天下或受其寒。是故帝王躬耕、以勸農業、后妃親蠶、以勸女功。況在群寮百姓、其可廢棄農績乎。

新定漢文卷之一　四七　四八

有司普告天下、令知朕意。

富民之本務在貨食、男勤耕耘女脩織紝、饒、廉恥、刑措之化爰興、豈可不勗歟、

元正天皇 國史纂論　山縣禎

元正天皇靈龜元年冬、詔曰、國家隆泰、要在富民。富民之本、務在貨食。故男勤耕耘、女脩織紝、家有衣食之饒、人生廉恥之心、刑措之化爰興、太平之風可致。凡厥吏民、豈可不勗歟。

治律令、曉習、勸勵生業、教督耕種、曲盡事宜、按行、興陂池、廣灌漑、

道首名 國史纂論　山縣禎

養老二年四月、筑後守道首名卒。首名少治律令、曉習吏事。其爲筑後守、攝肥後事、勸勵生業、教督耕種、至植菜菓、養雞豚、曲盡事宜、時時躬按行、有不遵教者、輒譴責之。老少竊怨罵之。及收入、莫不悦服。又興陂池、以廣灌漑。肥後味生池、及筑後所在陂池、皆是也。人蒙其利。故言吏事者、咸以爲稱首。及卒、百姓祠之。

稱首、魁梧、性無拘忌、決壞、苟利於民死而不悔、誑惑、著治績、

藤原高房 國史纂論　山縣禎

藤原高房、魁梧多力、性無拘忌。天長中、任美濃介、威恩並施、盗賊不入境。部内有古塘、決壞不可蓄水。相傳有神、犯觸者死。高房曰、苟利於民、死而不悔。率土人築治、大便灌漑。民被其利。又席田郡有妖巫、一邑皆其徒、誑惑吏民者數十年。高房悉追捕之。國内清寧。歷任備後、肥後、越前三國、皆著治績。

詣闕、黎庶殷富、義倉、謫、如喪父母、所在、

紀夏井 國史纂論　山縣禎

紀夏井初爲讃岐守、政化大行。及任滿、百姓相率詣闕、請

新定漢文卷之一　四九　五〇

留更留二年。黎庶殷富、郡邑作義倉四十餘。及去、贈遺甚多、一無所受。後守於肥後、坐於其弟豊城之事、謫於土佐。及去肥後、吏民遮路號哭、如喪父母。途過讃岐、男女老幼相迎道路、數十里之間、哭聲不斷。及至土佐、山澤所在、采藥救民、多得效驗。

撫恤、貪汙、屏人、砥礪名節、貪穢、繇此、

藤原保則 國史紀事本末　青山延光

備中守藤原保則、爲備前權守、務撫恤人民、一如備中時。僚屬有貪汙者、輒屏人謂之曰、君宜砥礪名節、勉取榮譽。何必終於一州小吏、但資財不給、所以取貪穢之譏。僕有薄俸、請給之。君慎勿犯官物。繇此吏民畏愛、呼曰父母。

青砥藤綱 國史纂論　山縣禎

夢兆、
無功受賞是謂國賊、
敬異、
引付衆、
炬、
得不償失、
自奉、縑帛、
不憚權貴、
奸吏斂迹、士風頓革、
載籍、
登遐、
採摭、
諸王、

北條時頼嘗詣鶴岡祠。夢神告之曰、汝欲致治、須用青砥藤綱。既覺、明日召藤綱、給以食邑。藤綱怪問。時頼告以夢兆。藤綱辭曰、君今以夢用僕。他日又以夢斬僕邪。夫無功受賞、是謂國賊。臣未有微効。不敢當此賞。時頼益敬異之。奏授左衞門尉、爲引付衆。

其二　　山縣禎

嘗行過滑河、誤墜十錢於水。藤綱乃出五十錢、買炬雇夫。照水捜索、竟獲之。或笑其得不償失。藤綱曰、不爾。十錢雖少、失則永損世寶。五十錢布在民間。彼此六十錢終不失一錢。其利不亦大乎。聞者歎服。藤綱性好施與、所入俸祿、悉賑貧困。自奉甚薄、衣無縑帛。其在職、廉潔剛直、不憚權貴。於是奸吏斂迹、士風頓革。

新定漢文卷之一　五一　五二

太安萬侶　大日本史　徳川光圀

太安萬侶、和銅中奉勅撰古事記。初天武帝患諸家所藏載籍、頗傳虛僞、終失其眞。時有稗田阿禮。年二十八、博聞強識、多諳上世舊事。因命錄其所記、將以修帝紀。既而登遐。歷持統文武朝、其擧不果。至是帝欲繼成其志。安萬侶奉勅、採摭阿禮所傳、上自開闢、下至小墾田朝、錄爲三卷、上之。

淡海三船　皇朝史略　青山延于

延暦四年秋七月、刑部卿兼因幡守淡海三船卒。三船、帝大友曾孫、池邊王之子也。初爲諸王。勝寶中、賜姓淡海眞

屬文、
相宅、
山河襟帶自然作城、
子來之民謳歌之輩、
武相豆駿遠州際參尾勢江雍路中、
山勢逼塞困於運輸、
會同、宏敞、
殫力經畫、課、
漕、殿宇、
塹壘、
明敏豁達、
城堡砦塞、

人。後爲大學頭兼文章博士。爲人聰敏、涉覽群書、善屬文。嘗奉勅、定神武以來諡號。

平安京　國史纂論　山縣禎

延暦十三年、遷都于山背葛野郡宇多邑。前年遣大納言藤原小黑麻呂・左大辨紀古佐美等、相宅。至是宮城成。車駕遷都、爲詔曰、山背爲國、山河襟帶、自然作城。宜改爲山城。子來之民、謳歌之輩、成號新京曰平安。今宜從其號。

林春齋詩　先哲叢談　原善

某侯一夜與近臣左右飮。侯問曰、自江戸至京、經國幾也。一人屈指答曰、武藏・相模・伊豆・駿河。而言窮。座有少年、誦林春齋詩云、武相豆駿遠州際、參尾勢江雍路中。侯喜誦其句者再三。

新定漢文卷之一　五三　五四

大坂城　逸史　中井積善

羽柴氏相地形、謂洛邑山勢逼塞、困於運輸、且無地可列邸第。不足以待庶邦會同。莫若大坂宏敞、襟帶河海、四通五達之便。天正十一年十一月、大城大坂。殫力經畫、課列侯、漕巨石、聚大木。所役凡十餘國。及鳩功、殿宇之壯麗、塹壘之完固、號爲天下第一。遂徙治焉。

荒川天散　先哲叢談後編　東條耕

荒川天散、幼學于伊藤仁齋古義塾中。有千里駒之稱。其爲人也、明敏豁達、精通經史。講業之暇、研究吾邦地志、諳記城堡砦塞所在、詳知其道里之遠近。以謂士若不精于

此不足以成戰陣之用。攻守之法。

實際學問　言志錄

佐藤坦

登山嶽。涉川海。走數十百里。有時乎露宿不寐。有時乎饑不食。寒不衣。此是多少實際學問。若夫徒爾明窗淨几。焚香讀書。恐少得力處。

露宿、徒爾、明窗、淨几、

高倉天皇　大日本史

徳川光圀

高倉帝幼時。有獻紅樹者。帝極愛之。命藤原信成守之。一日。仕丁乘信成不在。斫枝爲薪。以煖酒。信成歸見而大驚。縛仕丁。會帝使信成上其樹。信成具奏其狀。叩頭謝罪。帝從容曰。唐詩有云林閒煖酒燒紅葉。誰敎仕丁作此風流。無復所問。

紅樹、斫、叩頭、林閒煖酒燒紅葉、

新定漢文卷之一　五五　五六

藤原資朝　大日本史

徳川光圀

藤原資朝嘗愛盆樹。多聚條幹盤屈者。一日適出避雨于東寺門。見側有丐兒數人。率多瘻殘跛躄之類。資朝以爲其奇貌異狀可愛也。注視久之。覺其醜穢可厭。因謂世所謂奇怪。皆物之反其性。而終不如平易正直之可尙也。吾頃閒所愛盆樹。輪囷離詭者。何異於此哉。比還家。悉拔所植而棄之。

盆樹、條幹盤屈、丐兒、瘻殘跛躄、注視、反其性、頃閒、輪囷離詭、

千利休　近古史談

大槻清崇

利休學茶儀於堺浦人紹鷗。紹鷗斯道之盧陸也。嘗欲試利休才。命掃除庭中。諾而往。則茶亭之前。帚痕如拭。不留纖塵。林樹瀟灑。青翠欲滴。利休躊躇。無復下手處。竟入林中。試搖其一樹。則墜葉翻風。片片點地。殊覺添一段風趣。乃報曰。謹了命矣。紹鷗視之。感其奇才。盡傾秘訣而授焉。利休得宗匠名。始于此。

斯道之盧陸、帚痕如拭、纖塵、瀟灑、躊躇、墜葉翻風、片片點地、了命、宗匠、

石田三成　近古史談

大槻清崇

豐公秀吉嘗放鷹於野。渇甚。投一僧寺。乞茶太急。有行童。進一大椀茶。微温盛到七八分。公一喫稱快。更進一椀。少熱不滿半椀。公徐喫了。又要一椀。於是代以小椀。太熱不可遽口。公愛其才敏。請之住持僧。攜歸以爲小臣。漸愛寵之。後竟列爲五奉行。治部少輔石田三成是也。

行童、

鬚切膝丸　佩弦齋雜著

青山延光

源滿仲嘗曰。武夫輔衛皇室。非佩名刀不可。乃命劍工造刀。皆不稱意。或曰。筑前三笠郡有良工。何不召之。滿仲召而命之。及成復不稱意。工憂之。禱八幡神七日。鍛錬六旬。造二刀。長二尺七寸。滿仲大悅。試斬死囚。銛利無比。餘勢一斷其鬚。一斷其膝。因名鬚切膝丸。

新定漢文卷之一　五七　五八

不稱意、鍛錬、死囚、銛利、

蜻蜓切　佩弦齋雜著

青山延光

本多忠勝槍。號蜻蜓切。參河正實所造。長一丈四尺餘。嘗有蜻蜓觸刃而斷。因名焉。東照公與武田氏戰不利。忠勝殿而退。敵兵尾擊。忠勝隻手執槍鐏。運轉如飛。敵不敢近。晩年在桑名。執槍揮之曰。吾力衰矣。乃截其柄三尺。

殿、尾擊、隻手、鐏、

平重盛　大東世語

服部元喬

平内府詣皇后宮。典侍迎接。偶有巨蛇出座。内府獨見之

迎接、

捽、鎭靜、明公、還城樂、

乃慮驚惶女侍。以及后。便以左右手。壓其首尾。袖捽之。徐捕而起。呼人。源仲綱應來。乃受而去。宮內終無知者。明日。內府遺仲綱馬。賞其鎭靜。仲綱答書曰。拜賜謹謝。抑明公昨日事。何似還城樂哉。

微行、劫剽、褫、心悸、自首、碌碌、絮衣、

藤原保昌 大日本史

徳川光圀

藤原保昌嘗冬夜微行。時有巨盜袴垂者。多力善走。劫剽爲業。見保昌欲褫其衣者數矣。保昌吹笛而回顧。袴垂不覺心悸。謂非常人也。拔刀擊之。保昌叱之。袴垂惶怖伏地。保昌問其名。乃自首。保昌曰。我嘗聞汝名。汝亦非碌碌者。從吾而來。復吹笛。從容而行。既而還家。與之絮衣而誡曰。乏則復來。勿侮人而受害。

官路、陵暴、翼、

永田佐吉 近世叢語

角田簡

美濃有永田佐吉。夙以長者稱。年冥懷金自近江歸。宵道於山中。遇於群盜。併金及衣。皆推與之。徐謂曰。夜黑失道。請導我于官路。一人諾之。乃問其居。佐吉曰。家在竹鼻。佐吉君與。曰。然。盜因歎曰。陵暴長者。不祥莫大焉。其翼來謝。且釋金及衣而去。

不屑、

平安餓人 近世叢語

角田簡

平安有餓人。路拾黃金。訪主還之。主人謂曰。子也餓矣。拾得財貨。是天之賜也。而有此行。其潔如冰。雖然。烏得中心無欲之乎。餓人哂曰。予不幸餓死。是乃天命也。夫惡死背命。貪塵芥。猶且不屑也。況乎於黃金。

驅使峻藥、機宜應變、貼、不豫、百方無驗、踞、

長田德本 續近世叢語

角田簡

長田德本。常驅使峻藥。機宜應變。未嘗誤人。藥價每貼十八錢。寬永初。台德公不豫。百方無驗。典藥頭今大路氏乃薦德本。因命召之。德本時年百十有餘。頸掛藥囊。踞牛背而來。一診上峻藥。數日得愈。賞賜固辭。只乞定價而去。

寡欲 愼思錄

貝原篤信

修身養生二者。以寡欲爲要。未有多慾而能修身者也。未有多慾而能養生者也。

釋奠、表出中庸、闇合、經筵、

清原頼業 國史紀事本末

青山延光

高倉天皇治承元年。夏四月丁酉。京師五條火。延燒大內及大學寮。秋八月丁丑。以大學寮未成。釋奠於官廳。時清原頼業爲帝侍讀。頼業嘗讀禮記。表出中庸。據本經爲解。不取舊註。頼業與宋朱熹同時。熹註未傳。所見適闇合。人以爲奇。後百四十餘年。僧玄慧尊信宋程顥。程頤。朱熹之學。侍讀後醍醐帝。經筵始用宋儒之說。

閒關流離、艱難備嘗、博洽、貫穿古今、後三房、中興不終、皇統垂絕、

源親房 皇朝史略

青山延于

正平九年。夏四月。準三宮源親房薨。親房。具平親王之後大納言師重之子也。家稱中院。又北畠。親房遭亂離。艱難備嘗。未嘗一日忘王室。親房博洽貫穿古今。所著有職原抄。神皇正統記。世與藤原宣房。源定房。並稱爲後三房。親房深歎中興不終。皇統垂絕。乃推本皇祖建國之意。爲正統記。上起神代。下迄與國。揭皇統於已微。以明神

器之有歸其顯微扶正頗有合春秋遺旨云。

顯微扶正、合春秋遺旨、

德川光圀　國史略　菊池純

元祿十三年冬十二月、權中納言源光圀卒。光圀、賴房之子。英毅好學。嘗慨舊史闕文、置彰考館、招致名儒、奏請出御府秘册、募天下逸書、編輯歷朝實錄、曰大日本史、二百四十卷。自神武天皇至後小松天皇。又撰禮義類典、獻之上皇。又有一代要記、扶桑拾葉集等。光圀資性仁恕、勵精圖治、禁奢侈、薄稅斂。及其告老、營居於西山、衡門茅屋、不設墻垣、侍臣止數人、婢妾纔給洒掃、麤食澣衣、居常晏如也。及卒、私謚曰義公。

英毅、闕文、逸書、勵精圖治、稅斂、告老、衡門、晏如、

國家之元氣　日本外史　賴襄

新定漢文卷之一　六三　六四

東照公嘗欲官一士、問之於土井利勝。利勝曰、彼不常來臣家。臣未知其如何。公弗懌曰、汝宰我家。務在訪人材。材者豈敢附權勢哉。如汝所言、則知恥好義者、將日趨柔媚。知恥好義、國家之元氣也。元氣消亡、國家衰老。其能久乎。昔酒井正親以神谷某不禮己也、謂我曰、彼眞可用者。因請倍其俸。正親爲公忘私、奬厲士風。汝輩何不類焉。

弗懌、務在訪人材、趨柔媚、爲公忘私、奬厲士風、

遠州薑說　鶴梁文鈔　林長孺

世稱遠州產薑之美。余始聞、意其不辛辣。及咬之、辛辣尤甚。殆將及舌棘喉。以爲辛辣如是、奚足以稱美乎。既而思之、吁、吾過矣。夫辛辣薑之性也。辛辣尤甚、所以美也。薑而不辛辣、是猶武士之無武烈而柔媚。豈其本色也哉。

辛辣、及舌棘喉、本色、

函人　近世叢語　角田簡

某侯新作鐵甲、欲試之。函人曰、君必試之、臣以身當之。乃擐甲向射者立。侯命善射者强弓利鏃射之。中胸、鏗然矢躍。侯撫手稱善曰、但未知其背。試之而可。函人釋甲跪曰、臣未慣作怯者甲。

擐甲、强弓利鏃、鏗然矢躍、撫手、釋甲、未慣作怯者甲、

峰谷半之丞母　近古史談　大槻清崇

吉田之役、峰谷半之丞貞次初心期一番槍。聞其爲人所先、不悅、乃付槍於從者、更提大刀而進。敵士河井太郎以銃輅之。峰谷揮大刀、截其銃口。河井跪狙擊、丸洞峰谷胸而死。從者馳反。其母迎之門、問狀。從者曰、郎君戰死矣。母曰、死不待言。妾問其所以死之狀。曰、面敵而死。母喜曰、善。妾聞之足矣。走入室、伏地號哭。

新定漢文卷之一　六五　六六

輅、洞、郎君、

毛利勝永妻　名節錄　岡田僑

毛利勝永、豐臣氏臣也。父曰勝信、爲小倉城主。關原之役、勝永應石田三成得罪、與父勝信倶放於土佐。勝信尋病沒。及大阪之役作、勝永謂其妻曰、我得罪久困於此。今有所思。然難公言矣。妻曰、士過世變、窮厄何足憂。願聽其意。勝永曰、我家世以武顯。大丈夫安鬱鬱沈淪邊土。我欲爲豐臣氏死。然我若去、汝愈窮困。因愴然涕下。妻哂曰、妾雖不似、爲士家婦。是何足爲意。願良人爲主致忠、揚家聲。勿以妾爲意。勝永大喜、乃潛如大阪。土佐國主山內忠義遣兵、拘其妻子、聞之東照公。公曰、節士之志可憐。特命釋其

士過世變、窮厄何足憂、大丈夫安鬱鬱沈淪邊土、愴然、哂、不似、良人、

妻子。

後藤基次　撃壤錄　木内倫

後藤基次爲大坂將。屢抗東軍。及夏役。出陣平野。德川公父子遣人說降之。約與播磨。基次曰。東方氣勢烜赫。如日之升。西則衰弱難保旬月。去弱就强。非吾之志也。且也受其養。而貳其心可乎。不肯。因私使者曰。當今將士。孰如余之榮。夫重寄聽余者。爲明。韓宣威豐國公之嗣君。而殊賞招余者。亦爲人臣無上之兩大將軍也。抑我軍雖憊矣。然吾在一日支一日。十日支十日。今也拜命之辱。第須速死。以酬幕下盛意已。果先諸將陣亡。

氣勢烜赫、私使者、重寄聽余、憊、拜命之辱、酬、盛意、陣亡、

猿說　續竹堂文鈔　齋藤馨

猿之演劇也。衣冠焉而爲士大夫。裾帶焉而爲婦女。且立。且坐。且周旋。且進退。擧古忠臣烈婦之情狀。一一依倣。視之儼然人也。而或擲一菓于其前。則翻然自失。故態頓發。側衣冠。曳裾帶。匍匐往食之。雖觀者嗤笑。弗自知也。嗚呼。猿自飾而爲人。見菓而爲猿。唯一菓。而人猿判焉。然今學君子于聲音笑貌。而其節變于斗升之利者。是亦斗升。而君子小人判焉。與猿何異。

演劇、裾帶、情狀、依倣、儼然、翻然自失、故態頓發、側衣冠、唯一菓而人猿判焉、學君子于聲音笑貌、

狗說　山陽遺稿　賴襄

狗之爲畜善。記其主。主之畜之。食不必粱肉。衣不必文繡。時投與骨。置之門墻之外。使守夜而已。而主來自外。則搖尾迎之。雖昏黑未嘗失也。他人或牽而去。遠數十里。昭以美肉。而狗悲號躑躅。不自安焉。自求其道而歸。望其舊主之門。則喜躍而入。嗚呼。人之不知義者。謂之狗彘。以相罵辱也。彼朝飽新田氏之祿。而暮候足利氏之幕者。使狗聞知之。肯食其餘邪。或者較其主之恩曰。彼衆人遇我。此國士遇我。我報各視之爾。然如狗則未嘗曰彼衆狗遇我。此國狗遇我也。

粱肉、文繡、昭、躑躅、狗彘、彼衆人遇我、此國士遇我、我報各視之爾、

貓狗說　山陽遺稿　賴襄

貓捕鼠于內。狗警盜于外。各有其職。以事主者也。然諺曰。畜貓三歲。三日忘惠。畜狗三日。三歲不失。而人常愛貓而疎狗。何哉。以其形體。則狗之粗。不若貓之膩也。以其聲音。則狗之厲。不若貓之嬌也。以其性情。則狗之剛決。不若貓之善柔便辟也。是以貓之於主人。不離其左右。出入其閨闥。食有魚。寢有褥。而狗則寢於土。而食於餕。終歲不得望見主人之面。認盜而吠無賞。縱鼠而不捕無罰。可悲也夫。

畜貓三歲、三日忘惠、畜狗三日、三歲不失、粗、膩、厲、嬌、剛決、善柔便辟、閨闥、食於餕、

鼠說　山陽文稿　賴襄

我室有鼠。夜齕我書。逐則去。瞑則來。謀諸侍僮。僮曰。臣有策焉。乃設機于室隅。側立方量。棲之盆。措糠于量也。警曰。毋喧。今夜三鼓。必禽之。曰諾。皆寐。我佯瞑。燭下睨焉。鼠跡糠而來。環盆而窺。稍入盆。然不敢食其在于量者。食其遺于盆者而去。我曰事去矣。鼠去而來者數。堯翹而攀量。量俄然覆。僮聞之。走而至。右抑量。而左擊盆。陳之我前。曰獻禽矣。尾曳于外。其內啾啾然。我曰。此苟知足乎。若安得奏

瞑、設機于室隅、側立方量、棲之盆、措糠于量、三鼓、禽、佯、睨、事去矣、堯翹、俄然、擊、啾啾然、

蹈危機而陷、 嘿然、 小黠、 縶、 環散、 嘖唶然、 以爲可與歸、胥溺於禍機、 蟄、 跧伏、 搤殺、 雖有孟賁之勇、烏獲之力、孰敢攖之、 皮爲茵褥、膽爲藥餌、 骨朽肉爛、

功。僮哂曰、何獨鼠。夫戀於世、蹈危機而陷焉者、何獨鼠、我嘿然頃焉曰、縱之。

捕雀說 山陽遺稿

賴襄

雀小黠善畏。望食不敢下。鴉多智、善就利避害。鴉之所在、雀則下之。故捕雀者、以鴉爲招。縶鴉之足、環散粟、而隱網其傍。鴉俯啄粟也。群雀望視之、嘖唶然蓋相告曰、彼在焉。我可以往也。連翼而下、百啄喧爭、而網已掩之矣。嗚呼、彼自謂智且巧、莫或敢侮予。而爲食縶其手足、貪戀不能自脫。而視之者、不以爲可憫、而以爲可與歸、胥溺於禍機、而兩不悟也。可不哀哉。

熊說 竹堂文鈔

齋藤馨

新定漢文卷之一 七一 七二

西土之獸、猛莫如虎。而我無有也。我之獸、號爲猛者、熊耳。熊藏於穴。春出冬蟄。人欲捕者、積薪於穴口。熊便怒、取而移之於尾。復積之、亦如初。久之穴中皆薪。熊無所跧伏。全身皆出。人擒縛之、搤殺之。向使熊深居穴中、則雖有孟賁之勇、烏獲之力、孰敢攖之。今乃不勝一怒、致失其所、而死於山野匹夫之手。豈可悲已。然彼獸也。無足言者。獨怪世人所爲、亦有類是者。何哉。熊雖死、皮爲茵褥、膽爲藥餌、尚足適用。人死、骨朽肉爛而止。是乃熊之不若也。噫。

藤原道長 皇朝史略

青山延于

藤原道長、爲人豪邁、有才略。少時嘗與兄道隆・道兼、侍華山帝。時夜雨甚闇。帝欲試三人量、謂之曰、誰冒此闇夜、能至無人處邪。道長曰、臣可往。乃分命三人。曰、道隆宜往豐樂院。道兼仁壽殿。道長大極殿。時已三更。二兄畏縮殊甚。道長從容白帝曰、臣今獨往。當以何爲證。帝乃於巾箱中出小鵉刀授之。既而二兄皆股栗、不得前而還。少選、道長徐還。卽以一木柹爲證曰、此是臣所削取大極殿南面下柱木柹也。帝遣人驗之。果然。帝大感賞。

巾箱、 鵉刀、股栗、 少選、 木柹、 磔柱、 植標、 窘急、 章服偏袖、 隕命於鋒鏑、士之所甘、

村田吉次 名節錄

岡田僑

村田吉次、播磨人。仕黑田孝高。吉次甫九歲。孝高嘗欲試其才。夜使人僞刑死、倚磔柱上。命吉次往撿之。吉次唯而起。獨至磔柱下。植標將歸。柱忽搖動。吉次以爲氣息未絕也。將攀柱刺之。其人窘急脫走。吉次大怒追之。路有一祠。

新定漢文卷之一 七三 七四

跳入祠中、閉扉。告故。吉次不信。示孝高所與章服偏袖。吉次乃釋之。由是孝高知其器可用。

平景政 大日本史

德川光圀

平景政、鎭守府將軍忠通孫也。父景成稱鎌倉權守。景政稱權五郎。以勇武顯。年甫十六、從源義家、攻仙北金澤柵。先衆而進。敵射中景政目。景政自折其矢、遂射敵斃之。脫冑而仆。矢猶在目。三浦爲繼欲拔之。足蹋其面。景政拔刀欲刺爲繼。爲繼驚問故。景政曰、隕命於鋒鏑、士之所甘。生而被蹋面、汙辱無甚焉。不如刺汝而死。爲繼乃跪拔之。後不知其所終。

平敦盛 大日本史

德川光圀

無官大夫、 回轡、交搏、輾轉、 婉然、 圓之卒伍、不亦辱乎、

平敦盛敍從五位下。以其無職掌。世呼曰無官大夫。一谷城陷。平氏擧族乘舟而遁。敦盛獨後。單騎赴水濱。望從兄知盛船。入海一町許。源義經麾下熊谷直實馳馬大呼曰。公非平氏大將乎。我是天下第一剛者熊谷直實也。還與決死。敦盛回轡至水濱。與直實交搏。墮馬輾轉。直實乘其上。膝壓鎧袖。欲拔刀斬首。俯視其面。婉然美少年也。直實心憐之。不忍施刃。乃問其姓名。敦盛曰。唯速斬。直實曰。若不詳姓名。圓之卒伍。不亦辱乎。敦盛乃告實。遂遭害。時年十六。

應仁之亂 國史纂論

山縣禎

構兵、 戎馬之衢、 衰替、

應仁元年。山名宗全。細川勝元構兵。各聚其黨於京師。播

津。河內。和泉。土佐。讚岐。阿波。淡路。參河。紀伊。越中。隱岐。出雲。飛驒。播磨。備前。美作。安藝。若狹之兵十六萬餘。屬勝元。但馬。備前。備後。伯耆。因幡。石見。美濃。尾張。遠江。伊勢。大和。近江。周防。長門之兵。十一萬餘。屬宗全。勝元陣東京。宗全陣西京。日日交戰。互有勝敗。自此數年。京師爲戎馬之衢。公卿第宅。京城內外人家。神祠佛宇。皆罹兵火。朝廷諸家舊記。亦多灰燼。搢紳避亂逃散。朝廷衰替。自古未有也。諸州其黨。亦各起兵相攻擊。文明五年。勝元。宗全相尋病死。其黨猶在京相鬪。天朝幕府命令不行。

右府營皇宮 近古史談

大槻清崇

頹廢、茨墻、 摶土塊、 闃、盛饂圝於三寶盤、 盤板煤蝕、深墨如漆、 禪衣、蚊幮、 瑣尾、 煥然、

足利氏之季。宮闕之頹廢極矣。有傳當時古老之言云。茨墻竹柵。無復門闕。群童日來階下。摶土塊以爲戲。時揭簾窺戶。闃如無人。而公卿之窮阨殊甚。近衛公國歌會。盛饂圝於三寶盤。以供客。盤板煤蝕。深墨如漆。有人謁常磐井公。時方盛夏。而公無禪衣。直纏蚊幮於體。以見其人。其瑣尾如此。及織田氏之興。則營宮禁。辨供御。擧廢典。續常職。然後煥然始有可觀云。

右府察微 近古史談

大槻清崇

人之用心、當如此緻密、 凡進退必有機、

信長嘗自翦十指甲。使侍臣收其翦餘。侍臣搜索左右。久而不去。信長問汝何故不退。答曰。翦餘既得九。而未見其一。信長爲起拂兩袖。則爪片墜者一。信長大賞之曰。人之用心。當如此緻密。又嘗召侍臣。至則曰事既辨矣。無復用

也。侍臣徒爾而退。少選復召一人。亦如此。最後一人應召而往。伺候良久。亦復不命事。侍臣將退。顧拾席閒所遺塵埃。以出。信長俄呼止之曰。坐。吾語汝。凡進退必有機。見機而動。是爲軍之善謀。汝如今之退。可謂能知兵機者。

廚人坪內 傳疑小史

中井積德

夕饌、淡泊不適口、 秉柄、務芬華、清廉、 京樣、忤旨、田舍樣、

三好氏之亡。廚人坪內被獲。或薦之織田氏。命供夕饌。淡泊不適口。信長怒。命將出斬之。坪內請明旦復之而後死。許之。厥明供朝膳。信長大喜。命祿之。且問其故。坪內曰。三好氏秉柄五世。事事務芬華。飲饌尤清廉。昨所進。是第一等。號京樣。主人所饗。其忤旨宜矣。今所進。是第三等。號田舍樣。所以供遠客。其適口不亦宜乎。

荒木村重 擊壤錄

木内倫

二條之役。荒木村重知大將軍昏懦事終不成。至織田公降。因請曰。攝州十三郡賊徒割據。無所統一矣。願命臣撫有之。公便顧攫饅頭三四貫之刀尖。麾村重曰。汝來食。坐者駭愕。村重神色自若曰。主公親賜幸甚。開口直進。公笑曰。汝眞壯士也。乃許其請。

昏懦、
割據、撫有、
攫、刀尖、

稻葉一徹 近古史談

大槻清崇

稻葉伊豫守一徹。既服從織田氏。而信長意未釋然也。乃設茗讌。延之茶室。竊使其臣三人託伴接以圖之。一徹從容入室。朗誦壁間所挂詩曰。雲横秦嶺家安在。雪擁藍關馬不前。三人就問其義。一徹一一分解。并說其典甚詳。信長隔壁傾聽。忽然走出。謂一徹曰。我初謂汝一武勇男子也。今乃知其有文學如此。猜疑之心頓消矣。一徹頓首而謝。於是命三人各取匕首於懷以示之。一徹亦袖裏出一刀笑。謂三人曰。今日之事。僕亦期不徒死耳。

未釋然、
茗讌、託伴接、
雲横秦嶺家安在雪擁藍關馬不前、
問其義、說其典、
猜疑、頓首、
匕首、
徒死、

板垣信形 國史纂論

山縣禎

武田晴信耽宴樂。喜詩賦。不視國政。群臣莫敢諫。板垣信形稱病不出。潛招詩僧。學爲詩。性敏捷。不數月能之。一日出陪筵。請賦詩。晴信不信。强請而可。乃求題賦詩。辭理可觀。晴信大驚。授以新題。立成。晴信大悅。於是信形諫曰。詩賦固可喜。然廢事妨務。夫爲君者。要在於治國撫士。往者先君以亡道。遂致廢黜。今君驕恣抑亦甚焉。今而弗悛。必蹈覆轍。臣直言犯顏。甘就顯戮。晴信納之。

稱病、
陪筵、辭理可觀、
亡道、
蹈覆轍、犯顏、甘就顯戮、

岩間大藏 近古史談

大槻清崇

岩間大藏爲人魁梧儼然一丈夫也。信玄拔之伶人中。以列士伍。而性怯懦畏死殊甚。信玄試之戰陣。七進七退。信玄曰。是不可以常法馭焉。我聞西域崑崙山鐵化爲金。則人性怯懦亦在鼓鑄如何耳。一日臨戰。俄捕大藏縛之竹牌外。使向敵坐。寸步不能動。則矢丸雨下。礮聲如雷。大藏膽落神死。無復人色。幸而不中。竟戰惴惴以得無恙。大藏於是幡然改悟曰。人苟有命。矢丸且不能中。死豈足畏哉。自此每戰鼓勇先登。遂以成驍名。

列士伍、怯懦、
不可以常法馭、
在鼓鑄如何耳、
礮聲如雷、
膽落神死、惴惴、
幡然、
成驍名、

紀川中島之戰 文語粹金

中井積德

天文川中之役。武田信玄以牙軍擊越牙軍于原町。越師卻。宇佐美定行以偏師横衝甲師。甲師崩入御幣川。信玄立馬于岸上以殿焉。上杉謙信單騎馳入索信玄。白氈裹頭。緑渾脫。乘驄馬。揮刀長三尺。呼曰。信玄安在。甲人或罵之曰。信玄將軍何在于此。奮矟刺之。不中。於是信玄馳赴水。謙信追及焉。斫之三刀。信玄惶急。擧麾扇禦之。一刀斷扇柄入腕。一刀中肩。時水急而湲。甲人環視。不能相救。有二人擧矟擊謙信。中馬。馬驚而逸。信玄馬躍。沒于深水。人救之乃脫。

牙軍、
偏師、
白氈裹頭、
緑渾脫、驄馬、
矟、
惶急、麾扇、
水急而湲、
馬驚而逸、

上杉景勝 近古史談

大槻清崇

黄門上杉景勝。豪邁而膽大。其臨陣。前隊既交戰。矢丸雨

鼾聲如雷、
寂不聞咳聲、 肅肅然、
胡孫、 巾幗、
點頭、 莞然、
魁岸雄偉、
朝會、 金錢、 把玩、
下班、 揖、 振古所無、
駑下、 管領、 鑒拔、 執麾前驅、 阿堵物、
高棲世外、
王孫、
月陰風凄、
悶癢、 少頃、 蕭然遣情嘯詠、

下。呼聲震天地。而景勝身尚臥幕中。鼾聲如雷。其朝于京師。一行鹵簿數十百人。寂不聞咳聲。唯覺人馬行聲肅肅然耳。嘗渡富士川。人多船小。中流殆欲沈。景勝怒立舟頭。擧鞭一揮。衆皆躍入水。游而涉。船乃得達岸。平素未嘗見喜悦之色。家有所養胡孫。偶蒙景勝所脱巾幗。走升庭樹。向景勝點頭者三。景勝始莞然。左右侍御見景勝笑顏。唯此一事云。

直江兼續 撃壌録　木内倫

直江兼續魁岸雄偉。而多才辯。相上杉氏。食米澤三十萬石。一日朝會。伊達政宗出新鑄金錢於懷。與諸將把玩焉。見兼續在下班揖而觀之。曰以金爲錢。振古所無。不亦奇寶乎。兼續取腰扇承之。政宗以爲敬己也。曰。卿手之可矣。兼續正色對曰。僕雖駑下。被故管領鑒拔。爲今主執麾前驅。此手何可觸阿堵物邪。政宗赧然。

源博雅 大東世語　服部元喬

相阪盲人妙於琵琶。而高棲世外。人不得傳習。曲有流泉。啄木。殊秘不常彈。無能聞得者。王孫博雅專精琵琶。恨未得秘曲。且憂此盲一逝。永自是絶。乃欲竊得焉。試造一見。無由發言而還。爾後每夕密往其庵側。竊聽三年。未嘗有彈。値中秋月陰風凄。乃復依常往伺之。盲人忽彈盤涉調。博雅心中悶癢。冀及秘曲。少頃彈罷。蕭然遣情嘯詠。且歎曰。嗚呼。無其人哉。當此寂寂。誰當共靜夜思者。亦應語心耳。博雅應聲出。乃通名。且具陳向來事。盲人感歎。終夕晤言。秘曲悉授。

向來、 晤言、
其聲相縣、 信明超信義、 玄象勝牧馬、
匠人、 相調、
四面扇開、
闔、
死尸横仆、 脹腐臭甚、
方知假物、
倉惶、 趍、
顫首揮手、 踊躍、

玄象牧馬 大東世語　服部元喬

琵琶有玄象牧馬。並稱寶器。源博雅之子信義。信明兄弟。俱是名手。信義前彈玄象。信明後彈牧馬。則無優劣焉。更使信明彈玄象。信義彈牧馬。則其聲相縣。故人皆云。信明超信義。玄象勝牧馬。

二妙 大東世語　服部元喬

飛彈匠人有妙工。與畫師百濟川成相善。常各以技藝相調。心不相下。一日匠請川成曰。近自建三間四面堂。願來看。且煩畫壁。川成便往觀。家有小堂。四面扇開。匠迎請入。川成升階。將由南戸入。其扇俄然自闔。驚卻。將由西戸。其扇亦自闔。南戸自開。遂向北向東。皆如始。竟不得入。怪而下。主人在内大笑。川成慙之。思欲報之。故招匠曰。近有一奇物。請來看。匠疑其報。不來。及數回而至。主人乃啓廊戸延之。忽見其内死尸横仆。脹腐臭甚。匠怪畏將旋。主人在内大笑。即復就視。畫戸形障子。方知假物。

記良秀事 今古三十六名家文抄　伊藤維楨

昔日畫工有良秀者。善畫佛像。一日隣家忽失火。延及其家。秀不顧家財器物。倉惶趍出門外。人皆以爲驚怖失措置。秀觀火。嘉歎者久之。乃顫首揮手。左右瞻視。歡喜踊躍而不已。見者驚怪。以爲狂。秀曰。吾自幼至今。繪不動尊像。

筆澁氣餒、畫法三昧、不愛資財、

不知其幾千百幅。然當其畫火焰筆澁氣餒。卒不能如意。今我忽得畫法三昧。不自知手之舞之足之蹈之耳。我豈不愛資財。意不能以彼而易此耳。世傳其畫以爲至寶。

僧西行 皇朝史略

青山延于

累世、勇敢、韜略、造詣高妙、眷遇、恬淡、遯世、桑門、抖擻、風韻、欽其名、

西行。姓藤原。本名義清。左衛門尉康清之子也。累世以武著。西行少勇敢。善射。兼通韜略。事鳥羽上皇。任左衛門尉。尤好和歌。造詣高妙。上皇愛其才。甚見眷遇。然性恬淡。不喜榮利。常有遯世之志。年二十三。遂削髮爲僧。更名西行。常謂桑門無家。須抖擻終身。於是游歷四方。吟詠自適。一日過鎌倉。途遇賴朝。賴朝見其風韻頗高。使人問名。即西行也。賴朝素欽其名。乃大喜延見。問以兵略。西行辭謝曰。棄世以來。家世所傳。悉皆焚之。吟詠之外。都無所記。然亦不甚拒。爲賴朝談兵一夕。及旦辭去。賴朝固留。不可。乃遺以銀貓。受而出。適見兒童游嬉。便與之去。

其二 大東世語

服部元喬

風氣高邁、醜、伊、高門、法華會、道場、暴猝、默護、通謁、戟手、廢然、不圖辱臨、

西行風氣高邁。兼善雅詠。見重於世。高雄文覺。初聞其名。甚醜之曰。伊已遁世邪。唯當靜修佛理。何故風流自處。嘯咏浮遊。且走高門乎。吾見必當擊碎頭腦。會高雄修法華會。西行來觀道場。徘徊花下。高雄之徒已知其西行。慮其師暴猝。默護不告。既而西行通謁曰。某今奉觀道場。日暝。願假一宿。徒輩不得已通之。文覺果戟手待之。已入。覺熟視少時。廢然起迎。延之相見曰。久欽高名。不圖辱臨。歡語移時。供具備至。到明而別。其徒怪問之。覺曰。爾等不曉乎。恐伊能打人。吾安得打。

雲居和尚 近古史談

大槻清崇

德慧名望、治任、聘、草賊、不腆腰纏得御公等窮幸矣、抛錫、裸跣、緇徒、剽掠、擧止、整暇、羅拜、貧道、

雲居和尚。塙團右衛門之子也。德慧名望。高乎一時。團死於大阪之役。雲居索其遺骸。厚葬之。遂治任赴奥州。蓋以有國主之聘也。取路東山。出吉野原。有草賊七人。遮路來逼曰。奴輩苦饑寒。欲乞貴僧草鞋錢。雲居從容應之曰。不腆腰纏。得御公等窮。幸矣。擧囊付之而行。盜等傾囊。得七金。各分其一。猶尾而來曰。欲幷衣帶得之。雲居於是抛錫曰。甚哉。公等之不悟也。夫千里裸跣。雖緇徒不可爲。公等必欲得之。請幷身命取之。端坐不動。盜等惻然感悟。相告謂吾輩久行剽掠。未見擧止整暇如此。是必高德之僧也。各返其金。羅拜道旁曰。願削髮爲弟子。幸恕前過。雲居乃起曰。公等苟如此。貧道亦不敢辭。遂相從至松島瑞巖寺。後皆修業。各爲一庵住僧。

瓜生保母 大日本史

德川光圀

逸其姓名、戚容、戰沒、

瓜生保母。逸其姓名。延元中。新田義貞據金崎城。保與弟義鑑源琳。重照。據杣山城。奉脇屋義治。以里見時成爲將。往援之。敵將高師泰出兵要于敦賀津。敗之。保義鑑。姪七郎。與時成俱戰死。源琳。重照收散卒。還于杣山。而城中軍士多死亡。號哭滿街。唯保母神色自若。無敢戚容。進謁義治曰。兒曹不力。使里見君戰沒。竊恐大傷郎君之心也。幸

行酒、　世臣、　有隙、　扞禦、　陴、　努力、　牙旗、　保呂騎、　擢堅、　漫遊

二子從死、足以少謝妾家兒曹。本爲郎君起大事。苟使賊平亡、百千子姪、固非所悔。三子猶在。再擧可期。是妾所以轉哀爲喜也。因起爲義治行酒。士衆感激。皆思自奮。

奥村永福妻 名節錄　　岡田僑

奥村永福、稱助右衛門。前田氏世臣也。前田利家與佐佐成政有隙。城末森。令永福守之以備成政。天正十二年九月、成政自將八千騎來攻末森。時城兵僅三百人。永福告急利家。勵衆扞禦。城外礮銃、晝夜不絕。城垂陷。永福欲自殺。其妻加藤氏煮粥自巡陴。食士卒曰、聞往昔有楠氏者。以孤城拒百萬兵。諸君努力、能支一夜。則明日金澤援兵至矣。士卒皆奮。既而利家得報大驚。不暇集兵、即夜單騎赴末森。騎能屬者百人。比至末森、三千人。利家分兵繞敵後。而自衝成政軍。永福開門出戰。大敗之。利家賞其功、賜牙旗甲冑寶刀及黃金若干。

坂川某 本朝名家文範　　尾藤孝肇

加藤清正嘗選保呂騎二十人。令部下擧其可用者。有坂川者。而自薦。清正及老臣皆怪問之。坂川曰、臣父爲君執銳擢堅。非不善戰者。而臣不能識其果堪保呂否。知人之難、父子猶然。況敢薦他人邪。若我身、則知之熟、信之厚。此臣所以自薦也。其言從容、其色自若。清正歎稱用之。

班鳩平次 擊壤錄　　木内倫

越後士班鳩平次。去國漫遊。客于肥後。庄林隼人爲加藤氏。勸之仕。請其祿秩。平次言、得飽口腹、而足焉。隼人不信。曰、我聞、子在上杉氏、爲二千石。盍吐其情。平次答曰、銜舊功於新國、越人之所恥。前日所食、食于其功也。今未輸尺寸效、求厚自奉、是我處苟取之汙、而主公招濫與之謗也。乞自今以一先槍充五百石。瑣瑣斬級、爲算外矣。清正快而聽之。從赴朝鮮。七先登、竟陞三千五百石。平次常言、士微有幸生規利之念、必失事機、而敗亡隨之。惟以戰場爲葬地、然後乃得成功也。

祿秩、　銜舊功於新國、　苟取、　濫與、　幸生規利、以戰場爲葬地、　追躡、　國老、　自溺以殺其熱、　搏飥、　疾視、　足下、　忿急、　甘心

悍卒 近古史談　　大槻清崇

征韓再役、左京大夫淺野幸長與明將高策戰彥陽。不利。猶進不已。從士龜田某回其轡、以刀鞘策馬。馬奔向蔚山。明兵追躡甚急。幸長麾下或死或散。能從者國老淺野河內、及步卒橋本六郎耳。六郎善銃、執銃名小狐者、連發防敵。銃熱不可手。乃自溺以殺其熱。復返射、殪數十人。彥陽距蔚山僅二十里。皆途餒矣。六郎取搏飥三於腰、以其一奉幸長、一以自食。欲收其一於囊。河內自旁乞之。六郎疾視曰、是僕之後食。足下身爲國老、而臨陣曾無腰糧之慮。何以能戰。今日之敗、未必不此之由也。河內忿恚甚、欲得六郎以甘心焉。請之幸長。不許。

井戸龜右衛門 日本智囊　　中村和

龜右衛門仕細川三齋。食三千石。與增田藏人相善。蓋以其父臨沒託之也。藏人祿六千石。而家甚貧。龜右衛門屢

可一里、庀、夏日制袍晴天作傘、具其賦、移封、貨殖、碎粒諸金、枕藉、摒擋、信宿、宏度、資軍需、馬奴、病革、一口、平昔

訓戒使守節儉。不聽。藏人之江戶。龜右衛門度其將歸率健卒十人東行。過諸桑名。策馬直過。藏人怪問曰。子將何之。龜右衛門不顧而馳。藏人旋馬追之。可一里。呼曰。子素厚我。告以故。何害。龜右衛門乃下馬曰。大阪將舉事。吾君出軍在近。藏人大驚曰。吾貧不能庀兵馬。如之何。龜右衛門曰。加加山隼人與子同祿。而船艦數艘。騎步四百。將俟令而發。子寧不愧于心哉。藏人聞之茫然。不知所出。龜右衛門察其意。徐曰。前言僞耳。雖然天下將亂。不可不豫備。夏日制袍。晴天作傘。古人之良規也。子不修儉德。異日有事。狼狽失措。猶今日也。藏人感悟。自是務節用。後三年。果有大阪之役。得具其賦。龜右衛門之力也。

岡野左內　近古史談　大槻淸崇

岡野左內。本上杉氏臣也。及景勝移封於米澤。去仕蒲生秀行。食一萬石。左內好貨殖。家貲累巨萬。每月二三次。陳列大小判及他碎粒諸金於一室。身枕藉其中。以爲樂焉。人皆賤之。偶隣閭有鬪者。有人來告。左內不暇摒擋。直往和解之。信宿而返。則黃白猶散在室中。衆始服其宏度。先是。關原兵起。左內獻永樂錢一萬貫於景勝曰。非敢資軍需也。聊以酬將士之勞。有馬奴。藏黃金一枚。左內大奇之曰。人之用心。當如此。賞之以十金。左內後稱越後守。仕至忠鄉時。而死。其病革也。獻遺金三萬兩於忠鄉。副以正宗刀一口。以三千金獻其弟忠知曰。聊以報平昔之恩。其遺

借約舊券、奠府江戶、規模狹隘、澤藪接海、培塿坡陀、灌莽翳薈、寘廛肆、爽塏、鏟高塡卑、淪淤塞流垢穢、四達旁通、艇舸、輻湊、豐阜、廬集、坊肆、鱗次櫛比、沃壤、田疇棋布、聚落星羅、揆、如合符契、蒞民爲治、叨恩厚

贈諸友者。自五金十金。以至百金。各有等差。而借約舊券。則幷其櫃燒之。

江戶城　昭代記　鹽谷世弘

東照公之奠府江戶也。群下多謂。江戶城者。古昔陪臣所建。規模狹隘。非八州太守之居也。城東澤藪接海。蘆荻叢生。西北培塿坡陀。灌莽翳薈。渺無際涯。無地可以列邸宅。寘廛肆。東照公相地增築。牙城於中央最高處。以舊構處爲西城。闢西北爽塏地。鏟高塡卑。給庶士宅地。曰番町。開市廛於麴町。東南芟蒲葦。埋州渚。鑿川渠。架橋梁。淪淤塞。流垢穢。荒蕪之地。坦爲車馬之衢。四達旁通。大城以正東爲正門。其東爲日本橋。四方里程。自日本橋始。海運船艦。

自浦賀入者。泊於品海。深川。換艇舸。以集於日本橋。百貨輻湊。萬物豐阜。自捷關原。諸侯皆朝于江戶。賜第邸于郭內。商賈日益廬集。坊肆年增。都下方四里。屋舍鱗次櫛比。至有土一升金一升之諺。而四郊新墾之野。皆爲沃壤。田疇棋布。聚落星羅。租賦之入。十倍往時。皆揆之創業之日。而成算如合符契。

安藤直次　初學文範　岡松辰

東照公頒侍臣邑。皆萬石。獨安藤直次封橫須賀。租額五千石。經十餘歲。直次與其僚同侍。公從容問曰。汝等皆享萬石之封。蒞民爲治。自當有善政在。盍爲我言之。成瀨進曰。臣等皆叨恩厚。得受大邑。獨直次之封。得其半耳。公驚

屆衛、功伐、
曾無幾微露於辭色、

曰。吾以橫須賀爲萬石之邑。卽不能萬石乎。因顧直次曰。汝與成瀨等積屆衛之勞。同顯功伐。須祿豈得有多寡。汝至今曾無幾微露於辭色。忠義之厚。我深有慙於汝。於是併十餘歲之入賜之。所獲蓋四五萬石。直次由是暴饒於財。

本多氏絶命詞　近古史談　大槻清崇

中書、
人生有始必有終、
死止毛桒阿羅死止毛桒、御恩遠受志君
越思邊盤、
奄然而逝、

中書忠勝病將死。召其二子忠政忠朝。遺言後事。忠政就蓐問曰。大人苟所欲言。請謹聽之。忠勝曰。唯有一事。何也。曰。願不死耳。二子怪問曰。人生有始必有終。大人所悉。今何爲出此言邪。忠勝乃使忠政執筆以書。其辭曰。死止毛桒阿羅死止毛桒。死止毛桒。御恩遠受志。君越思邊盤。譯曰。死可惜兮噫。死可惜。君恩海壑未全酬。二子泣未答。忠勝則奄然而逝。時年六十三。

曾魯利滑稽　本朝名家文範　藪慤

滑稽、
咯咯、
鼻長數扶、
翻術、
魁然、眇然、

豐公將微行。近臣諫不聽。相謀曰。非曾魯利不能止公也。迺命之。曾魯利以滑稽寵於公。於是曾魯利入見公。面覆于地。咯咯作聲。公怪問焉。曾魯利曰。臣適食怪物。心甚惡焉。故欲嘔耳。公曰。何食。曰。昔者臣遊北山。逢一鬼。長丈餘。人形而翼。鼻長數扶。卽世所傳天狗也。將攫噉臣。無脫足。乃試問曰。我聞子有翻術。請一觀而就死。天狗曰。唯。爾所欲。臣曰。子既魁然。我欲觀子眇然耳。於是倏乎一翻飛止臣掌。則惴惴如蟻矣。臣因一口吞之以歸。天狗神獸也。一失其威。則爲臣食矣。不然。臣葬乎其腸胃之閒也久矣。公笑曰。善。孰使女說。遂止微行。

大窪佳謔　近古史談　大槻清崇

爲賜多矣、
不少此物、
青菘、
讓、

幕府有饗禮。進鶴羹。適大窪彥左謁。爲照公命賜之羹。彥左退坐外廳。換幾椀喫之。復入謝曰。小人飽嘗君之羹。爲賜多矣。然臣家亦自不少此物。公曰。汝薄祿之家。安得有之。彥左曰。且勿疑。臣將以明日獻之。翌日盛青菘於白板盤。堆積如山。自捧以獻焉。曰。昨日所賜臣。卽此是也。但此物臣家呼做菘。君之朝則特謂之鶴耳。公笑而納之。乃命左右。讓廚人。

土井利勝　近古史談　大槻清崇

零餘、
拮据、
無用之用今而驗矣、
謹愨、
蠶繅、
展轉、
委之流塵、
一尺之縧博三百之祿、

大炊頭土井利勝。擧漢縧零餘尺許。付侍臣大野仁兵。曰。謹藏之。同僚或有笑其鄙吝者。利勝置不問。居三年。偶利勝腰刀帶尾解矣。急呼仁兵曰。持往所付漢縧來。仁兵應曰。唯。在此。直取之腰袋以呈。利勝乃手自拮据。以結束其帶尾。欣然微笑曰。無用之用。今而驗矣。遂召其老寺田與左衛門。命之曰。寡人甚嘉大野仁兵謹愨。而重主命也。其增與祿三百石。抑漢縧之爲物。成於彼土桑婦蠶繅苦辛之手。而展轉航于海。以入我邦。其勞人力。何如哉。雖則寸殘尺餘。徒委之流塵。是棄天物也。吾心所最懼。而仁兵之守以不失。謂之事天者。可也。因戲曰。一尺之縧。博三百之祿。所獲亦多矣。夫笑鄙吝者。欲何爲。

廉介、杜絕
請託、
塡咽、
儲君、
具員宰輔、爲人所趨附、

阿部忠秋　國史略

菊池純

阿部忠秋。忠厚篤實。輔政三十餘年。以廉介持身。嚴杜絕請託。保科正之嘗謂左右曰。權勢之家。車馬輻湊。塡咽其門。古今皆然。獨阿部氏門庭。闃不見隻影。吾以此知其淸廉不易及也。宜乎大猷公之托儲君也。當忠秋執政。士民皆好養鶉。至佳者。價極貴重。忠秋亦好之。常置籠鶉於坐隅。會有一諸侯。欲求知於忠秋。購得一佳鶉。緣醫員某。餽之忠秋。忠秋不應。已而命左右。開籠盡縱之。醫員怪問其故。忠秋曰。予具員宰輔。爲人所趨附。不宜有所嗜好。如聞士民頃爭養鶉。此風一長。其弊害豈易拯哉。自今而後。不敢復養鶉。醫員慚懼而退。

詳覈、批是非、
書判具疏、
顚末、
折訟、覃思極精、
紕繆、粗鹵、
京尹、

兄弟優劣　擊壤錄

木内倫

板倉勝重二子。幼而聰慧。大猷公試設疑獄。使各自斷之。重宗請退更詳覈。而後以聞。重昌立批是非。卽時上言。在坐咸稱其敏。居數日。重宗書判具疏。與重昌所批一一符合。衆乃以弟爲勝也。旣而勝重從京師來。公備語其顚末。出判觀之。勝重拜謝因言。弟先兄後。理應爾也。公問其故。對曰。弟智所至。兄夙已覺悟。然奉命折訟。當覃思極精。要無紕繆。弟年少氣銳。負才易言。未免有粗鹵累。所以不如兄也。於是衆論始定。

奇童　近古史談

大槻清崇

勝重子重宗。代父爲京尹。謁祇園祠。祠前群童聚戲。一童子以邦訓呼數字曰。自一至九。語尾皆帶都音。十獨無者。何也。群兒茫然。有一童。年僅九歲。應聲曰。亦有然者。五字旣重都音。所以十字止本訓。重宗聞而奇之。翌日使人召致之。乃合二餠餤爲一團。使童子食之曰。今所喫。上者旨。下者旨。童子沈吟。忽拍掌作聲曰。今所拍。左者鳴。右者鳴。重宗益異焉。擧置之左右。後遂列近臣。

語尾皆帶都音、
亦有然者、
餠餤、
沈吟、
不知本哉若人、
抵掌、
製而撮之、

紫文製錦序　山陽文稿

賴襄

吾所衣。和之衣也。吾所食。和之食也。和衣食而漢言語。問之和言語。則曰。不知。不知本哉若人。予持此說。未有合焉。今得橋本子。蓋從伊勢本居子而學和言語云。乃抵掌而語。恨相得晩。一日謂我曰。源語。和言語之尤美者。吾製而撮之。將資彼學和言語者。子爲我序焉。吁。襄也有志於和言語。而未能也。負於和衣食久矣。今安序焉哉。特喜橋本子之勤於和言語也。乃復以漢言語。言其志之合者。而應之。

資、
一諾千金、
矢必行之、
窮而立言、使後人可循而爲之、
仰不愧天、俯不愧地、

千金社約言　山陽文稿

賴襄

吾黨之交。號曰千金之社。蓋取諸古人一諾千金之義云。吾以爲千金其諾。非獨於交際也。經史所言。我誦我讀。矢必行之。是千金其諾於古人也。達而行之。經國濟民。其所建言。能不誤國事。是千金其諾於國家也。窮而立言。使後人可循而爲之。是千金其諾於萬世也。仰不愧天。俯不愧地。是千金其諾於天地也。何獨於交際哉。吾黨當以此相

呫呫焉、藻華咳唾、

勉勉而成乎。不啻交之不負平生。彼千金其諸於國家於天地萬世者。安知異日不出於吾社之士哉。不而執袖握手、以爲厚交。呫呫焉唯文墨是弄。古人之藻華咳唾、皆視以爲千金。則是小技之流。非賴裏所以望於一社之士也。非賴裏所以望於一社之士也。

哢、戢、劉亮、

示塾生 栗山文集

柴野邦彦

籠養小鳥者、捕獲鶯雛、患其聲澁濁、就老鶯善鳴者、使學其聲、俗謂之附子。雛初在籠、遷躍上下、躁然無少頃靜。忽聞老鶯一哢、便戢翼凝立、如諦聽者。越時始能動身。既而低弄、如學之者。又如羞澁怕人聞者。如此一兩日、乃能放喉、縱囀音響劉亮、可愛云。嗚呼、微彼小禽、尚思好其聲。而

知希賢、可以人而不如鳥乎。癸卯二月十三日、聞之神川生。書以示塾生。

騏驥、十駕、駑駘、蠢蠢然帖耳乎阜櫪閒、

題鞭駘錄 岩陰存稿

鹽谷世弘

駑馬可致千里邪。曰、可。何以知其可也。吾聞之荀卿氏。曰、騏驥一日而千里。駑馬十駕則亦及之矣。使荀卿妄人邪。則已。苟荀卿之非妄人邪、則必不敢欺後人也。然則十駕之術如何。曰、鞭之。鞭之而又鞭。今日行十里。明日行十里。行行不息。百年如一。必至所志。斃而後已。其是庶幾及之與。予駑駘也。而有志於千里。以古人爲鞭捶之以氣。以追騏驥之風。寧中道而斃。不願蠢蠢然帖耳乎阜櫪閒也。作鞭駘錄。

不售、蝤蠐、瓠犀、盼目、倩笑、螓首、蛾眉、呀然

醜女說 本朝名家文範

藤澤甫

里之女子容甚醜。行年三十、不售。爲問其領、則蝤蠐。問其齒、則瓠犀。盼目倩笑。而螓首蛾眉。信如此、殆盡美矣。然謂之醜何也。曰、其鼻缺而呀然。夫鼻之隆起面上、或譬之山。今缺之。衆美廢矣。不啻容已。行亦有之。其惟孝乎。人之高行也。

泣然、鴟梟、遺體、

川井東村 續近世叢語

角田簡

或見川井東村、言其父之難事。東村聞之、泣然泣下。謂左右曰、鴟梟入室、速驅出之。其人不肯去。懇乞教。東村乃責曰、子之至于斯者足也。告于我者舌也。舌與足皆親之遺體也。以遺體毀本體。天地之所不容。罪莫大焉。語畢復泣。

其人瞿然伏地謝罪曰、請從是改行。東村乃謂其父曰、古人有言、遺子黃金滿籯、不如教子一經。令嗣可與爲善。但以不學至此也。其人竟以孝行名于鄉里。

瞿然、滿籯、令嗣、推訊、盤飧、如壎如篪、縈胸、

紀熊澤助八事 鶴梁文鈔

林長孺

備前州有富民兄弟爭家貲者。黨援各百餘人。獄官推訊、累年不能斷。熊澤助八代爲獄官。乃召兄弟二人、同坐一堂。時冬日嚴寒。置一火爐于堂中央。終日無所問。及日暮、出盤飧、令二人並喫。如此者三日。而助八每隔屏障而坐。命其二兒執事膝下。二兒友愛。如壎如篪。暗令二人聽之。二人心曉其諭。已愧心自然縈胸。初二人入堂、各分坐一偏。至是相謂寒甚、可近火邊。既近、不覺相與執手號哭宿

履行有素、

怨頓消。乃退告黨援止訟云。噫。夫數年疑獄。不勞寸舌。而一朝息之。可謂善聽訟者矣。然非其履行有素。取信於人。豈至如此乎。世之爲刑官者。其思之矣。

三浦梅園 近世叢語　　角田簡

醵米錢、歉歲出貸、豐年入息、
湮滅、
閭閻、
憚其嚴、懷其惠、

三浦梅園。豐後杵築人。自奉節儉。有贏必施。又醵米錢。歉歲出貸。豐年入息。由是免飢寒者多矣。孝子順孫。節婦忠奴。湮滅無聞者。梅園爲稱揚顯之。或告之于官。使得褒賜。或募之鄉邑。以爲救助。又自餽米鹽。日月相給。而使奉養無缺。閭閻子弟。有小善必褒焉。有小惡必誡焉。是以人皆憚其嚴。懷其惠。感服之甚。至或合掌拜謝焉。嘗有十數村民。連合騷擾。將入城府。梅園要諸途。解喩再三。事乃平。

奥貫友山 續近世叢語　　角田簡

多通、
漂沒、濕處、

奥貫友山。世居武之入間郡。博學多通。寛保壬戌。山東大水。郡最受害。民舍漂沒。友山卽載食舟。行食餓者。視其濕處而病者。悉載歸。養之己家。因請其父曰。大人生平誨兒力儉。豈爲有今日之急邪。今災患如此。願傾家貲以救之。父曰。固我之志也。於是發倉大施。飢民爭至。門前如市。友山先多作粥。而待之甚厚。且不問壯幼。與人米四升。米盡。又使人齎金。大買諸四方。金盡。又請其父。質田宅於江都巨富。得金以繼之。起是年十月。盡明年四月。惠之所及。四十餘村。所救活。十餘萬人。明和中。武藏上野二國荒饑。愚民相集爲盜。日劫奪富民。毀壞其舍。將及友山家。有一人走至。大呼於其徒曰。汝未知乎。是所謂奥貫君。居昔者我祖父母兄弟。得生於水災者。皆君之恩也。衆大驚。皆俯伏悔謝而去。以故四近皆免患害矣。

三口橋碑 艮齋文略　　安積信

孔道、
墊溺、
互梁比版、
防浮楂、蜿蜒、

上總大瀧城南。有川曰三口川。此地當總房孔道。往來者咸出焉。平時水淸淺。可揭衣而涉。暴雨一至。輒驟漲。奔流迅激如雷。勢不可航。行旅爲之淹滯。土人亦有墊溺之虞。大瀧賈人與兵衞憂之。乃與衆胥謀。疊石于岸。立柱于水。互梁比版。締造堅緻。廣五尺。長二十五丈。又列杙於橋外。以防浮楂。經始於文政六年六月。至九月乃成。蜿蜒如虹霓之臥。雖霖潦怒漲而來。屹然不少動。於是行旅無淹滯之憂。土人無墊溺之虞。其功德所及遠矣。夫以市井閒人。而一倡群應。遂能立百世長利。可不謂賢哉。頃者介菊池道意。請予文。因敍其事。使勒焉。

一倡群應、
勒、

稼說 作文指掌　　山田球

耰培糞漑、
伍、
訓古、

中備之地。多水田。洛西之邑。多山田。水田之稼。宜旱而困雨。晩播而早收。疎挿而深耨。山田之稼。喜雨而恐旱。早播而晩收。密挿而淺耨。事多相反。而耰培糞漑。凡百之術。各異其方。余長于中備。習於水田之稼。癸巳夏。寓于洛西。日與農人伍。觀其稼。異于我所習也。爲患之。說之一老農。老農笑而不可。强之。怒曰。子之所說。水田之稼耳。其習雖熟乎。如我山田何。余默然而恥。退而自戒也。吾輩學于訓古。

不通于今世之務。而觀今人所爲。好議其是非。彼笑而不可。宜也。尚不知已。從而強不爲所怒且罵者。幾希矣。

婦孺、秧針、歷歷然、拮据、佇立、意想、

書挿秧圖後　續竹堂文鈔　齋藤馨

水田縱橫。婦孺數十人。蓑笠相屬。秧針挿地。歷歷然如棊子之在局面。是圖中所有。一覽便自見之。若乃晴日射背。汗滴禾下。細雨濕衣。袖袂皆重。手已倦而拮据。足將顚且佇立。是圖中所無。非瞑目意想。不可得觀。可見之景于圖。而知不可見之情于圖外。是可謂善觀此圖者矣。

遣興寫意、爲愈、墨戲消閑、藏弆、目擊、題言、憒、容喙、聖模、

題蠶織圖　精里二集抄　古賀樸

繪畫之用。非一端。至於一時遣興寫意。作山水草木花鳥蟲魚。以供閑中之一適。固無不可。然末流之弊。或焦思竭

力。專求巧於娛玩之具。無補於事。則亦終不若不爲之爲愈也。福島侯相長谷川翁。素善畫。旣致其事。墨戲消閑。所造益深。人藏弆以爲寶。客歲作蠶織圖四幅。福島蠶鄕也。故皆據所目擊。謀遺諸後人。寄示索題言。余憒繪事。豈能容喙。然有不得已於言者。周公作七月詩。首言蠶事。繼以農功。欲使人主知奉身衣食爲之之艱如此。不敢苟逸驕之心。翁之作是圖。蓋亦仰聖模而爲之也。爲子孫者。豈可以娛玩之具視之哉。

齅

快字說　今世名家文鈔　筱崎弼

好快惡不快。人之常情也。何謂快。所聽適耳。所視適目。所齅且食。適鼻與口。四體百骸。莫所不適。謂之快也。然是身之快。非心之快。何謂心之快。惡惡如惡臭。心則快矣。好善如好色。心則快矣。心苟不快。則身所以爲快者。必歸於不快矣。然則快之本在心。而不在身。故快字從心。君子先心之快。而後身之快。故心常快焉。而終身不失身之快矣。小人肆身之快。而不顧心之快否。故心益不快。而身之快亦隨亡矣。君子小人之辨。在決其所快之先後而已。故快字又從夬。

悅吾心養吾身、累吾心傷吾身、

本然之樂　愼思錄　貝原篤信

人之心。有本然之樂。則目之所睹。耳之所聽。身之所觸。風花雪月。四時之佳興。山川之好景。鳥獸之和鳴。草木之榮華。凡滿天地之間者。皆足以資吾本然之樂。是以擧天下

之物。皆可以爲悅吾心養吾身之具。其富饒也。終身不可用盡。惟非藉外物之美。以爲吾樂。外物之美來觸。而資吾本然之樂而已。苟無本然之樂。則外物之奉我身。誘我欲者。適足以爲累吾心傷吾身之具而已。何足以爲樂哉。

骨肉無釁隙、取予不苟、處險如夷、啓理窟、精粗不遺、表裏兼該、澤民物、

君子有五樂　省諐錄　佐久間啓

君子有五樂。而富貴不與焉。一門知禮義。骨肉無釁隙。一樂也。取予不苟。廉潔自養。內不愧於妻孥。外不怍於衆民。二樂也。講明聖學。心識大道。隨時安義。處險如夷。三樂也。生乎西人啓理窟之後。而知古聖賢所未嘗識之理。四樂也。東洋道德。西洋藝術。精粗不遺。表裏兼該。因以澤民物。報國恩。五樂也。

化育、　不可因循于舊陋、

日新　慎思録

貝原篤信

吾輩學問所以不進者。何也。蓋由安于舊習。而不能變故步耳。蓋天地之氣。日變化而不息。所以成化育盛大之功也。君子之學。法天德。而日日新不已。所以有上達之功也。學者須要除去舊習。而日日新又日新。不可因循于舊陋。若如此。則庶乎長進。不然。則不免終于自棄而已。

斬市、　醫爲仁術、　毋寧甚乎、　多端、　不更與較、　嚆矢、

山脇東洋　先哲叢談後編

東條耕

山脇尙德。字玄飛。號東洋。平安人。東洋以寶暦甲戌歲。請官解斬市者死屍。觀其臟。作文祭之。明辨舊說。著臟志。按觀臟之擧。宋有歐陽範五臟圖。元有王好古臟說考。於吾邦。未曾有之者。或難之曰。醫爲仁術。雖死屍。屠之觀其腑臟。毋寧甚乎。診脈察證。投藥與劑。有資而得效。何必觀臟之爲。東洋笑曰。欲善其術。不能講究不多端。斯擧蓋出不得已。不更與較。壬午歲。再請官。又觀臟。自是以後。越前半井伯玄有臟覽。長崎吉見南岡有五臟明辨。皆以東洋爲之嚆矢。

庠校、　變磽确爲膏腴、　鑊、　騰騰滾起、洶洶盤旋、　巖竅、　冥助、　巉巖、　嘗異味、　飫、

野中兼山　先哲叢談

原善

野山止。字良繼。小字傳右衛門。號兼山。土佐人。世仕國侯。兼山天資。剛毅英特。博閱載籍。考古昔。及其得志也。即以所學。施之一國。其毀佛宇。興庠校。變磽确。爲膏腴。或置農兵。或栽藥草。或育蜜蜂等。種種新政。利于上下者不少云。其功業最可觀者。有津呂御崎者。海沸如鑊之湯。騰騰滾起。洶洶盤旋。危險不可言。自古往來舟船。覆沒者甚多。昔者僧空海。爲鐫佛像于巖竅。以祈其冥助矣。而兼山擧大策。破碎水中巉巖。終令永世無風濤之難。又水有不生魚者。嘗舟行見之。乃令經此者必投石而濟焉。越數年。果生魚。海中至淸則無魚。故有此術云。嘗來江戶。及歸期也。致書鄕人曰。土佐無物不有。自江戶齎歸。惟有蛤蜊一艘耳。海路幸無恙。以歸日饋之。衆以爲嘗異味。計日待歸。既至。則命投其所漕於城下海中。不餘一箇。衆怪問。兼山笑曰。此不獨饋諸卿。使卿子孫亦飫之也。自此後。果多生蛤蜊。遂爲名產。衆始服其遠慮。

島嶼、　菜色、　蕃藷、　蕃衍、　鏤版、　行下、　甘藷先生之墓、

青木昆陽　先哲叢談

原善

青木敦書。字厚甫。小字文藏。號昆陽。武藏人。延享甲子。擧紅葉山火番。尋改評定所儒者。終遷爲書物奉行。昆陽出伊藤東涯門。其學壹志有用。嘗嘆曰。凡有罪非死刑者。遠放之島嶼。要在使其終天年耳。然諸島少五穀。常以海產木實給食。是以往往不能免餓死。豈不亦痛哉。即雖種藝之地。遇歲歉。則民不能無菜色。意者百穀之外。可以當穀者。莫如蕃藷也。乃陳官。求種子于薩摩。試種之官藥苑中。則極蕃衍。於是以國字。著蕃藷考一卷。而演其培植之法。官鏤版。併種子。行下諸島及諸州。未數年。無處不種。至今上下便之。雖歲不登。民不遑餓者。實昆陽之惠。及無窮矣。題其墓門之碑。曰甘藷先生之墓。有以哉。當昆陽時。未有

蚊脚蟹行、 了會、 幼蒙、 以身殉主、 僦、 遺孤、 星金、

講和蘭之學者。昆陽獨以爲於其說。必有可收用者。而和蘭之字。蚊脚蟹行。未易通解。於是或之長崎質譯者。或博攷其書。遂粗獲了會。近此學漸闢。而皆不得不本昆陽云。

烈幼女阿富傳　近世名家小品文鈔　森田益

浪華之市。戶不下十萬。而其閒幼蒙旌賞者。向有義童。頃有烈幼女。義童以身殉主。距今不遠。而人不記其姓名者。由無傳焉也。烈幼女之事。及今不記。余恐數十年後。人或逸其姓名。故爲之傳。女名富。家在內久寶寺街。僦人屋。以鬻紙爲業。父早歿。遺孤四。女其第二子也。一夜賊數人突入。擧家皆逃。獨女與長兄仁三郞及弟吉藏在。賊挺刃劫兄。問財所在。時女甫十歲。以身蔽弟。出所畜星金。乞贖兄。

辭氣悽惋、 市尹、 銀十錠、 及笄、 選耦、 知己、

賊怒。刀背連擊女。女委身刀下曰。殺兒赦兄。無兄如家何。辭氣悽惋。賊相顧感嘆引去。後賊被捕自招。市尹召女及兄。親問其狀。大賞之。具狀以聞大府。大府賜銀十錠旌之。實嘉永元年七月十九日也。距遇賊之日。百有餘日。森田子曰。烈幼女之事。傳聞多異同。余使人親聽其家。記之如此。至義童。則余將搜索他日傳焉。

紀貞婦某氏事　鶴梁文鈔　林長孺

貞婦者。菰藩士某氏女也。名某。面貌醜黑。眉眼如鬼。及笄。人不娶之。父兄憫之曰。苟有娶之。雖賤人欲許之。而某則自選耦。常語人曰。妾得如瀧鶴臺先生者。爲夫足矣。時鶴臺學德高于一世。故人笑之。鶴臺聞之曰。此我知己也。必

靡弗婉順、 赤絲團、 惕然自反更加脩省工夫、 相埒、 薰陶、 貞淑、 克治精切、

善治內矣。遂娶之。某既歸瀧氏。日夕執事。靡弗婉順。然其識亦高。鶴臺與客語。某常坐屏外聽之。談或及國政。則諫止之。居數年。一日周旋閒。忽有赤絲團自其袖中出墜。怪問之。某赧然曰。妾愚。平日行事。多可悔者。意欲少其過。因嘗製赤白二絲團。恒藏之袖中。若有惡念。則結赤絲。有善念。則結白絲。一二年閒。赤團益大。白團自若也。於是惕然自反。更加脩省工夫。今致赤白二團。其大相埒。此亦薰陶良人之所致也。但羞未見白團大於赤團耳。言畢。又出一白團于袖中。以示之。嗚呼。古今婦女。以貞淑稱者亦多矣。未嘗聞識見高邁。克治精切。如此婦者也。奇哉。

勝浦鰛漁　艮齋文略　安積信

阪路崎嶇、 披榛菅、 回折蜿蜒、 帖帖著地、 烟樹若箸、 滄溟、 錦紋綷縩、紫翠摺疊、 罟、 鳧鷖、 罾、 邪許之聲甚讙、 衣半臂、 銀鱗潑刺、 巨罭、 充牣、

勝浦海灣曰櫛濱。灣盡而山。阪路崎嶇。至其巓小憩。適見漁人入山。試躡之。披榛菅而進。山突出于海中。又回折蜿蜒。如象鼻之仰。左右皆海。東對二倉岬。西連佐五浦。村家帖帖著地。烟樹若箸。漁人據象腹而立。予亦隨其後。滄溟萬里。晴日映波。錦紋綷縩。紫翠摺疊。漁艇數百成群。帆者。櫓者。坐而釣者。立而罟者。長僅寸餘。如鳧鷖點波。極有畫致。眺觀之閒。漁船二隻。張罾海中。長二百丈許。罾有二綱。挽者三百餘人。邪許之聲甚讙。漁人指曰。波面淡赤處。渾是鰛魚團聚。今方入罾內。盍下觀邪。乃疾馳至。則罾已近岸矣。挽者悉婦人。衣半臂。以索束腰。魚皆鰛。青魚亦錯雜。銀鱗潑刺。爭欲漏脫。罾尾有巨罭。尤充牣。數十人擧之不

男女喧嘩之聲如聚蚊、

能勝持艦盛之。每艦可千頭。一百餘艦。男女喧嘩之聲如聚蚊。

捕鯨說 拙堂文集

齋藤正謙

走舸、螺、
操櫓、持鏢、瞻旄、
不可嚮邇、
鼓譟、
金鳴舸散、

玉井生自南紀來。盛談熊野捕鯨事。曰。凡鯨之出。每在冬春閒。群漁預具走舸以俟。聞螺鳴。輒發。疾如電。各載三人。一人操櫓。一人持鏢。一人瞻旄。旄長三丈。漁長執之。立高岡上。麾之右。衆舸從而右。麾之左。亦從而左。進退分合。惟旄是瞻。往逆鯨於洋中。鯨來若山嶽之移。噴沫成雨。不可嚮邇。乃轉出於其背。鼓譟怖之。驅入灣內。衆舸從之。爭擲鏢攢於鯨脊。及鯨創重將斃。募一壯夫入水。刀屠其腹。貫索而出。繫之以兩大船。邪許曳之。比至沙際。金鳴舸散。乃

赤壁采石之戰、

置酒饗衆。賞先登及入水者。各與十金。餘有差云。余聞而壯之。以爲雖赤壁采石之戰。何以過之。其紀律之嚴。進退之節。及高募重賞。得人之死力。似深於兵法者矣。

記立干 拙堂文話

齋藤正謙

隨處可愛、
風概絕佳、
連網屈曲、圍繞海灘、廣袤數町、留聚涔中、
叉、雞魚、竄伏、

津城之東。爲阿漕浦。古歌所云阿古岐島是也。其南爲米津浦。又其南爲辛洲。辛洲大神祠在焉。青松白沙。隨處可愛。隔海望參尾之山。風概絕佳。又夏秋之閒。有釣魚之娛。士庶多來游焉。立干爲之最。未聞他所有此娛也。其法。方潮之滿。連網屈曲。圍繞海灘。廣袤數町。潮退。魚不能隨。留聚涔中。可手捕也。如棘鬣鱸魚。潑刺弗可掣者。罟而捕之。比目伏貼沙上。叉而取之。雞魚最衆。大者逾尺。穿沙竄伏。

諦視、斂足禹步、
竹蟶、
挺然、
經見、

纔露兩目。諦視之。乃知其處。遽入捕之。驚逸不可得。即斂足禹步。掩而捉之。則獲。婦人兒子皆能之。所獲輒數百頭。或至數千頭。海濱又多竹蟶。潮退即蟄。採者以一撮鹽入穴中。蟶以爲潮至。挺然突出。即捉獲之。稍緩則縮入。就掘之。不見蹤跡。余生長東海。此皆所未經見。記之自娛焉。

佳蘇魚 拙堂文話

齋藤正謙

先入之說、

佳蘇魚。海味中尤清新而美者也。余江戸產也。遷住勢州。見兩地人同珍之。京之距勢。不能三日程。其人不甚悅之。大抵關西皆然。孟子云。天下之口同。今見其不然。何也。嘗觀僧兼好徒然草。言其有毒不可食。西人豈以此爲先入之說歟。余竊有所感。嘗作佳蘇說。曰。佳蘇。臺灣府志所謂

鮰鮭、脯爲梃、調餁、
聶而切、瑩然、脆而美、
薰風、
皚然、引領望之、
遇不遇、
依然、膾、

鮰鮭也。自古有之。但脯爲梃。供調餁之用而已。故名爲鰹。其生食之。古未之聞也。聶而切。瑩然如紅玉。脆而美。足以奴棘鬣。而僕巨口細鱗也。春夏之交。薰風至。杜鵑鳴。籬下卯花。皚然如雪。東人稱爲佳蘇之候。引領望之。其始上市。價十數千。人人爭購。恐後。或典賣衣裳。不惜也。其見貴如此。然東國貴之。西則否。亦有遇不遇歟。嗚呼。自江都以前二千餘年。自京師以西三十餘國。此魚之不登。金楪銀盤。而死者何限。然魚之美則依然。爲膾爲脯。咸存於人。魚何憾哉。

新定漢文卷之一 終

讀例
明治三十三年三月七日印刷
明治三十三年三月十一日發行

卷壹 卷貳 版權所有
明治三十二年七月十一日印刷
明治三十二年七月十四日發行
明治三十三年七月廿五日訂正再版印刷
明治三十三年七月三十日發行

卷三 卷四 卷五
明治三十二年十一月二十五日印刷
明治三十二年十一月二十八日發行
明治三十三年七月二十五日訂正再版印刷
明治三十三年七月三十日發行

訂正新定漢文
讀例 定價金拾八錢
從壹至五 各定價金參拾五錢

編輯發行兼印刷者 東京市日本橋區馬喰町貳丁目壹番地 興文社
代表者 鹿島長次郎

印刷所 同所 興文社工場

發行所 東京市日本橋區馬喰町二丁目一番地 興文社

關西大賣捌 大阪市東區南久寶寺町四丁目 前川善兵衛

明治三十三年十二月五日
文部省檢定濟
中學校用書

興文社編次

訂正 新定漢文

興文社藏版

新定漢文卷之二目次

行宮、抵、徼、納款、雙生、

新定漢文卷之二　訂正

興文社編次

神武天皇　國史纂論

山縣禎

神武天皇初在日向國高千穗宮。時西州已服。東國未平。長髓彥奉饒速日命為主。兄猾弟猾。八十梟帥。兄磯城弟磯城等。各為君長。不相統一。帝起師征之。至吉備國。造行宮居之三歲。備舟檝。蓄兵食。遂帥舟師而東。歷浪速河內。入大和。抵膽駒山。長髓彥盡衆徼之孔舍衛坂。與戰不利。退軍草香津。轉至紀伊。誅名草戶畔。至荒坂津。誅丹敷戶畔。至菟田。誅兄猾。弟猾納款。進擊八十梟帥於國見岳。兄磯城於墨坂。皆斬之。遂進討長髓彥。饒速日命殺長髓彥以降。於是兇賊皆就戮。中州悉平。乃奠都於大和橿原。即天皇位。

日本武尊　國史紀事本末

青山延光

景行天皇二十七年。秋八月。熊襲反。屢侵邊境。冬十月己酉。遣皇子日本武尊討熊襲。日本武尊名小碓。與兄大碓皇子雙生。幼而穎異。及長容貌魁偉。身長一丈。力能扛鼎。將發。求善射者。或薦美濃人弟彥。乃召之。帥兵而西。時年十六。十一月。至熊襲國。伺其險易。賊魁川上梟帥。方聚其族宴飲。日本武尊解髮作童女裝。匿劍衣中。潛入賊營。雜

賤虜、　無噍類、　親授斧鉞、　邸、　鑽燧、　俘、

婦女中。梟帥愛其姿貌、引之同席。夜闌。梟帥大醉。日本武尊抽劍刺之。梟帥叩頭曰。君爲誰。日本武尊曰。吾是大足彥天皇之子。名日本童男。梟帥曰。吾武力冠國中。國中莫能當。未見如皇子者。賤虜願奉尊號。可乎。曰。善。梟帥曰。請上號曰日本武皇子。言訖。乃刺殺之。自是稱日本武尊。遂遣弟彥等。擊其餘黨。屠戮無噍類矣。

吾嬬國 國史略

巖垣松苗

景行天皇四十年。東夷叛。拜皇子小碓征夷大將軍。征之。帝親授斧鉞。令吉備武彥。大伴武日副之。皇子先到伊勢。拜皇太神宮。往邸駿河浮島原。虜乃僞降。誘皇子。令獵焚原圍攻之。皇子抽叢雲寶劍。翦伐草莽。爾後更名草薙。又

鑽燧縱火。會大風起。烟焰反掩賊軍。衆乃乘勢奮擊。虜大敗奔散。自相模泛海而東。風濤大作。船殆將覆沒。寵姬橘媛曰。恐是龍神爲祟也。請妾當之。言訖自投于海。暴風卽止。得濟。至上總。轉入陸奧。至蝦夷境。兵勢甚熾。虜畏怖請服。俘酋長。餘皆釋。復其所。邊境乃安。皇子還至碓日嶺。東望懷橘媛。嘆曰。吾嬬已矣。後人因號東陲。曰吾嬬國也。

神功皇后 國史纂論

山縣禎

仲哀天皇八年己卯。春。幸筑紫。居香椎行宮。秋九月。會群臣。議討熊襲。皇后以爲先征新羅。則熊襲自服矣。帝不從。親戰不克。九年。春二月。帝病崩于香椎行宮。皇后與諸大臣謀。秘不發喪。令大連率群臣。守行宮。而令武內宿禰密

殯、　誘、　奄至、　惶遽、　納質子、申盟約、　犒師、　望風歸款、　凱旋、　昆上而弟下、聖君而愚臣、　預選明德以爲貳、　不知所適歸、　慟哭　登祚、　宮室不堊、　君以民爲本、

奉喪殯于穴門豐浦宮。終決策征新羅。論群臣曰。此事不必誘之汝等。吾自當之。事成共其功。不成吾獨有罪。於是遣鴨別。當熊襲。而自齋戒禱神祇。爲男裝。誓師而發。冬十月。至新羅。新羅王波沙寐錦。不意我大兵奄至。惶遽出降。后命納質子。申盟約。徵犒師金帛八十船。遂爲歲貢定額。高麗。百濟。竝望風歸款。乃置官司。凱旋。

菟道稚郎子 國史纂論

山縣禎

應神天皇愛少子稚郎子。立爲皇太子。命其兄大鷦鷯輔之。及天皇崩。太子避之菟道。讓位于大鷦鷯。曰。大王仁孝。宜爲天下之君矣。且昆上而弟下。聖君而愚臣。古今之常典也。願王登帝位。大鷦鷯曰。先皇謂天位不可一日空。故

預選明德。以爲貳。我雖不敏。豈違先皇之命乎。固辭弗嗣。相讓空位垂三年。民之貢獻者。不知所適歸。而大鷦鷯執志益確。太子知其不可奪。乃自殺。大鷦鷯驚馳至菟道。慟哭盡哀。乃葬於菟道山上。於是登祚。是爲仁德天皇。

仁德天皇 國史纂論

山縣禎

仁德天皇都攝津難波。謂之高津宮。宮室不堊。務從節儉。一日帝登臺遠望。人烟不起。以爲百姓窮乏。家無炊者。詔除課役三年。宮垣頹敗。無所營作。比及三年。五穀豐穰。百姓殷富。歡聲盈路。其後帝復登臺遠望。見炊烟盛起。謂皇后曰。朕既富矣。復何憂乎。后曰。今宮室朽壞。不免暴露。何謂富乎。帝曰。君以民爲本。民貧則朕貧也。民富則朕富也。

富庶、　負簣、

未有民富而君貧者。今炊烟盛起。富庶可知也。諸國請輸税調以修宮室。不聽。後數年。始科課役造宮室。百姓扶老攜幼。爭先來赴。運材負簣。日夜營作。未幾宮室悉成。

聖德太子 大日本史

德川光圀

天不可階而升地不可穴而藏、　萬機、　無復顧忌、　僭擬、匡濟、

聖德太子廏戸。母穴穗部間人皇后。皇后懷娠。偶出巡視宮省。至馬官廏戸。不勞而產。因名曰廏戸。生而能言。有聖智。年數歲與諸皇子集於宮中。相戲口鬪。用明帝聞。取笞而起。諸皇子皆走避。太子獨袒而進。帝曰。汝何爾邪。對曰。天不可階而升。地不可穴而藏。所以進受笞也。帝異之。稍長好讀書。性最聰敏。兼聽十人訴事。略無違錯。帝愛之。居之宮南上殿。因號曰上宮廏戸豐聰耳皇子。太子好釋教。博覽典籍。推古帝元年。立爲皇太子。攝政以萬機委焉。十一年。太子始制冠位十二階。明年制憲法十七條。二十九年二月。薨于班鳩宮。年四十九。

中臣鎌足 國史纂論

山縣禎

皇極天皇四年夏六月。中臣鎌足與中大兄皇子謀誅蘇我入鹿。初入鹿既殺山背王。無復顧忌。雙起父子之宅於甘檮岡。稱曰宮門。稱其子曰王子。構柵門於宅外。常使兵士警衛。又起一宅於畝傍山東。築城環池。每出入從兵士。其僭擬如此。時鎌足稱疾退居。憂入鹿專横。慨然有匡濟之志。竊察宗室可輔以濟功者。屬心中大兄皇子。一日陪皇子。蹴鞠於法興寺樹下。皇子靴偶脫。鎌足跪奉之。皇子

嫌疑、　手戰聲顫、流汗沾背、天威咫尺、

亦跪受之。由是得親近。然恐數會人生嫌疑。託受學於南淵先生。每相往來。密謀于路。鎌足乃勸皇子。與蘇我倉山田結昏以爲援。又薦佐伯子麻呂葛城綱田。會三韓使至。欲以其進貢之日舉事。及期。帝御大極殿。入鹿入侍。中大兄戒衞士。閉諸門。親執長槍。立殿側。鎌足持弓矢警衞。匿二劒於貢櫃中。令佐伯子麻呂與葛城綱田執以斬入鹿。倉山田讀表將盡。鎌足促子麻呂。子麻呂畏縮不發。倉山田手戰聲顫。流汗沾背。入鹿怪問之。對曰。天威咫尺。不覺乃爾。中大兄恐其失機。徑入斫入鹿。子麻呂等繼進遂殺之。中大兄又遣巨勢德太古討蝦夷。蝦夷悉焚古今圖書珍寶而自殺。

和氣清麻呂 國史略

巖垣松苗

台鼎、以言激之、　覬覦神器、　安置、

神護景雲三年九月。從五位下和氣清麻呂。以直言被罪。謫於西海。先是太宰府主神官阿曾麻呂。阿諛道鏡。託神勅上言曰。禪位道鏡。天下太平。帝乃令清麻呂詣宇佐奉幣。道鏡厲色語以阿曾麻呂之言。且曰。使予登祚。以卿爲台鼎。不則有劍耳。既出。眞人豐永遇之于塗。以言激之。清麻呂感憤而去。往至宇佐。祝禱通宵。歸復命于朝。曰。臣親受神勅云。我邦開闢以來。皇家一系統。道鏡何者。敢覬覦神器。大逆無道。帝默然。文武百官在列者。悉失色汗背。道鏡慚忿奏曰。清麻呂妄言不敬。更名穢麻呂。安置大隅國。潛遣人途殺之。會雷雨不果。

菅原道眞 皇朝史略

青山延于

貶、
以碩儒宿德有時望、
眷注、
關白、
誣構、
謀廢立、
申理、　遏絕、
歷事五朝、
獻替、
謫居無憀、
重陽、
去年今夜侍淸涼、秋思詩篇獨斷腸、恩賜御衣今在此、捧持每日拜餘香、

延喜元年春正月。貶右大臣兼右近衛大將菅原道眞爲太宰權帥。以大納言源光爲右大臣。光。仁明皇子也。初藤原時平與道眞執政。道眞以碩儒宿德有時望。而時平年少。才亦不及。以故道眞眷注日厚。時平意甚不平。會法皇與帝議。欲以道眞爲關白。因召道眞。密諭其意。道眞固辭。時平聞而益不悅。遂與光及藤原定國。藤原菅根等。誣構道眞。密奏云。竊謀廢立。道眞女適齊世親王。故時平以是動之。帝信之。竟見貶黜。法皇聞之。欲見帝申理。菅根遏絕不通。道眞男女二十三人。皆坐配流。時平欲禁錮放逐諸司諸生受學於菅門者。三善淸行致書止之。其議遂寢。菅

根。右兵衛督良尙之子。博涉經史。兼通百家。以道眞薦登用。後在殿上。忤道眞意。道眞怒而毆之。菅根深銜之。遂黨時平。陷道眞。三年春二月。太宰權帥菅原道眞薨于貶所。年五十九。道眞歷事五朝。尤爲宇多帝所親任。帝嘗好遊獵。道眞諫止之。隨事獻替。多所匡救。及被配。閉門不出。託文墨自遣。雖謫居無憀。未嘗忘忠愛之意。一日遇重陽。賦詩曰。去年今夜侍淸涼。秋思詩篇獨斷腸。恩賜御衣今在此。捧持每日拜餘香。聞者莫不感歎。至是薨。天曆初。建祠於右近馬場以祀之。號北野社。

天慶之亂 日本外史

賴襄

桀黠、
撿非違使、

桓武天皇夫人多治比莫宗生四子。長曰葛原親王。敍四品。任式部卿。子高見。孫高望。高望賜姓平氏。拜上總介。高望四子。國香。良將。良兼。良文。並任東國守介。鎭守府將軍。國香子曰貞盛。材武善射。爲左馬允。良將子將門。性桀黠。倚攝政藤原忠平。求爲撿非違使。忠平不省。將門怒去之東國。據相馬里。劫掠常陸下總。時國香爲常陸大掾。良兼爲下總介。皆與將門有隙。承平中。將門終攻殺國香。將門之在京師也。嘗詣敦實親王。從兵可五六騎。適貞盛亦來謁。會將門出門。貞盛謂人曰。將門必生事天下者。今日恨不率士卒。卽率士卒者。當擊殺之。至是貞盛棄官而東。欲復父仇。與良兼及從弟良正。共攻將門。不利。貞盛謂是私鬪也。不若受勅討之。將還京師有所請。將門要擊之信濃。

沃饒而四塞、
謀主、
帝王有命、不可妄冀、
熟圖、　天縱我以武、

貞盛大敗。脫身入京師。已而良兼卒。將門乃據下總。遂襲執常陸介藤原維幾。取常陸。武藏守興世王。兇險喜亂。往說將門曰。關東八州。沃饒而四塞。可據以覇天下。夫取一州誅。取八州亦誅。誅一耳。顧公安所決。將門大悅。延爲謀主。遂攻下野。上總。武藏。相模。悉下之。弟將平諫曰。帝王有命。不可妄冀。願熟圖之。將門曰。天縱我以武。吾取帝位。孰能拒之。乃建僞宮於下總猿島。置文武百官。

其二

賴襄

瞰、

初將門與藤原純友者友善。嘗同登比叡山。俯瞰皇城曰。壯哉。大丈夫不當宅此邪。遂與謀反。謂純友曰。他日得志。吾王族。當爲天子。公藤原氏。能爲我關白乎。至是純友爲

行火坊市、戒嚴、 押領使、 捉髻、款接、 見兵、麾兵蹙之、 梟、 略有、 擅海利、

伊豫掾。任滿不還。據海島爲盜。以遙應將門。潛遣人入京師。行火坊市。京師戒嚴。時天慶二年也。三年。朝廷拜參議藤原忠文。爲征東大將軍。率諸將東伐。發東海。東山兵。募以重賞。而任貞盛常陸掾。發兵討將門。將門聞之。率兵索貞盛於常陸。不得。乃散其衆。獨以千餘人至下野。下野有押領使藤原秀鄉。世爲大族。及將門起兵。往見之。將門方梳髮。捉髻而出。款接之。命食共食。飯粒墮前。拾而食之。秀鄉知其輕率不足與有爲也。乃從貞盛。貞盛窺將門無備。與秀鄉合兵四千餘人。急襲之。將門遽出拒之。大敗。貞盛乘勝疾攻。將門欲誘之險阻。走據島廣山。貞盛火其營。大戰于山北。將門以見兵四百騎死鬪。貞盛麾兵蹙之。將門獨身出走。貞盛叱咤追馳。射中其右額。墮馬。秀鄉斬其首。與世王以下悉伏誅。梟于京獄。八州皆定。而純友尋平。忠文等皆途還。

前九年之役 日本政記　賴襄

天喜四年。八月。陸奧酋長安倍賴時反。勅陸奧守兼鎭守府將軍源賴義討之。賴時自父祖。世爲酋長。至賴時。略有六郡。據衣川。擅海利。不輸貢賦。時出兵侵掠。國守不能制。朝議以賴義。賴信子。得東人心。乃命此任。會有大赦。賴時大喜。厚賂賴義。賴義任滿將還。有夜斫屬將藤原光貞營者。賴時子貞任嘗求婚光貞。光貞鄙之不許。故報其怨也。賴義欲收貞任。賴時乃閉關復反。其二壻藤原經清。平永

歲荐饑、 私符、 官符、 節度

衡在官軍。或言永衡貳。賴義收斬之。經清不自安。去歸賴時。賴時益振。賴義以討賊自任。不敢歸。五年。春。賴義招降俘囚酋安倍富忠。要擊誅賴時。貞任勢猶張。時歲荐饑。九月。賴義奏請輸兵食。久之不至。乞援於出羽守源兼長。亦不敢出兵。經清造私符。徵諸郡兵食。曰。用白符。勿用赤符。赤符官符也。國民靡從。賊軍益張。康平五年。秋。賴義以出羽酋清原武則等。討陸奧賊。大破之。斬賊酋貞任。傳首京師。詔敍賴義正四位下。爲伊豫守。武則從五位下。爲鎭守府將軍。先是以賴義任滿。以藤原良經。爲陸奧守。以賊未平。辭不往。又以高階經重。爲守。兵民服賴義。不受其節度。經重乃歸。賴義招致武則。得兵萬餘。進攻賊小松柵。拔之。貞任來戰。武則曰。賊不固守。困而出戰。是我利也。速戰破之。乘勝衝其巢窟。終斃貞任。獲經清。斬之。賴義曰。猶能用白符邪。以餘黨未平。猶留陸奧。七年。春。賴義以諸降虜。至京師。勅放之伊豫。

後三年之役 皇朝史略　青山延于

寛治元年。冬十二月。陸奧守源義家。平清原武衡。初清原武則。以討安倍貞任功。拜鎭守府將軍。生武貞。武衡。武貞稱荒川太郎。領陸奧膽澤。加賀。江刺。稗田。志波。岩手等六郡。長子眞衡。相繼領焉。貞任之敗。武貞納藤原經清妻。生家衡。經清子清衡。亦從母養於武貞。經清者。秀鄉之裔。爲陸奧權守。以安倍賴時女壻。黨賊見誅。眞衡藉父祖餘業。

曠日持久、
合長圍、
襲領、

勢益彊盛。其族皆臣事之。眞衡無子。養平安忠子成衡爲嗣。稱海道小太郎。眞衡爲成衡聘源頼義女。使親族饋飲食金帛以饗之。眞衡姑夫吉彦秀武。自出羽多齎酒饌奉之。眞衡方圍碁。不禮秀武。秀武怒。投金帛趨出。徑歸出羽。眞衡大怒。率衆往攻之。秀武慮衆寡不敵。遣使說清衡。家衡襲眞衡堡塞。清衡等從之。乃率兵襲之。燒膽澤郡民家四百餘區。眞衡聞而大驚。急馳還。清衡家衡亦引兵而還。及義家爲陸奥守。赴出羽。圍家衡。不利而還。家衡叔父武衡聞義家敗。起兵應家衡。乃協議據金澤柵。義家聞武衡來援大怒。至是自將兵數萬攻之。會弟義光自京師來。義家大喜。分兵與之。戮力攻柵。柵中固守。矢石雨下。死傷

甚衆。久之不拔。吉彦秀武說義家。以曠日持久之計。義家從之。乃合長圍。既而柵中食乏。武衡因義光請降。義家不聽。武衡家衡燒柵夜遁。義家追擊之。獲武衡。家衡斬之。梟其黨四十八人首。奥羽悉平。清衡襲領武貞故地六郡。爲陸奥押領使。初義家從頼義東征。平賊而還。嘗詣關白頼通。談征戰事。時大江匡房在坐聞之。既而匡房退出。私言渠有將才。惜未知兵法。義家從者竊聽而恚。待義家出而告之。義家曰。此必有故。追及謹請。遂執弟子禮。及征武衡。方攻金澤城。見飛雁亂行。曰。是江帥所教。必當有伏。分兵圍之。果有伏。遂擊敗之。

源義光　大東世語

服部元喬

班荊、胡籙、
世守、

源義光學笙豐時元。時元卒時。其子時秋尚幼。秘曲未可授。乃授義光大食調入調。後義光憂其兄東征賊未平。乞朝欲赴戮力。不許。乃解官獨發。日夜兼行。時秋逐驛馳至。乃請與俱。義光頗怪。數苦駐行。及足柄山。辭喩再三。猶不肯。義光忽復悟其意。路傍班荊。布二楯分座。乃胡籙中出時元所書與大食入調譜示之。問有齎笙邪。時秋乃出笙。義光曰。子所追想必此事。我今赴戰。生歸難期。子卽豐氏世守也。殉我無益。若信吾志。歸全其道。悉傳秘曲。畢各別去。

伊勢瓶子醋甕　日本外史

頼襄

逮捕、

平忠盛。居伊賀伊勢之閒。爲人眇一目。大治中。山陽南海盜起。忠盛逮捕有功。事白河鳥羽二上皇。並有寵焉。鳥羽

董役、役竣、除但馬守、
豐明節會、
辱宗、
裹甲、有戒心、
伊勢瓶子醋甕、
劾奏、請正典刑、
嘻

上皇建得長壽院。以忠盛董役。役竣。除但馬守。聽昇殿。擧朝憎之。謀以豐明節會乘暗刺之。忠盛曰。朝則蒙詬。不朝爲怯。其辱宗一也。乃帶刀而入。家人平家貞。與其子家長。裹甲從焉。吏訶止之。家貞對曰。主君有戒心。臣將與之同死。吏不得止。忠盛昇殿。就闇拔刀。刀光外射。衆大畏。不敢發。及宴。召忠盛命舞。衆歌曰。伊勢瓶子醋甕。蓋國音瓶子通平氏。醋甕通眇也。忠盛愧之。不終宴退。呼主殿司。脫刀授之而出。衆劾奏忠盛帶劍上殿。以兵自衞。請正典刑。上皇驚。召忠盛問之。對曰。臣之家人。聞道路之言。尾臣而來。不使臣知。唯陛下斷其罪。如其佩刀。請問之主殿司。主殿司進刀。木刀塗銀也。上皇嘻曰。忠盛用意良苦。以死衞君。

檄

則武人之習耳。遂無所問。

平氏斃 國史略

巖垣松苗

權大納言成親怙恩。望爲近衛大將。淨海授之子宗盛。成親初以妹妻重盛。以女嫁惟盛。然常嫉平氏驕僭。至是遂大忿懣。與藏人行綱。檢非違使判官平康賴。西光等。謀討淨海。數會議法勝寺執行俊寬鹿谷山莊。一日置酒。瓶子倒于座。皆祝曰。平氏斃。法皇亦將臨之。或諫而止。既行綱背盟。告諸淨海。淨海大怒，乃捕西光。足蹈其面。辱之。西光罵不絕口。遂命斬之。而流成親於備前。竄其子右少將成經。及康賴。俊寬於鬼界島。將幽法皇於鳥羽。重盛哭泣諫諍。因命武士曰。嚴父弗聽。先斬吾首。事遂止。

宇治川先登 日本外史

賴襄

元曆元年。正月。源賴朝檄八州將士。西討木曾義仲。無幾何。徵兵聚者六萬。乃盡委之於範賴。義經。因令曰。木曾阻我兵。必於宇治川。皆具善馬。可以騎渡。」賴朝有駿馬二。曰池月。曰磨墨。梶原景時有寵。其子景季年少銳勇。於是請得池月。以先登。賴朝曰。乞焉者多。吾不與也。顧範賴等戰不能克。吾且親往。此吾乘也。乃賜磨墨。諸將士皆發。」明日。佐佐木高綱自近江來。謁賴朝。問曰。聞汝在近江。盍直從軍入京乎。高綱對曰。臣如從軍。不敢期生。欲一見君訣別。且奉指揮也。馳三日乃達。臣唯一馬。罷不可用。故後期。在此。賴朝喜。因謂之曰。汝能爲我先登於宇治乎。曰。能。臣居

久闊

功最

囂陁

河上。識其淺深也。於是遂出池月賜之。高綱感喜。謝曰。君聞高綱未戰而死。則不能先登也。聞未死而戰。則先登者高綱也。拜舞而出。賴朝呼返。戒之曰。景季等乞焉。而不與。汝記之。對曰。諾。」時大軍陣于浮島原。景季視群馬。無過磨墨者。牽而上高丘。誇示於衆。已而有大嘶聲。畠山重忠曰。池月聲也。何以至此。已而高綱僕牽池月至。過丘下。景季問曰。誰乘。僕對曰。佐佐木氏之乘。景季大慍曰。不圖公之視彼踰我。我寧與彼死。使公喪二良。卽扣刀要路而待。高綱望見之。謂其騎曰。彼非梶原邪。公之囑我。殆爲是也。漸近。景季呼曰。四郎久闊。彼乘。公所賜乎。高綱哂曰。否。吾患無善馬。欲就公廄借之。聞磨墨已賜於子矣。池月不得命矣。子且然。況於高綱乎。然君事方急。不遑顧慮。遂誘廄人竊之矣。後有責問。子幸救解之。景季色解。笑曰。悔我不竊也。乃與俱西。」範賴向勢多。義經向宇治。義仲聞之。議戰守。

見兵千騎。乃遣今井兼平。山木義弘。拒勢多。根井行親。楯親忠拒宇治。撤橋板。樹柵。張繩於水中。守之。」二十日。義經以騎二萬五千。至東岸。戒居民避軍。而火其廬舍。以布陣爲。起櫓自登。具筆硯。書將士功最。曰。將以報鎌倉也。將士皆奮欲戰。義經又發令。而軍囂陁不聞令。乃取平等院鼓。檛於櫓下。一軍屬耳。義經乃令二萬人中。必有善泅者。直前嘗之。我勇士緣橋架防敵。勿使敵射我泅者。泅者爭釋甲而沒。刀截其繩。平山季重。澁谷重助。熊谷直實等。上架

馬條慢、
宮娃、
旭曦、
當箭道、
有徵乎、
二十左右、
披茶褐戰袍、
紅錦飾襟袂、
擐青縚甲、佩
白帶刀、背負
一箙、二十四
枚班羽箭、加
挿鷹羽鳴鏑
一枚、胺繳纏
漆弓、脫鍪繫
鎧紐、

而射。射戰良久。有二騎。鞭馬亂流而進。先者景季。後者高綱。高綱自後紿景季曰。子之馬條慢矣。景季駐馬約條。高綱則超乘而過。上岸自名。景季蹤上。義經上功簿。高綱爲先登第一。景季爲第二。畠山重忠以手兵繼渡。行親射之。中其馬。重忠泅而達岸。揮刀而進。北兵辟易。義經乃以全軍渡。擊大破之。

紀那須與市事 近世名家小品文鈔

柴野邦彦

譯平家物語

既而阿波讚岐叛平氏而待源氏者。所在山洞往往十騎二十騎相將而來。歸判官兵及三百餘。當日日向暮。不可決勝。源平交收兵而退。海上艶裝一小舟。望岸搖來。距岸

七八段。轉而橫舳而止。源軍疑而視焉。舟中出宮娃。年可十八九。綠衣紅袴。開純紅扇畫旭曦者。挿竿樹之船頭。向岸而招。判官召後藤實基問曰。彼欲何爲。對曰。是應使我射也。臣意。或者將軍進當箭道。而觀翫姬妓。則欲巧狙而射落也。但扇則似可使射者爲。判官曰。我軍可能射者爲誰。對曰。巧者固多。就中下野國人那須太郎資高之子與市宗高者。力雖稍劣。而手則巧利矣。判官曰。有徵乎。曰。諾。其賭射禽鳥。三必二得矣。乃命召之。與市尚二十左右之男子也。披茶褐戰袍。紅錦飾襟袂。擐青縚甲。佩白帶刀。背負一箙。二十四枚班羽箭。加挿鷹羽鳴鏑一枚。胺繳纏漆弓。脫鍪繫鎧紐。進而跪馬前。判官曰。宗高汝射扇正中。令

存枝梧、
成惡意、
起鐵驪肥健、
駕金稜鞍、
的道較遠、
日已加酉、
漂泛、
閃曜、
凝視、顯場
盛事、
自裁、
南無、
風粗恬、
架上、引滿、
十二拳、飛鏑、
扇眼、
翻弄、颯然、
映發、
嚾呼、

敵軍寓目。則如何。辭曰。臣自料。不知其可能也。若誤射。則永爲我軍弓矢之辱矣。請更命定能者。判官大怒曰。此行發鎌倉赴西國者。其豈可違義經之令。若毫存枝梧者。須速歸鎌倉也。與市私謂。若再辭恐成惡意。乃曰。然則其逸則臣不敢知也。既有命矣。請嘗試之。乃起鐵驪肥健。駕金稜鞍。以跨之。整頓弓在手。促轡向汀而步。我兵目送之久之。言曰。此壯夫定能者。判官亦視似以爲委得人焉。既的道較遠。驅馬入海一段許。距扇猶有七段。遠近時二月十有八日。日已加酉。會北風頗烈。高浪打岸。船乍湧乍陷。而漂泛。扇亦不安竿而閃曜。海面則平軍一行。列軸而注目。岸上則源軍並轡而凝視。極爲顯場盛事矣。與市閉目。默禱

曰。南無八幡大菩薩。殊我國日光權現宇都宮那須湯泉大明神。請令射夫扇正中也。若誤事者。折弓自裁。而不可再向人也。神欲使一歸本國者。此矢勿使逸焉。既開目。風粗恬。扇如容射者。乃取鳴鏑。架上引滿而發。雖然劣力。而十二拳飛鏑。響浦長鳴。射斷扇眼上寸許。餘力遠去入海。扇則揚而舞空。被春風翻弄。一再颯然散落海中。純紅之扇夕日映發。委白波浮沈泛泛。舟師擊舷而賞贊。陸軍鼓箙而嚾呼。

了伯聽平語 近古史談

大槻清崇

天德寺了伯嘗招瞽師善琵琶者某。演平語。瞽師爲唱二曲。一係佐佐木高綱事。一係那須宗高事。了伯每聽一曲。

嗚咽歔欷、　赫赫、　屬目、　感慨悲壯、　交乎睫、

嗚咽歔欷而不已。他日從容問左右曰。昨聽平語。若何。皆曰。甚可樂也。但所演皆係赫赫功名之事。而君獨泣不已。何也。了伯聞之。仰天大息曰。吾今而知汝等不足爲我用也。顧高綱之辭鎌倉公。乞其所愛名馬。而約先登於不可必之前。其心固無生還之理矣。宗高立馬於兩軍屬目之中。而射扇眼乎海波數百步之外。不幸一發不中。唯有自刎以投於海耳。吾推究二子心事至此。則感慨悲壯。不自覺涕涙之交乎睫也。今日弓箭之士。果能以二子之心爲心。則何戰不勝。何功不成。汝等乃曰。見其可樂。不見其可悲。吾是以知其無能爲也。

曾我兄弟　大日本史

徳川光圀

再醮、　鞠、　乘閒、

曾我祐成。小字一萬。弟時致。小字筥王。伊東祐親之孫也。父河津祐泰。爲從祖父工藤祐經所殺。時一萬年五歲。筥王三歲。其母抱屍哀哭。撫兩孤曰。汝等成長。能報父讎乎。一萬泣曰。兒等成長。必斬讎頭。及母再醮曾我祐信。兄弟遂爲祐信所鞠。年稍長。嬉戲常以擊刺爲事。一萬挽弓射屏障。筥王曰。復父讎。何用弓。自執木刀斫之。一萬嘗仰見輩雁。歔欷曰。禽鳥猶有父母。使我孤者誰。筥王曰。讎之首。豈堅於鐵石乎。一萬遽掩其口曰。勿妄言。因相對號泣。焦思勞心。復讎之念。未嘗一日懈。會源頼朝滅平氏。管轄天下兵馬。祐經事之。被親信。以頼朝嘗怨祐親。乘閒勸殺祐泰遺孤。頼朝卽使梶原景季往曾我諭祐信。致二兒於幕

營救、　晦匿、　歸佛乘、　披緇受戒、

府。母子泣而別。景季心憐之。見頼朝。白其狀。請宥之。頼朝曰。祐親殺我兒。奪我妻。今已死矣。吾欲逞志於其孫子。如何宥之。畠山重忠。和田義盛等。營救甚至。二兒因獲放歸。母喜其免死。而切戒之。深自晦匿。一萬年十三。更名祐成。冒繼父氏。稱曾我十郎。乃遣筥王爲箱根山僧行實弟子。筥王復讎之志日切。適祐經從頼朝詣箱根。筥王欲識其面。從山僧歷問將士姓名。及祐經。不覺色動。乃袖小刀。密圖刺之。祐經執其手曰。子非筥王乎。容貌肖迺父。我與子至親。今日相遇。且喜且悲。宜速祝髮專歸佛乘。因出一裝刀授之曰。表一時相見之情耳。筥王欲得閒刺之。而衆人環坐。又恐力不敵。終不果。筥王年十七。行實命披緇受戒。

訴衷曲、　覘、　峻拒、

筥王憂之。竊還曾我。謂祐成曰。弟今日爲僧。如仇讎何。願早束髮。以避師命。祐成然之。相與造北條時政。訴衷曲。時政壯其志。卽爲備禮加烏帽。命名時致。稱曾我五郎。母見時致大駭曰。吾使汝爲僧。何遽如此。汝不母我。吾何子汝。母子之恩絕矣。勿復來見。時致嗚咽而退。自是兄弟歷遊大磯。黃瀨川。三浦。屢覘祐經。祐經每出。從卒自衞。兄弟時或望見。不能下手。

其二

徳川光圀

建久四年。頼朝獵于富士野。祐經從焉。祐成。時致大喜曰。天也。因定計。往富士野。時致謂祐成曰。弟獲罪於所恃。不能面訣。死而不瞑。祐成見母告別。因請召見時致。母峻拒

時難再得機不可失、陽、彷徨、指畫、酣寢、倉皇、昵近、對狀、髫齔、

之。祐成叩頭涕泣。具告時致憂懼之狀。母意解。召見之。兄弟請賜衣。母解所著授之。戒曰。狩獵之場。士庶麕集。愼勿致忿爭。兄弟遲遲不忍去。泫然泣下。退而復進。回顧數四。母頗怪之。兄弟至箱根。見行實。行實察其志。取社中所藏二寶刀授之。遂往富士野。百方狙祐經。不得間。既而聞賴朝還府有日。兄弟憂之曰。時難再得。機不可失。今夜急入神野營。以殺祐經。乃陽爲警夜者。過列營前。入祐經臥所。祐經已移別室。兄弟彷徨。不知所爲。會畠山重忠家士本多親經至。素欲兄弟遂其志。指畫祐經所在而去。是夜。祐經召倡妓。與吉備津祠官王藤內宴飲。大醉酣寢。兄弟擧炬相視曰。殺醉臥人。猶斬死人。因蹈席大呼曰。祐成時致

爲父報讎。祐經驚覺。將執刀而起。兄弟揮刀交下。遂寸斬之。幷殺王藤內。倡妓驚呼曰。曾我兄弟殺父讎。時五月二十八日。雷雨闇黑。營中騷擾。平子野右馬允。愛甲三郎等。倉皇出鬭。兄弟殺傷十許人。力極而疲。祐成與新田忠常接鋒。遂爲所殺。時年二十二。時致見祐成死。徑前突入將軍營。小舍人五郎丸。被婦人服。俟時致過。自後抱持。衆共禽之。賴朝乃遣和田義盛。梶原景時。檢祐經尸。翌日。賴朝坐幕中。諸將環列。召見時致。使狩野宗茂。新開實光。詰問所以殺祐經。時致瞋目叱二人曰。祖父入道歿後。子孫沈淪。雖不得昵近。何就汝輩對狀。願面一言而死。賴朝壯其言。親問之。時致曰。祐成。時致自髫齔至今。復讎之念。無須

竦動、彈涙、冥福、席卷、封豕長蛇、牝鷄作威豺狼當路、區置、中原之鹿、尋兵、

臾忘。今日志願畢矣。犯幕府者。欲一賜謁而自殺也。夫祐經。我之讎。而君之寵臣也。寂心入道。君之讎。而我之祖父也。君寵吾仇。而讎吾祖。能無憾乎。意氣益猛厲。聽者竦動。賴朝愛其膽氣。欲宥死。祐經子犬房丸。哀訴請殺。乃斬之。時年二十。賴朝得祐成。時致遺其母書。彈涙讀之。命藏之書庫。時祐信在獵場。賴朝召而慰諭。使還鄕修二子冥福。除曾我莊租。後人爲立祠於富士野。

題源二位獵富士野圖　竹堂文鈔　齋藤馨

源二位之獵富士野也。從士如雲。旌旗蔽天。驅逐數日而止。是天下之大獵也。然二位固終始於獵者矣。寧特此哉。其初也起伊豆。席卷八州。驅豪挫英。如捕狐兎。而義仲及

平氏之在畿西。如封豕長蛇。二位一麾。乃斃於泥。沈於海。莫或逸者。是皆二位之獵也。而其大亦非富士野之比矣。雖然。二位猶有欠一獵。二位之側。牝雞作威。豺狼當路。皆當逐者。非邪。卽令其移富士野之獵。而驅其左右。移數日之力。而爲頃刻之區置。則吾無所憾於其獵也。獵而不及之。何怪中原之鹿。既獲而失之哉。

弘安之役　日本外史　賴襄

文永七年。北條時宗執權。當此時。宋氏爲胡元所滅。諸隣國皆服於元。獨我邦不通使聘。元主忽必烈。令韓人致書於我曰。不服則尋兵。朝廷欲答之。下鎌倉議。時宗以其書辭無禮。執爲不可。元主復遣使者趙良弼來。時宗令太宰

鎭西探題、　水城、　舳艫相銜、　彀弩其上、

府遂之。凡元使至、前後六反、皆拒不納。十一年十月、元兵可一萬、來攻對馬。地頭宗助國死之。轉至壹岐。守護代平景隆死之。事報六波羅。令鎭西諸將赴拒。少貳景資力戰。射殪虜將劉復亨。虜兵亂奔。而元主必欲遂初志。後宇多天皇建治元年、元使者杜世忠・何文著等九輩、至長門。留不去。欲必得我報。時宗致之鎌倉、斬于龍口。以上總介北條實政、爲鎭西探題、遣東兵衛京師、西兵衛者、悉從實政。益築太宰府水城。省冗費、充兵備。弘安二年、元使周福等、復至宰府。復斬之。元主聞我再誅使者、則憤恚大發舟師。合漢・胡・韓兵凡十餘萬人、以范文虎將之入寇。四年七月、抵水城。舳艫相銜。實政將草野七郎、潛以兵艦二艘邀擊、

于志賀島、斬首虜二十餘級。虜列大艦、鐵鎖聯之。彀弩其上。我兵不得近。河野通有奮前。矢中其左肘。通有益前。仆檣架虜艦登之。擒虜將玉冠者、安達次郎・大友藏人踵進。虜終不能上岸、收據鷹島。時宗遣宇津宮貞綱、將兵援實政。未到。閏月、大風雷。虜艦敗壞。少貳景資等因奮擊鏖虜兵。伏屍蔽海。海可步而行。虜兵十萬、脫歸者纔三人。元不復窺我邊。時宗之力也。

兒島高德　日本外史　賴襄

志士仁人有殺身以爲仁、見義不爲無勇也、　悵恨、　天莫空勾踐、時非無范蠡、

兒島氏、本三宅氏。世居備前兒島。兒島範長者、爲備後守。子高德、稱備後三郎。後醍醐帝之在笠置也、範長・高德欲赴援。聞笠置陷、楠氏敗、乃止。已而聞帝西遷、高德謂其衆曰、吾聞、志士仁人、有殺身以爲仁。見義不爲無勇也。盍要奪駕、以擧義。衆奮從之。伏舟坂山而待。久之不至。遣人候之。曰、駕向山陰道。乃間道至杉坂。則已過矣。衆乃散去。高德悵恨不能去。乃變服尾駕而行數日。欲一見帝有所言。而不得間。於是夜入帝館、白櫻樹而書之曰、天莫空勾踐。時非無范蠡。旦日、護兵聚視、不能讀也。乃奏之。帝熟視之、欣然。心知有勤王者也。

名和長年　日本外史　賴襄

武幹、　行在、　煤印、章識、

名和氏、本村上氏。世居伯耆名和。承久之役、有名和行秋者。爲與孫行高從官軍。事敗奪邑。行高四子。長高・長重・長生・氏高皆有武幹。後醍醐帝至名和湊、令源忠顯登岸問

塗人豪族可倚者。答以長高。忠顯乃踵其家。家方宴。忠顯直入傳詔。長高未答。長重進曰、人之所重、名而已矣。今忝受帝者自托。事無成否、皆足以揚大名於天下。長高乃決意、計奉帝于船上山。令長重等五人擐甲走迎帝、跪御舟傍。帝欣然。長重被薦于甲背、負帝上山。藉木葉進食。長高欲移倉粟于山。募村民能運一擔者、賞錢五百。一日致五千餘石。乃盡燒其宅。率百五十騎以護行在。因樹植柵、列扉爲垣。氏高造布旗數百。煤印近國諸豪章識、張之山上。明日、佐佐木淸高以兵三千、自山前後來攻。望見旗章、不敢進。我兵蔽林而射、射殺一將。敵八百騎乃來降。淸高在山後、未之知也。更兵急攻。會日且入。大雷雨。長重・長生乘

而疾擊擠賊于谷。鏖千餘人。淸高單舸逃去。帝授長高左衞門尉兼伯耆守。賜名長年。子弟拜官有差。富士名義綱。鹽谷高貞。以千餘騎至。山陰。山陽豪族來屬數十姓。而兒島高德從。備前往。

村上義光 大日本史

徳川光圀

村上義光。稱彦四郎。信濃人。陸奧守源賴淸之後。彌四郎信泰子。爲左馬權守。子義隆。稱彦五郎。爲兵衞佐。藏人。元弘之亂。父子與赤松則祐平賀三郎等。從護良親王。逃十津河。熊野別當定遍索之急。護良去如吉野山。土人芋瀨莊司。以兵要路。護良計無所出。遣從者。説以投託之意。莊司對曰。定遍窮求官軍黨與。録名以報鎌倉。臣今欲納大

王。而不能也。然過前行。亦所不敢。請留錦旗若近臣一兩人。得以爲辭。護良默然未應。則祐進曰。見危授命。是士之職。臣請留死。平賀三郎曰。從行之士。皆大王股肱。不可失也。宜以旗見授。護良從之。得過。義光適後矣。遇莊司擁衆荷錦旗而還。義光直前奪旗。莊司錯愕不顧而去。護良喜曰。吾得此三人。於平天下何有。至吉野。築城守之。敵以大兵來攻。外城已陷。護良親戰數合。退與左右酌酒慨歌。義光鎧被矢如蝟毛。來跪曰。臣拒中城。數時。適聞歌聲。來取相會。賊勢强甚。城不可支。臣請賜大王鎧裝。詭爲大王死。大王乘閒遁去。護良曰。死則同死。何忍相棄。義光勵聲曰。圖大事者。惡爲此言。起自解護良鎧。護良顧曰。卿忠易生不忘我黨得免。厚爲修福。不免追從地下。遂行。義光乃被鎧登譙樓。義隆來欲偕死。義光曰。亟去。爲王拒後。勿徒死。義隆泣訣。義光遙望護良去遠。大呼敵軍曰。今上第三子護良引決。汝等行受天誅。見我自刃以爲法。乃劃腹抽腸。擲壁而斃。賊四集。就斬其首解去。既而吉野執行岩菊丸。將兵數百追及護良。義隆單身留鬪。斬數人。身被二十餘創。潰腹死。護良終獲免。義隆年十八矣。

投託、見危授命、股肱、擁衆、錯愕、被矢如蝟毛、易生不忘、譙樓、引決、劃腹、抽腸、執行、潰腹、

新田義貞 皇朝史略

靑山延于

元弘三年五月。上野人新田義貞攻破鎌倉。北條高時伏誅。鎌倉悉平。征夷大將軍守邦親王薙髮。自源賴朝開府。至此百七十餘年。而鎌倉亡矣。義貞。源義家十世之孫也。

世食新田郡世良田。楠正成之據千劍破也。義貞從東軍攻之。竊懷歸順之志。與其臣舟田義昌共謀。欲得護良親王令旨。以擧義。義昌以計請而得之。義貞大悦。明日。遂稱疾。還鄕里。日會宗族子弟。謀誅高時。及六波羅兵失利。高時益發大兵。徵糧郡縣。以世良田素多豪富。特課以錢六千萬。限五日辦。遣吏催督。義貞執而梟之。高時大怒。將移兵來討。義貞乃與弟義助。率大館宗氏。堀口貞滿。巖松經家。里見義胤等百五十人。至生品祠前。擧義旗。其日薄暮。越後甲斐信濃諸源相繼來會。比至武藏。衆至二萬餘。聲勢大振。與高時將櫻田貞國。北條泰家戰。累破之。進至關戶。分軍三道並進。大館宗氏攻極樂寺坂。敗死。義貞乃率

薙髮、令旨、催督、

無算、　丱角、　普天之下、木傍南楠、　廟勝、　小衂、

精兵二萬、夜從間道赴之。敵兵數萬、固守坂上、柵多列戰艦于海岸、軍不得輒過。義貞乃下馬、面海禱、潮退、解佩刀投之海。及曉、潮退四五里。戰艦皆隨而漂去。義貞大喜。麾衆直入府中。守坂敵兵、駭愕不得赴距。江田行義・堀口貞滿諸軍繼進。所在縱火。適風怒甚。烟爛蔽空。府第悉焚。衆乘勢掩擊、殺獲無算。高時遂逃葛西谷、擧族自殺。自出師至此、僅十五日。乃馳使奏捷行在。

楠正成　大日本史

德川光圀

楠正成、河內人。左大臣橘諸兄之裔也。世居金剛山西。父曰正康。其妻禱志貴山毘舍門而生正成。故小字曰多聞。既長爲兵衞尉。元弘元年。帝避北條高時兵、幸笠置寺。四方少勤王者。帝頗憂之。適夢紫宸殿前庭、有一大樹南枝最榮。樹下設南面座、百官班列。忽有二丱角來跪、指座泣奏、普天之下、無處容聖體。唯此座可以坐也。覺而自占、木傍南、楠也。意將有楠氏者出俾朕再正位南面也。召寺僧快元問之。對以正成。帝謂所夢殆是。遣藤原藤房徵之。正成卽詣行在。帝使藤房傳命曰、卿應命卽至、允足深嘉。今日之事、一以煩卿。卿其有何策以決廟勝。詳陳其所見。正成對曰、逆賊暴虐、自取禍譴。天討所加、莫不勝也。但東兵勇而無謀。若以力爭、則武藏相模之兵、天下無敵焉。以謀屈之、則易與也。然成敗兵家常事。或遇小衂、願勿煩聖慮。有臣存焉、何患不濟。辭歸城赤坂。城方可二町、三面平地。守

版築、　亡慮、　下營、　委棄載路、　機壁、　鐵搭鉤埤、　率先、　臨事而懼好謀而成、　諜知、　苞、

者僅五百人。取民儲以充兵食。行在有急、則將迎駕於此也。版築方畢。而賊將大佛貞直等攻陷笠置、乘勢奄至、兵亡慮三十萬。正成先遣弟正季及和田正遠、以兵三百伏城側山中。賊視城小、易之曰、直用隻手提去耳。輒薄埤急攻。城兵亂射雨注、殺傷千餘人。賊驚沮而退、脫甲解鞍、爲下營計。正季等瞰之、分兵爲二、鼓譟而進。城兵連鋒突出、合勢奮擊。賊狼狽而走、器械鞍馬委棄載路。尋復來攻、圍數重。正成豫爲機壁、俟其四面爭登、而斷索。因連投巨木石、壓殺七百餘人。賊更蒙盾競進、鐵搭鉤埤、殆壞。城中乃以長柄杓沃沸湯、賊皆傷爛、自是退守營柵、計持久以困之。初正成之築城倉卒、儲糧不多。至此、謀于衆曰、我數有利、而賊勢不挫。內乏資糧、外無救援。欲率先天下、以建功業者、死固所不顧也。雖然臨事而懼、好謀而成、亦智士之所尙。我今陽死。賊必引歸。歸復聚衆而出戰、我逸彼勞、制勝之道也。衆皆然之。是夜會風雨晦冥、咫尺不辨。正成爲一大坑、塡以死屍、積薪于上、留一卒戒曰、候我行遠、放火燒城。乃與衆三五分伴、潛過賊營而行。賊不之覺。及火起、爭入城、見坑中焚屍、以爲正成眞死、引兵旋于關東。正成乃匿金剛山。北條仲時・北條時益遣湯淺定佛守赤坂。

其二

德川光圀

二年、車駕西狩隱岐。所在官軍皆解。夏、正成以兵五百出攻赤坂。定佛督邑民夜輸糧米。正成諜知、邀而奪之。更苞

拉、坂東、僑軍孤進、輸彼一籌、慓急、氣索、然炬火、勒兵、讖文、

戎具如米囊。使卒三百。陽爲輸夫。擔致城中。別出兵。爲追擊之狀。城中望見。以爲輸夫爲敵所追。乃開門納之。既入。披甲譟叫。外兵應之。折關。竝攻。定佛遂降。正成并其兵。徇和泉河內。進屯渡邊橋。京畿大震。仲時時益。遣隅田通治。高橋宗康。將兵五千餘來攻。正成分二千人。爲三。伏天王寺側。弱卒三百守橋。皆羸馬繩轡。及戰輒走。誘賊窮追。比過天王寺。伏兵竝起。賊大敗走。爭渡橋溺死無算。逾月。仲時時益。又遣宇都宮公綱。以兵五百來攻。和田孫三郎謂正成曰。隅田高橋。五千兵。我已破之。乘此新勝。以拉公綱。何難之有。請出兵逆擊。正成曰。兵在和不在多。公綱坂東驍將。從以紀清兩黨。且彼承敗衂之餘。僑軍孤進。志在必

死。我能拒之。所亡亦多。天下之事。豈止今日。宜愛士力。以圖後擧也。我今輸彼一籌。引退。數日出奇誑之。則坂東慓急之士。氣索而去矣。所謂見小敵怯。見大敵勇。不戰而屈人之兵者也。棄陣而卻。居數日。遣卒三百。及民兵數千。大然炬火。星布山澤。如此連夜。滋多。滋逼。公綱勒兵嚴備。意其衆日盛也。終潛引還。正成復入天王寺。請寺僧。觀上宮太子未來記。其文曰。當人王九十五代。天下一亂。而主不安。此時東魚來吞四海。日沒西天三百七十餘日。西鳥來食東魚。海內歸一。正成悅曰。讖文所謂。人王九十五代。卽今上也。東魚吞四海。相模入道是也。西鳥食東魚。當有起兵滅關東者也。日沒西天。三百七十餘日。指上在隱岐。歸

闕反正。當在明年春也。因以金裝刀與僧。益優厚士卒。禁止暴掠。遐邇歸望。兵勢彌張。尋還金剛山。城千劍破據之。使平野將監守赤坂。

其三

德川光圀

明年春。高時復大發兵。遣二階堂貞藤。圍護良親王於吉野。大佛高直攻千劍破。阿曾時治攻赤坂。平野將監拒守旬餘。城有暗渠。爲賊所泄。時又久旱。兵士困渴。賊仍以火箭焚樓櫓。將監力盡而降。賊送六波羅。斬之。會貞藤陷吉野。親王南走。貞藤與時治兵悉集千劍破。軍聲大熾。城東西臨谷。南北蔽峯。斗拔數十仞。周可一里。賊恃其衆。蟻附急攻。城中大發矢石。拒之。賊死傷無算。令吏十二人注之。

三日夜不絕書。乃令軍中。禁擅進。安營環守。城有泉五道。每日得水五斛許。正成患其乏。作大槽數百。貯水。汨以黃土。養其性。每雨引屋溜於槽。水常得足。而賊疑其外汲也。令名越越前守兵三千守東溪。正成伺守者稍怠。黎明出兵擊走之。獲其旗幕。翌日張之城上。呼曰。此昨日名越殿所遺。煩部下人。願來取之。越前守愧忿。率兵五千。拔柵進薄。城兵下巨木。又從櫓連射。賊死傷略盡。懼不敢攻。益成持久之計。正成乃縛藁人數十。被甲持兵。夜置城外。壯士五百潛蔽其下。昧爽鼓譟。誘賊。伺其來。擊徐發數箭。逡巡入城。時方昏霧。賊衆不曉。競赴藁人。城上乃連下巨石。殺傷八百餘人。賊爲飛橋。欲騰入城中。叢擲火炬。唧筒灌油。

遐邇、暗渠、斗拔、汨以黃土養其性、屋溜、槽、黎明、藁人、昧爽、逡巡、飛橋、叢擲、

鐵勾、
披靡、
頓留、
反襲之虞、

橋燒斷。賊墜崖谷、焚死數千人。會近郡民兵奉護良親王令、截賊糧道。賊兵大困、逃亡相繼。仲時時益又遣宇都宮公綱助高直。公綱以手下兵千人疾攻、不能拔。會帝幸伯耆。諸將攻克六波羅。賊皆解圍而去。車駕還闕。正成乃率兵七千迎謁于兵庫。帝親勞之曰、大業速成、皆卿之力。正成拜謝曰、不賴陛下威靈、臣曷得出重圍。復有今日。詔前驅入京師。後高直等擁餘衆在奈良、謀犯京師。正成與左近衞中將源定平討而降之。建武元年、討僧憲法于飯盛山平之。以功授檢非違使左衞門尉、兼河內守、爲攝津河內和泉守護、稱河內大夫判官。尋爲記錄所寄人、直雜訴決斷所、預議將士恩賞事。

其四

德川光圀

二年、新田義貞東討足利尊氏、正成與諸將留衞京師。延元元年、尊氏犯闕。正成以兵五千禦于宇治。尊氏兵攻大渡。官軍敗績。帝幸延曆寺。正成乃與諸將守行在。與新田義貞結城宗廣名和長年等攻尊氏。正成放火出雲路。自紀森進。豫設輕盾數百枚。遇賊馳突、乃鐵勾相連蔽以發射。輒縱精騎乘之。賊披靡而卻。是日諸軍獲捷。尊氏西走。遇日暮、正成謂義貞曰、今日破賊、殺獲莫幾。而不知尊氏所在。以此少衆、頓留京師、恐士卒貪財、四出不收。豈得無反襲之虞。如前日事耶。且賊乘勝機、後恐難制。莫若旋軍養力、一擧而驅之數十里外也。義貞從之、引還。尊氏復入

京師。翌日正成遣僧數十人于戰場、歷索死屍、佯泣曰、昨新田、北畠、楠氏等七將戰歿。將求骸收葬。賊聞以爲信然。乃取屍首似義貞正成者梟之。於是正成與諸將潛軍夜發、別遣卒持炬、遵山西行、綿綿相屬。賊軍望之、告尊氏曰、官軍失將領、今皆亡去。尊氏遣兵要諸道。餘衆不復警備。詰旦、正成等進入京師、放火掩擊。賊軍大潰。尊氏竟西走。遺棄器甲載路。正成遂與諸將追至豐島河原、與足利直義戰。正成引兵出賊後。直義不戰而退。與尊氏航海遁。正成還、直武者所。夏、尊氏直義引大兵、水陸並東。義貞拒之兵庫。詔正成援之。正成奏曰、賊收九州軍、勢必猖獗。以我疲兵、恐不能當之。宜召還義貞、車駕移蹕山門、縱賊入京

師、而臣還河內、招聚畿縣兵、塞河尻、絕糧運、待其疲散、然後前後齊進、可一擧而斃也。揣義貞之計、亦當及此。但不戰而退、涉于物議。故不輒歸耳。夫戰者雖始之或負、欲終之有利。請加重思。藤原淸忠以謂宜速遣正成、決戰都外。帝從其言。正成卽以五百騎上道、至櫻井驛、以所賜菊作刀、與子正行、戒以滅賊匡天下、遣還河內。遂進陣湊川、以當尊氏陸軍。義貞陣和田碕、以禦水軍。尊氏先鋒細川定禪、率舟師向紺邊。義貞拔軍赴拒、而尊氏全軍旣登兵庫。正成望之、謂正季曰、我軍隔絕、賊滿前後。智計窮矣。乃赴直義陣、縱橫奮擊、幾獲直義。尊氏遣六千餘人斷軍後。正成回戰數次、士卒殲盡、躬被十一創、退入民屋、謂正季曰、

歷索、
綿綿相屬、
詰旦、
移蹕山門、
涉于物議、

送死九泉、

怡然、

挑敵軍、

歃神水、

今日送死九泉。吾子欲何所託魂。正季笑曰。願七生人間。以滅賊徒。正成怡然與之交刺死。族十三人。殘兵六十餘人。割腹並斃。帝追悼不已。贈正三位左近衞中將。

楠正行 大日本史

徳川光圀

正行。父死時年甫十一。奉父遺誡。追念不已。兒戲常仆羣童。爲斬敵。走竹馬。以爲追尊氏者。既長。爲帶刀。檢非違使。左衞門尉。兼河內守。後醍醐帝。出花山院。御內山。正行與和田次郎等來赴。及帝崩。入宿衞。後村上帝踐祚之初。屢出兵住吉側。以挑敵軍。正平二年。發兵赴紀伊。圍隅田城。尋還河內。討池尻賊。更進攻矢尾城。足利尊氏遣其將細川顯氏。以兵三千來攻河內。距金剛山七里而舍。聞正行

將攻矢尾城。謀候其出遠。徑至金剛山下。斷後壘之。正行探聽。率兵七百。佯向矢尾。縱火所在。潛還蔽譽田林而陣。顯氏望烟。以爲敵果攻矢尾。乃馳至譽田河原。駐軍西向。俄而正行從後叫呼突出。顯氏大敗。直奔保天王寺。山名時氏以兵六千援顯氏。屯住吉。正行料先破住吉。則天王寺兵可不攻而自退。乃分兵二千餘。爲五隊。放火民舍而進。望敵軍塵揚。以謂彼陣四處。而兵倍於我。不宜分隊。復併五隊爲一。大戰破時氏于瓜生野。餘衆隨潰。至渡邊橋。溺者無算。時氏被創走。尊氏憂懼。乃令高師直及弟師泰發兵六萬來攻。正行與弟正時。和田賢秀等百四十餘人。歃神水。誓以共死。詣行宮奏請。曩者先臣正成。展微力夷

糾合、

爪牙、

叩鐔而起、

加倍羅自斗、加爾氏於毛倍波、阿豆佐由美、奈岐加儒耳以流、奈烏層斗度牟流、

縻敵軍、

強賊。以安宸憂。無幾天下復亂。逆徒來攻。終致命於湊川。臣時年十一。遺言遣還河內。糾合族黨。欲其除滅朝敵。俾宇內再歸皇化也。臣年既壯。常恐以有待之身。遽嬰不測之疾。上而爲不忠之臣。下而爲不孝之子。方今師直。師泰將來犯。實臣報效之秋矣。若非獲彼首。則授臣兄弟首於彼。雌雄之決。在此一戰。願得一拜龍顏而去。言畢泣下。帝親臨口勅曰。前日二戰。每得克捷。汝累世武功。殊可嘉尚。聞賊復盡兵來犯。事勢固弗輕。雖然。知進而進。欲不失時也。知退而退。欲圖全也。汝朕之爪牙。愼當自愛。正行頓首而出。率衆拜後醍醐帝廟。告曰。戰如不利。不敢生還。叩鐔而起。題同盟姓氏於如意輪堂壁。書歌於其後曰。加倍羅

自斗。加爾氏於毛倍波。阿豆佐由美。奈岐加儒耳以流。奈烏層斗度牟流。各截髮納于佛殿而後發。帝使中納言藤原隆資援之。

其二

徳川光圀

明年正月。高師直入河內。分兵六萬。陣伊駒山南。及飯盛山。外山。四條畷。四處。師直將餘軍居後。隆資率兵三千。陽爲向飯盛山。以縻敵軍。正行兵三千。由四條畷而進。飯盛山敵望之。分兵遮擊。正行以先鋒敗之。後軍與四條畷敵戰。殺傷相半。飯盛山。伊駒山敵兵前後奄至。後軍敗走。正行不顧。以兵三百。直前奮擊。大敗師直兵。聚兵亡百餘人。馬皆被數矢。衆乃下馬。據壟坐食。食畢步進。接戰益勵。遂

鐵連環、

迫師直陣。上山高元僞稱師直。冒陣戰死。其甲鐵連環。郎
高氏家紋也。正行大喜。擲首空中。手承者一再。既而知其
僞。乃投首於地。蹴且罵曰。汝上山高元邪。汝亦無雙朝敵。
勇則可賞。乃斷衣袖。裹首置于壟上。此日。自巳至申。戰凡
三十餘合。殺傷數百千人。我兵死亡略盡。乃與餘兵五十
餘人。負盾佯走。以誘師直。敵覺之。遣支兵三百追之。正行
返戰。斬五十餘級。遂前復迫師直軍。而正行。正時體中數
箭。兵皆重創。不可用。正行乃呼曰。事畢矣。莫爲賊所獲。與
正時交刺而斃。時年二十三。從兵皆自殺。其他宗族紀六
郎左衛門及二子。野田四郎及二子。三輪西阿及子。關地
良圓。金岸兄弟。畠山與三。畠山六郎。河邊石掬丸。阿間了

新定漢文卷之二　六三 六四

願。譽田某等二十三人。從兵凡百四十三人。悉戰沒。瓜生
野之戰。正行援敵溺卒五百人。給衣藥。視養數日。因授鎧
馬。禮而遣之。敵或感恩來降。及戰四條畷。從死者頗多。

陪游笠置山記　拙堂文集　齋藤正謙

文政十年。九月。我公依例移鎭上野城。因巡封上笠置山。
修故事也。山屬城州。爲後醍醐帝蒙塵處。今係我藩封域。
在上野城西五里。十五日子夜。駕出城門。雙戟啓行。沿路
燃炬如晝。臣謙承乏侍讀。得載筆從。比明。老幼夾途觀欣
欣然。十六日食時。達笠置。邑屋稠密。夾木津川。入館。傳飧
而出。公更獵服。布韈芒鞋。步行。群下均服從之。山在南岸。
臨水曲折。如琉璃屏。渡川就之。繞從西北隅盤廻而上。山

蒙塵、
雙戟啓行、
承乏侍讀、
布韈芒鞋、
盤廻、

齎發、

高十町而已。太平記爲十八町者誤。入憩福壽院。此行。謙
囑圖書局。齎太平記。乃取之爲公讀笠置條。曰。參河人足
助二郎重範守城門。以勁弓長箭。射殪賊將二人。此爲嚮
所過阪上雙石對峙處。今仍稱爲第一城門是也。曰。及賊
逼陣寧樂般若寺僧兵。累以巨石投賊。賊人馬齏粉。因自
敗潰。積屍塡谷。此亦在城門外。其傍今呼爲地獄谷。可以
相證。至賊將陶山藤三。小見山二郎。開道襲行在。曰。此爲
山之東北也。公乃從左右出院門。側有懸鐘。形甚古雅。係
建久年製。有銘文數十字。按此寺。白鳳十一年創置。天平
勝寶四年。創正月堂。歷代修建。號爲宏壯。建久中。僧解脫
又築般若臺。此鐘亦當時所造。及元弘兵燹後。不能復舊。

新定漢文卷之二　六五 六六

獨此鐘爲古物。命僧敲之。數杵聲鏗鏗然。杵止響騰。曰。黃
鐘調也。過護法祠。左折有一大石。頹然橫崖上。曰藥師石。
其西有彌勒石。皆高十丈許。闊稱之。其右高及其半者爲
文珠石。舊各鐫佛像。罹災滅。彌勒獨存頭上圓光。文珠漫
剝。僅存痕跡。右折過佛殿下。而北有胎藏金剛二石。皆高
四丈許。曲折相連。其下開裂丈餘。谺然成竇。窺之深黑。其
右隨金剛東面者。鐫虛空藏。石高闊略等二石。佛身專之。
彫刻分明。尤爲奇偉。此皆僧侶黠者所設。當時不能護王
法伏賊魔。眞不靈頑物耳。又北數十步。得石門。門石長六
丈餘。兩傍盤石。疊起承之。其下空闊。可數人竝行。左傍一
小洞。入數十步。得一竇。纔出。如兒離母體。呼曰胎內竇。此

兵燹、
黃鐘調、
頹然、
漫剝、
不靈頑物、
疊起、

蓊鬱、鼕鼕、萬劫、古風、人頷、兀兀、舊址、鬱蔥、榛莽、坪、幄亭、撒網、

閉怪巖爭立。古木蓊鬱、使人凜然。纔出石門、豁然山水可瞰。過大鼓石。叩之鼕鼕鳴。其下曰觀音谷。實爲賊所涉。閒路。謙爲公指東北一村曰。此爲飛鳥路村。係柳生氏之封。當時其民實導賊將經此襲陷行營。本邑之民醜之。至今五百餘年。不通婚嫁。言及之唾罵。臣嘗質之土人。且問曰。今尚然邪。其人瞋目扼腕曰。萬劫如是。爾臣以此知民心之好義。出於天性也。昔者先君祐信公來觀。嘉之。稱爲義鄉。親製古風一篇。爲公誦之。公竦聽者久之。又西數百步。有不動巖。巖半垂在崖下。而平等巖在其背。公欲往觀之。侍臣止之。遣數人攀巖肩匍匐而行。峻險難措足。號爲蟻徑。過徑即平等巖。巖坦平廣袤數丈。下臨絕壑。巖上有一

圓石。高及人頷。可重數千斤。以手撼之則兀兀動搖。而終不可轉也。遂從登行在舊址。爲中峰最高處。帝之夢楠公。及楠公之上謁陳策。蓋皆在此。今唯見老樹鬱蔥。榛莽蕪穢耳。爲之慨然。穿林而西得坪。吏預設幄亭。休歇焉。崖上有一石。呼爲吹螺巖。道官軍鳴海螺處。下山來時所駕樓船在焉。藩祖高山公從伐大阪時所用。泝上流數町。遶山麓。怪巖錯出。老木紅黃相閒。命土民習舟者撒網。獲鯉數十頭獻焉。日下春還館。命烹鯉賜宴。歸入城門。夜正三鼓。此山以係封域。先臣津阪孝綽既有記詳之。此行所遇既殊。不敢不重錄以備參考。」謙謹按。當時官軍護行在者三千餘人。皆伊賀伊勢之兵也。今我公撫二伊而有之。今日

追撫、仗義授命、從游豫、岡阜陂陀、

所從士數百人。其中必多義軍之裔。且行在之受圍。在元弘元年九月。此行正值其時。追撫往事。感念殊深。夫爲人臣子者。常則勤恪。變則仗義授命。無古今之異。謙職忝風教。從游豫飽飲食。而徒然無述。爲臣所懼也。因謹記如此。

桶峽之役 國史纂論

山縣禎

永祿三年夏五月。今川義元帥兵四萬侵尾張。攻鷲津丸根二城。織田信長將兵二千往救之。馳至中島。義元既拔二城。至桶峽。休士卒張燕。義元曰。尾人當殲於此役也。信長欲進擊之。諸將以兵寡皆諫之。信長曰。義元戰勝而兵老。且侮我不復設備。吾出其不意。克之必矣。梁田出羽進贊其計曰。敵拔兩城。未更其陣。中軍必在後。我直襲之。義

元可獲矣。信長乃伏旗鼓。循山而馳。至於桶峽。瞰視義元營。先衆馳下。會雷雨昏黑。衆皆鼓譟斫營而入。敵衆大驚擾亂。遂斬義元。逐北斬首二千餘級。進拔數城。兵聲大震。信長既歸清洲。論功行賞。授梁田以沓懸邑。賞過獲義元者。

弔今川義元文 拙堂文集

齋藤正謙

鳴海驛東里餘岡阜陂陀。此閒號曰桶峽。有碑立於榛莽之墟。云是今川義元戰死處。余往來其下者數矣。乃作文弔之曰。嗟吁。公業承父祖。威震東西。踐富嶽爲壘。據天龍爲池。美哉山河之固。偉矣霸王之基。用之攻人。何敵敢禦。用之自守。何敵敢窺。何遽舉三州之地。乃換此數尺之碑。

天不可怨。公實自災。古不云乎。見小敵不侮、臨大事而懼。魯侯之失冑、盲史刺其無豫。吳王之傷指、腐令譏其不虞。全忠之大、被亞兒族滅。本初之强、遭阿瞞剪除。豈不察胡雛嘯門、有猾夏之相、虎子落地、有食牛之氣歟。夫蜂蠆有毒。智士畏之。螳螂當轍、英君避之。唯驕者不然。或欲投鞭斷江流。或欲折箠擊賊帥。擧足之高、侮彼有謀。處心之粗、致我無備。是以龍且濟河、陷怯夫之計。龐涓入險、成豎子之名。公無耳乎。不聞既往之敗。公無目乎。不見將然之形。豈無長槍與大劍。豈無壯馬與强兵。唯公之視不遠。公之鑒不明。其如之何哉。公之先人有云。文學不通、武道無利。公忽棄而不省。惡在其爲孫子也。嗚呼。山阿寂寞。誰慰公魂。露冷冷兮暝鶴。雲漠漠兮鳴猿。弔公而不及。書以警後昆。

魯侯之失冑、盲史刺其無豫、吳王之傷指、腐令譏其不虞、全忠之大、被亞兒族滅、本初之强、遭阿瞞剪除、豈不察胡雛嘯門、有猾夏之相、虎子落地、有食牛之氣歟、龍且濟河、陷怯夫之計、龐涓入險、成豎子之名、

山阿寂寞、

冷冷、漠漠、

後昆、

山内一豐妻　近古史談

大槻清崇

山内猪右衛門一豐、始筮仕織田氏也。適有東國人來販名馬者。安土諸將士、皆驚其神駿。然爲價高之故、不能購也。販者將牽馬徒還。一豐見之、不勝流涎。歸家獨自歎曰、痛哉貧也。我當事君之初、獲此名馬、以見主公者、不唯一豐一人之榮。抑亦織田氏之榮矣。其妻聞之、就問價。曰、黃金十兩矣。妻曰、夫君必欲獲之、妾能辨焉。乃取金於鏡匳、致之一豐前。一豐且喜且恨曰、比來窮困之極、或恐及卿顚覆。而卿絕不言有金。何卿之忍邪。妻曰、夫君言亦有理。顧昔者妾之來嫁也、妾父自納之鏡底、戒曰、汝勿以夫家貧故費此金。必也有關夫君一大事、然後用之。妾聞、近日京師有簡馬之擧。今夫君而獲此馬、是一世之榮。而所謂大事、無乃此邪。是以敢爾。一豐泣而謝曰、卿之惠也。嶽翁之恩也。遂購其馬。無幾簡馬之期至矣。一豐乃騎而入京。風骨峻爽、奮鬣一嘶。信長望見、大驚曰、猪右何所獲此乘乎。一豐具告其故。信長歎曰、我家多士、而不能購一馬。洵爲上國之恥。汝落魄歸於我、乃能爲此非常之擧。以一洒我恥。武夫用心、不當如此邪。一豐釋褐五百石。於是增爲千石。遂以見任用。

筮仕、

不勝流涎、

鏡匳、

比來、

簡馬、

是以敢爾、

嶽翁、

風骨峻爽、

奮鬣一嘶、

洵、

落魄、

題小金原捉馬圖卷　愛日樓文

佐藤坦

總之野曰小金。曠衍數十里、渺茫無際。官放牧龍種。年以蕃息。今不知其爲幾千百群也。每歲十月、牧長率其屬、驅而捉之。年有定額。捉捕之所、四面起壘、高二丈餘。區爲內外。內小外大。皆缺前面。先期數日、所在發丁。自數里外、而驅之、柵斷奔路、使其可嚮入、而不可外逸。迨期、牧長秉麾而騎。其屬亦皆騎從。遙見馬之所聚、則雖有林莽之鬱密、藪澤之深阻、無不縱横出沒、疾呼而從之。丁夫數百人、作聲抃手、應指麾而驅之。初馬之爲群、不過五六若七八。而見驅迫、欻成數十百。奔騰驚逸、響動萬雷。使其避之無地。皆入外壘。有一人持竿索、二人徒手從之。擇其可捉者、驅諸內壘。突入索約其頸、駭懼之際、一抱頸、一掣尾、合勢踣

曠衍、龍種、

蕃息、

抃手、

欻、

踣、

絡、印烙、
脅制其氣、

之。直以大索絡之。其可留以爲種者。印烙放去。蓋捉捕之術。在於脅制其氣。使蹄嚙之不暇也。嗚呼。可謂巧且熟矣。鑑海世子。以壬戌之十月往觀。歸而作圖。寄余索字。余亦嘗觀之。今二十餘年。尚記在懷。乃題署於卷首。

陵駕、誇耀、
居閒、依違、
首鼠兩端、
艨艟、
峙糧芻、
行營、
乞老、
太閤、
長驅、

文祿之役 國史纂論

山縣禎

關白好兵喜事功。力欲陵駕前人。誇耀後世。於是東國既定。海內無事。而心不自足。以明不修好。朝鮮成釁。竊有外征之志。先是朝鮮王李昖。使其臣黃允吉。金誠一來聘。其還也。關白作書以答之。且使柳川調信。僧玄蘇。與俱赴朝鮮。朝鮮館之東平館。使誠一私饗二人。調信曰。我主欲通明。明不答禮。故欲伐之耳。貴國盍居閒和解之。誠一依違。

玄蘇厲聲曰。今日之議。不得首鼠兩端。不欲講和。乃欲戰耳。因辭訣還。關白又遣宗義智諭之。朝鮮竟不報。關白益怒。決意西征。乃下令造艨艟巨艦。使九鬼嘉隆督之。遂命沿海諸國。皆具戰艦。峙糧芻。令列侯就國治兵。下符徵發諸道兵。命建行營於名護屋。規模宏麗。所費百餘萬金。於是立內大臣秀次爲嗣。上表乞老。請以秀次襲關白。自稱太閤。文祿元年。春三月。太閤發京師。四月。至名護屋。諸道兵二十萬。分爲八隊。以浮田秀家爲總督。軍已發名護屋。小西行長冒風濤。先達于釜山浦。圍其城。拔之。進攻東萊。破之。於是郡縣望風奔潰。我軍長驅。連拔諸邑。無敢拒者。加藤清正。直進至熊川。行長攻忠州。拔之。斬其將申砬。忠

有舊、
徹兵、
收兵、

州敗報至。都下大震。朝鮮王李昖出奔平壤。

其二

山縣禎

行長攻平壤。克之。李昖走義州。告急于明。乞援。明主乃命遼東副總兵祖承訓。史儒。率精兵五千。以救朝鮮。行長擊破之。斬史儒。承訓僅以身免。明兵部尚書石星。以承訓敗。欲起大兵。以浙人沈惟敬。嘗來我國。諳我國事情。且與行長有舊。乃遣惟敬議和。欲使我弛備。因以集兵。於是惟敬入朝鮮。見行長。極陳和好之便。行長素喜和議。約以七條。其一和議。其二割朝鮮三道與我。其三通聘。其四封爵。惟敬許諾。行長欲待其報至而徹兵。冬十二月。明主使遼東提督李如松。兵部侍郎宋應昌。帥兵五萬。以援朝鮮。二年。

正月。如松攻平壤。進至碧蹄館。小早川隆景。立花宗茂等擊破之。如松墮馬。明兵扶去。會惟敬見如松。說和親之事。如松然之。乃令游擊周弘謨同惟敬來諭我軍。惟敬與行長約曰。事成則還二王子。漢城之將。徹兵而去。李如松亦收兵而還。行長疑惟敬與平壤之軍通謀。不肯從其言。惟敬乃密與石星謀。以監生徐一貫。生員謝用梓爲使。多齎金帛。賂行長。於是諸將亦皆疲於久役。悅和議。遂定和徹兵而去。六月。一貫。用梓與惟敬至名護屋。謁秀吉。秀吉厚禮之。命行長等還朝鮮二王子。使內藤如安與惟敬俱如明。命諸將。分守諸城。築城穿塹。爲久留計。

長政直言 國史纂論

山縣禎

亞相、
一戰擧韓、鼓行覆明巢、正帝號、撫華域、
狐憑、
彪怒、援刀、
闔門寸斬、
糜沸、
戡定、玩武黷兵、
徵斂亡度、

太閤待惟敬報問。久而不至。一日會列侯大臣曰。征韓諸將。皆不勝任。我當親往。留而統大政。徳川亞相其人也。亞相在焉。我無内顧憂。我以兵十萬將中軍。加賀宰相以十萬將右。會津宰相以十萬將左。一戰擧韓。鼓行覆明巢。正帝號。撫華域。實千歳一時。卿等亟具舟艦。徳川公怫曰。殿下親征。我安獨留。請先往。淺野長政謂公曰。殿下狐憑矣。公勿以爲意。太閤彪怒。援刀擬長政。長政神色自若曰。死而有益於國家。闔門寸斬唯命。曩日喪亂之久。天下糜沸。以殿下戡定。億兆欲息。乃猝興遠役。玩武黷兵。瘡痍之民。忍痛荷戈。老弱瘁於漕挽。加以國計之匱。徵斂亡度。愁怨之聲。都鄙相接。今而殿下一航海。則群盜乘虛蠭起。四

反側子、
振旅、縮凶器、布寛典、
急警、

方反側子。將響應而雲合。天下危機在此一擧。願及今疾罷征韓之師。振旅於京師。縮凶器。布寛典。共民休息。天下幸甚。太閤滋怒。利家。氏郷麾長政退。長政還舍待罪。居數日。肥後急警至。初薩人梅北宮内在肥。聚群盜。時加藤氏不在。襲佐敷取之。群邑多畔而應之。太閤聞警大愕。遽召長政曰。吾甚慚汝言。請遣汝子幸長討賊。長政大喜。已而國人殺宮内。幸長未至而亂平。

再征朝鮮　國史纂論　山縣禎

慶長元年。秋七月。明使楊方亨。沈惟敬。與朝鮮行人黃愼至伏水。太閤曰。我既撤師。而朝鮮未效三道。是紿我也。當使王子來謝。而今命賤臣。是輕我也。乃責讓黃愼。不得謁

封册金印冕服、
振恐股弁、
隱諱緣飾、
班師、
戰悼、刮席、

見。九月二日。太閤引見明使者。儀衞甚盛。使者進封册金印冕服。及諸位衣冠五十餘具。行長導二使入。二使駭其壯嚴。振恐股弁。太閤親慰勞之。三日。饗使者。太閤喜謂。我威略遠布。今得王明國。乃著明冕服。群臣皆以位次著明衣冠。以行禮。禮既畢。太閤令僧承兌讀封册。行長私承兌曰。册書必不如惟敬説。請姑臨文隱諱緣飾以完事。承兌不聽。進誦之。至曰茲特封爾爲日本國王。太閤彪怒變色。口出沫。立脫冕服。併册書拋地曰。嚮行長言。明主封我爲明王。故命班師。日本在我股掌。爲覇爲王。彼何與焉。乃召行長。盛氣責之曰。汝忘恩背義。與虜通謀。欺罔以辱國家。寸斬不足以謝天下。行長戰悼。無復人色。刮席對曰。臣罪

事寢不問、
裨將、

萬死。然事由三奉行。非臣所專。乃出石田。增田。長束。定封文書數通。以證之。承兌亦委曲救解。太閤怒稍釋。以三成方寵。事寢不問。於是命諸將。再征朝鮮。

蔚山嬰守　日本外史　賴襄

慶長二年。十一月。邢玠入韓。聚議都城。以爲和兵持重。若待秀吉親濟者。其志不在小。宜及今擊之。會明諸道募兵皆至。乃分爲三。李如梅將左軍。高策將中軍。李芳春。解生將右軍。明三十三將。與韓七將。分屬三軍。以楊鎬麻貴統之。糧餉火器皆極豐備。期以十二月進攻。爲我諸將聞之。益修城壘。加藤清正巡視西生諸寨。而留裨將加藤清兵衞。與毛利氏援卒。倶修蔚山。明諸將議曰。秀吉諸將。清正

聲向順天、 嬰守、 斥兵、 衆寡懸絕、 徽號、 別堡、 命中、

最勇悍。先克清正。則餘從風解。乃聲向順天。以牽小西行長。而諸軍會慶州。留高策于彦陽。以絕釜山援路。而李如梅。解生等。皆萃于蔚山。蔚山土木未竣。其役卒駭明軍至。入告清兵衞。清兵衞出戰。陷伏大敗。入城嬰守。淺野左京大夫。率毛利氏將太田政信。宍戸元繼等。將往蔚山監役。行至彦陽。與高策夾嶺而舍。未相知也。比曉。我斥兵上嶺。爲明先鋒所獲。我軍乃覺。政信。元繼說曰。衆寡懸絕。不若疾走入蔚山也。大夫曰。幸長提兵至此。未覩明人之旗而逃。何面目復見太閤哉。公等欲走即走。吾當死於此矣。乃遣其將太田。岡野。龜田。森島四人。率銃隊進逆擊明先鋒。卻之。大夫在高阜。望見策軍踰嶺也。恐其戰沒。使人召還之。不肯。奮擊斃數百人而死之。獨龜田脫歸。獻所獲甲首。且曰。明兵之衆。望之無際。請君速退。大夫怒曰。吾豈聞衆而退哉。自揚徽號。麾衆而進。將士覩之。爭赴明軍。大夫身被十餘創。猶進不已。龜田力諫。使二從士回其轡而以刀鞘鞭馬。馬奔蔚山。策兵追躡。岡田某。福永某返戰而死。清兵衞望見。出城迎入。元繼爲明軍所隔。自間路入島山。島山。蔚山別堡也。時楊鎬。李如梅等。已破蔚山外郭。大夫代清正。率厲將士。嬰壁守之。明兵以大夫爲清正也。欲必獲之。攻擊甚急。大夫自放銃。無不命中。時開門突戰。殺傷過當。二城之間有川。李芳春。解生泛兵艦以絕之。城兵銃破其五艘。溺數千人。而敵勢不衰。麻貴。茅國器鼓衆攀壁。前

麏集、 囑、 緩急、 餧、 兜鍪、

者墜。後者登。晝夜不歇。城兵欲告急於清正。清正時在機張。相距三日程。敵衆充塞道路。大夫曰。誰可往者。近臣木村某奮請往。大夫壯之。予以善馬。已出門。明兵麏集。木村一騎馳突萬衆中。一日一夜達機張。見清正告急。清正大驚。投袂而起。左右或止之曰。蔚山以孤城當大敵之衝。而我募兵援之。終不能保。不若棄之也。清正曰。彈正囑我曰。緩急幸援我兒。今餧之敵。何以立天下。乃率見兵五百人。人負糧食。登舟赴援。與明候船戰江中。走之。清正自蒙銀兜鍪。杖薙刀。立船首。指麾士卒。明。韓諸軍指目。莫敢近者。遂入蔚山。

其二　　賴襄

蟻附、 飛樓、火筒佛郎機、 糗糧牛炙、 皸瘃、 紙礮、

鎬。貴謂將士曰。清正定入城矣。猶檻虎而刺之也。明日。合諸軍蟻附而上。清正令士卒投大石巨材擊卻之。即夜。與數百騎襲明軍。大獲而還。敵更起飛樓。以火筒佛郎機。百道並攻。城壘震裂。清正與大夫堅守不屈。鎬。貴知其不可力取。乃下令休戰。合圍十晝夜。斷我汲道。城兵飢渴。皆嚙紙。煎壁土。刺馬飲其血。馬盡。乃飲溺。夜出城外。搜明人尸。取其所佩糗糧牛炙食之。天大雪。士卒皸瘃。有墜指者。而清正意氣自若。益修守具。用銃及紙礮。日斃明兵數百千人。鎬。貴夜設伏。而曉焚營退走數里。以誘城兵。城兵欲追。清正不許曰。彼擧火以退。退不設殿。不以夜而以曉。是將誘我而殲之也。久之明伏稍稍出。終復圍之。浮田氏卒。有

媾和、貽、紓、挺身、馬韉、糧仗、敗聞、捷聞、

亡在明軍者。呼語城上人曰、楊經理願媾和。欲與加藤公面議之。期城外百步相見。淸正欲往。大夫曰、敵情不可測。公受太閤命、爲一方重寄。勿輕出貽笑外國。雖然不出示之怯也。度彼未識公面。僕請爲公代行。衆遂兩止之。故紓會期以俟我援兵至。黑田孝高在梁山。使使告釜山曰、蔚山急矣。卽陷諸城隨之。不可不赴援。諸將然之。豐臣秀秋。毛利秀元。黑田長政。加藤嘉明。森忠政。蜂須賀家政。藤堂高虎。其子高晃。脇坂安治等。將騎卒五萬自彥陽昌原分道赴援。而行長自海上會之。三年正月。秀秋等至彥陽擊破高策。與昌原軍皆赴蔚山。行長益裝空艦蔽海而至。楊鎬聞我軍自三面至。挺身先遁。麻貴解生等乘夜解圍。長

政使後藤基次晨出候軍。得一馬韉于水涯。還報曰、是日本制。我兵已有騎渡者。不可後矣。長政卽馳蹋明軍。藤堂高晃等揮槍繼之。淸正與大夫乃開門合擊。敵衆崩駭。獨其將吳惟忠茅國器殿而回戰。吉川廣家奮擊走之。明軍大走。遺棄糧仗蔽野。諸將之救蔚山也。明候我空虛。一軍襲梁山。爲黑田孝高擊卻之。一軍襲釜山。浮田秀家使立花宗茂邀于般丹。燒而走之。明主得蔚山敗聞。與其下議曰、是役也。謀之經年。傾海內力。加以全韓之兵。期於必克。今乃如此。罪當歸經理。乃罷楊鎬。以萬世德代之。與鄧子龍張芳監芳威等率楚兵往助邢玠。秀吉得蔚山捷聞。賜手書於淸正。賞之爲餽糧食。

血戰、熸、大熕、樓堞、閧呼、炸破、擣虛傳城、

新寨之捷

逸史　中井積善

慶長三年。島津氏之守泗川也。築海畔、徙據之。以爲根本。號曰新寨。北築望津、以扼晉江。與新寨相距四十里。又置永春昆陽等諸寨。積穀東陽。明董一元引軍抵晉州。隔江而陣。相持月餘。明郭國安者。降在望津。與明將茅國器約爲內應。九月廿日。國器勒兵渡江。我兵臨岸防之。寨中火起。炎燄漲天。衆驚而潰。國器遂陷望津。一元分兵攻永春。昆陽。縱火爇之。我兵皆奔泗川。一元進圍泗川。廿八日。守將血戰突圍奔新寨。一元又焚東陽倉。火不熸者兩日夜。自虜之攻望津。新寨將士屢請赴援。義弘弗聽曰、敵兵衆而氣銳。難與爭。不若固壘以逸待勞。一元益進攻新寨。將

士皆奮欲邀戰。義弘嚴令不許。新寨三面臨海。一面通陸。引海爲濠。舸艦千數泊寨下。一元素憚薩師。疑其有謀退次泗川。冬十月朔。一元合兵二十萬復攻新寨。自卯至巳。其將彭信古用大熕擊寨門。碎樓堞數處。步兵逼濠拔柵爭登。義弘隨機防禦。殺傷過當。閧呼聲震地。會虜熕腹炸破。火藥齊燃。黑煙蔽空。我兵乘勢啓門衝突。島津忠恆鼓策先之。信古兵三千殲焉。餘衆披靡。我兵尾而馳焉。明遊軍茅國器葉邦榮率兵一萬。擣虛傳城。義弘逆料之。團兵五千以待。至則齊出奮擊。虜卻走。其後軍將藍芳威望之先潰。明師大敗績。我師追亡逐北。至望津而返。斬首三萬餘級。

分曹吶喊、
蜚騰咥之、負嵎大嗥、驁、
捽尾、
行臺、
暴虎馮河、夫子以警子路、祖裼暴虎、詩人以危共叔、
敵愾、猛毅趫捷、立懦振怠、
超距、麃麃、
坼、驚駴、

狩虎記 岩陰存稿

鹽谷世弘

征韓之役。豐公下命薩侯曰。欲得虎肉以資藥。須獵以貢之。書以文祿四年正月至軍。時積雪埋山。不可得而獵焉。三月八日。薩侯與世子乘船於唐島。至昌原。明日。勒隊圍山。終日無所見。其翌。披荊棘躡險阻。深入數里。列卒數千。分曹吶喊。峰壑爲震。俄而雨降。烟霧濛密。有虎走出。將突圍。安田次郎兵衞者。島津守右衞門尉彰久之臣也。舞刀逐之。虎還顧迎噉。安田刺其口殪之。須臾二虎跳躍飛走。直逼麾下。世子恐其迫父也。將身當之。舍人上野權右衞門。揮刃邀擊。虎蜚騰咥之。牙投可五步。負嵎大嗥。帖佐六七急驁斫頭。刀三下。虎怒噬其股。側有老松。枝條下垂。

永助十郎捽尾纏枝。極力逆曳。永野助七郎進擊斃之。其一遂遁。六七亦病瘡死。於是薩侯狀其事。獻獲于肥前行臺。豐公大悅。下手書褒賞。世傳之以爲虎狩云。夫暴虎馮河。夫子以警子路。袒裼暴虎。詩人以危共叔。皆戒其誇力冒危也。若薩士。奉君命以狩。與敵愾赴戰。無以異焉。其猛毅趫捷。足立懦振怠者。千古豈有偉于此者哉。舊有薩人所作虎狩文。余更歌之以詩。曰。

豐公眼孔宇宙高。旌旗十萬蹴壯濤。欲吞朝鮮噬明國。汝王我犬虎是貓。就中薩軍尤精悍。投石超距氣麃麃。時惟三月雪方釋。圍山三匝隊幾曹。鼓鼙動天天欲坼。老虎驚駴循谷逃。逐之者誰安田氏。一閃忽見鮮血澆。須臾雙虎

泰山一擲輕鴻毛、
犄角、常山長蛇勢、
一奇一正符兵韜、何比馮婦鄉曲豪、
視如猱、
氛妖、
熇熇、千秋不磨日本刀、

踴躍出。鳴牙來迫中軍旆。以身蔽君其名權。泰山一擲輕鴻毛。三士繼之相犄角。一攫虎尾一相邀。無是常山長蛇勢。一奇一正符兵韜。驍武兼見忠與智。何比馮婦鄉曲豪。吾讀虎狩文拔劒起呼號。當時奇勇人人是。四夷八蠻視如猱。萬里橫行無抗敵。天地那邊留氛妖。嗚呼大陽攸初照。生氣何時不熇熇。勿謂世降兵鋒鈍。千秋不磨日本刀。

家久征琉球 昭代記

鹽谷世弘

慶長十四年。三月。初東照公命島津家久征琉球。琉球在薩摩直南三百五十里。其先爲天孫氏。傳世久遠。保元中。源爲朝配於大島。爲朝有勇力。威服島民。永萬中。攻略諸島。遂入琉球。時天孫氏既衰。國中亂。爲朝略一方有之。娶

驍桀、
附庸
互市、
賓服、
習流、
赭山、

王族。生子舜天。居數年。留舜天而還。舜天長而驍桀。會國人作亂。滅天孫氏。推舜天爲王。姓尚氏。七傳至玉城而衰。其族分國。爲中山。山南。山北。皆始受明封册。玉城裔爲中山王。永亨中。始通於我。足利氏命附庸于薩摩。自玉城四傳至巴志。復併山南。山北。天正中。屢修朝貢。請互市。及征朝鮮議興。中山王尚寧失太閤旨。懼而不來。東照公以海內無事。蠻夷賓服也。令島津家久屢招之。不至。家久請伐之。幕議許之。家久遣新納一氏等。伐琉球。樺山久高以習流三千。先抵德島。獲琉球戍者三百人。四月。薩師至琉球。攻那覇津。琉球張鐵鎖于津口。架巨銃。薩師不能上岸。海瀕有山。險而多毒蛇。琉球恃而不置戍。薩人縱火。赭山而

入、取要溪灘。進攻千里山。不利。轉攻虎竹城。疾拔之。中山王尚寧使弟具志來乞降。不許。長驅而進。五戰皆克。竟及國都。擒尚寧及王子大臣數十人。而嚴禁抄掠。安撫國民。以六十日定琉球。七月。大將軍以琉球賜島津氏。永爲臣屬。

抄掠、

蹲鴟子傳　山陽文稿　賴襄

蹲鴟子者。琉球人也。姓甘氏。名諸。其先曰芋氏。出于荊蠻芋氏之族。有數種。其在蜀者最富。居岷山之下。楚漢之際。有卓氏者。因其力以致鉅萬。其後微。无聞。至魏晉。家聲復著。晉秘書郎左太冲。列擧蜀之材賢。芋氏與焉。唐宋以來益著。其種類遂周九州。施及海外諸國。而琉球尤著焉。蹲

鴟子生而魁偉。重厚有才力。爲族人所推。爲人烏喙而巨腹。如鴟之蹲踞。故稱蹲鴟子云。或曰。其致富類鴟夷子。故云。慶長中。島津氏率兵五千騎。南略地。至琉球。降其王。悉收其貨寶子女。而北。當是時。國內稱文采瑰琦者。皆自炫以冀其采取。而蹲鴟子獨自晦匿。島津氏聞其有濟民之才。同舟而歸曰。吾爲政此土。豈可使野有遺賢乎。蹲鴟子自是爲薩摩著姓。後漸歷遊諸道。无所遇。明曆初。池田氏銳意國政。諮訪材能。一日召老農數人。問之曰。古之用材。求諸畎畝。女輩所知。豈有用之簡。而奏功廣者乎。答曰。蹲鴟子其人也。池田氏曰。然。寡人亦謂爾。乃使人聘之曰。寡人惜子之才。而辱在泥土也。今將升子於廊廟之上。尊俎

鳥喙而巨腹、如鴟之蹲踞、鴟夷子、

文采瑰琦、

廊廟之上、尊俎之間、

之閒。以議民事。蹲鴟子曰。羈旅之臣。慣於野。不慣於朝。君必欲用臣。不若因臣之舊用之。池田氏乃從之。五年。大飢。而獨備前備中民免餓莩。蹲鴟子與有力焉。事聞征夷府。遂下教天下郡國。皆用蹲鴟子。子弟以備凶荒。於是爭以籃輿席薦。聘其子弟。而其種類遂播于六十州。當是時。宿門舊族。曼倩來服。牛旁胡羅匐諸人。見蹲鴟子家道蔓延。皆嫉之。相謂曰。彼以新進。陵駕吾輩。何也。乃相與謀置之醜地。蹲鴟子處之晏如也。曰。居之美者。不便我也。居久之。其地望益高。蹲鴟子性樸素不飾。而黃德內闇。其平居必率其子弟。纍纍相引。未曾相疎。其濟人也。不避湯鑊水火。焦毛髮。嬰金鐵。剝皮膚。而不顧也。然喜與田夫野人交。不

羈旅之臣、

餓莩、

籃輿席薦、

曼倩來服、牛旁、胡羅匐、

黃德內闇、

纍纍、

自貴重。是以聲價頗賤。王公貴人。或不識其面。而權衡人物者。獨重之云。

野史氏曰。吾少游六藝之圃。與其秀英之士交。獨好蹲鴟子子弟。愛其實而不華。重厚而能濟人。交愈熟而其言愈可味。吁。蹲鴟子之才。而爲人所賤。天也邪。江戶有孔陽氏者。獨與予同其好。來謂予曰。揭埋彰沒。史家之事也。子盍記蹲鴟子之事。規世之耳食者。予於是乎作蹲鴟子傳。

權衡人物、

揭埋彰沒、

耳食、

大石良雄　佩弦齋雜著　青山延光

大石良雄。播磨赤穗人。藤原秀郷之裔也。世食近江大石莊。因氏焉。莊枕湖。高山四圍。人多饒勇。經亂世而不被兵。後屬足利氏。應仁之亂。闔族戰亡。有小山久朝者。大石氏

枕湖、

屛居、　浮屠、　寬裕沈毅、齷齪、介意、韜晦不露、　接伴、　主辱臣死、　社稷、介弟、　玷辱、

之同族也。其父曰大膳大夫。事足利持氏。持氏敗死。結城氏朝奉其二子據城。大膳大夫從在城中。城陷死之。久朝落魄居京師。莊民迎以爲嗣。冒大石氏。後爲織田氏所滅。久朝玄孫良信事豐臣秀次。秀次敗。屛居大石。生內藏助良勝。卽良雄曾祖也。幼時爲浮屠弟子。然不欲披剃。逃至江戶。事釆女正淺野長重。元和元年。從長重戰於天王寺。獲首級。後爲國老。食一千五百石。及長重子長直。改封赤穗。從徙。爲祖良欽。襲稱內藏助。父良昭稱權內。早死。良雄年十五。襲祖祿。稱內藏助。事釆女正長友及內匠頭長矩。爲國老。性寬裕沈毅。不爲齷齪自用。時人罕能識也。長矩亦疎之。雖在要職。於事鮮預。而良雄不以介意。常韜晦不

露。人皆斥爲癡。元祿十四年三月。詔使來江戶。幕府命長矩接伴。是日上野介吉良義央辱長矩於城中。長矩大怒。手刃之。俄爲旁人所抱持。義央被創不死。長矩坐大不敬。卽日賜死。國除。弟大學長廣遣人葬之泉岳寺。幕府命長廣屛居私第。遣使收赤穗城邑。時良雄在赤穗。聞變之日。會群臣於城中。來會者三百餘人。良雄謂衆曰。主辱臣死。吾輩固當死。顧社稷雖滅。有介弟大學君。可以奉先君之祀。當是時。扶傾繼絕。責在吾輩。要當以死請幕府。爲先君立嗣。而幕府不許。則與此城俱亡耳。用事臣大野九郎兵衞曰。不可。據城以請。是要上也。一得叛名。玷辱先君。將柰之何。良雄曰。不然。士所守惟義。士而無義。不可謂士。今臨

澀縮、　遲疑、　藉令、離貳、　訃、　明府、　敢布腹心、

大節。不以大義自任。逡巡澀縮。畏死苟免。無恥甚矣。天下聞之。將謂赤穗無人。此亦辱先君也。大野遲疑不決。良雄反覆辨論者數日。大野不能從。良雄迺引奧野將監。原元辰等議之。皆奮然曰。此城者。非祖宗之所築邪。今君亡而讐不死。讐又不易報。則此城決不可去。若先君之後果不可立。則死於城可也。不得已而出城。則死於花岳寺亦可也。良雄壯之。花岳寺者。淺野氏之墳寺也。元辰惡大野不義。叱而卻之。良雄乃遣多川九左衞門。月岡治右衞門於江戶。就受城使陳請。復會衆議城守。大野倡爲逃計。衆多從之。會者僅五十五人。良雄曰。藉令一國齊心。猶恐不能支一月。況今離貳如此。何以能守。不如待公使至。以此意

自陳。然後相與自殺城上。以明殉國。衆然之。遂刺血盟誓。

其二

青山延光

四月。多川月岡至江戶。受城使既西。乃與藩僚安井彥右衞門。藤井又左衞門謀。詣長矩外親釆女正戶田氏定。致良雄言曰。寡君有罪伏法。臣等謹服命矣。但聞訃之日。群臣以爲寡君賜死。由吉良君之死。既而聞吉良君無恙。群臣皆曰。吉良君尚在。吾等何面目而出城。必死於此。臣等非不悉諭。柰田舍人不知國法。何。然彼止欲自刃以殉國耳。非敢怨上也。願明府善處之。使衆情有所少伸。則臣將率衆而退。敢布腹心。氏定曰。不可。群臣不去城。適足累大學也。乃作答書。令二人還國諭良雄。長廣亦使二人諭良

喪氣、 恇擾、 廨舍、 簿牒盈案、剖斷如流、事無壅滯、 怨讟紛然、 錢鈔、 明較、 勳閥、 擧措詳愼、

雄去城。二人還報。良雄密謂將監等曰。吾儆戒二人。勿與大學君相聞。而二人不從。事已至此。若不去城。似有所咨稟者。大學君之禍不測。而淺野氏之後絕矣。爲先君效死。而不能全先君之後。安在其爲忠也。吾等今日之策。不得不棄城以紓大學君之禍。異日大學君若得奉先祀。而吉良氏獲罪。則與俱伏刃。以殉先君。大學君僅得惠赦。而罪不及吉良氏。則直斬其頭。以報先君耳。將監等從之。良雄乃會衆謂曰。有故更議輸城。諸君宜解去。既退。從容諭衆曰。諸君去國。豈無死所哉。衆或曉其意。而罷。然是後衆益喪氣。大野遂逃亡。時公使將至。隣國皆出兵境上。備變。闔城恇擾。民庶騷然。良雄日與吉田兼亮及元辰坐廨舍。接見吏民。應對四方。簿牒盈案。剖斷如流。事無壅滯。城中賴寧。人始知其有材幹焉。先是大野用事。專務聚斂。怨讟紛然。至是良雄悉償長矩所嘗借財貨。國人大駭以爲國猶有人。會堀部武庸等至自江戶。皆不服輸城之議。良雄徐諭之。武庸等乃悟而止。及公使至。修橋除道。候迎甚謹。自城儲庫積。文武諸器。以至錢鈔租稅之微。具備文簿。莫不明較。良雄見目付荒木十左衛門。榊原采女於城上。具述淺野氏勳閥。請爲長矩立嗣。言甚切至。二人曰。諸。吾當爲卿哀訴。良雄退謂衆曰。吾固知公使之言不可恃以爲信。然所以不死於此者。以我心事未伸也。公使有以驗於他日矣。是夜二人招良雄。賞其擧措詳愼。尋還江戶。荒木遣

踐前言、 相爲耳目、 喧騰、 樗蒲、

人報良雄曰。吾既踐前言矣。良雄遂往京師。居山科。冒外家氏。稱池田久右衛門。密與同盟謀復仇。衆變名韜迹。東西往來。相爲耳目。久之人無知之者。

其三

青山延光

初赤穗之滅。人懼其有變。及良雄棄城去。人恠之以謂義央必不得免。衆聞之或謂。物議如此。宜早圖之。良雄曰。吾輩擧事。固自有時。何憂時論之喧騰乎。十一月。良雄往江戶。謝荒木氏。堀部武庸。奧田重盛來謂曰。請以明年三月爲期。不然。託言大學君遷延歲月。僕深愧之。良雄曰。得時輒發。何必三月。武庸曰。僕請以三月爲期者。欲及先君忌辰。雪讐恥也。且不立期限。將何以奮。良雄曰。善。尋還京師。十二月。義央致仕。子義固襲祿。武庸等奮然以爲幕府不復罪義央。可以擧事矣。遺書促良雄。良雄以長廣猶屏居。不許。衆或憤激。欲先良雄擧事。明年春。良雄遣兼亮統領江戶同盟。且諭之曰。吾忍恥至今。爲大學君也。而幕府未有處置。吾必待之三歲。猶不獲命。則決死耳。又遣前原宗房。神崎則休。詐爲商賈。伺察讐家動靜。時彈正大弼上杉憲綱遣家臣守義央宅。嚴設警備。憲綱義央子也。良雄聞之。令宗房開肆義央宅側。以便出入。又聞憲綱使人伺己。乃佯狂昏亂。每遇人則曰。吾病且死。將及今樂餘生矣。自是遊蕩無度。白晝披僧衣。攜妓縱飲於市。或聚傭夫樗蒲。讐家聞之防備懈弛。七月。幕府命赤穗宗室安藝守淺野

鎖甲、韋服、

綱長。錮長廣於安藝。良雄於是決意復仇。而衆往往失望。意氣沮喪。漸與良雄絕。良雄欲聚同盟而東。同盟方散處近國。八月。使貝賀友信。大高忠雄。往而謝之曰。大學君今廢。事不可爲。與卿等結盟無益。因悉還盟册。以試其誠僞。衆或責二人以大義。或有喜色。良雄擇其忠純者。告以其計。皆相次赴江戸。奧野將監等逃亡。十月。良雄遂率同盟至江戸。又變姓名。曰垣見五郎兵衛。衆日夜往覘義央宅。按道途遠近。預定進退部署之處。及其所以拒上杉氏援兵者。甚熟。義央適以疾還上杉氏第。良雄擇衆中少年。分爲四次。每夜往反吉良。上杉兩邸之閒。以察人出入。會義央將招客設宴。以十二月十四日還家。良雄急警同盟。以

十四日夜發。初良雄之去赤穗。竊取長矩藏金萬餘兩自隨。人多汙之。而他日義擧之需。皆取資辦。至是爲簿具錄之。遣人送之長矩夫人許。以明無所私也。十四日夜。與同盟四十六人。會堀部金丸舍。張飲至夜分。衆各就同盟僑舍在旁近者。解裝更服。會良雄於堀部武庸舍。衆皆衷鎖甲。戴兜鍪。著韋服。如救火者狀。攢擔弓槍長梯大槌從之。各持小笛以爲號。約曰。事若不成。縱火自刃。乃分衆爲二。進至義央第。前後大喊。梯屋排門而進。良雄自前門入。子良金自後門入。呼曰。淺野氏遺臣來報主仇。欲禦者出擊。邸駭愕。不暇禦。衆爭突入。奮槌破戸。聲如剖竹。家衆多竄避不出。比至寢室。義央已逃。衆以手試牀蓐微暖。皆曰。人

烏炭、襯衣、遲明、劇談、

去未久。急搜室中者數四。不能獲。兼亮等聞側房有人聲。排戸而入。有三人亂擲磁器烏炭拒之。衆前後圍逼。二人翼蔽一人。奮鬭而死。一人挺小刀將鬭。間光興揮槍鏦之。武林隆重從旁擊殪之。衆疑其爲義央。乃驗其尸。著白襯衣。肩有刀痕。衆喜曰。得非先君之所手擊邪。良雄令光興斬其首。執門者問之。果義央也。乃吹號笛聚衆。衆喜極號哭。索義固不出。良雄命以帛裹義央首。懸之槍竿。率衆而去。入無緣寺。寺僧不內。良雄曰。嚮去吉良氏。忘視火。恐致火災。貽禍鄰里。使人往灌竈爐。遲明赴泉岳寺。預作連名狀二通。一則留義央外廳。一則途遣兼亮及富森正因。齎詣大目付伯耆守仙石久尚請罪。比至泉岳寺。讐家無追

躡者。良雄請寺僧閉門。祭長矩墓。焚香羅拜。乃出長矩所嘗賜匕首。擊義央首者三。衆皆拜泣。

其四

青山延光

良雄使寺坂信行赴安藝。以復仇事報長廣。寺僧引衆給粥。良雄在座。默然無言。寺僧望而畏之。少年之徒。劇談無所顧。適有人因門者贈酒。問之則舊僚高田郡兵衛也。衆怒曰。鈍夫不足汙吾刃。請蹈殺之。良雄曰。殺彼何益。不受其贈可也。衆乃止。幕府命召良雄等於久尚第。訊狀。良雄應答如流。已而分拘良雄等於越中守細川綱利。隱岐守松平定直。甲斐守毛利綱元。監物水野忠之之第。良雄與兼亮等十六人赴細川氏。綱利夜見良雄曰。卿等擧事。一

客氣、罕儔、無狀、委質、庸器、揮灑、

何神也。今在我家。何待防護。然奉上之法。不得不然。卿等勿以爲意。乃令家臣中瀨豐長等善待良雄。豐長卽十餘歲時。報父讐者也。一日幕士天野彌五右衛門來見良雄曰。世人之勇。盡客氣也。至子之勇。毫無輕躁之氣。不可及已。明年。春。常憲公語人曰。有國家者。亦太苦心。赤穗諸士。忠義激烈。近世罕儔。殺之固可惜。不殺則廢法。如之何。遂以二月四日賜死。荒木十左衛門等來細川氏第。見良雄。勞問如平生。乃傳命於衆。良雄再拜曰。臣等自分極刑。今也賜自盡。死且不朽。荒木曰。幕府既罪吉良義固無狀。褫祿錮之。良雄拜謝。將就死。顧旁人曰。公命有。聚徒結黨之語。而吾等皆委質寡君。同志報仇。恐不可謂之朋黨。乃微

笑而起。死時年四十五。良雄忠義天性。粗涉書史。酷好論語。諷讀不倦。嘗遊京師。受業伊藤維楨。一日往聽其講書。時時微睡。及去衆詈其惰。維楨曰。小子勿妄謗。彼非庸器。必能堪大事。其見推許如此。性頗好畫。時或揮灑自娛。又愛牡丹。嘗與所親書。評論花品。見者賞其風流。少時嘗從山鹿氏學兵法。及擧事。悉用其法。算無遺策。而進退以禮。恭敬辭遜。至死不變。有篤學君子之風。初其在京師也。堀部武庸等與書曰。吾等既食先君之祿。宜死先君之事。至於大學君之存亡。非所宜憂也。今不爲先君報仇。而唯大學君是憂。天下其謂之何。良雄諭之曰。今國家既滅。而先君之後未絕者。以有大學君也。大學君方屏居於家。而僕

韙、塡湊成市、翕然、遊衍、

有所待者。亦以先君之後未絕也。當此時。吾輩一旦報仇。則上杉氏必將甘心於大學君。以洩其餘忿。是使先君之後無遺類也。今爲先君報仇。忠則忠矣。然繇此絕先君之後。僕不忍爲也。及長廣錮於安藝。遂決意擧事。然深戒輕擧妄動。隱忍不發。竟能一擧而成其志。議者韙焉。良雄與衆遺言葬長矩墓側。府下聞之。往弔者塡湊成市。所遺戎具。人爭傳之。天下翕然稱其誠節。一時文人或著論非之。而良雄之名益顯。其僑寓之地如山科。人猶呼其宅址。曰大石屋敷。幕府既賜衆死。流其子於伊豆大島。良雄三子。良金。祖練。良恭。祖練爲僧。蚤死。良恭稱大三郎。及常憲公薨。釋長廣還江戶。良雄及諸士子並自流所還。明年。賜長

廣祿五百石。正德三年。安藝守淺野吉重召良恭。授一千五百石。族人收良雄戎具瘞之大石莊。樹碑其上。准后藤原公爲書其額。曰忠義碑。

烈士喜劍碑　鶴梁文鈔　林長孺

喜劍者。不詳何許人。或云。薩藩士。蓋奇節士也。元祿中。赤穗國除。大石良雄去在京師。時物論囂囂。言其有復讐之志。良雄患之。故假歌舞遊衍。以滅人口。一日遊島原妓館。會喜劍亦來遊焉。喜劍素與良雄不相識。然竊希物論不虛。及聞其遊蕩不已。心甚不懌。乃招良雄。同飲于一樓。以微言諷之。良雄不應。因更反復直言。良雄猶不應。笑言自若。無承服色。喜劍乃怒目大罵曰。汝眞人面而獸心也。汝

數臠、
夷然、舐指頭餘瀝、

主死。汝國亡。汝爲大臣、而不知報仇。非獸而何。余將獸待汝。於是展左脚、盛魚膾數臠于脚指頭、使良雄食之。良雄夷然。俯首喫之。畢。舐指頭餘瀝。時良雄啞啞之笑聲。與喜劍叱叱之罵聲。喧然聞乎樓外矣。既而喜劍于役江戸。適聞赤穗人報讐事。問之則同謀四十六人。良雄其首也。喜劍愕然曰。吁。余死矣。夫余目獸視良雄。乃我目之罪也。余舌獸罵良雄。乃我舌之罪也。余足獸食良雄。乃我足之罪也。余心獸待良雄。乃我心之罪也。一身皆罪。吁。余死矣。於是托病歸國。公私了事。復來江戸。則良雄既與同謀之士皆賜死。葬之江戸泉岳寺中。乃詣其墓。拜曰。我當面謝萬罪于地下耳。乃拔刀屠腹而逝。有人又葬之其墓側。夫喜

荏苒、
六秩、

劍氏。初之與良雄不相識。而希其有義擧。中之直言忠告。至罵而辱之。終之殺身明志。以謝其罪。雖非中行之士。其奇節可謂不恥古之俠者矣。中西伯基。亦奇士也。恆喜談忠臣烈士事。喈喈不離口。嘗憾喜劍有此奇節。而世多不之知也。欲別建一石于泉岳寺。畧紀事蹟。以示後人。乃齎費金若干。來徵文于余。余時年方二十七八。未嘗作金石文字。固辭。不可。乃約自今學文十年。而後草之。時余貧甚。伯基乃留其金。使余自救。爾來荏苒過二十餘年。今則伯基年踰六秩。余亦五十餘。皆頹然老矣。余乃爲文出金。致諸伯基。遂償兩債。嗟乎。喜劍之死。固奇矣。伯基此擧。亦奇矣。獨恨余文不奇耳。

箋釋、

土佐日記新解序　山陽遺稿　賴襄

承平中。紀土佐守任滿歸京。以文紀行。傳至于今。多箋釋者。今文政己丑。香川長門介新作之解。而安藝民賴襄序之曰。嗚呼。此當時平常言語耳。方土佐守之紀之。豈料後世有作之注解者。而吾與長門介。皆生八百年後。何知其解之果能得其意與否也。雖然。所紀者。人事也。寧不可推知。按史。土佐守以善歌稱。其爲人。不可概見。然當是時。南海盜賊方起。而得任此國。在任五六年矣。則其閑勦賊護民。功績豈少。觀記所敍吏屬依戀之狀。可以知之矣。而歸裝中。無物可以答其意焉。則其淸廉不營私。又可知矣。數言賊之欲相報。無佗。嘗被勦討。故待解官權而報復之也。

艱虞、
坎軻、優游恬易、
矢口、

道途艱虞如此。而纔到京郊。停山崎累日者。舊宅荒廢。自經理之。乃能得歸。亦可見廉者之効矣。而其後官終於木工頭。位壓得進一階。蓋政在私家。俗貴門地。彼以儒流孤立坎軻。其抑鬱爲何如哉。而玩其文詞。優游恬易。出以諧謔。託之婦人作。自晦其功勞。而世故人情。每躍然於短詞之閒。吾是以知其人物才量。不特善歌也。抑唯其人如此。故其歌如此。世之歌人。人自人。歌自歌。歌與人事。覦爲兩途。土佐守不然也。故此記以常語紀常事。往往擧婢女童子。柁師棹郎。矢口諷謠。長短不齊。而音節之諧。自然成歌者。豈非以警世之士大夫以歌爲歌。刻意飾詞。失其本旨也邪。其嘗撰古今集。猶束於官命。不免有礙。故於家乘。暢

歌本性情詞成萬殊鳥語蛙聲誰爲非歌者
眷眷

敍之而集序所論歌本性情。詞成萬殊。鳥語蛙聲。誰爲非歌者。已與此旨合焉。今長門介亦以善歌名震一世。吾察知其心所嚮。乃在於此。所以眷眷於注解焉。而作解大旨。蓋亦不外於此。此前注者之所或未知。而其實所謂萬世旦暮不難知其解者。則八百年何足言哉。襄儒者也。不知歌者。然土佐守亦儒者。不可專以歌人目之。而長門介亦非以歌爲歌者。所以徴序而不辭也。

永言娛情
景慕
物之遇合出於自然而有數存其間
沿草庵之流
夢寐
摛藻之筆
釣利之鉤

歌聖堂記　山陽遺稿

賴　襄

歌聖堂者。藤井機園所以祭人丸也。初機園過所識家。見其祭蛭子。覺其像有異。拂塵煤諦視之。蓋人丸也。以示鑑古者。以爲昔者頓阿上人手刻人丸像百副。散落人間。是其一云。機園懇請獲之。安諸堂中。而吟咏其下。遂顏以此名。請余記之。夫人丸永言娛情。忘其形骸。寧料後世有頓阿者雕其面目鬚眉。至百副之多哉。頓阿刻像。自寄景慕。寧亦料後世有機園者收而祭之。以名其堂哉。然機園適獲其一而已。其九十九。不知各在誰家。恐皆錯認以爲蛭子三郎耳。物之遇合。出於自然。而有數存其間焉。噫。亦奇矣。或曰。機園善和歌。喜古雅澹秀之致。蓋沿草庵之流。而溯古今萬葉之源。其夢寐歌聖。非一日。故有此奇遇焉爾。在機園固爲欣幸矣。而在像不可知其爲幸與否也。夫其巾而坐。手有所執。肖矣。而歌聖所執。摛藻之筆。而蛭子所執。釣利之鉤也。故蛭子濁。歌聖清。蛭子俗。歌聖雅。雖然較

哦三十一字
酒肉羞奠隨在不乏
享一瓣香之供
笑門福來
巽順婉于東南兌說笑乎
西正
莫逆
解頤　解嚴

其氣焰勢力。則歌聖不能及蛭子之万一。何者。祭蛭子。則致貲巨萬。則世不絕祭。歌聖則不過善哦三十一字。終身學爲蛙鳴蟲啼之聲。故橫目之民。莫不知蛭子之可祭。而祭歌聖者。千万人中。一二人而已。使此像終冒稱蛭子。則酒肉羞奠。隨在不乏。一經機園之鑒。呼曰歌聖也。當其在機園之堂。則享一瓣香之供矣。苟離其手。誰保其不餒哉。賴襄曰。然。雖然使像有知。寧餒而歌聖。不飽而蛭子也。遂書爲記。

大黒像記　温山文

川北重憙

世諺有之曰。笑門福來。蓋笑者。人之和氣也。非唯人爲然。天地以好生爲德。一團和氣流行。是以巽順婉于東南。兌說笑乎正西。芳菲以笑於春。雷電以笑於夏。易稱後笑。詩美巧笑。莞爾而笑。戲不爲謔。樂而後笑。人其何厭。子桑戶。孟之反子琴張。相笑於莫逆。惠遠陶靖節陸修靜。相笑於遺忘。班固笑乎賓。譙周笑乎書。笑之時者也。齊王之計。由淳于之笑。方朔之昵。依漢武之笑。解頤於說詩。解嚴於論錢。亦唯取其笑。如其發不得節。則褒姒笑而速其寇。趙嬉笑而喪其元。撫掌之鬼。脅肩之人。一則見其苦。一則違其命。可以笑而不笑。則失和。可以無笑而笑。則近諂。古往今來。笑之時用大矣哉。今大黒之像。開口大笑。小林翁笑而乞余文。余寡聞於國學。未諳。臨文亦笑。其何異矮豎之笑乎人。後聾者之笑乎人笑乎。

讙然、 推敲詩句、 丰采瀟洒、 祝髮、 醞藉、 獻酬、 箑、 剃豁而鬢矮、 翹翹、 藝苑、 輩出、 彷彿、 躋、

題蘐園讌集圖 愛日樓文 佐藤坦

癯、

蘐園讌集圖、環卓而坐者凡八人。其白首皓眉、色腴而骨癯、讙然若有所容者、爲物茂卿。卽蘐園主人也。右側手紙筆而顧、若推敲詩句者、縣孝孺次公。左側齡最少、眉目清秀、丰采瀟洒者、滕煥圖東壁。祝髮禪衣、體貌肥大者、釋原資萬庵。脫外套、擧大爵、右坐左跪、若醉而顚者、平玄中子和。與子和竝坐、從容醞藉、若相獻酬者、服元喬子遷。在次公之側、凝然端坐、腰刀手箑、熟視子和、而顰蹙者、太宰純德夫。在子遷之後、剃豁而鬢矮、躬俯而面仰、若與萬庵隔卓而語者、宇惠子迪也。自次公而下七人、皆以詞藝名一時。蓋於茂卿之門、爲翹翹者。此圖不知誰所作。必出於其

徒。在當時親睹之者。不然、恐不能肖其眞、寫其態、殫其風流文雅之槪、如此之詳也。在昔宋熙寧中、王晉卿會一時名流於西園。自東坡而下十六人。李伯時圖、而米元章敍之。藝苑傳以爲佳話。如我享保中、亦才子輩出。以蘐園爲最盛。而此集適與西園相彷彿。則圖而傳之、固其宜。且今對此圖、想像當時、使吾如身躋其堂、相周旋於文酒之間。亦一快事也。乃重撫之、錄各人姓氏於顚、俾後之攬者有所考。

梅谿遊記一 近世名家文粹 齋藤正謙

何地無梅。何鄕無山水。唯和州梅溪、花挾山水而奇、山水得花而麗。爲天下絕勝。然地在州之東陬、頗幽僻、舊罕造觀者。名不甚顯。顯自我伊人始云。溪傍種梅爲業者凡十村。曰石打、曰尾山、曰長引、曰桃野、曰月瀨、曰嵩、曰獺瀨、曰廣瀨。屬和州。曰白樫、曰治田。屬伊州。在我上野城南三里許。我藩封疆、除全伊半勢外、又有城和之田五萬石。環梅溪而處、而種梅之村、多屬他封。獨和之廣瀨、嵩村、伊之白樫、治田、爲我治下而已。然按舊志、月瀨諸村多屬伊。伊人道、戰國之際、豪强相奪、此地始屬和。今審其地勢、近上野城。山脈相通、理固應然。故和人之來常少、而四五十年來、伊人每常往觀焉。溪之勝、於是乎顯矣。十村之梅、不知幾萬株。然不盡臨谿。臨溪者最爲淸絕。谿發源於和之宇陀。歷伊之名張、而到於此。廣殆百步。尾山在其北岸、嵩、月瀨、

梅爲之經、松爲之緯、水竹點綴之、

桃野在其南岸。危峰層巖、簇簇錯立其間。梅爲之經、而松爲之緯、水竹點綴之。余住津城、距梅溪殆二日程。久願游而未能也。庚寅二月十八日、與宮崎子達、子淵、山下直介、如伊州、遂往游焉。上野人服部文稼、深井士發等爲導。美濃粱公圖、及其妻張氏、遠江福田半香亦來會。未下出城門、行一里餘、爲白樫。山谷閉已、多梅花。漸入佳境。又半里弱、爲石打。又行未一里、尾山在目。爲之躍然。至則遍地皆花。余初恐違花期、見之心降。入憩三學院、約宿而出。往觀一目千本、梅溪之賞、始於是矣。

其二 齋藤正謙

一目千本、尾山八谷之一也。花最饒、故有此名。蓋比芳野

詰曲、 篩白雲、 熱閙、 依約、 蓊葧、

櫻谷云、余與同人出院、下前崖、覽山水與梅花皆已佳絶。任意而行。至一大谷。文稼識而言之。徑詰曲而上。花夾之。步出其間。如篩白雲而行。數百步達巓。下顧彌望皜然。與豁山相輝映。余嘗遊芳野。觀其一目千本。有此盛而無此勝。又嘗觀嵐山櫻花。有此勝而無此盛也。更求之西土。以梅花名者。杭之孤山。境蓋幽。花則寥寥。蘇之鄧尉。花頗多。地則熱閙。唯羅浮梅花村。對峻峰。臨寒溪。而花尤饒。庶幾可比我梅溪歟。日已斂。昏花隱淡煙中。千樹依約。不見其所極。暗香蓊葧襲人。聞溪聲益近且大。至咫尺不辨色而後去。

其三

齋藤正謙

看花切莫見離披、 醺然、

昏黑還入院。欲俟月升復出觀花也。余平生想溪梅月夜之奇。欲一游併之。每歲春。有人自伊來者。輒詢之。花之開謝。與月之虧盈。每齟齬不相合。遲之七八年。至於今歲。欲以今月望前來。然以地在山中。著花殊晚。其盛開常在春分前數日。而春分在今月之末。如其無月何。忽思邵康節詩云看花切莫見離披。私謂及半開則可。何待其爛漫。遂以望後三日來。豈意花開已七八分。或將十分。實望外之喜也。獨柰日已落。黑雲覆天。意殊悵悵。張燭欲飲。此行購樽容五升者。滿貯酒。命奴負荷。呼取之。酌不數巡而竭。怪詰之。乃知奴醉墜地。致傾覆。益悵恨。買村酒。得數升來。洗盞更酌。雖聒不適口。亦自醺然。文稼風流士。公圖以詩名

小奚、 寶鈿玉釵、錯落滿地、 漾月影、 蘸、 隱約、

海內。而半香善畫山水。餘人亦皆吟咏揮灑。少慰愁悶。俄而小奚來報曰。雲破月出矣。衆驚喜欲狂。捨盞走出。時將二更。月色淸朗。步抵眞福寺。枝枝帶月。玲瓏透徹。影畫橫斜。寶鈿玉釵。錯落滿地。水流其下。鏘然有聲。覺非人境。傍岸西行。前望月瀨。水淸如寒玉。漾月影。蹙作銀鱗。而兩山之花。倒蘸其上。隱約可見。一棹中流。山水俱動。吾平生之願。至是酬矣。

其四

齋藤正謙

沁骨、 滿引大嚼、

花月之賞已畢。還就宿。夜已過三更。疲甚。一睡到曉。覺則奇寒沁骨。紙牕甚白。起推戶。見雪積平地三四寸。連呼奇。又呼酒。滿引大嚼。與同人出。復赴眞福。到昨夜翫月處。雖

如粉傅何郎之面、 縹玉、 彩豔不相因、

溪山不異。丹崖碧巖。悉化爲白玉堆。花亦加素彩。如粉傅何郎之面。其美更增。一俯一仰。入目皚然。獨溪光益碧。作縹玉色耳。棣溪之淸。於是爲極矣。古人論梅。謂讓雪三分白。然雪以白勝。梅以艷勝。各有佳趣。韓退之詠雪梅云。彩艷不相因。是可爲定論已。此行旣收花月之奇。今又幷雪梅之淸。天之賜我何厚也。欲往覽前路之勝。以步履艱而止。

其五

齋藤正謙

篙夫、

旣而天晴日出。近午雪盡消。乃欲往覽南岸之勝。行到一目千本下。見舟橫南岸。卽嵩村渡也。隔水呼之。老篙夫一聲應答。自叢竹中出。撐舟來載。余謂衆曰。北岸山路崎嶇。

嵒石斷齶、羽客、杳然、彭澤之記、首肯、譎詭天嬌、激搏礙磊、澄澈、喉、陡絕、瑤宮瑞闕、猩血色、

難行、未能悉其勝。請先觀之而後及南如何。衆曰可矣。乃命泝溪、抵眞福寺下。嵒石斷齶、舟乃反。尾山之梅、以谷量。八谷各數百千樹。眞福在其極西。其下爲初谷。名曰畝谷。第二曰鹿飛。第三曰捜窪。其上有天狗巖。謂羽客所棲止。第四曰祝谷。第五曰菖蒲谷。第六曰杉谷。第七卽一目千本。第八曰大谷。花之多、與一目千本相頡頏。相距皆不過數十步。其勝各異。不能盡狀。唯諸谷之花、與前岸之山、夾谿相映。舟行其閒、杳然覺仙路不遠。此尤爲奇也。公圖嘗遊於此、有句云、梅花亦自有僊源。信然。余謂之曰、桃花凡俗、未足標仙源。使世眞有桃源者、竟不若梅溪之得仙趣。彼彭澤之記、徒費力耳。恨不使目擊如此之勝也。公圖首肯者久之。

其六

齋藤正謙

舟中既覽尾山諸谷。又欲西觀桃野。纔轉棹、則北岸所未見之山、突兀躍出。樹石雜爲、蚪龍虎豹、譎詭天嬌。有一石。如人之冠而立。曰烏帽子巖。水益駛、激搏礙磊。稍緩處、俯而窺之、澄澈見底。游魚可數。花片點波。輒就唼之。無所得而逝。爲之一笑。仰見桃野在前。地勢陡絕。黃茅數家、縹渺現出於梅花爛漫閒。如瑤宮瑞闕在白雲中。可望而不可卽也。篙夫云、此溪每夏月、躑躅花開。水變作猩血色。亦爲奇絕。故名爲躑躅川也。嗚呼、此溪之奇、一何多也。恨一時不能併觀焉。記之以俟他日。

皜然、雅馴、墝埆、

其七

齋藤正謙

還抵嵩村、舍舟上岸。綠竹數畝臨水。亦梅溪中不可少者也。西麓梅花亦多。與月瀨之花相連、爛成銀海。西行數百步。花閒得阪。螺旋而上。寔爲月瀨山。山腹香雪中、出一大石。苔蘚被之。蒼鬱可愛。踞而少歇。益上至巓。眼界豁然。谿山呈露、無得藏匿。花盌山墳、壑彌望皜然。譬如登泰山頂下瞰大地、皆白雲。是得梅溪之全眞者也。宜乎月瀨之名獨顯、不止其名雅馴也。適天復陰、雪大至。風薄之、如舞蝶塞空。亦奇觀也。下溪索渡還。

其八

齋藤正謙

天復晴。過杉谷。尾山之第六谷也。岡阜陂陀。得徑而上。俯見花堆積谷中。疑爲殘雪。土人爲導者曰、雪若不消、花蘗凍瘁、獲實不饒。幸消釋盡。今年必豐矣。余因詳問一歲之入。曰、尾山一村、上熟得乾梅一百馱。每馱壹斛伍斗。重貳陌斤。併此閒十餘村、中熟大抵得千四百馱。上熟二千馱。每馱價銀玖什錢。或陌錢云。葢地既墝埆、不可耕。以此當穀。及實熟、採乾、送京都染肆、獲錢不減萬石之入。亦山中經濟也。聞備後三原有大梅林。未知與此如何。公圖曰、吾遊三原者再。爲地平遠、與此閒異趣。花之饒、或可相頡頏。地之勝、則不及遠矣。愈上、則一目千本見於左。又前望南岸之花、不減月瀨之觀。適斜日射之。花光煥發。芳霧噴山谷。殆使人目眩、不能正視。亦一奇也。

靳、
餘波、
蛇足、　哄然、
奚囊、
稛載、

其九

齋藤正謙

樂哉梅溪之游也。兩日霤連。從良友佳朋。覽天下無雙之勝。天亦不靳其雪月之美。幷賜之以成三絕。可不謂多幸邪。日夕辭院。將至上野。夜黑迷失路。陷荊棘中。進退維谷。乃跳超渠水。蹊田數町。纔得官路。同人交咎文稼。余曰。不亦奇乎。今日之游。莫不奇者。此其餘波耳。公圖笑曰。如此蛇足耳。衆哄然。初更。達上野客舍。翌日辭別公圖文稼等。纔子達等去。此行。余得七言律詩十首。貯於奚囊。與公圖贈篇。及文稼。半香等所作詩若畫。稛載而歸。貼之壁間。又瓶挿院主所餉梅花。在几案之側。清香滿室。數日恍然。猶在梅溪中矣。於是追記之。得九篇。使子達造圖。置各篇左。以示未遊者。亦欲此溪之益顯也。

撫封、　躋、

貞婦美與七十壽序

拙堂文集　齋藤正謙

天保六年。伊勢國壹志郡矢野村貞婦美與。爲七十初度。平松子愿爲謀壽其誕辰。廣募詩若文。而索及余。余謂美與無產業。無壯子。以纖弱之身。外謀衣食。內養病夫於牀蓐間。數十年。其心苦矣。其身瘁矣。宜若不能久存者。而能如此。將其身所致邪。抑有所由而然也。余每觀前古孝子貞婦。皆名雖壽於後。而身不能皆壽於世。或斃於饑餓勞瘁。或死於水火盜賊。不獲爲善之報者何限。未嘗不爲之憤惋痛恨焉。是豈天意哉。所遭之時使然也。如我先君誠德公之時。則異於此矣。先公之撫封。務躋斯民於仁壽之

登熙熙之臺、
親炙、

域。而其有奇節異行者。特加意愛護焉。於是以孝義貞節聞者五百餘人。皆賜錢穀。被旌表。得以救其身。榮其鄉。而孝女登勢。貞婦美與。制行最苦。蒙恩最多。至親駕其鄉。賜物於前。故二人之貧困。亦皆得優游卒歲。登熙熙之臺。而美與則享古稀之壽矣。此雖其爲善之報。而可謂非先公之賜歟。子愿嘗侍先公。親炙其德。今久閒退。猶奉其遺意。而不衰。如二女之家。每往訪之。遂有此擧。其意不亦篤乎。蓋先公既能壽其身於世。而子愿又欲壽其名於後。美與於是乎不朽矣。於戲有斯君而有斯臣也。有斯君。有斯臣。而天意始得行也。人心始無恨也。民之遭此時。亦已幸矣。美與節行。諸君之文備焉。故余道其所遭之時。爲贈。美與

一村婦。蓋欲道余所言而不能也。及其誕辰。或有誦諸君之文。以稱觴者乎。美與其出余序以酬之。

稱觴、
眂、
類、　齗、
綺、　縠、
享覲、

羽二重說壽猪飼翁

山陽遺稿　賴襄

京之帛。曰羽二重者最貴。蓋以其精且緻。擧而眂之。如重鳥羽二也。夫重鳥羽二。似薄也。卷而約之。可握也。而鍼難入也。線難勝也。其色純模之無類。衣之無齗。而摺而疊之。痕不移也。非如錦之彩可悅也。非如綺與縠之歲新其文。而可狎服也。而用之朝會。用之享覲。非此莫以成禮。自王侯公卿。皆服焉。而造醬若醢者。求其精。必以此漉焉。其品貴且中用如此。而唯京產焉。吾嘗觀志京師人物物產者。題曰京羽二重。蓋取意於此云。余因此思。京師人物。美矣

媿、
瑩而無瑕、
不鷙其辯、
鑽之彌堅、
炫、
厭、
侘、
淪而雪之、不存渣與滓、
壽之、
斁、
饒使、

盛矣。有如錦者矣。有如綺與縠者矣。而至媿此帛而無愧者誰乎。以吾所聞。則其猪飼翁乎。翁之學。精而約。瑩而無瑕。不鷙其辯。而鑽之彌堅。不炫其文。以悅人目。而足以厭其心。其行厚。其節有常。人不敢狎。而亦不能舍而侘求。其猶羽二重歟。淪而雪之。不存渣與滓。其猶其漉物歟。京不可無此人也。獨惜其未爲王公用耳。而已老矣。今七十矣。吾作此說壽之。夫羽二重之精者。服之無斁。亦不比他帛之易敗。而王公一穿之。輒斥之。以更新者。未究其用也。則未盡其壽也。不爲其用。又不遭其斥。而自保此壽。所以可賀。或曰。翁非產於京者。饒使翁非產於京。而成學於京。猶羽二重之取絲於東。而製諸京也。吾鄙人也。學於鄙。而居於京。猶河內木綿歟。其粗且朴。固不可供王公之服也。而或足以充民之用。而其壽亦可冀邪。斯視諸錦綺縠。翁將孰取也。吾併以賀之。

新定漢文卷之二終

讀例
明治三十三年三月七日印刷
明治三十三年三月十一日發行

卷壹 卷貳 版權所有
明治三十二年七月十一日印刷
明治三十二年七月十四日發行
明治三十三年七月廿五日訂正再版印刷
明治三十三年七月三十日發行

卷三 卷四 卷五
明治三十二年十一月二十五日印刷
明治三十二年十一月二十八日發行
明治三十三年七月二十五日訂正再版印刷
明治三十三年七月三十日發行

訂正新定漢文
讀例 定價金拾八錢
從壹至五各定價金參拾五錢

編輯發行兼印刷者 東京市日本橋區馬喰町貳丁目壹番地 興文社
代表者 鹿島長次郎
印刷所 同所 興文社工場
發行所 東京市日本橋區馬喰町二丁目一番地 興文社
關西大賣捌 大阪市東區南久寶寺町四丁目 前川善兵衛

興文社編次

訂正 新定漢文

明治三十三年
十二月五日
中學校用書
文部省檢定濟

興文社藏版

新定漢文卷之三目次

以上

新定漢文卷之三 訂正

興文社編次

幼學綱要序 幼學綱要

元田永孚

明治十二年夏秋之閒。臣永孚侍經筵。皇上親諭曰。敎學之要。在明本末。本末明。則民志定。民志定。而天下安。爲之莫先於幼學。汝與文學之臣。宜編一書以便幼學也。臣誠恐奉敕。謹審聖意之所在。蓋我祖宗。繼天建極。敎人化民。莫一不出於至誠。是以民皆純一正直。父子之親篤。而君臣之義明矣。自六經傳我。仁義道德之說。益明愈廣。雖世運隆替。學科迭興。而至敎之之要。則莫復加焉。夫本於道德。而達於知識。始於彝倫。而及於事業。敎學之要也。故道之以仁義。敎之以忠孝。使天下之民志一定於茲。則其智之所進。其才之所成。發於言辭。顯於行實。施爲事業者。莫不出於仁義忠孝也。苟志向未定。而專知識才藝之務。則殞德性。傷敎化。其害不可勝言。達觀宇內。其稱華夏。稱文明者。猶不免叛亂。是無他。先智力。而後仁義也。苟後仁義。而智力是競。則甲乙相軋。上下交爭。不奪不饜。其如是。則天下之亂。何以止哉。夫三尺之童。知死於忠孝者。我邦固有之德也。豈非以列聖之所崇在此。而習慣之久也邪。風移俗易。民唯務於知識才藝。棄本趨末。遂將至不知仁義忠孝之爲何物。則其弊害。果何所底止哉。今幼穉之兒。智慧未定。慣習猶淺。於是時。先敎之以仁義忠孝之道。浸漬涵蓄。習與性成。道德由是以淳。彝倫由是以正。而風俗之美。聲敎之懿。將有度越上世。而冠絕宇內者矣。聖意懇到如此。誰敢不感激。輒與文學諸員相議。謹擇古今言行之關於彝倫道德。而近切於幼童者。編纂訂正以上焉。辱賜叡覽。令鋟梓以布世。嗚呼。皇上憂世愛民之意深。

浸漬涵蓄、

故垂敎道人之方至。但臣等學淺識陋。不足以副聖意之萬一。所以深恐悚也。然觀者由是書。以知本末先後之不可紊。講習匪懈。俛焉竭職。則於所以奉聖旨報國恩之道。庶乎不差矣。若夫發揚薰陶。以成德性。則又有望乎敎導之人云。

先哲叢談後編序 拙堂文集

齋藤正謙

我大八洲之爲邦。乘震履離。聚天地精華之氣。其民多聰明奇偉之材。稱爲君子國。無媿焉。而慶元以來爲最盛。參之往世可知也。上古篤恭之化千有餘年。其人純質。不以事業顯。是爲崇德之世也。中古典章煥然三百餘年。國有格。朝有式。其人並以風采威儀顯。是爲崇禮之世也。天祿以降。風流燁然二百餘年。大堰之船。望以爲神僊。梨壺之選。歆以爲登瀛。其人並以詞藝翰札顯。是爲崇文之世也。保平以降。干戈騷然殆五百年。源平競雄。南北爭統。合爲兩府。離爲列國。有甲越之兵。織羽之霸出焉。其人並以籌略戰鬬顯。是爲崇武之世也。及至我東照公之興。既戡禍亂。首延儒聽講。大頒繡版。以勸學者。事必稽古。不泥其迹。有華有實。文質相適。於是乎親藩有閒平之賢。列國有齊魯之風。廟堂之上。有房杜之比。韓范之徒。而其下有藤林源室諸子。江崎伊物諸人。前後如林而出。而其人所顯。不可以一體名。是爲崇道之世矣。蓋崇文則靡。崇武則亂。至崇德崇禮。則宜若無弊矣。而非質勝文。則文勝質。未若崇道之彬彬盡善也。於戲盛哉。廟堂諸公。其人在上。事具簡冊。姑置諸可。藤林諸子。其人在下。或參謀議。或備顧問。或務敎學。皆有裨於至治。亦不可無傳焉。先時原公道著先哲叢談。傳七十餘人焉。而享保以下蓋闕如也。吾友東條子臧有惜於此。檢覈攷索。補其所遺漏。又得七十餘人。著于編。以續原氏之書。使予序之。予識子臧久矣。知其學求實蹟。不喜華詞。其能成此有用之書宜也。抑清淑之氣日旺。奎文之運日隆。館閣之英與閭里之俊。繼踵不

俛焉、

乘震履離、

大堰之船、望以爲神僊、梨壺之選、歆以爲登瀛、

開平、齊魯、房杜、韓范、藤林、源室、江崎、伊物、

彬彬、

奎文、

盤礴

允塞

洛閩

絕。後之人豈無復續茲編者哉。果然。則子臧亦必與其列歟。是予所望於子臧也。而予亦將自勗焉。

迪齋說　愛日樓文

佐藤坦

姪仲復有志乎斯學矣。一日丐所以名齋於余。余以迪齋名之。問其說。曰。迪之爲言。蹈也。躬蹈之而已耳。曰爲學之方。盡乎斯已乎。曰。迪之爲言。導也。躬導之而已耳。曰。蹈我之也。導人之也。而可以爲一乎。曰。道一而已矣。孰人己焉。其所以導之者。乃其所以蹈之者也。仲復未達。請問。余曰。我能孝於親矣。而後求人之孝。我能順於兄矣。而後求人之順。我能忠而信矣。而後求人之忠與信焉。古之君子有諸己以求諸人。人己一也。總之一性焉。故曰。合外內之道也。君子之學。盡乎斯已矣。而又奚疑。雖然我有意乎導之也。而曰。吾將姑蹈之。則僞矣。僞則民不從也。故誠蹈矣。乃其所以導之者也。迪乎迪乎。汝識之。仲復躍然曰。唯。

送木下士勤序　息軒遺稿

安井衡

予接於天下之士多矣。獲友二人。曰濱松鹽谷毅侯。曰熊本木下士勤。自予之友是二人也。目日加明。耳日加聰。而二人者亦不予鄙棄也。每暇日相聚。談經論文。究其底蘊。醉焉則盤礴於一室。善謔互發。歌呼嗚嗚。自謂天下之樂。莫以加焉。既歸。家人輩必逆謂曰。君亦自鹽。木二子來邪。何其喜氣之多也。其親好蓋如此。然我三人者之志行。亦各不同。士勤恭遜直諒。不敢激論放言。其學純守宋儒。其文典麗而雅潔。毅侯倜儻有大志。秉心允塞。其學時溢於洛閩。其文遒勁明快。皆非予所能企及也。故迂疎狂戇。不能與世俯仰。則取於士勤以飭之。趦趄齷齪。不能有所施爲。則取於毅侯以達之。騁於稽古。忽於內省。則視其純。而察其所溢。文最拙。曾不能爲二子之役。然典麗以剳我蕪。明快以慰我澁。彷彿乎若望其影。凡制行修辭。無所不資焉。則予之惓惓於二子。固其宜已。然

他山之石可以攻玉

驩然

冲天　羂

捐館

切劘

折其衷

索居

則二子何取於予也。詩云。他山之石。可以攻玉。其唯疎礦如石。然後可以攻玉。是以迂疎狂戇者。二子亦不得不資以磨其玷焉爾。予嘗戲二子曰。我三人者。百不同也。然亦有同者焉。不幸是已。士勤五六年間。連喪其父祖妻子。所餘唯一幼兒。又託於人以來此都。毅侯一貧如洗。殆使婦無褌。而盛名所在。謗亦從而起矣。予又以狂妄。遠其墳墓親戚。吾儕所爲。得無非神人所惡乎哉。毅侯驩然曰。是仲平不知足之過也。士勤奮於農。擢爲世子侍讀。其幸勿論耳。子雖客居。近亦參藩政。而世弘去醫而儒。又增其俸與階。譬之紙鳶。既已冲天矣。其翻於疾風。羂於喬木。乃其常耳。不絲斷而墜於溝。未可目以不幸。而子以爲不幸乎。予無以難焉。然心知其爲不情之言也。既而熊本世子又捐館。士勤慟哭。將治任歸其國。嗚呼。遭遇不足道也。獨死生離合之際。仁人君子所傷悼不能捨。毅侯之言。亦爲士勤而發。今其不幸不可得而慰。而我亦并所以

磨勵吾志行而失之。雖以毅侯之達。亦必悲之。而況於予因二子以成事者乎。然予與二子。生乎數百里之遠。各長其土。各事其君。而聚首於一都之中者十餘年。經史乎切劘。文酒乎周旋。則是十餘年者。天之所以貺吾儕也。我亦不能不謂之至幸。然則今茲之別。固其宜耳。獨柰一別之後。海山千里。再逢不可復期。予與毅侯。經史相問難。而能折其衷者誰歟。文酒相招聚。而能助其歡者誰歟。與言及此。殆難爲情。嗚呼。幸之與不幸。予不敢言焉。大丈夫處世。當成其所志。以表見後世。我三人者之所同。非同於此邪。果能是道矣。雖索居千里。猶之比肩而立耳。何必若女子小人。終身欒鹿聚。而後爲意得歡洽然哉。往矣士勤。子能成其志與否。我將徵之他日書疏。

送安井仲平東游序　宕陰存稿

鹽谷世弘

嘗觀於當今之學徒。其在庠校。孜孜勤苦者有矣。及退庠則倦焉。

退庠而不倦者有矣。及畜妻子則衰焉。畜妻子而不衰者有矣。及獲祿位則廢焉。獲祿位而不廢者有矣。逢一患嬰一災則挫焉。蓋其退庠而倦者。其志小者也。畜妻子而衰者。其器狹者也。獲祿位而廢者。其意滿者也。逢一患嬰一災而挫者。其氣不剛者也。吾觀於當今之學徒衆矣。其能退庠而不倦。畜妻子而不衰。獲祿位而不廢。逢災患而不沮不挫。若我安井仲平者。未多覯也。仲平。飫肥人。眇然小丈夫。狀寢陋甚。歲之甲申。來入昌平學。居三年。矻矻不少懈。讀書眼透紙背。識慮高卓。議論出人意表。予深畏事之。歸鄕後。歲數次必有書至。大率激憤忼慨。以僻壤乏師友爲言。其藩士之來于東者。僉云。仲平少時孤介。短於容人。今則直而平。方而恕。接衆諧和。事長有禮。闔藩敬信。至參預國事。致身奉公。所建白皆切時務。有著續可傳述。而講學則益勤矣。閒從其君。祗役江戶。所居舍。湫隘樸陋。塵埃滿席。而讀書之燈常烱烱。時從師友。出其新得。輒卽驚人。戊戌歲。遂辭官挈家。來就學於江戶。居無幾而逢火。資財蕩盡。未踰年。季女又病痘夭。仲平自降祿爵。離桑梓。孑然僑居乎三千里外。竄突未黔。累逢不虞之難。人倫之變。皆人所不能堪。而志氣不少撓。讀書日必盈寸。作文年可以囊計。齡垂五十。俛焉刻厲。不知頭之將蒼。此豈今世之士哉。仲平巧心計。自言吾於數術。不學而能焉。以予觀之。其稟於天者。於智特深。古人云。性敏者多不好學。仲平以最敏之質。嗜學甚於食色。故格致日新。識度日躋。治家善審出入之計。不虞之變。待之有備。推而至邦國天下。其於利病得失。確有成算。咸可施行。謂之非今世之士。非譽也。予賦性鈍。百事皆拙。而於算最瞶。以故治產無檢。終歲栖栖。精神殆乎耗。自有妻孥業覺日退。而事君無狀。未能涓埃益乎國。居恆觀於仲平。以自勵。然惟恐其終身不能及也。今茲季夏。仲平欲濟刀禰河。登日光山。還軼北總。游于水府。觀名公賢佐之所經綸。然後

狀寢陋甚、矻矻、眼透紙背、孤介、湫隘樸陋、烱烱、蕩盡、桑梓、孑然、竄突未黔、格致日新、識度日躋、瞶、栖栖、涓埃、軼、

東入陸奧。縱覽金華。松洲之勝。與衣川。高館之陳蹟。壯其意氣。以益爲進學之資。其驚人者。將滋不可測也。嗚呼。可畏也哉。

踰碓冰嶺過淺閒山記 艮齋文略續　安積信

獅子生子。必墜之深谷。能出者育之。不能者棄而不顧。此誠獸爾。人則異於是。不問其能不能。必愛養之。然使其涉遠途歷難阻。知風土謠俗山水之變態。鄙語所云。愛子羈旅者。亦獅子墜谷之意也。予有三子。長曰文九。生而四歲。患疥。百方療之不已。年已十有三矣。瘡珠攢簇。肌膚如鮫魚皮。痛痒不可忍。予以爲大戚。且生于大都。所見惟紛華之地。所與嬉惟囊屐子弟。未嘗出都門一步也。是以肉緩皮慢。筋骸不相束。略無慷慨激昂之氣。予又甚憂之。因謂上毛草津温泉。於治疥有効。使兒澡浴以療疾。兼知羈旅之艱。斯爲兩得矣。乃以天保戊戌五月端午。挾文九啓行。塾子梶塚士善請同遊。先發。候于熊谷。六日。抵熊谷。士善父子歡迎。亟命酒相款。盤饌甚殷。七日。偕士善上道。父玄節送至深谷驛。飲別。宿高崎。八日。閒晴閒雨。望諸山。皆在雲烟中。至松井田。妙義四五峰。突然湧出。而雲氣浮動。一翕一闢。乍現乍隱。如神龍之不可摸捉。予往年遊此。天極晴。衆峰歷歷在目。今則出沒不定。作種種變態。殆如盡其技而相娛者。過碓冰關。至阪本。雨又至。乘蔸子踰嶺。陟降三里。道極險。左右巨石危磯。磨牙角相逼。古木翳薈。雲氣自轎窻坌入。如綿如絮。可持以藏之袖中。山風凄寒透肌。而舁夫流汗遍體。其勞可知矣。絕頂爲毛信界。雨稍晴。四山簇簇而出。東見奇峰。如筆架。如箏㩦。想亦妙義金洞諸山也。休歇下嶺。路益險。而直下有建瓴之勢。輿轎如飛。一炊頃。卽抵輕井澤矣。九日。倩馬而發。晨起甚冷。皆挾纊。驛外平楚千里。萬山環立。物象頓異。信州爲天下絕高之地。故雖仲夏。如深秋之候。抵沓掛。辭官道入山。淺閒山巍然當面。絕頂勃勃吐煙。如自窰中出。勢頗雄。然遠望之。與岳蓮相伯

陳蹟、愛子羈旅、瘡珠攢簇、囊屐子弟、澡浴、閒晴閒雨、一翕一闢、蔸子、坌入、如筆架、如箏㩦、建瓴之勢、一炊頃、挾纊、平楚、窰、相伯仲、

華表、兩楔、
輥出、焦迹 深黝、
磊磈、
浩蕩、烏有、
墮地以來、
刺刺、
二臘、
瘏痡、
脣焦舌燥、艤舟、

仲近視不甚高蓋地勢既絶高山又踞其上不似岳蓮之千仞削成故然踰一嶺嶺與淺間相屬登二里餘淺間近覆頭上已登稍平夷有木華表沒于地所餘僅數尺馬夫曰相傳華表兩楔高二丈八尺天明中淺間山頂發火大石千百飛騰相擊于空中響如萬雷諸州地震灰沙雨數十里外山中深數丈此其所埋沒也仰觀絶巓已近其側孤峰崛起是爲小淺間從此下山半里餘始見山脊往年火石輥出焦迹深黝絶不生寸木黑煙益騰上馬夫曰山巓發火處突陷數千仞周廻里餘其中成一大火坑烈燄常燃震爆之聲成雷朝山者或至其崖窺之莫不震慄又云往年之災巨石自嶽頂飛墜其大有百餘丈者距此數里惜不使公等觀耳山下原野皆爲焦土燒石磊磈橫路想見當時變災之狀使人慘然至狩宿有關過關數里涉吾妻川天明之變火石自山頂滾下塞川川流漲溢泥水與火石相激浩蕩上陸沿川村落皆爲烏有

人畜死者以數萬計相去五十年村落未復于舊云過川山路陟降三里至草津投客館中澤氏已秉燭矣兒文九始涉遠途峰巒之奇秀道路之險阨實墮地以來所未觀精神英發燈下與士善評山批水談刺刺不已非復平素驕惰之比蓋山水秀氣有以激發之信乎愛子不可不覊旅也從此日浴温泉未二臘而疥漸向瘥神氣益壯温泉亦靈矣

下岐蘇川記 拙堂文集

齋藤正謙

天保丁酉四月余竣役與兩藩士俱自江戸還取路東山舍輿步行旁探名勝五月四日下十三嶺晚宿伏見驛連日崎嶇經涉山間頗疲至奴輩把槍荷鎧者或瘏痡不能起且聞水路之勝熟矣因謀賃舟下岐蘇川至桑名殆二十里不一日而達乃召舟人戒之翌日夙起趨水濱求舟舟人家在前岸樹林中閉戸未起阻以灘聲喧豗累呼不達脣焦舌燥久之乃應與其兒艤舟來迎日已

櫂、巒巘、
紅杜鵑、縿縿灑灑、
五色陸離相閒、皴率作大小斧劈、
荆關之筆、倪黃之手、
翠微、
砉然、
一餉時、
千里江陵一日還、
脆美媚口、解菜、
搰搰、
煩寃、

加辰乃發舟狹長薄板爲之呼爲鵜飼兒纔十二歳耳父在舳兒在艫各持櫂操縱甚習灘急舟走兩崖巒巘一時皆搖當前所見倐忽在後唯見岸行山走而不覺舟移山皆石身戴土松爲之鬟而紅杜鵑粧點於其閒腥血如滴又處處有水簾懸焉縿縿灑灑墜於潭石上石皆奇狀羅列兩岸或特立若柱或拆裂若門或若渴驥飲澗或若臥牛橫道五色陸離相閒皴率作大小斧劈閒有作荷葉披麻者濯波湧以出交替去來不暇應接蓋譎詭變幻中帶清秀深穩之態非荆關之筆倪黃之手不能狀也雖僕隷輩不解山水之趣者皆連呼奇不絶聲忽遇一大巖屹立水中舟殆觸之少誤則齏粉矣衆懼而默舟人笑捩柁避之輒掠巖角過如此者數處未嘗差絲毫但經巖際波激舟舞飛沫撲人衣袂盡濕回視僕從各握兩把汗殆無人色舟人甚閒暇從容吹煙而坐視上流船併力挽上者難易懸絶已而離峽漸平遠犬山城露於翠微

上粉壁鮮明衆望見歡然比至城下又有暗礁齧舟砉然欲裂衆復相顧瞿然過此以往漁舟相望歌唱互答衆心始降矣蓋始發抵此爲陸行半日之程不一餉時而至其快可知矣嘗讀盛廣之酈道元所記誇稱江水迅急之狀至唐李白述其意云千里江陵一日還平生竊疑以爲文人虛談今過此際始知其不誣也但舟行甚迅不能徐翫峽中之勝爲可恨已又三里抵笠松鳴鐘方報巳登憩岸上店目猶眩仰見屋椽動搖不定瞑坐良久乃止進罇脆美媚口此行跋涉山谷蔬食彌旬獲之以解菜飯已復入舟岸愈闊水愈緩險阻已遠無復可觀枕籍而臥風方逆舟人用力搰搰甚勞櫂聲喧聒使人煩寃午下稍得風便揚帆復走衆乃睡熟比醒達於桑名日尚高謝遣舟人登陸而行至四日市宿焉自伏見至此殆爲二日半路程道上行見家家揷菖蒲彩旗翩然翻風衆在行旅倥偬涉日殆忘月日至是乃知屬端午節不圖今日舟

弔屈、汨羅之鬼、
千金之子、
襟度蕭散、土木形骸、
嵇叔夜、阮仲容、
擘窠字、
結體飄逸、
梅道人、倪雲林、
冠冕、衣鉢、
筆俗、
闖入古人堂奧、
富濟勝之具、
非煙火中人、
幀、
絕筆、
奇致坌涌、雲烟遶腕、氣超於五采之外、而韻發乎六法之中、
石破天驚、
曠古、
絕倒、

行爲弔屈之擧。抑亦奇矣。且舟陵危險。布帆無恙。免爲汨羅之鬼。不亦厚幸乎。蓋天下之至奇至美者。每在於艱難危險之地。不獨山水之勝也。求之者。比於入虎穴探龍頷。危而後有所獲矣。余於是乎有感焉。未可以語千金之子也。姑記之。以示苦學勵行之人。

池無名傳 艮齋文略

安積信

池無名。字貸成。號九霞山樵。京師人。天下所稱爲大雅堂者也。襟度蕭散。土木形骸。毀譽得喪。都付度外。有嵇叔夜。阮仲容之風矣。善書工畫。五歲時。見千杲禪師。作擘窠字。頗怪偉。禪師大奇之曰。是麒麟兒也。後當名於海內矣。長而刻意於晉唐古帖。結體飄逸。自成一家。畫法則出入于梅道人。倪雲林之間。專以氣韻爲主。山水尤精絕。世人爭購之。雖零絹尺楮。莫不寶重。先是狩野氏。土佐氏。世爲畫苑冠冕。其衣鉢皆出于宋元諸名家。而授受寖失其眞。卒變爲筆俗。有志之士。欲矯其弊而復之古。而力不足以振之。獨

大雅才最高。志最篤。動必取法於華人。而時人未之信也。嘗齎畫扇。遊尾濃諸州。一握不售。困而歸。抵瀨田橋。悉投之水中。益發憤苦勵。遂闖入古人堂奧。聲華隆隆然震海內。而言畫者。莫不以宋元諸家爲準據矣。性好奇山水。又富濟勝之具。千里孤往。經月忘返。層巒複嶺。飛屐上下。不窮其高峻不止。最愛富士山。屢登之。每異其路。披榛莽。攀狐兎之蹊。究人跡之所未到。遇異人焉。神姿奇偉。非煙火中人。盖仙云。先後所作富士山圖。凡一百幀。橫側正偏。備極其妙。爲天下絕筆。蓋大雅爲人。纖毫塵垢。不以溷其懷。而濟之以江山之助。故奇致坌涌。雲烟遶腕。氣超於五采之外。而韻發乎六法之中。有不可以勉强到者。至若富士圖。則特妙倬詭。石破天驚。實曠古所未有也。其行事亦多出人意表者。嘗赴浪華。遺畫筆。妻追躡授之。乃投拜以謝。不知其爲室也。聞者絕倒。豪商索畫。許而不果。屢遣奴促之。竟不就。奴出門大罵。大雅走出陳謝。亟濡

牟贏利、
秦箏、
宛然、
葢幢繽紛、
蘭陵王、
渾儀風竿、
裙帶縹緲、
鬭飲拇戰、
梲欂欄楯、桷、
靉靆、

毫付之。每欲購石刻十三經。縮衣食數年。得錢百貫。就書賈購焉。書賈牟贏利。不與。大雅長吁而歸。會祇園祠有修造之事。乃擧以助經費。其奇異絕俗。類如此。妻玉蘭。閒澹不飾。能配夫之行。亦善畫。每良辰美景。斗酒相酬。大雅彈琴。玉蘭鼓秦箏。相和而歌。觀者幾作晉宋閒想。安永丙申。以疾卒于葛原草堂。年五十有四。

題畫 朗廬文鈔

阪谷素

畫有少年。有美人。有老僧。香雪翁以問之朗廬子。朗廬子曰。有。有。翁若以問之禪家。必曰。無。無。難矣哉有無之間。朗廬子又以問之香雪翁。

象墜記 山陽遺稿

賴襄

形山生妙於彫刻。所造象墜。彫盧生夢圖。方一寸强。而爲樓閣十有五。爲人八百八十。爲馬若象十二。爲禽鳥未審其幾隻。驟視之。如蟻集腐菓。諦視則種種可辨云。請余作記。余不以爲信。且方校

舊著外史。未暇也。乃今觀之。盧生在榻。美睡。眉鬚宛然。枕邊忽現儀衞人馬。前騎後從。葢幢繽紛。中擁彩輿。導以樂。至大門。門外百吏拜迎。門後有殿。殿後重樓疊閣。最後一巨殿。設幄坐生。衆輦珍玩侍焉。殿左設筵。一伶方舞蘭陵王。奮袖頓足。又有笛者。笙者。箏築者。鉦者。羯鼓者。而觀舞者。五十餘人。閣右有堂。群姬導客。上堂入房。攀梯登樓。几案瓶爐整然。有展書畫者。聚首評者。揮毫者。捧硯立者。樓又一層。露臺匝之。置渾儀風竿類。其前雲梯如虹。蜿蜒而上。到最高樓。生凭椅。美人立侍。裙帶縹緲。樓下兩筵。一爲詩筵。隱几檢書。憑欄撚鬚者。一則裙釵醉舞。吹簫拍板者。下以一大樓受之。醉客雜沓。杯盤狼藉。鬭飲拇戰。行酒執炙者。各盡狀態。而大樓下。卽觴舞筵也。其結構有條理如此。而梲欂欄楯。各應繩墨。桷必方。瓦必圓。瓦或雕龜若龍。介鱗眼爪皆備。瓦際時有數雀。相顧啅嘖。其乳者。離巢而飛。余眼不能睹。以靉靆就明睨之。又聽生之

籠蓋天下、蟻營、
騶從、
津津、屑屑、

指說。纔得辨之。嘻。信矣。有客同觀。咲曰。技雖妙哉。得非無用乎。何必就方寸物。備此群品。枉費精神。而先生又作之記。爲。余曰。不然。是形山借此曉世也。世之人。溺於富貴功名。以此爲大焉爾。五十年將相意氣。籠蓋天下。不過一夢。籍使非夢。自至人視之。直蟻營耳。余修外史。倣彼國策史漢。歷敍鎌倉以來興廢。其事可謂大且夥矣。嘗按地毬圖。亞細亞一洲。不能掌大。至於我邦。以指指之。蔽而不見。比此象墜。更小矣。而數十英雄豪傑。流血如河。積骨如山。以爭此指大物。至其得志。城闕連雲。宮宇障日。姬妾騶從。千乘萬騎。亦不過就指大中爲之。而後世津津談之。屑屑敍之。其爲無用。一也。而余修史二十餘年。累三十萬言。而不能悉擧形山以方寸悉之。數閱月輒畢工。其敏如此。不可以不記而傳之也。遂記形山。丹後人。姓小嶋。名旭。天資善彫。造此時。年甫二十。其人眞率好談咲。卒逢者。不意其巧思縝密能然云。

奇峭、
攢竦、
矗出、
石罅、
石皴、董巨、
槎牙瘦古、

耶馬溪圖卷記 山陽遺稿

賴襄

余嘗讀昔人畫。疑其山貌太奇峭。恐非天壤間所有。畫人一時興到。鼓舞其筆墨耳。及覩豐耶馬溪。乃知造物奇怪。畫手亦有寫不到者也。歲戊寅。遊鎭西。過海。南望彥山於雲際。已覺其有異矣。既經二肥。薩。隅。還寓豐後隈邑。臘月五日。入豐前。遇一水北來。蓋發源彥山者。沿焉而東數十里。昏黑覺左右峰巒皆非凡。山溪相迫處。鑿山腹爲道。又穿牖取明。余買炬以入。遇牖窺見月在溪水朗然。宿民家。翌。大霧。待霽乃發。復沿溪東。愈東愈奇。群峯夾水攢竦。如春筍矗出。有土戴石者。石挾土者。全石者。全石破裂。成洞穴者。兩石相鬪。其一欲仆者。石數層累成夏雲狀者。而樹自石罅橫生縱生倒生而上指。叢生蔽石。如與石爭勢而欲勝之。石又自樹中奮躍而出。而石陰皆苔。紫綠相間。或沒石半面。或沒全身。又如援樹攻石者。大抵峰勢石皴。如董巨刻意圖。時窮冬。多老木葉脫。槎

枯蘚蒼渴、王叔明、
燖
肪脆、
詑、
田塍、
挑燈、
蒼潤、
支裔、

牙瘦古。皆倪黃筆法。而苔枯蘚蒼渴者。王叔明也。古人筆墨。不吾欺也。至柿阪。憩孤店。店面石壁數丈。飛泉懸焉。仰則更有高峰。不知其幾十丈。余急釋所佩酒瓢。命燖之。竈突蕭然。會一獵師新獲豪豬。割而賣之。肪脆如水。連引數大白。又行。溪又數曲。隨峰勢上下。或激雷噴雪。或渟膏凝碧。峰影爲之或碎或全。似水妬山而亂其影也。至屈智林。溪稍開。有小村。過一橋。自此行溪北。開者益開。數十里。詣古城正行寺。寺主含公。余故人。竢余既久。余先詑曰。君州山水大奇。含公曰。更有奇者。使子目之。居二日。與含公南行。行田塍間。至仙人巖。巖石突立山頂。含公指示余。余不甚賞。其明。又徑田塍。至羅漢寺。寺据山。鑿山作洞。壑橋梁狀。安五百像。余復不甚賞。宿寺前逆旅。挑燈而談。余曰。山不得水。不生動。石不得樹。不蒼潤。所以余賞馬溪。而不賞仙巖。至於羅漢。則人工耳。然皆馬溪之支裔矣。且馬溪溪山相迫。無田塍礙目。而其路坦夷。眞可遊也。

幹、

然爲二豐通道。過者慣看。況公等生長此土。宜不覺其奇也。余則再遊不可期。將復溯之。以諦觀之。含公奮袂與偕。早發。過一水。北出馬溪口。峰容樹色。忽覺迥別。自淺入深。自平入奇。泝前數曲者。一曲奇於一曲。比諸前遊。更可喜也。復至絕壁下孤店。店主識余面。驚曰。是前喫猪客也。有何幹。再來此邪。余曰。欲看山耳。曰。山有何好看。吾不禁子看也。遂席溪畔。與含公傾瓢一醉。宿山寺。明。雨。借轎西還。山峰得雨。皆變幻作態。或前以爲一山者。分成數峯。如群仙駢肩。露其半身。萬松振鬣。鼓濤於雲中。又如廿五菩薩奏樂而至也。還至屈智林。含公慮吾酒盡。預戒家僮。䭾樽於馬來。取醉。宿阿保村。翌。歸寺。又三日。辭去。踰海東歸。自海雲中。顧望鎭西山岳。其屬豐前者。皆有別態。彥山。其尤大者。耶馬山脈水理。蓋皆自彥山發。故獨絕耳。余足跡幾半海內。弱冠東遊。得妙義山。以爲無雙。今馬溪百里。如妙義者。不知幾十峰。謂之海內第一。或不誣也。

己卯之臘。胠橐。得爾時寫山粉本數紙。戲以意接屬之。爲橫長一卷。又記其由。併錄所得詩九首。余詩文笨拙。不足狀其髣髴。況畫乎。後有能者如董巨。倪。黃之流者。躡其境而補成之。庶幾不負此山水。然目此山水。爲海內第一者。乃自賴子成始。圖爲含公取去。備後故友橋元吉亦好山水。請爲寫一本。諾而未果。今茲己丑。護母至尾路。留旬日。乃踐前約。而舊圖不在。尋諸胸臆。冥搜默運。覺山精水神或來助我。遂能成此。屈指已十二年矣。憶當時歸帆外。豐山依依如相送者。今猶在目中也。

霧島山記 艮齋文略

安積信

橘南溪東西遊記。山川物產之奇。粲如列眉。其中霧島山尤倬詭。讀之不勝神往。因譯國字爲漢文。以充臥遊。與同好者共焉。

霧島山在日向州。高四十里。周廻三百六十里。相傳鴻荒之始。册諾二神。從天橋俯視。見海霧中有小島。乃以鉾探之。遂降臨。因以名焉。其鉾至今倒立山頂。世稱之天倒鉾。誠神聖之靈蹟。邃古之遺器也。但峰巒崇峻。巖谷深阻。多風火雷電之異。登者往往失所在。故能極其巔而觀所謂倒鉾者少矣。南溪遊西州。抵霧島。因欲登觀焉。而非有膽力者不可偕。會一少年乞結伴。意氣甚可壯。乃以仲冬初八發。大抵日。薩隅三州。瀕南海。氣候溫煖。雖嚴冬不見冰雪。是歲最暖。惟御一綿衣。經水陸二日。始達山下。陟八里許。有廟甚宏麗。晚投祝史家。詰朝倩嚮道俱登。喬木摩天。陰翳晝晦。惟踐導者之迹而進。直上十五里。童然無草樹。四望空闊。三州諸山。環拱起伏如翠浪。遙見海水汪洋中。孤峰突起。儼然琉璃盤上一點螺也。導者云。是薩之櫻島山。又登十五里。山益峻。燒石大如栗者。撒布路上。天忽晦冥。暴風揚沙。怪雨霎霎。自谷底倒捲而上。不覺毛髮森豎。又登八九里。路稍夷。而左則絕壑萬仞。雲烟密布。黮

笨拙、 冥搜默運、 依依、 粲如列眉 倬詭、 充臥遊、 鴻荒、 天倒鉾、 邃古、 祝史、 童然、 環拱、 一點螺 霎霎、 森豎、 黮、

不見其底。右亦浚谷數十丈。中間通人處。如行馬鬣上。曰馬脊越。稍進。燒石隨步崩下。鑿鑿有聲。須臾猛火炎熖。發于谷中。雷電殷輷。山鳴谷應。腥臭之氣撲鼻。或玄雲如潑墨。澎湃匝地。咫尺不辨。往來翕霍。倏聚倏散。作鬼神佛陀諸靈異之狀。或白虹一道。自脚底起。直上天半。或光怪閃爍。天地變爲黃金色。步武變幻。不可方物。蓋硫黃苡硝之氣。鬱積谷中。陽火自燃。陰氣應之。爆然震激。現種種變怪爾。特可畏者。橫風時來。勢如奔馬。稍不愼。則爲所捲去。頓爲火坑之鬼。所謂登者失所在。皆是物也。導者切加警誡。每風至。卽全體俯地。既過復起行。如是者數次。心悸骨驚。疑入阿鼻獄。少年尤震懼。五色無主。蹎步不能前。導者曰。此子震懼如是。不亟返。禍不可測矣。遂扶掖而下。僅三里許。天氣清朗如初。相與探橐中摶飯啖之。少年色始定。南溪獨咄咄。以不觀天鉾爲至憾。因問從此至絕頂幾里。曰不過十里。南溪笑曰。是不難到。子與年少待

之。可也。投袂獨往。抵馬脊越。天色俄變。震電發作滋甚。備歷辛艱。遂以達于巔。果有物焉。質如精鐵。大如鉅竹。長丈餘。倒立地中。其鐵鏤若鬼面者。碧鏽沈蝕。古色可掬。雖未可必其爲太古遺器。而決非五百年來物也。巔無堂宇。無草木。徘徊四顧。天朗日麗。碧漢萬里。凡數州山川城邑。攢簇沓蹙。若覆簣。若聚米。神氣浩然。有羽駕陵雲之懷。但靈境不可久駐。急覓來路而歸。過馬脊越數百步。遙見導者與少年地坐偶語。長僅寸餘。如畫中所覩。既至。皆欣幸加手於額。相扶下山。大都天下名山。刋木通路。自役小角。釋泰澄始。故爲緇流所占據。梵唄之聲相屬。獨此山。以諾册二神。爲開山祖。眞天下之靈境也哉。山中多奇樹異草水精之屬。大池五十餘。池畔多蚺蛇。聞人語輒出噬之。雖樵夫畏而不敢過。多野馬。形極詭異。鬃鬣長委地。多大蝦蟇大蜘蛛焉。

觀不知火記 本朝虞初新誌

菊池純

鑿鑿、 炎熖、 殷輷、 潑墨、 澎湃 翕霍、 光怪閃爍、 步武變幻、不可方物 阿鼻獄、 五色無主、 蹎步、 咄咄、 鐵、 碧鏽沈蝕、古色可掬、 碧漢、 沓蹙 羽駕陵雲、 覓、 大都、 役小角、 釋泰澄、 緇流、 梵唄、 蚺蛇、 鬃鬣、

拏船、 浦潋、 曛黑、 閙熱 茫洋、 旁午、 煌煌、

譯橘南溪東西游記

昔者稱二肥。謂之前火後火之國。後世忌火。改以肥字。宜矣。其火之變幻起滅。不易測知也。火以每歲七月三十日現焉。遠近蟻集。喧傳以爲奇觀矣。南溪子西游。欲觀其所謂不知火者。以七月中旬發崎嶼。途登雲仙嶽。將航赴于島原。詢邑人曰。觀火孰地最奇。曰宇土。八代。凡沿海一帶地方。無適不奇。而其最壯觀者。獨在天草島。乃拏船而渡焉。此日。天氣開霽。海面如席。其背面依依。若送其行者。則雲仙嶽也。其東南黛色遠近。若迓其船者。則爲天草島。船進島移。一瞬數里。蚤已抵天草。乃轉棹入浦潋灣曲之間。山水清淑。眺矚絕佳。白沙翠竹。與漁家蜑戶相連綴。頗有平遠山水畫致。凝眸久之。回棹抵惣象。乃倩導者登高阜。阜高七八町。地勢爽塏。前接于大洋。俯而眺之。則宇土。熊本。八代諸邑。皆攢簇其脚下。其東南則天水一碧。不見其際涯。島嶼無數。點綴其間。曰鼠島。曰大島。曰某。曰某。不遑悉擧也。既而日落烟合。四顧曛黑。不辨人影。四方來觀火者。蜂屯蟻集。爭點松明。歌舞吹彈。不問交之生熟。而獻酬交錯。荒陬之地。變爲閙熱世界。今歲秋暑。比例最劇。此夜沿海地方。天霽氣爽。風露凄凉。頓忘炎威可畏也。夜半。海面茫洋。絕不覩一火影。故初來觀者。或疑以爲虛妄矣。少焉洋心有物。閃爍離波。熟視之則火光也。忽然一火分爲兩火。兩火分爲三四點。先後現出。連亘於數里外。明而欲燃者。幽而欲滅者。高者如翔。低者如走。或雙或隻。或合或離。旁午來往。不可方物。喩諸祇園祭會。萬燈映射。燦然照波。終夜煌煌。不啻白日。大抵觀火。其地形高。則觀亦隨奇矣。士人號曰龍神火。此夜嚴禁漁獵。止航海。往歲熊本藩士。泛舟赴火所。到則火已遠在數里外。至天明則火光星散。滅沒波上。遂不知其所在也。

礌落、 下海無禁、 經商、回易、 艙、 蕞爾、 鑿鑿、 火鎗、 衷敵軍、 攝行、

山田長正 海外異傳

齋藤正謙

暹羅國。在南天竺。隋志稱爲赤土。暹與羅斛。本爲二國。當元之時。合爲一。周廻萬里。物豐人繁。號爲善國。而我山田長正覇於此云。長正。字仁左衛門。或曰。伊勢祠官之隸。或曰。尾張人。自稱織田右府之孫。少而礌落有大志。不事商販作業。好譚兵。雄傑自喜。流落寓於駿府。元和初。天下始定。上之求仕者。皆干侯伯。長正弗屑曰。此間無立功名處。唯游海外。或可以展吾志耳。時下海無禁。府有經商二人。曰瀧。曰太田。將航海回易臺灣。艤舟於大坂。長正請附乘之。二人弗許。長正乃先到大坂。求二人之舟。入而匿焉。既而二人至。揚帆而發。長正乃從艙間出。申前請。二人大驚。不能如之何。許之。既到臺灣。商事畢。將俱還。長正曰。某在鄉國。殆不能自存。姑欲留此土。覓喫飯處。二人方患長正之狂。心私喜。委而去之。方此之時。支那姦民稱日本甲螺。誘我邦邊民。占據臺地。長正通覽地方。蕞爾一島。且已有主。不可有爲也。又附蠻舶。西游暹羅。會邦內騷亂。四隣交侵。而六昆最强。暹羅國主出師禦之。長正見其行軍無紀律。私言其必敗。既而果然。人或傳其語。聞於國主。國主奇之。召見長正。詢方畧。長正指畫陳策。鑿鑿可用。國主大喜。擢長正爲上將軍。往禦六昆。時本邦人流寓暹羅者衆。長正糾合數百人。雜以土兵。亡慮萬餘人。皆爲日本裝。聲言日本援兵大至。六昆軍沮。因縱兵奮擊。大破之。六昆王憤甚。傾國來寇。兵數十萬。長正曰。敵衆强盛。難與爭鋒。唯以謀撓之。破之易易耳。乃分軍爲三。一伏山陰。一艤海濱。長正親率其一。出於海陸之間。進挑戰。兵既交。佯敗走。六昆兵追之。將及。號砲俄發。海陸二軍。吶喊齊進。火鎗亂發。長正視機反之。衷敵軍前後擊之。大破六昆兵。殺數萬人。遂追北。長驅入其都。擒六昆王以歸。威震遠近。四隣爭送款於暹羅。於是國主大賞長正。妻以其女。封六昆及四皮留之地。號曰唵普良。唵普良。蓋諸侯王之謂也。久之國主年既高。頗倦勤。使長正攝行國事。

迓勞、 沓至、 交椅、 便服、 故人、 愕眙、 發跡、 愚朦 報賽、 牒、 方物、

於是唵普良之名。噪於印度諸國。而本邦地隔遠。未聞知也。數歲濹。太田復回易海外。行到暹羅。既入其界。迓勞之使沓至。相迎入館。少焉有吏來戒。王召見二人。二人初不知其故。心頗疑懼。且從吏入見。王冠服在交椅上。金珠粲目。儀衞甚盛。二人俯伏膝行。不敢仰視。及退就館。飲食供御。如待貴客者。意益不安。既夜。復有吏傳呼至。曰。王來。二人驚出迎。王便服入坐。笑拍二人之肩曰。故人無恙。二人愕眙仰視。乃長正也。長正自備說其發跡之由。二人叩頭謝曰。鄙人愚朦。嘗相從於塵埃中。無禮獲罪多矣。不意大王能自致於寥廓之上也。長正曰。予之有今日。實由二子之賜。抑人有德於我。可不報哉。既罷厚賜遣之。本邦商旅聞之。多游暹羅。長正皆善遇之。長正雖富貴。而常懷桑梓不置。每臨戰。遙禱於駿府淺間之神。軍輒勝。至是命工摹繪當時戰鬪之狀。爲扁附商舶獻於淺間廟。以報賽焉。又屢牒執政。納方物於大府。不失恭順之意。頃

之國主殂。世子代立。長正退就封。先是國主之妃。與其近臣姦亂。謀除國主。畏長正而不發。及長正去。遂弑之。長正聞之。則謀興兵討之。二姦大懼。募人潛往毒之。長正死。時寬永十年也。長正無子。有一女。名阿因。勇武有父風。親將其衆。欲復父讎。屢敗暹羅之兵。通國震恐。盡發屬國之兵來戰。衆寡不敵。阿因遂敗亡。其下逃歸於本邦。長正之弟某在江戶。聞長正獲志。欲往從之。適有人傳長正死。乃止。

濱田彌兵衞 海外異傳

齋藤正謙

臺灣在支那東南海中。古無聞焉。明天啓初。海徼人顏振泉聚衆據之。招我邦邊民入其黨。因自稱日本甲螺。甲螺猶謂頭目。我日本謂頭目爲加志良。音近甲螺。故遂訛稱耳。先是泉州人鄭芝龍。少流落。往來我邦。因入振泉之黨。及振泉死。衆推芝龍爲甲螺。雄視海上。後受明將之撫。去移閩中。我邊民代之爲甲螺。而紅毛夷

鍬钁、 氓、 萊蕪 哨船、 耕耨 閨閤、 咆哮、 饒命、

來借地。約歲輸鹿皮三萬。既而築城郭據之。役使土人如奴隸。不復輸幣。且我商舶往印度者。過其近海。爲被殺掠。甲螺不能如之何。適本邦商人濱田某至。衆交訴之。圖報復。某許之。某字彌兵衞。長崎人也。勇而有謀。弟某。字小左衞門。子某。字新藏。並有膽畧。力兼數人。乃與甲螺之黨二十人。還請之大府。大府允之。檄長崎代官末次平藏。備船募卒。附之於彌兵。彌兵盡裝其從兵數百。爲農丁。被蓑笠。持鍬钁。行到臺灣海口。請於守吏曰。日本之氓。聞臺地土廣人寡。中多萊蕪。欲移住以開墾之。守吏以告甲必丹。弗信。以哨船圍之數重。不遽許上陸。使人來言曰。汝之來。決非好意。不然。何從人之衆也。彌兵曰。唉。公何疑人之甚邪。假使日本欲畧海外之國。當遣猛將精兵來。日本素不乏其人。奚使我儕小民之爲。守吏檢舟中。僅有數十副防身刀。其他唯有耕耨之具而已。還備告甲必丹。甲必丹意稍解。乃許衆登陸。彌兵等得入城謁見甲必丹。

請受廛爲氓。弗許。請還本邦。亦弗許。留數月。屢入請之。甲必丹依違不答。彌兵謂衆曰。甲必丹不許我去留。其意不可測也。大丈夫入不測之地。當死中求活耳。衆憤然欲死之。一日昧爽。彌兵父子兄弟三人入城。衆從之。留於門外。三人挺身。排闥而進。甲必丹猶寢在牀。驚起叱曰。汝等入人閨閤。何無禮也。彌兵咆哮奮前。擒甲必丹於牀。懷出匕首。擬其喉曰。汝有死罪。尙何咎人之無禮邪。左右欲刃之。小左新藏拔刀遮立。瞋目叱之。左右披靡。不敢逼。甲必丹惶急。乞饒命甚哀。彌兵曰。汝欲生。何不停城上放礮。甲必丹曰。謹奉命。曰。汝嚮所掠之貨。倍數還之。甲必丹曰。唯命之從。兵聞變。走入鬪於庭。其後入者。爲礮被傷。彌兵乃左手扼甲必丹之臂。右手執匕首俱起。小左新藏擁其前後而出。夷卒不敢動。甲必丹傳命停放礮。令其卒艤蠻舶一隻。及日本船二隻。裝貨山積。彌兵入而檢之。乃欲拉甲必丹俱去。甲必丹曰。島民皆仰某指揮。某去則

偯偯乎、　偶儻、　酣豢、　朶頤、　瀕海、　張皇、

偯偯乎無所歸焉。某有一兒。年十二歲。願代某從去。公幸垂愛憐。使某全父子之情。非敢所望也。彌兵許之。乃質其子及頭目數人。歸報於鎭臺。鎭臺稟大府厚賞之。於是彌兵之名震一時。肥後侯聘而祿之。時寬永五年也。

林子平傳 竹堂文鈔

齋藤馨

仙臺有奇士。曰林子平。父源五兵衞。名良通。仕幕府。有故削籍。而姉既聘爲本藩側室。故子平及兄嘉膳。皆受藩俸。然子平偶儻有大志。常見人之酣豢於富貴。飽暖自安者。以爲是遭變故。則不堪其用也。於是寒素自給。雖藍縷糲食不厭。自視猶在兵陣間。性健步。好遊四方。靡遠弗至。行輒躡屐。如往來隣里者。人不知其行千里之遠也。所過風土之美惡。地勢之利害。政刑民俗之得失。皆諳知之。尤注心於邊防。前是寓藩醫工藤球卿家。球卿素有邊防之議。子平論與之合。於是從鎭臺再游長崎。接異邦人。咨訪海外諸

國情狀。益知邊防之爲急。適淸商在館者。激事忤命。鎭臺命子平及諸士勸之。子平奮鬪。先衆生虜數人。曰。吾知西人之技倆矣。既東歸。遂著海國兵談若干卷。大意以爲。西北諸蕃。概以奪地拓疆爲務。威力日强。必且朶頤於我。而彼長航海。洪波大濤。視如坦途。我環國皆海。近自日本橋。至鄂羅斯。阿蘭陀。同一水路。無有阻隔。彼欲來卽來。而我拱手無備。亦已危矣。必也節國用。修兵備。瀕海要地。設臺置砲。數年而沿岸皆壘。儼然成一大長城矣。然後一旦有變。以逸待勞。庶可無患。而尤可慮者。我南北諸島。委而不顧。彼或據之。是異日之大患也。因著三國通覽。以論諸島之形勢。二書既上梓。海內未嘗知外寇之如此也。咸謂諸蕃之來。商船耳。漁船耳。曷有他志。彼張皇無根之事。不過爲釣名計。幕議亦以爲然。命毀梓。且禁錮于仙臺。時寬政壬子。五月十六日也。先是閑院宮贈諡未決。物議騷然。子平見樂翁公。公談及其事。子平笑曰。天朝之

衽席之爭、　六無歌、　逍遙自適、　里閈、　措大、　閱歲、　磊落、　消遣、

於幕府。是一家事。縱令有變。亦猶夫妻衽席之爭耳。不至失家也。若夷虜。則是在外之大盜。苟不爲慮。必至併家奪之。安可不憂哉。蓋其以邊防爲憂也如是。至是子平作六無歌。自號六無齋主人。實以寓逍遙自適之意焉。時輒爲子弟談兵。罵世之講兵主一家。曰甲曰越者曰。彼何適用。苟欲適用。不若讀古戰記錄。而察其勝敗之由。爲有得也。又見子弟之讀書者曰。讀書可也。然足迹遍天下者。然後讀書。亦足以爲用。卿輩足未嘗出里閈。何足爲用哉。歲嘗饑。爲藩老佐藤伊賀。著富國策。以爲東海多鯨。苟能捕之。亦足以助國用。其他陳省費濟財之術。雖不行。識者知其可用焉。又著父兄訓。蓋謂。前是童蒙有訓。然今之世。父兄亦不可無訓也。隨筆雜記有數卷。皆居常聞見所得。巨細盡載。亦多裨人者。同時高山正之。蒲生秀實。皆以奇士稱。然不與子平合。初子平在京師。謁中山亞相。亞相盛稱正之慷慨論時事。涕隨言下狀。子平曰。彼有泣

癖耳。今時昇平。奚以泣爲。卽可憂者。唯邊防。而彼一泣外。計無所出。公亦以彼爲善。不知一旦外寇之變。坐風浪于萬一邪。秀實亦嘗訪子平。行裝甚野。子平一見。罵曰。何物措大。鄙野乃爾。秀實亦忿曰。田舍翁之慢人。亦至此邪。不交他語而去。子平既廢。閱歲沒。其後十餘年。東陲果有鄂虜之變。秀實服其先見。上閣老書曰。祭子平之墓。而謝其靈可也。及幕議修邊防。蓋亦有取於其言。追賜赦。姪某始封其墓。事在天保壬寅。距其死凡五十年。子平。名友直。子平其字也。

論曰。余在鄕。常從亘理往齋游。往齋卽受兵於子平者也。嘗爲余言曰。子平爲人磊落。而守己謹嚴。尤有可稱焉。子平自禁錮之後。幽居一室。人或謂之曰。子雖禁錮。事係幕議。非出本藩之意。且歲月已久。雖間出游。莫或知者。何不出訪隣里友朋。而自消遣也。子平曰。日月在天。人可欺也。天可欺哉。因作國歌以自述。至死未嘗

隻步出戶庭。噫。子平之自守如此。豈特一奇士而已哉。

高山彦九郎傳 山陽遺稿　頼　襄

高山正之。上野人也。字彦九郎。家世農。正之生而俊異。喜讀書。略通大義。為人白晳精悍。眼光射人。聲如鐘。有奇節。母死。廬於冢側三年。饘粥不給。骨立如枯木。事聞。官欲旌之。其鄉俗喜博奕健訟。素嫉正之所為。誣告於吏。繫之獄。獄胥食之。弗食。已而得出。卽辭家。遊四方。求豪雋奇傑之士交之。江門人江上關龍。豐前人梁又七輩。最親善。天明季年。歲饑。所在盜起。上野亦不靖。正之奮袂起曰。不可使吾鄉有此不良事。欲往理之。辭於關龍。關龍欲援之。正之不欲。贐以裹甲。受之。獨行至板橋驛。時已夜矣。有二男子。在橋上。相嚮臥。兩尻高而頭凹。正之念。不踰不可行。患之。已而曰。是官道也。彼塞之無狀。踰可。踰凹處而過。其人蹶起竝呼曰。誰踰吾頭者。拔刀連鋒追擊。正之顧而睨曰。喝。其人辟易。不敢迫。遂往。未至

其鄉。過一旅店。有喧呼飲酒者。則關龍與又七。帥徒殊途先往。會事平。會飲也。呼正之同醉。俱還。後官獲劇賊渠帥。自語。平昔未嘗遇難當漢。嘗在板橋。要人行劫。遇一眇小丈夫。瞋目呵我。憶之。今猶股栗也。關龍善劍。每謂正之曰。子雖以氣服人。不熟武藝。遇眞英雄。乃窮矣。正之不服。關龍罵曰。彦九無用男子。能死斬我。正之憤然欲拔刀。關龍以手壓刀欄。笑曰。止焉。正之喑噁。終弗能拔也。於是折節學劍。每夜自試至千返。乃寢。正之又喜交文學士。聞人說孝子義僕事。雖遠輒往問之。轉述之於人。殷殷淚隨聲墮。談古今君臣順逆跡。慷慨如己與同時。關其事。少入平安。至三條橋東。問皇居何方。人指示之。卽坐地拜跪曰。草莽臣正之。行路聚觀怪笑。不顧也。遊京郊。過足利高氏墓。數其罪惡。大罵。鞭之三百。故平時見人惡。疾之如仇。一權人專利。中外愁怨。而不敢言。正之與同志語。攬涕曰。噫。公上百不知也。今接故紙為幟。樹山廟門外號召。

白晳精悍、 饘粥、 健訟、 獄胥、 裹甲、 難當漢、 刀欄、 喑噁、 折節、 殷殷、 草莽、 攬涕、

立可得千許人。於誅豎子何有。聞者掩耳。其後弊事悉革。每聞一號令出。喜形於色。正之游道極廣。公侯時招致之。不辭。嘗抵一侯與政路者。兩童子穿澣濯衣袴褶。饋食甚謹。侯指曰。是小兒輩。欲長者教誨之。正之聞之逡巡。侯曰。勿然。雖余有闕失。願聞之也。正之拜曰。然則有所敢言。往年某處民兄弟復父讎者。護送之同。因徒。是等事關風教。願加意焉。侯謝曰。一時指揮不到。後當謹之。其為世所重。而直己不阿如此。然正之在東不得意。西游至筑後。過一關。關吏呵止。正之歸館自刺。館主人驚問故。不答。曰。吾館子。子自刃死。無他證。又不知其故。吏來撿尸。何辭答之。願勿殊以待。正之曰。諾。剚刃于腹。與劇談。至夜分。吏來。秉燭撿之。又問故。不答。固問。曰。狂發而已。乃擫刀深入尺許。卽死。臨死。館主問所欲言。正之曰。寄語海內豪傑。好在而已。正之既死。事傳三都。莫知其所以死。或曰。受關吏辱。慙憤死也。關龍曰。吾數罵人。試之。眞欲斬我者。獨

正之。渠已果於殺人。故亦果於自殺耳。又七聞之曰。否。否。彦九蓋有所感於夢寐中。爾。噫。渠雖夢。猶能死者也。

外史氏曰。予幼聞先人善語彦九郎。先人亦嘗數相逢三都。問記其鄉貫係新田郡細谷村人。先世蓋屬南朝者。其好義不無所自云。嘗與客語。及元弘帝逃伯耆事。爭其地名訓讀。正之曰。吾嘗再赴伯耆。訪土人識之。客不復能爭。其人確實類此。先人嘗欲為之傳。不果。近讀或書正之事。疑為不軌之民。冤矣。予故略敍所聞如此。

蒲生君平 續近世叢語　角田　簡

蒲生君平。名秀實。一名夷吾。君平其字也。別字君臧。下毛宇都宮人。本福田氏之子。少時聞祖母之言。而知先世為會津參議氏鄉庶孽。因自改氏蒲生。蒲生。淡海望族也。系出於藤原朝臣秀鄉。君平氣宇雄豪。讀書不治章句。以身為氏鄉庶孽苗裔。不欲為編戶

饋食、 勿殊、 剚刃于腹、 擫刀、 好在、 不軌、 庶孽、 望族、 編戶民、

樸茂、
曲學阿世、墜典、
納民於軌物、
六合、
左道、摧陷廓淸、
被髮左衽 朝齏暮鹽

民。慨然有經世之志。及壯好遊。足跡殆半天下。未嘗登仕路。故雖身在江都。而常有山林樸茂之氣。平生所持論。未嘗少自貶以求售。人或笑以爲迂闊。而君平自信愈篤。恆謂其友曰。吾以編戸餘夫。不能治生商賈。又不欲仕宦以干升斗之祿。讀書作爲文章。亦不能與曲學阿世之徒爲伍。獨憤然立志。欲修曠世之墜典。以報國恩之萬一。庶幾乎其不忝先祖矣。吾生也晚。不逢大化大寶之世。大織淡海二公之相業。非所企及。雖然。在其位者行其道。不在其位者行其言。王政之要。在納民於軌物。俾在上之人。明祀典以教孝敬。四海之內。各以其職助祭。則天祖之所以照臨六合者。萬世無墜矣。富諸侯以奮武衞。安百姓以固邦本。是吾之願也。昇平二百年。不値天慶天正之亂。秀鄕氏鄕之將略。無復所施。雖然安不忘危。古之善敎。天下雖安。所可虞者。夷狄盜賊。正名分以定民志。禁左道而塞亂原。使吾說獲行。則不啻致一時摧陷廓淸之功。

俾斯民永無被髮左衽之患矣。是吾之志也。若夫朝齏暮鹽。坐取困窮。則曷足以爲憂乎。君平又曰。夫神州。天地之正氣也。陰陽所和。寔爲中國。中和見乎穀。而甘美豐饒。文敎所及。其養以給。精英發乎鐵。而堅剛銳利。武威所加。其功以成。限以天池。莫有外寇之患。開闢以來。天祖之胤。世世傳統。君臣上下之分。嚴乎無紊者。宇宙之閒。孰能及我神州者。故日出處天子。日沒處天子。雖交大國。不肯苟讓者。惜夫名也。今俗儒不知名分。動虧國體。可乎。文化四年。北虜擾邊。君平聞之憂憤。迺著不恤緯五篇。詣老中門下。上書獻之。先是君平嘗聞古先帝王之山陵。或有荒廢者。欲告之當路。以圖修復。躬自歷視其地。參攷古圖舊記。作山陵志。書成。獻之京師及江都諸公用事者。有司嫌其論建非處士所宜。召詰之。君平乃引律文。誦故事以對。於是君平慷慨自奮。欲爲天下言世人之所難言者。曰。雖由是獲禍。而不顧也。時人目君平以狂妄。殆將罹

膺、
未接謦欬、
下執事、
大方、
浩穰、
博引旁搜、辨拆錙銖、

奇禍。適有知君平之爲人者。憫而救之。因獲免。君平素剛腸。不能俯仰當世以取容。時或劇飮大醉。頽然自放。而憂國之念。未嘗頃刻忘也。閒居講學。不敢與世抗。迺號其所居之菴曰修靜。以自警。初君平著革弊賦役等諸論。號曰今書。以規當世得失。至是更撰職官志。欲以次編神祇姓族等志。併與山陵爲九志。未及悉成。文化癸酉。以疾沒于江都。年四十六。

上樂翁公書　山陽遺稿

賴　襄

布衣賴襄。謹再拜。白少將樂翁公閤下。襄嘗讀宋蘇轍上韓魏公書。愛之。以爲自昔進言於當世王侯者。大抵有求而自售。識者所醜。獨轍偉魏公人物。比之名山大川。欲接其言貌。以養己作文之氣。言雖近狂。其澹泊無求。可知也。雖然。魏公是時猶當路秉權。人將疑轍之有求焉。閤下。今代之魏公也。而勇退高踏。久處閑地。使襄學轍所爲。可以無嫌矣。特貴賤懸絕。不啻如轍於魏公。則徒仰

而心嚮之而已。今玆。尊嫡君侯。膺幕命入朝。謝大拜之恩。襄伏在草莽。側聞盛事。而不圖邸吏帶閤下之命。來就襄家。取所著私史。欲賜覽觀。禮意殷勤。愧悚交至。夫襄不敢求於閤下。而閤下求於襄。襄之榮大矣。復何所嫌而辭避乎。雖未接謦欬。聞其詞命。亦可以自壯。於是忘其蕪穢。出以納下執事。又敢有所瀆告。轍書稱史遷文有奇氣。他日自作古史。則論遷之疏畧輕信。淺陋無識。夫遷官太史。總領天下文籍。猶不免疏畧之譏。況如襄。以寒陋一書生。獨力罔羅古今。其不自揣。而招大方嗤笑。必也。然少小嗜讀國乘。每病常藩史之浩穰。又恨其有闕。至近代之事。與夫隆治之所由。非無先輩撰著。又未有晰其端緒。綜各家終始者。於是私倣遷史世家。而加詳備。斷自源平氏。至於今代。閒以中興諸將。及割據群雄。關係治亂者。家別紀之。或錯而合之。要覽其成敗盛衰之狀。與臣屬謀戰忠邪之跡。取其大體最明確者。若夫博引旁搜。辨拆錙

截然、　奕葉、　眯、　引据翦裁、　晩近、　文縟、　鼓吹善良、　懲創、　龜鑑、

銖。世自有其人。以爲非襄輩所及也。至其義例。蓋亦有貽淺陋之嘲者。事繫一姓之下。而不有統紀以總之。列將家。而雜以雄長。擧今代。而稱謂論説。如欠尊崇者。是自有説焉。夫右族迭興。甲起乙仆。以成海宇之沿革。而事不必關於王室者。我中世以還之國勢也。故依實創體。以形世變。而其中貫以帝系年號。以表條理。至大義所繫。必用特書。雖厠權豪於元帥。隨成敗次第。而因署題以見總屬。而載之事實。名分截然。讀者自能見之。至若今代稱謂。則謹據奕葉名爵。天下公行之稱。名實輕重。按跡可知。不敢私撰名號。以黷今代。而眯後世耳目。閲首至尾。睹其得失之相形。明其分裂統合之所漸。則今日無前之功德。有不待言者。又不敢喋喋頌贊。使人疑其諛與溢。自謂敬之至也。凡是襄區區撰述之本意。不可不爲閣下一言之。野人朴直。以所謂無求之心著書。取其簡約。自便省覧。始非諛公之世也。所以引据翦裁。皆成一家私乘之體。至

寫録體貌。又一倣古史。不肎學晩近之文縟。是以拮据二十餘年。藏之篋笥。未嘗示人。今乃得閣下之寓目。以取信於天下後世。眞意外之幸也。襄雖無求於今日。而不無求於千百載。非經大賢之鑒識。不足以保其傳也。然苟得流傳。不別今與後。其損益於世道人心。尤不可不加謹。襄也病羸。不能効力父母之邦。況敢望有益於世。然生遭此極盛之運。以其庸陋之筆墨。裨補萬一焉。則不負爲太平之民也。蘇轍謂。魏公苟以爲可教而教之則幸矣。閣下其亦有以教襄焉。冒瀆尊嚴。惶懼無已。

與會澤恆藏書 鶴梁文鈔　林長孺

十一月三日。林長孺白會澤恆藏足下。夫修史之典。所以鼓吹善良。懲創姦凶。以供人主之龜鑑。以示億兆之勸戒。不可一日而闕焉者也。在昔王室之隆。上宮皇子奮事。舍人親王書紀而下。歷世勅撰之書。雖其體裁史法未爲完備。亦可以觀當時政治之大槩。

宸極弛綱、　殺鯨鯢、洗蕩夭氛、　淵博、　搜羅、　造佛不開眼、　彬彬然、　淬勵、　稽延、　瞽言、

矣。其後宸極弛綱。亂離相踵。史喪厥人。修史之典。蓋蔑如也。逮我東照公之勃興。殺鯨鯢。洗蕩夭氛。偃武修文。四海廓清。於是有儒者之召焉。有群書之緝焉。而尚未及夫修史之擧者。蓋將俟其人於異日也。伏惟西山義公。識見遠大。學問淵博。延聘碩儒。講究討論。以撰成一書。名曰大日本史。以遠繼朝廷之廢典。其議論之正。文章之美。搜羅之博。體例之嚴。較諸舊事。書紀諸書。蓋有閒矣。於是乎。嚮者東照公之所俟焉者。至義公而成。義公之功可謂偉矣。想東照公在天之靈。亦應欣然揚眉於冥漠之中矣。但其書訖于南北一統而止。詳于前。而略于後。諺所謂造佛不開眼者非邪。天下議者。不能無遺憾于茲。何者。自應仁之大亂。降及天正之季。天下治亂興亾之跡繁矣。是皆不可無紀者。況東照公止戈肇治之功。光于前古。而範于後代。是最不可無紀也。以故貴藩安積覺。著烈祖成績。大坂中井積善。著逸史。然皆止於公之一世。自公而

上。畧而不詳。且二人之書。皆編年之體。而非紀傳之體。與大日本史異。然則後史之撰。非貴藩而誰任之者。貴藩之以史學聞於天下也尚矣。鴻儒碩學。巧文妙筆。今尚彬彬然。天下無敢與貴藩抗者。而恆藏爲其魁焉。聞恆藏今職居史館總裁。則修史之任。於恆藏爲最重。恆藏固當日夜淬勵。率先同列。以早就其功也。果然則不獨上之繼東照公及義公之遺意。而下之可以釋天下議者之遺憾也。嗚呼。以恆藏之才學。當修史之重任。而徒稽延歲月。不能成功。僕恐怠弛逋慢之誹。恆藏其無所辭歟。昔唐韓愈居史館不作史。柳宗元貽書切責之。天下後世以爲公論。僕雖未辱恆藏之交誼。然今傚宗元之爲。作一書以呈瞽言。會貴藩菊地十夅來訪。乃以書附之。若以愚言爲不當。請教以啓蒙之論。幸甚幸甚。匆匆不備。

答芳川波山別紙 艮齋文略續　安積信

舞馬、 軫、
蒼黃、
飛熛、 堵立、
投罇、
呼謈、 跬步、
炖勢、
衕、
熄、
翳晦、 卓午、
鬱攸、 飛廉、
煙燒、
燎原、 刮刮
爆爆、
飛甍轆轤摩天、
爇、
崑岡、
部勒、
翾飛、
焮、 恇駭、
闤闠、
磊魂、
穹闕、

近日都下舞馬之災屢起。上下騷然。想亦賢兄已傳聞。定軫高慮。故曲陳如左。本月七日午下。火起於神田佐久間巷。時北風方厲。飛燄直踰柳原堤。須臾蔓延。勢疾犇馬。闔都蒼黃如狂。持械器救火者。搬出家具者。乘屋防飛熛者。堵立而觀者。投罇而傖筐匱者。呼謈者。哀號者。負且走者。蟻簇蜂屯。街衢塡咽。不容跬步。炖勢益熾。神田諸衕未燬盡。而火道遠在兩國濱街之閒矣。紅光數里。夜明如晝。翌曉始熄。北自泉橋。南至中橋。東自淺草門內。西至本街。其他小網巷。靈巖島。八町堀皆燼。斯已大災矣。越九日。火又起於檜物巷。延燒至西河岸。有街卒數人。乘土庫防之。火忽從庫中發。卽皆翻身投河水。復上岸極力防之。其狂勇類如此。翌十日。西北風甚劇。揚沙捲塵。天日翳晦。人人自危。卓午。火果發宮津侯之邸。邸在郭內。所謂大名小路者。隣竝皆列侯第宅。非復區區市廛之比。鬱攸既暴。加以飛廉之威。烈熖競起。煙燒漲天。闔都防火將卒。爭來救之。而燎原之勢。不可嚮邇。呼號吶喊之聲。與刮刮爆爆相雜。風益怒。火益激。松本。西尾。岩村。岡山。津山。高智侯諸邸。飛甍轆轤摩天者。猶束稿而爇之。直及德島侯邸。堂廡樓閣。尤爲宏壯。俄頃。紅燄騰上。如炎崑岡。先是德島侯承三緣山防火之命。故雖延燒已及邸。奮而不顧。部勒士衆。從煙燒中突出。隊伍齊整。意思閑雅。曾無幾微憂恤之色。所謂公耳忘私。國耳忘家。吾邦忠勇之風。非漢人所夢見也。恨不使賢兄觀之耳。是時飛熛既星散郭外。炎炎而上。分爲二道。一自鍛冶橋。至築地。一自數寄屋橋。至芝口仙臺邸。竝極海灣而止。火光照波。作殷血色。布帆驚走。如蛺蝶翾飛於桃花林。甚至帆檣爲飛熖所焮。舟人恇駭。泅海而遁。凡三日大災。諸侯邸第。商賈闤闠。天下所稱爲繁華殷賑熱鬧之區者。一時化爲赤土。但見焦瓦燼朩。縱橫磊魂。數里相接。長橋平梁。或燒斷。或存其半。高門穹闕。僅有遺礎耳。其餘大刹若西本願寺。藥師堂

鶴望、
玄煙蓬勃、突如焚如、
手額相慶、
回祿跋扈、
赭、
四百死囚來入獄、
縱百萬虎狼於山林、
恣睢、 趙張三王、 擿姦、
閃躱、 狙伏、
邸版闔金、
滕鐍、 唁、
困頓、
昇平、
肆、
祝融、
絕胄纓、
介於焚煬中、
歸然、
縣官、

亦爲烏有。人畜死傷。固不可以悉計。洵爲未曾有之變矣。十一日。火又自水府邸中起。四隣喧擾。鶴望之閒。小川街又發火。街與弊居相近。玄煙蓬勃。突如焚如。擧家震駭。五色無主。爭擔書笈。負衣筐而走。殆不脫虎口。一時蒼黃之狀。可憫又可笑。既而火漸熄。闔廬無恙。各手額相慶。而疲憊亦極矣。蓋前月來不雨。晴而風。屋乾墻燥。故回祿跋扈不可制。七日倖免焉。而酌酒相賀者。九日垣廬忽赭。九日漏脫焉。而喜色可掬者。十日片瓦不蓋頭。俛仰之閒。欣戚頓異。風火亦若巧出奇者。今日南風作虐。則明日北風逞威。明日東南。則次日轉爲西北。順逆廻環。往復馳騁。其所焚遂合爲一區。加之傳馬巷牢獄罹災。獄吏惶遽縱囚。佃島流人亦悉逸去。而災後不歸者不少。樂天所謂四百死囚來入獄。竟爲虛語。而坡翁所謂縱百萬虎狼於山林。殆近之。此輩日夜放火胠筐。或禦人於國門之外。跳踉恣睢。無所顧忌。趙張三王。雖擿姦縛賊。纍纍如貫珠。而閃躱巧避。狙伏於四方。投隙復發。邸版闔金之聲相聞。人心洶洶。荷擔而立。實僕寓都三十年所未覯也。是以連日講會皆廢。唯滕鐍篋笥。搬運函笈。竟夕不交睫。或弔火唁災。犇鶩於燼材焦甎之閒。兩目爲灰埃所眯。困頓而歸。則席未煖。而警鼓之聲又鼕鼕矣。乃戲門生曰。予與子生於昇平。未知干戈。今也大災屢起。朝夕倥偬。不異戰國。夫火猶奇兵也。防之東。而發於西。備之北。而起於南。神幻鬼詭。每出於人之所不慮。猶之吳之肆楚。隋之伐陳。使吾將卒疲於犇命矣。而予與子不能爲國家出奇策撲滅祝融。惟日夜書笈衣筐是護。火至則有走耳。使古之猛將勁卒視之。不有啞然大笑。而絕胄纓乎。因相共絕倒。適有客。爲予語曰。七日火逼桑名侯邸。侯自親督士衆。乘屋。左右指揮。號令甚嚴。士皆殊死禦之。故邸介於焚煬中。而歸然獨存。然則祝融雖猛。苟防禦合其宜。未必不殄滅也。又曰。十日火方熾。縣官急令諸侯赴救。蓋特命也。

登時、徽旆、 仳離、 庇、厫、輋數萬鏹、 烏雲、 博撫掌、 紆慮、的便、 覆醬瓿、

故多不能亟辨者。惟上田侯稟命。登時邸版一聲。騎步成隊。揭徽旆直出。其神速可驚。或謂災後窮民。托足無所。仳離流亡。不知幾千百。縣官權作草屋於數處以庇之。又開厫賑之。一商賈輋數萬鏹而來。人與四緡。一擧皆盡。街吏問其名與居。不告而去。亦奇男子矣。此皆美談。不敢不告。或謂。本月初四夜半。烏雲一簇。自神田橋邊起。有物駕焉。圓顱長身。被緋袍。向郭內而去。觀者毛髮森竪。六日夜。一團紅火走空。光爍爍照地。明如晝。後數日大災。蓋火兆云。其言怪誕不可信。聊以博撫掌。昨暴雨。墻屋盡濕。計亦火氣從此衰矣。幸勿以紆慮。僕驚魂初定。家具狼藉未整頓。的便又逼明日。執筆草草。絕無倫次。賢兄看訖。覆醬瓿可也。呵呵。甲午歲二月十四日。

伊能東河墓碣銘 愛日樓文

佐藤坦

新定漢文卷之三 五七 五八

右族、 蟬聯、 從祖姑、歿、 幹蠱、昕夕、 賙、 宿疑渙然冰釋、

君諱忠敬。字子齊。伊能氏。號東河。稱三郎右衛門。晚稱勘解由。北總香取郡佐原村人。原姓神保氏。南總武射郡小堤村神保貞恆之第三子。出冒伊能氏。伊能氏。世爲閭右族。大同中。有諱景能者。知北總香取郡大須賀莊。居伊能村。因以氏焉。子孫蟬聯占其地。至永祿中。有諱景久者。始徙佐原。天正中。爲居民開肆廛貿易。實君九世祖也。高祖諱景利。曾祖諱昌雄。祖諱景慶。考諱長由。無胤。其配神保氏。君之從祖姑也。因以君爲嗣。長由蚤歿。產頗荒。君既來嗣。慨然以幹蠱爲志。昕夕黽勉。守儉素。去奢靡。家衆百口。以躬率先。產稍稍復。天明三年。關東大饑。君爲發私儲。賑貸閭里。施及旁近村落。多所全活。六年。又饑。賙之如初。君嘗好星曆之學。其欲肆力從事也久矣。以家道未復。故因循數年。至寬政六年。決然委產於子景敬。身獨來都僑居。徧訪曆家。擧疑義而叩問之。竟未釋然。及見高橋君東岡。始聞西洋曆法。理精數密。超越諸家。於是宿疑渙然冰釋。遂棄舊學學之。多所發明。東岡之門。蓋不乏於人。而

推步、 散手、日官、 遐陬僻壤、 疾疢、亟、 鬢霜皤然、 蓬勃、 塋、 箕業、件繫、 惓惓、 叩天之閫、極地之輿、 瘉、 泥橇山梮、手胼足胝、 樹表亘線、靡或毫舛、

推步測量之精。則獨推君云。寬政十二年庚申閏四月。官命君測量北陸道及蝦夷地方。東南沿海。以定地度。明年正月。官賜君父子銀各十錠。許姓刀。賞其天明年內兩救窮餓也。享和元年三月。命測量伊豆。相模。二總。常陸。陸奧沿海。六月。又命測量出羽。三越。佐渡。能登。駿河。遠江。參河。尾張沿海。至文化紀元。集地方各圖。爲一圖進呈。其九月。賞賜廩米。擢爲散手。屬日官。既而又命測量山陽。山陰。西海。南海四道。壹岐。對馬官道。及沿海。十二年。又命測量伊豆七島。及箱根湖。尋測量江都府內。十四年四月。府內圖成。進呈。自寬政庚申至此。閱十八年。五畿七道。遐陬僻壤。無地不涉。盡測量而圖記之。後復有命。修定寓內輿地全圖及度數譜。行程記。至文政元年。齡七十又四。疾疢。其四月十三日亟。殆不起。至四年七月。輿地全圖及譜記成。進呈。以其九月四日。歿。官追賞其功。厚賚孫忠誨以旌之。君稟賦朴直。精力過絕於人。齡踰七旬。鬢霜皤然被肩。而其意氣蓬勃。如少壯人。每測量命下。輒喜見顏色。不日而發。乃躬歷險阻。陵海濤。奔走數十百里。風雨寒暑。未嘗少沮喪。噫嘻。何其氣之豪。而事之勤也哉。所著有國郡晝夜時刻對數表。紀源術。並用法。求割圓八線法。割圓八線表。紀源法。地球測遠術問答。凡若干卷。藏存於家。君先閨長由之女。繼配桑原氏。皆先焉。得三男二女。昆季並殤。仲子景敬家督。亦蚤世。孫忠誨承重。墓在淺草源空寺東岡君之塋側。以遺託也。君嘗俾忠誨從余游。忠誨才敏。箕業行將有望。乃者。件繫其世系履歷。丐余譔墓門之銘。嗚呼。余文豈足以不朽君哉。雖然。其請惓惓矣。不可不徇也。乃歷敍之。係以銘四章。俾大書而深刻之。其一曰。叩天之閫。極地之輿。瘴烟毒霧。不能爲瘏。祁寒暑雨。不能爲瘉。乃如之人。罕見其儔。其二曰。維昔夏后。跡遍四陲。泥橇山梮。手胼足胝。八年于外。思日孜孜。百世之下。維君似之。其三曰。樹表亘線。縱橫步算。遠邇廣袤。靡或

新定漢文卷之三 五九 六〇

保章分野、何惝而繆、樞星定度、孔彰且亶、仡然、
嘉平月、
隙晷一駟、阡草已宿、掇、
嬪、
崛起行閒、
忩劇、
中饋、
潤字、
亟督、
刀槊、
傔媵、
靡曼、
西閫、

毫舛。保章分野。何惝而繆。樞星定度。孔彰且亶。其四日。閱十八年。行數千里。一氣仡然。未曾忝。靡老而益壯。皤而後已。績勤于世。銘惡乎竢。文政五年壬午。嘉平月下澣。江都佐藤坦造。

小出孺人淺羽氏墓誌銘 愛日樓文　佐藤坦

小出孺人之殁。以文政辛巳之臈月十七日。其葬在於郭外牛籠蓮光蘭若之域。隙晷一駟。阡草已宿。可無碑以表之乎。乃掇其行曰。孺人淺羽氏。諱惠知。留守騎士諱共常之第四女。年二十一。嬪於小出君諱照方。小出君崛起行閒。歷爲郡官。著績。終於二城留守。其居忩劇者十有餘年。不暇顧念家事。孺人能上事舅姑。下鞠子女。重禮節。守儉素。亡論裁縫中饋之勤。乃至財用出入。一切瑣事。亦躬親之。使夫君之得無所累。一意官政。寔其助爲多。姑林氏齡踰七旬。有脚疾。不耐起步。寢興必待於孺人。孺人常能左右扶持。以至膳飲衣服之調度。亦皆盡其心。不啻若保嬰孩。以終始之。

其敎子尤有方。始知讀書潤字。爲擇名師從游。稍長。課業或荒。輒亟督之。猶不可。則自責其身曰。嫗何物邪。生游惰兒。泣數行下。諸子皆感悟。弗復懈。其學射騎刀槊。方冬月。每晨趨演場。孺人必夜起。自吹火煑饘以食之。未嘗委勞於傔媵。其勸勉誠切如此。孺人稟資端靖。不好戲謔。不喜華奢。諸珍玩器什。綺繡靡曼物。一切屛之弗御。生丈夫三人。長曰寬如。家督。次曰幸綽。冒竹內氏。次曰廣胖。冒小笠原氏。皆良士。一媛。仕在西閫。孫男女蓋十有餘人。孺人誕於寬延己巳之十月二十二日。齡七十三。以終天壽云。屬者。小笠原君以其狀來。致伯氏之意。屬銘於坦。受而讀之曰。有是哉。坦固意先尊人之業。必有所助也。今果然。坦固意君昆季之良。必有所自也。今果然。嗚呼。若孺人者。於婦道母儀。兩無愧者歟。不可不銘也。係曰。

喬木之鬱以茂兮。不資其土之滋邪。嘉苗之秀而實兮。不繇其田之肥邪。猗歟坤德之厚兮。其肥而滋者。非君而誰邪。

坤德、
載書、

西伯養老 殷帝乙七祀　通鑑擥要

西伯遵后稷。公劉之業。則古公。公季之法。篤仁敬老慈少。禮下賢者。日中不暇食。以待士。伯夷。叔齊在孤竹。聞西伯善養老往歸之。太顚。閎夭。散宜生。鬻子。辛甲大夫之徒亦往歸焉。嘗行於野。見枯骨。命吏瘞之。吏曰。此無主矣。西伯曰。有天下者。天下之主。有一國者。一國之主。吾卽其主。以棺衾而葬之。天下聞之曰。西伯澤及枯骨。況於人乎。

厲王弭謗 周厲王三十三年　通鑑擥要

厲王虐。召公告曰。民不堪命矣。王怒。得衞巫使監謗者。以告則殺之。國人莫敢言。道路以目。王喜告召公曰。吾能弭謗矣。召公曰。是障之也。防民之口。甚於防川。川壅而潰。傷人必多。民亦如之。王弗聽。國人乃相與畔。襲厲王。王出奔於彘。

柯之盟 周莊王十二年　通鑑擥要

齊伐魯。魯莊公請獻遂邑以平。盟於柯。魯將曹沫。以匕首劫桓公於壇上。曰。反魯之侵地。桓公許之。後欲無與魯地而殺曹沫。管仲曰。棄信於諸侯。失天下之援。不可。遂與魯地。諸侯聞之。皆信齊而欲附焉。

夾谷之會 周敬王二十年　通鑑擥要

魯以孔子爲大司寇。齊大夫言於景公曰。魯用孔某。其勢危齊。乃使使告魯爲好會。孔子曰。臣聞有文事者。必有武備。請具左右司馬以從。會於夾谷。齊令萊人爲樂。欲執魯君。孔子歷階而登曰。夷不亂華。兵不逼好。兩君會好。夷狄之樂。何爲於此。齊侯止之。將盟。齊人加於載書曰。齊師出境。而不以甲車三百乘從我者。有如此盟。孔子使茲無還揖對曰。而不反我汶陽之田。吾以共命者。亦如

記醜而博、順非而澤、

之。景公歸。告其羣臣曰。魯以君子之道輔其君。而子獨以夷狄之道教寡人。使得罪於魯君。如之何。晏子曰。小人之謝過也以文。君子之謝過也以質。乃歸所侵鄆讙龜陰之田以謝過。

孔子誅少正卯 周敬王二十三年 通鑑擥要

孔子爲魯相七日而誅魯大夫少正卯。門人問曰。少正卯魯之聞人也。夫子誅之。得無失乎。孔子曰。人有大惡者五。而盜竊不與焉。心逆而險。行辟而堅。言僞而辯。記醜而博。順非而澤。此五者少正卯兼有之。其居處足以聚徒成黨。言談足以飾邪營衆。彊禦足以反是獨立。此乃人之奸雄。不可以不誅。三月。男女行者別於塗。道不拾遺。男尚忠信。女尚貞順。四方客至。皆如歸焉。

衛鞅變法 周顯王十年 通鑑擥要

衛鞅欲變法。秦人不悅。鞅言於孝公曰。夫民不可與慮始。而可與樂成。論至德者不和於俗。成大功者不謀於衆。是以聖人苟可以

彊國。不法其故。公曰。善。遂定變法之令。恐民不信。乃立三丈之木於國都市南門。募民有能徙置北門者。予五十金。有一人徙之。輒予五十金。乃下令。太子犯法。鞅曰。法之不行。自上犯之。太子君嗣也。不可施刑。刑其傅公子虔。黥其師公孫賈。於是秦人皆趨令。

齊魏論寶 周顯王十四年 通鑑擥要

魏惠王問齊威王曰。齊亦有寶乎。威王曰。無有。惠王曰。寡人國雖小。而有徑寸之珠。照車前後各十二乘者十枚。豈以齊大國而無寶乎。威王曰。寡人之寶與王異。吾臣檀子守南城。則楚人不敢爲寇泗上。盼子守高唐。則趙人不敢漁于河。黔夫守徐州。則燕人祭北門。趙人祭西門。徙而從者七十餘家。有種首者。使備盜賊。則道不拾遺。此四臣者。將照千里。豈特十二乘哉。惠王慚。

子思諫衛侯 周顯王二十三年 通鑑擥要

時三晉彊盛。衛如小侯屬之。初子思言苟變於衛侯曰。其材可將

折脇摺齒、

永巷、

五百乘。衛侯曰。變嘗爲吏。賦於民而食人二雞子。子思曰。聖人官人。猶匠之用木。取其所長。棄其所短。今君以二卵棄干城之將。此不可使聞於隣國也。衛侯言計非是。而羣臣和者如出一口。子思曰。君之國事。將日非矣。君出言。自以爲是。而卿大夫莫敢矯其非。卿大夫出言。自以爲是。而士庶人莫敢矯其非。君臣既自賢矣。而羣下同聲賢之。賢之則順而有福。矯之則逆而有禍。如此則善安從生。

陳軫弔楚王 周赧王二年 通鑑擥要

秦欲伐齊。患其與楚從親。乃使張儀說楚懷王。閉關絶約於齊。請獻商於之地六百里。懷王許之。羣臣皆賀。陳軫獨弔曰。秦之所以重楚。以其有齊也。今絶齊則楚孤。秦奚貪夫孤國。與之六百里地哉。儀至秦。必負王。是王北絶齊交。而西生患於秦也。懷王曰。願子閉口毋復言。乃厚賜儀。而閉關絶約於齊。使一將軍隨儀至秦。儀佯墮車。不朝。楚王聞之曰。儀以寡人絶齊未甚邪。北罵齊王。齊王

大怒。折節事秦。齊秦之交合。儀乃朝。見楚使者曰。臣有奉邑六里。願以獻王。使者還報。楚王大怒。欲發兵攻楚。軫曰。軫可發口言乎。攻之不如割地以賂秦。與之并兵而攻齊。是我亡地於秦。而取償於齊也。王不聽。使屈匄擊秦。秦齊共攻楚。斬首八萬。殺屈匄。遂取漢中。楚復襲秦。又大敗於藍田。楚割兩城以和。

范雎說秦王 周赧王四十五年 通鑑擥要

魏人范雎嘗從中大夫須賈使齊。襄王聞其辯口。賜雎金。賈疑雎以國陰事告齊。歸告其相魏齊。齊怒笞擊雎。折脇摺齒。雎佯死。卷以簀。置廁中。賓客醉者更溺雎。雎告守者。得出。更姓名曰張祿。秦謁者王稽使魏。載與俱歸。薦之昭王。王見之離宮。雎佯爲不知永巷而入其中。王來。宦者逐之曰。王至。雎謬曰。秦安得王。獨有太后穰侯耳。王聞乃屏左右。跽而請教。雎唯唯者三。王曰。先生卒不幸教寡人邪。雎曰。臣羇旅之臣也。交疏於王。而所願陳者。皆匡君之

馳韓盧而搏蹇兎、

藉寇兵而齎盜糧、

燕雀安知鴻鵠之志哉、

事。處人骨肉之閒。願效愚忠。而未知王之心。此所以王三問而不敢對也。王跪曰。事無大小。願先生悉以教寡人。睢見左右多竊聽者。先言外事。以觀王之俯仰。曰。以秦國之勇。以治諸侯。譬若馳韓盧而搏蹇兎也。王如遠交而近攻。得寸則王之寸。得尺則王之尺。夫韓。魏中國之處。而天下之樞也。王欲霸。必親中國。爲天下樞。以威楚。趙。則齊附。而韓。魏因可虜矣。王曰。善。乃以睢爲客卿。

李斯上書 秦始皇十年

秦議逐客。客卿李斯亦在逐中。上書曰。昔穆公取由余於戎。得百里奚於宛。迎蹇叔於宋。求丕豹。公孫支於晉。幷國二十。遂霸西戎。孝公用商鞅。諸侯親服。惠王用張儀。散六國從。使之事秦。昭王得范睢。彊公室。杜私門。此四君者。皆以客之功。由此觀之。客何負於秦哉。今乃卻賓客以業諸侯。此所謂藉寇兵而齎盜糧者也。乃召斯復其官。除逐客令。

陳勝吳廣起兵 秦二世元年

勝陽城人。字涉。廣陽夏人。字叔。涉少時。嘗與人傭耕隴上。曰。苟富貴。無相忘。傭者笑曰。若爲傭耕。何富貴。涉曰。燕雀安知鴻鵠之志哉。王侯將相寧有種乎。與廣起兵攻蘄。蘄下。自名爲王。號張楚。郡縣苦秦法。爭殺長吏應之。

項梁起兵 秦二世元年

項梁下相人。楚將項燕子也。嘗殺人與兄子籍。避讐吳中。籍字羽。長八尺餘。力能扛鼎。才氣過人。嘗曰。書足以記名姓而已。劍一人敵。不足學。當學萬人敵。會稽守殷通欲應陳涉。使梁將。梁使籍斬通。擧吳中兵。收下縣。得精兵八千人。自爲會稽守。以籍爲裨將。

沛公入咸陽 漢王劉邦元年

沛公西入咸陽。諸將皆爭取金帛財物。蕭何獨先入。收丞相御史律令圖書藏之。以此得具知天下阨塞。戶口多少。彊弱處。沛公見秦宮室帷帳。寶貨婦女。欲留居之。樊噲。張良諫。乃還軍霸上。與父老約法三章。殺人者死。傷人及盜抵罪。餘悉除去。秦民大喜。

玉玦、

楚人沐猴而冠、

鴻門之會 漢王劉邦元年

沛公遣兵守函谷關。無內諸侯軍。籍至大怒。攻破之。范增說籍曰。沛公志不在小。吾使人望其氣。皆爲龍成五色。此天子氣。急擊勿失。會籍季父項伯。素善張良。夜馳告之。良因固要伯。入見沛公。奉卮酒爲壽。約爲婚姻。曰。吾所以守關者。備他盜耳。日夜望將軍到。豈敢反乎。願伯明言。伯許諾曰。旦日不可不早自來謝。伯還告籍。且曰。人有大功。而擊之不祥。不如因善之。籍許諾。沛公旦日從百餘騎。來見籍鴻門。籍留飮。增數目籍。擧所佩玉玦示之者三。籍不應。增出。使項莊入舞劍爲壽。因擊沛公。伯亦拔劍舞。以身翼蔽沛公。樊噲聞事急。乃持盾直入。瞋目視籍。頭髮上指。目眦盡裂。籍曰。壯士。賜之卮酒彘肩。噲既飮酒。拔劍切肉盡之。籍曰。能復飮乎。噲曰。臣死且不辭。豈特卮酒乎。且沛公先入咸陽。暴師霸上。以待大王。大王今日聽小人之言。與沛公有隙。臣恐天下解心疑大王也。籍默然。有頃。沛公起如厠。從閒道歸霸上。留良謝羽。因獻白璧。籍受之。又獻玉斗與增。增怒撞其斗曰。唉。豎子不足與謀。奪將軍天下者。必沛公也。居數日。籍引兵西屠咸陽。殺秦降王子嬰。燒宮室。掘始皇塚。收寶貨婦女而東。秦民大失望。韓生說籍曰。關中阻山帶河。四塞之地。可都以霸。籍見秦宮室皆已燒殘。又思東歸。曰。富貴不歸故鄕。如衣繡夜行耳。韓生退曰。人言楚人沐猴而冠。果然。籍聞之烹韓生。

垓下之戰 漢高祖五年

漢王追籍至陽夏南。與韓信。彭越期會擊楚。至固陵。而信。越之兵不會。楚擊漢軍。大破之。漢王入壁自守。張良曰。君王能與共天下。可立致也。捐楚。梁地。以許兩人。使各自爲戰。則楚易破也。漢王曰。

歌數闋、

發縱指示、

善乃發使告信越。信越皆引兵來。籍壁垓下。兵少食盡。漢及諸侯兵圍之數重。夜聞漢軍四面皆楚歌。大驚曰。漢皆已得楚乎。是何楚人之多也。起飲帳中。有美人名虞。常幸從。駿馬名騅。常騎之。乃悲歌忼慨。自爲詩曰。力拔山兮氣蓋世。時不利兮騅不逝。騅不逝兮可柰何。虞兮虞兮柰若何。歌數闋。美人和之。籍泣數行下。左右皆泣。乃乘駿馬。從八百餘騎。直夜潰圍南出。馳至陰陵。迷失道。問一田父。田父紿曰左。左乃陷大澤中。復引兵而東。至東城。乃有二十八騎。於是籍欲東渡烏江。烏江亭長檥船待曰。江東雖小。亦足王也。願大王急渡。籍笑曰。籍與江東子弟八千人。渡江而西。今無一人還。縱江東父兄憐而王我。何面目見之。縱彼不言。籍獨不愧於心乎。乃自刎。楚地悉定。獨魯不下。漢王欲屠之。至城下。猶聞絃誦之聲。謂其守禮義之國。爲主死節。因持籍頭示之。乃降。以魯公禮葬籍於穀城。封項伯等四人爲列侯。賜姓劉氏。漢王還至定陶。

馳入齊王信壁。奪其軍。

剖符封功臣 漢高祖六年 通鑑擥要

帝既定天下。論功行封。以蕭何功盛。封酇侯。食邑多。功臣皆曰。何未嘗有汗馬之勞。反居臣等上。何也。帝曰。諸君知獵乎。追殺獸兎者狗也。發縱指示者。人也。今諸君徒能得走獸耳。功狗也。何發縱指示。功人也。羣臣皆莫敢言。張良亦無戰鬪功。帝使自擇齊三萬戶。良曰。臣始與上會留。願封留足矣。不敢當三萬戶。乃封良爲留侯。封陳平爲戶牖侯。平曰。非魏無知。臣安得進。帝曰。子可謂不背本矣。乃賞無知。

張釋之守法 漢文帝三年 通鑑擥要

釋之初爲騎郎。十年不得調。嘗與帝言事。帝曰。卑之。毋甚高論。令今可行也。釋之乃言秦漢閒得失。帝說。拜謁者僕射。嘗從帝登虎圈。帝問上林尉諸禽獸簿。尉不能對。虎圈嗇夫代對甚悉。帝詔拜

取長陵一抔土、

持節、

按轡、

式車、

旃毛、

羝、

爲上林令。釋之曰。以嗇夫口辯而超遷之。恐天下隨風而靡。爭爲口辯。帝曰善。太子與梁王共車入朝。不下司馬門。釋之劾不敬。太后使使承詔赦太子梁王。然後得入。帝奇釋之。拜爲中大夫。至是拜廷尉。帝行出中渭橋。有人從橋下走。乘輿馬驚。捕屬廷尉。釋之奏犯蹕當罰金。帝怒。釋之曰。法者。天子所與天下公共也。今法如是。更重之。是法不信於民也。廷尉天下之平也。壹傾。民安所措其手足。後人有盜高廟坐前玉環。得。下廷尉治。釋之奏當棄市。帝曰。吾欲致之族。釋之曰。今盜宗廟器而族之。假令愚民取長陵一抔土。陛下何以加其法乎。帝許之。

周亞夫次細柳 漢文帝後元六年 通鑑擥要

亞夫次細柳。劉禮次霸上。徐厲次棘門。以備胡。帝自勞軍。至霸上及棘門軍。直馳入。已而之細柳軍。先驅不得入。曰。天子且至。軍門都尉曰。軍中但聞將軍令。不聞天子詔。帝使使持節詔將軍。開壁

門。門士請曰。將軍約。軍中不得馳驅。帝乃按轡徐行。至營。亞夫持兵揖曰。介冑之士不拜。請以軍禮見。帝改容式車。出曰。此眞將軍矣。曩者霸上棘門軍。若兒戲耳。月餘。匈奴遠塞。拜亞夫爲中尉。

蘇武使匈奴 漢武帝天漢元年 通鑑擥要

帝遣武送匈奴使留在漢者。既至。單于使漢降人衞律召武。誘以富貴。武不應。律曰。不聽吾計。後欲復見我。尚可得乎。武罵曰。汝爲人臣子。不顧恩義。爲降虜於蠻夷。何以汝爲見。律白單于。乃幽武置大窖中。絕不飲食。天雨雪。武齧雪與旃毛并咽之。數日不死。匈奴以爲神。乃徙武北海上。使牧羝。曰。羝乳乃得歸。

蘇武還自匈奴 漢昭帝始元六年 通鑑擥要

武仗漢節牧羊。臥起操持。節旄盡落。單于使李陵至海上。爲武置酒設樂。謂曰。人生如朝露。何自苦如此。武曰。臣事君。猶子事父也。子爲父死。無所恨。陵與武飲數日。復曰。子卿壹聽陵言。武曰。自分

竹帛、丹青、　乘傳、　鉤鉏、　乞骸骨、設祖通、供帳、

已死久矣。王必欲降武。請畢今日之歡。効死於前。陵見其至誠。喟然歎曰。嗟乎義士。陵與衛律之罪。上通於天。至是單于與漢和親。漢使至。求武等。匈奴詭言武死。常惠私教使者言。天子射上林中。得雁足書。言武等在某澤中。使者如惠語。以讓單于。單于驚謝。乃歸武。陵賀曰。足下揚名匈奴。功顯漢室。雖古竹帛所載。丹青所畫。何以過子卿。泣下以行。與武訣。官屬隨武還者九人。武留匈奴凡十九歲。始以強壯出。及還鬚髮盡白。

龔遂治渤海 漢宣帝地節四年

先是渤海歲饑。盜賊竝起。遂拜渤海太守。召見。問何以治盜賊。對曰。陛下今欲使臣勝之邪。將安之也。帝曰。選用賢良。固欲安之也。遂曰。治亂民猶治亂繩。不可急也。願無拘臣以文法。得一切便宜從事。帝許之。乘傳至渤海界。敕屬縣。罷逐捕吏。諸持田器者皆爲良民。吏毋得問。持兵者乃爲賊。遂單車至府。盜賊聞教令。卽解散。

棄兵弩而持鉤鉏。於是悉平。遂勸民務農桑。民有帶持刀劍者。使賣劍買牛。賣刀買犢。勞來循行。郡中皆有蓄積。獄訟止息。至是入爲水衡都尉。

疏廣疏受請老 漢宣帝元康四年

皇太子年十二。通論語孝經。太傅廣謂少傅受曰。吾聞知足不辱。知止不殆。卽日俱上疏乞骸骨。帝皆許之。加賜黃金。公卿故人設祖道。供張東都門外。道路觀者皆曰。賢哉二大夫。廣受歸鄉里。日令其家賣金共具。請族人故舊賓客。與相娛樂。或勸以爲子孫立產業者。廣曰。子孫賢而多財。則損其志。愚而多財。則益其過。且富者衆之怨也。吾既無以教化子孫。不欲益其過而生怨。又此金者聖主所以惠養老臣也。故樂與鄉黨宗族。共饗其賜。

朱雲折檻 漢成帝元延元年

特進安昌侯張禹雖家居。以帝師。每有大政。必與定議。時吏民上

尸位素餐、　尚方斬馬劍、　矍鑠、　口無擇言、

書言災異。多譏切王氏專政所致。帝至禹第。以示禹。禹自見年老子孫弱。恐爲王氏所怨。謂帝曰。災變之意。深遠難見。陛下宜修政事。以善應之。新學小生亂道誤人。宜無信用。帝因此不疑王氏。雲上書求見曰。朝廷大臣。上不能匡主。下無以益民。皆尸位素餐。孔子所謂鄙夫不可與事君。苟患失之。無所不至者也。臣願賜尚方斬馬劍。斷佞臣一人頭。以厲其餘。帝問誰。對曰。張禹。帝大怒曰。小臣廷辱師傅。罪死不赦。御史將雲下。雲攀殿檻。檻折。呼曰。臣得下從龍逢比干。遊於地下足矣。未知聖朝何如耳。左將軍辛慶忌免冠叩頭殿下曰。此臣素著狂直。使其言是。不可誅。其言非。固當容之。臣敢以死爭。帝意解乃已。及後當治檻。帝曰。勿易。因而輯之。以旌直臣。

馬援遇讒 漢光武帝建武二十四年

武陵蠻寇臨沅。遣將討之。不克。援請行。帝愍其老。未許。援據鞍顧

眄。以示可用。帝笑曰。矍鑠哉是翁。遂遣行。軍至臨鄉。擊破蠻兵。初援嘗有疾。虎賁中郞將梁松來候之。獨拜牀下。援不答。松意不平。諸子問曰。梁伯孫帝壻。公卿以下莫不憚之。大夫柰何獨不爲禮。援曰。我乃松父友也。雖貴何得失其序乎。援兄子嚴敦竝喜譏議。通輕俠。援前在交阯。還書誡之曰。吾欲汝曹聞人過失。如聞父母之名。耳可得聞。口不可得言也。龍伯高敦厚周愼。口無擇言。謙約節儉。廉公有威。吾愛之重之。願汝曹效之。杜季良豪俠好義。憂人之憂。樂人之樂。父喪致客。數郡畢至。吾愛之重之。不願汝曹效也。效伯高不得。猶爲謹敕之士。所謂刻鵠不成。尚類鶩者也。效季良不得。陷爲天下輕薄子。所謂畫虎不成。反類狗者也。伯高者。山都長龍述也。季良者。越騎司馬杜保也。會保仇人上書。訟保爲行浮薄。亂羣惑衆。伏波將軍萬里還書。以誡兄子。而梁松竇固與之交結。帝召松固。以訟書及援誡書示之。松固叩頭流血。而得不罪。松

餌薏苡實、
藁葬、

由是恨援。及援討武陵蠻軍次下雋。有兩道可入。從壺頭則路近而水險。從充則塗夷而運遠。耿舒欲從充道。援以爲棄日費糧。不如進壺頭搤其咽喉。充賊自破。以事上之。帝從援策。進營壺頭。賊乘高守險。水疾船不得上。會暑甚。士卒多疫死。援亦中病。舒與兄弇書曰。前到臨鄉。賊無故自致。若夜擊之。卽可殄滅。伏波類西域賈胡。到一處輒止。以是失利。今果疾疫。皆如舒言。弇得書奏之。帝乃使松乘驛責問援。因代監軍。會援卒。松因構陷援。帝大怒。追收援新息侯印綬。初援在交阯。常餌薏苡實。能輕身勝瘴氣。軍還載之一車。卒後有上書譖之者。以爲前所載還。皆明珠文犀。帝益怒。援妻孥惶懼。不敢以喪還舊塋。藁葬城西。前雲陽令朱勃上書訟之。帝意稍解。

新定漢文卷之三

三晉滅智氏 周威烈王二十三年

資治通鑑

八一 八二

別族、
繭絲、保障、損其戶數、

初智宣子將以瑤爲後。智果曰。不如宵也。瑤之賢於人者五。其不逮者一也。美鬢長大則賢。射御足力則賢。伎藝畢給則賢。巧文辯慧則賢。彊毅果敢則賢。如是而甚不仁。夫以其五賢陵人。而以不仁行之。其誰能待之。若果立瑤也。智宗必滅。弗聽。智果別族於太史。爲輔氏。趙簡子之子。長曰伯魯。幼曰無恤。將置後。不知所立。乃書訓戒之辭於二簡。以授二子曰。謹識之。三年而問之。伯魯不能擧其辭。求其簡。已失之矣。問無恤。誦其辭甚習。求其簡。出諸袖中而奏之。於是簡子以無恤爲賢。立以爲後。簡子使尹鐸爲晉陽。請曰。以爲繭絲乎。抑爲保障乎。簡子曰。保障哉。尹鐸損其戶數。簡子謂無恤曰。晉國有難。而無以尹鐸爲少。無以晉陽爲遠。必以爲歸。及智宣子卒。智襄子爲政。與韓康子魏桓子宴於藍臺。智伯戲康

一人三失、怨豈在明、不見是圖、
勤小物、
蚋、
質、

子而侮段規。智國聞之。諫曰。主不備難。難必至矣。智伯曰。難將由我。我不爲難。誰敢興之。對曰。不然。夏書有之。一人三失。怨豈在明。不見是圖。夫君子能勤小物。故無大患。今主一宴。而恥人之君相。又弗備。曰不敢興難。無乃不可乎。蚋蟻蜂蠆。皆能害人。況君相乎。弗聽。智伯請地於韓康子。康子欲弗與。段規曰。智伯好利而愎。不與。將伐我。不如與之。彼狃於得地。必請於他人。他人不與。必嚮之以兵。然後我得免於患。而待事之變矣。康子曰。善。使使者致萬家之邑於智伯。智伯悅。又求地於魏桓子。桓子欲弗與。任章曰。何故弗與。桓子曰。無故索地。故弗與。任章曰。無故索地。諸大夫必懼。吾與之地。智伯必驕。彼驕而輕敵。此懼而相親。以相親之兵。待輕敵之人。智氏之命。必不長矣。周書曰。將欲敗之。必姑輔之。將欲取之。必姑與之。主不如與之。以驕智伯。然後可以擇交而圖智氏矣。奈何獨以吾爲智氏質乎。桓子曰。善。復與之萬家之邑一。智伯又求

新定漢文卷之三

八三 八四

罷力、
浚民之膏澤、
三版、
鼃、
行水、
肘、
跗、

蔡皐狼之地於趙襄子。襄子弗與。智伯怒。帥韓魏之甲以攻趙氏。襄子將出。曰。吾何走乎。從者曰。長子近。且城厚完。襄子曰。民罷力以完之。又斃死以守之。其誰與我。從者曰。邯鄲之倉庫實。襄子曰。浚民之膏澤以實之。又因而殺之。其誰與我。其晉陽乎。先主之所屬也。尹鐸之所寬也。民必和矣。乃走晉陽。三家以國人圍而灌之。城不浸者三版。沈竈產鼃。民無叛意。智伯行水。魏桓子御。韓康子驂乘。智伯曰。吾乃今知水可以亡人國也。桓子肘康子。康子履桓子之跗。以汾水可以灌安邑。絳水可以灌平陽也。絺疵謂智伯曰。韓魏必反矣。智伯曰。子何以知之。絺疵曰。以人事知之。夫從韓魏之兵以攻趙。趙亡。難必及韓魏矣。今約勝趙而三分其地。城不沒者三版。人馬相食。城降有日。而二子無喜志。有憂色。是非反而何。明日。智伯以絺疵之言告二子。二子曰。此夫讒人。欲爲趙氏游說。使主疑於二家。而懈於攻趙氏也。不然。夫二家豈不利朝夕分趙

脣亡則齒寒、
翼、
唯輔果在、
才者德之資也、德者才之帥也、矯揉羽括、鎔範
乳狗、
嚴、

氏之田。而欲爲危難不可成之事乎。二子出。絺疵入曰。主何以臣之言告二子也。智伯曰。子何以知之。對曰。臣見其視臣端而趨疾。知臣得其情故也。智伯不悛。絺疵請使於齊。趙襄子使張孟談潛出見二子曰。臣聞。脣亡則齒寒。今智伯帥韓魏以攻趙。趙亡。則韓魏爲之次矣。二子曰。我心知其然也。恐事未遂而謀泄。則禍立至矣。張孟談曰。謀出二主之口。入臣之耳。何傷也。二子乃潛與張孟談約。爲之期日而遣之。襄子夜使人殺守隄之吏。而決水灌智伯軍。智伯軍救水而亂。韓魏翼而擊之。襄子將卒犯其前。大敗智伯之衆。遂殺智伯。盡滅智氏之族。唯輔果在。

臣光曰。智伯之亡也。才勝德也。夫才與德異。而世俗莫之能辯。通謂之賢。此其所以失人也。夫聰察彊毅之謂才。正直中和之謂德。才者。德之資也。德者。才之帥也。雲夢之竹。天下之勁也。然而不矯揉。不羽括。則不能以入堅。棠谿之金。天下之利也。然而不鎔範。不

砥礪。則不能以擊彊。是故才德全盡。謂之聖人。才德兼亡。謂之愚人。德勝才。謂之君子。才勝德。謂之小人。凡取人之術。苟不得聖人君子而與之。與其得小人。不若得愚人。何則君子挾才以爲善。小人挾才以爲惡。挾才以爲善者。善無不至矣。挾才以爲惡者。惡亦無不至矣。愚者雖欲爲不善。智不能周。力不能勝。譬如乳狗搏人。人得而制之。小人智足以遂其姦。勇足以決其暴。是虎而翼者也。其爲害。豈不多哉。夫德者。人之所嚴。而才者。人之所愛。愛者易親。嚴者易疏。是以察者多蔽於才。而遺於德。自古昔以來。國之亂臣。家之敗子。才有餘而德不足。以至于顚覆者多矣。豈特智伯哉。故爲國爲家者。苟能審於才德之分。而知所先後。又何失人之足患哉。

吳楚七國之反 漢景帝前三年　　資治通鑑

秋請、
察見淵中魚不祥、
更始、
卒踐更、輒予平賈、
郤、
服舍、
狧穅及米、
安肆、
脅肩累足、

初孝文時。吳太子入見。得侍皇太子飲博。吳太子博。爭道不恭。皇太子引博局。提吳太子殺之。遣其喪歸葬。至吳。吳王慍曰。天下同宗。死長安。卽葬長安。何必來葬爲。復遣喪之長安葬。吳王由此稍失藩臣之禮。稱疾不朝。京師知其以子故。繫治驗問吳使者。吳王恐。始有反謀。後使人爲秋請。文帝復問之。使者對曰。王實不病。漢繫治使者數輩。吳王恐。以故遂稱病。夫察見淵中魚。不祥。唯上棄前過。與之更始。於是文帝乃赦吳使者歸之。而賜吳王几杖。老不朝。吳得釋其罪。謀亦益解。然其居國。以銅鹽故。百姓無賦。卒踐更。輒予平賈。歲時存問茂材。賞賜閭里。他郡國吏。欲來捕亡人者。公共禁弗予。如此者四十餘年。鼂錯數上書言。吳過可削。文帝寬不忍罰。以此吳日益橫。及帝卽位。錯說上曰。昔高帝初定天下。昆弟少。諸子弱。大封同姓。齊七十餘城。楚四十餘城。吳五十餘城。封三庶孽。分天下半。今吳王前有太子之郤。詐稱病不朝。於古灋當誅。文帝弗忍。因賜几杖。德至厚。當改過自新。反益驕溢。卽山鑄錢。煮

海水爲鹽。誘天下亡人。謀作亂。今削之亦反。不削亦反。削之。其反亟禍小。不削。反遲禍大。上令公卿列侯宗室雜議。莫敢難。獨竇嬰爭之。由此與錯有郤。及楚王戊來朝。錯因言。戊往年爲薄太后服。私姦服舍。請誅之。詔赦。削東海郡。及前年趙王有罪。削其常山郡。膠西王卬。以賣爵事有姦。削其六縣。廷臣方議削吳。吳王恐削地無已。因發謀擧事。念諸侯無足與計者。聞膠西王勇好兵。諸侯皆畏憚之。於是使中大夫應高口說膠西王曰。今者主上。任用邪臣。聽信讒賊。侵削諸侯。誅罰良重。日以益甚。語有之曰。狧穅及米。吳與膠西。知名諸侯也。一時見察。不得安肆矣。吳王身有內疾。不能朝請二十餘年。常患見疑。無以自白。脅肩累足。猶懼不見釋。竊聞大王以爵事有過。所聞諸侯削地。罪不至此。此恐不止削地而已。王曰。有之。子將柰何。高曰。吳王自以爲與大王同憂。願因時循理。棄軀以除患於天下。意亦可乎。膠西王瞿然駭曰。寡人何敢如是。

營惑、
愁勞聖人所以起、方洋、
耆、
醴、
鉗、
知幾其神乎、幾者動之微、吉凶之先見者也、
胥靡、
赭衣、雅舂

主上雖急。固有死耳。安得不事。高曰。御史大夫鼂錯營惑天子。侵奪諸侯。諸侯皆有背叛之意。人事極矣。彗星出。蝗蟲起。此萬世一時。而愁勞聖人所以起也。吳王內以鼂錯爲誅。外從大王後車。方洋天下。所向者降。所指者下。莫敢不服。大王誠幸而許之一言。則吳王率楚王。略函谷關。守滎陽敖倉之粟。距漢兵。治次舍。須大王。大王幸而臨之。則天下可并。兩主分割。不亦可乎。王曰。善。歸報吳王。吳王猶恐其不果。乃身自爲使者。至膠西。面約之。膠西羣臣或聞王謀。諫曰。諸侯地不能當漢十二。爲叛逆以憂太后。非計也。今承一帝。尚云不易。假令事成。兩主分爭。患乃益生。王不聽。遂發使約齊。菑川。膠東。濟南。皆許諾。初楚元王好書。與魯申公。穆生。白生。俱受詩於浮丘伯。及王楚。以三人爲中大夫。穆生不耆酒。元王每置酒。常爲穆生設醴。及子夷王。孫王戊即位。常設。後乃忘設焉。穆生退曰。可以逝矣。醴酒不設。王之意怠。不去。楚人將鉗我於市。遂

稱疾臥。申公。白生彊起之。曰。獨不念先王之德與。今王一旦失小禮。何足至此。穆生曰。易稱。知幾其神乎。幾者。動之微。吉凶之先見者也。君子見幾而作。不俟終日。先王之所以禮吾三人者。爲道存也。今而忽之。是忘道也。忘道之人。胡可與久處。豈爲區區之禮哉。遂謝病去。申公。白生獨留。王戊稍淫暴。太傅韋孟作詩諷諫。不聽。亦去居於鄒。戊因坐削地事。遂與吳通謀。申公。白生諫戊。戊胥靡之。衣之赭衣。使雅舂於市。休侯富使人諫王。王曰。季父不吾與。我起。先取季父矣。休侯懼。乃與母太夫人犇京師。及削吳會稽。豫章郡。書至。吳王遂先起兵。誅漢吏二千石以下。膠西。膠東。菑川。濟南。楚。趙亦皆反。楚相張尚。太傅趙夷吾諫王戊。戊殺尚。夷吾。趙相建德。內史王悍諫王遂。遂燒殺建德。悍。齊王後悔。背約城守。濟北王城壞。未完。其郎中令劫守王。不得發兵。膠西王。膠東王爲渠率。與菑川。濟南共攻齊。圍臨菑。趙王遂發兵。住其西界。欲待吳楚俱進。北使匈奴與連兵。吳王悉其士卒。下令國中曰。寡人年六十二。身自將。少子年十四。亦爲士卒先。諸年上與寡人同。下與少子等。皆發。凡二十餘萬人。南使閩。東越。閩。東越亦發兵從。吳王起兵于廣陵。西涉淮。因并楚兵。發使遺諸侯書。罪狀鼂錯。欲合兵誅之。吳楚共攻梁。破棘壁。殺數萬人。乘勝而前。銳甚。梁孝王遣將軍擊之。又敗梁兩軍。士卒皆還走。梁王城守睢陽。

猶與、

吳楚七國之反二

資治通鑑

初文帝且崩。戒太子曰。即有緩急。周亞夫眞可任將兵。及七國反書聞。上乃拜中尉周亞夫爲太尉。將三十六將軍。往擊吳。楚。遣曲周侯酈寄擊趙。將軍欒布擊齊。復召竇嬰。拜爲大將軍。使屯滎陽。監齊。趙兵。初鼂錯所更令三十章。諸侯讙譁。錯父聞之。從潁川來。謂錯曰。上初即位。公爲政用事。侵削諸侯。疏人骨肉。口語多怨。公何爲也。錯曰。固也。不如此。天子不尊。宗廟不安。父曰。劉氏安矣。而

鼂氏危。吾去公歸矣。遂飲藥死。曰。吾不忍見禍逮身。後十餘日。吳。楚七國俱反。以誅錯爲名。上與錯議出軍事。錯欲令上自將兵。而身居守。又言。徐。僮之旁。吳所未下者。可以予吳。錯素與吳相袁盎不善。錯所居坐。盎輒避。盎所居坐。錯亦避。兩人未嘗同堂語。及錯爲御史大夫。使吏按盎受吳王財物。抵辠。詔赦以爲庶人。吳。楚反。錯謂丞史曰。袁盎多受吳王金錢。專爲蔽匿。言不反。今果反。欲請治盎。宜知其計謀。丞史曰。事未發。治之有絕。今兵西向。治之何益。且盎不宜有謀。錯猶與未決。人有告盎。盎恐。夜見竇嬰。爲言吳所以反。願至前。口對狀。嬰入言。上乃召盎。盎入見。上方與錯調兵食。上問盎。今吳。楚反。於公意何如。對曰。不足憂也。上曰。吳王即山鑄錢。煑海爲鹽。誘天下豪傑。白頭舉事。此其計不百全。豈發乎。何以言其無能爲也。對曰。吳銅鹽之利則有之。安得豪傑而誘之。誠令吳得豪傑。亦且輔而爲誼。不反矣。吳所誘。皆無賴子弟。亡命鑄錢

適、
孰計、
要斬、
棄市、
道軍所來、
拑口、
乘六乘傳、
懷輯、
閒人、
阸陿、

姦人。故相誘以亂。錯曰。盎策之善。上曰。計安出。盎對曰。願屛左右。上屛人。獨錯在。盎曰。臣所言。人臣不得知。乃屛錯。錯趨避東廂。甚恨。上卒問盎。對曰。吳楚相遺書言。高皇帝王子弟。各有分地。今賊臣鼂錯擅適諸侯。削奪之地。以故反。欲西共誅錯。復故地而罷。方今計。獨有斬錯。發使赦吳楚七國。復其故地。則兵可毋血刃而俱罷。於是上默然。良久曰。顧誠何如。吾不愛一人以謝天下。盎曰。愚計出此。唯上孰計之。乃拜盎爲太常。密裝治行。後十餘日。上令丞相青。中尉嘉。廷尉歐劾奏。錯不稱主上德信。欲疏群臣百姓。又欲以城邑予吳。無臣子禮。大逆無道。錯當要斬。父母妻子同產。無少長皆棄市。制曰。可。錯殊不知。壬子。上使中尉召錯。紿載行市。錯衣朝衣。斬東市。上乃使袁盎與吳王弟子宗正德侯通使吳。謁者僕射鄧公爲校尉。上書言軍事。見上。上問曰。道軍所來。聞鼂錯死。吳楚罷不。鄧公曰。吳爲反數十歲矣。發怒削地。以誅錯爲名。其意不

在錯也。且臣恐天下之士拑口不敢復言矣。上曰。何哉。鄧公曰。夫鼂錯。患諸侯彊大不可制。故請削之。以尊京師。萬世之利也。計畫始行。卒受大戮。內杜忠臣之口。外爲諸侯報仇。臣竊爲陛下不取也。於是帝喟然長息曰。公言善。吾亦恨之。袁盎劉通至吳。吳楚兵已攻梁壁矣。宗正以親故。先入見。諭吳王。令拜受詔。吳王聞袁盎來。知其欲說。笑而應曰。我已爲東帝。尙誰拜。不肯見盎。而留軍中。欲劫使將。盎不肯。使人圍守。且殺之。盎得閒脫亡。歸報。太尉亞夫言於上曰。楚兵剽輕。難與爭鋒。願以梁委之。絕其食道。乃可制也。上許之。亞夫乘六乘傳。將會兵滎陽。發至霸上。趙涉遮說亞夫曰。吳王素富。懷輯死士久矣。此知將軍且行。必置閒人於殽澠阸陿之閒。且兵事尙神密。將軍何不從此右去。走藍田。出武關。抵洛陽。閒不過差一二日。直入武庫。擊鳴鼓。諸侯聞之。以爲將軍從天而下也。太尉如其計。至洛陽。喜曰。七國反。吾乘傳至此。不自意全。今

饟道、
推鋒、
酤酒無行、
不得待罪行閒、

吾據滎陽。滎陽以東。無足憂者。使吏搜殽澠閒。果得吳伏兵。乃請趙涉爲護軍。太尉引兵。東北走昌邑。吳攻梁急。梁數使使條侯求救。條侯不許。又使使愬條侯於上。上使告條侯救梁。亞夫不奉詔。堅壁不出。而使弓高侯等將輕騎兵。出淮泗口。絕吳楚兵後。塞其饟道。梁使中大夫韓安國及楚相張尙弟羽爲將軍。羽力戰。安國持重。乃得頗敗吳兵。吳兵欲西。梁城守。不敢西。卽走條侯軍。會下邑。欲戰。條侯堅壁。不肯戰。吳糧絕卒飢。數挑戰。終不出。條侯軍中夜驚。內相攻擊。擾亂至帳下。亞夫堅臥不起。頃之復定。吳犇壁東南陬。亞夫使備西北。已而其精兵果犇西北。不得入。吳楚士卒多飢死叛散。乃引而去。二月。亞夫出精兵追擊。大破之。吳王濞棄其軍。與壯士數千人夜亡走。楚王戊自殺。

吳楚七國之反三

資治通鑑

吳王之初發也。吳臣田祿伯爲大將軍。田祿伯曰。兵屯聚而西。無

它奇道。難以立功。臣願得五萬人。別循江淮而上。收淮南長沙。入武關。與大王會。此亦一奇也。吳王太子諫曰。王以反爲名。此兵難以借人。人亦且反王。柰何。且擅兵而別。多它利害。徒自損耳。吳王卽不許田祿伯。吳少將桓將軍說王曰。吳多步兵。步兵利險。漢多車騎。車騎利平地。願大王所過城不下。直去疾西據洛陽武庫。食敖倉粟。阻山河之險。以令諸侯。雖無入關。天下固已定矣。大王徐行。留下城邑。漢軍車騎至。馳入梁楚之郊。事敗矣。吳王問諸老將。老將曰。此年少推鋒可耳。安知大慮。於是王不用桓將軍計。王專幷將兵。兵未度淮。諸賓客皆得爲將校尉侯司馬。獨周丘不用。周丘者。下邳人。亡命吳。酤酒無行。王薄之不任。周丘乃上謁。說王曰。臣以無能。不得待罪行閒。臣非敢求有所將也。願請王一漢節。必有以報王。乃予之。周丘得節。夜馳入下邳。下邳時聞吳反。皆城守。至傳舍。召令入戶。使從者以罪斬令。遂召昆弟所善豪吏。告曰。吳

不過食頃、
肉袒、
菹醢、
厀行、
詔虎符、
義國、

反。兵且至。屠下邳。不過食頃。今先下。家室必完。能者封侯矣。出乃
相告。下邳皆下。周丘一夜得三萬人。使人報吳王。遂將其兵。北畧
城邑。比至陽城。兵十餘萬。破陽城中尉軍。聞吳王敗走。自度無與
共成功。卽引兵歸下邳。未至。疽發背死。吳王之棄軍亡也。軍遂潰。
往往稍降太尉條侯及梁軍。吳兵度淮。走丹徒。保東越。兵可萬餘
人。收聚亡卒。漢使人以利啗東越。東越卽紿吳王。出勞軍。使人鏦
殺吳王。盛其頭。馳傳以聞。吳太子駒亡走閩越。吳楚反。凡三月皆
破滅。於是諸將乃以太尉謀爲是。然梁王由此與太尉有隙。三王
之圍臨菑也。齊王使路中大夫告於天子。天子復令路中大夫還
報。告齊王。堅守。漢兵今破吳楚矣。路中大夫至。三國兵圍臨菑數
重。無從入。三國將與路中大夫盟曰。若反言漢已破矣。齊趣下三
國。不。且見屠。路中大夫既許。至城下。望見齊王曰。漢已發兵百萬。
使太尉亞夫擊破吳楚。方引兵救齊。齊必堅守無下。三國將誅路

九七
九八

中大夫。齊初圍急。陰與三國通謀。約未定。會路中大夫從漢來。其
大臣乃復勸王無下三國。會漢將欒布平陽侯等兵至齊。擊破三
國兵。解圍已後。聞齊初與三國有謀。將欲移兵伐齊。齊孝王懼。飲
藥自殺。膠西膠東菑川王各引兵歸國。膠西王徒跣。席稾飲水。謝
太后。王太子德曰。漢兵還。臣觀之已罷。可襲。願收王餘兵擊之。不
勝而逃入海。未晚也。王曰。吾士卒皆已壞。不可用。弓高侯韓頽當
遺膠西王書曰。奉詔誅不義。降者赦除其罪復故。不降者滅之。王
何處。須以從事。王肉袒叩頭。詣漢軍壁謁曰。臣卬奉法不謹。驚駭
百姓。乃苦將軍遠道至于窮國。敢請菹醢之罪。弓高侯執金鼓見
之曰。王苦軍事。願聞王發兵狀。王頓首厀行對曰。今者鼂錯天子
用事臣。變更高皇帝法令。侵奪諸侯地。卬等以爲不義。恐其敗亂
天下。七國發兵。且誅錯。今聞錯已誅。卬等謹已罷兵歸。將軍曰。王
苟以錯爲不善。何不以聞。及未有詔虎符。擅發兵擊義國。以此觀

首善、
墜言、
畢、
敺白徒之衆、
爭衡、
底節、
羔犢、
撫衿、
不前、
攘袂、
德淪於骨髓、
惟、
詿誤、

之。意非徒欲誅錯也。乃出詔書爲王讀之。曰。王其自圖。王曰。如卬
等。死有餘罪。遂自殺。太后太子皆死。膠東王菑川王濟南王皆伏
誅。酈將軍兵至趙。趙王引兵還邯鄲城守。酈寄攻之七月。不能下。
匈奴聞吳楚敗。亦不肯入邊。欒布破齊還。幷兵引水灌趙城。城壞。
王遂自殺。帝以齊首善。以迫劫有謀。非其辠也。召立齊孝王太子
壽。是爲懿王。濟北王亦欲自殺。幸全其妻子。齊人公孫玃謂濟北
王曰。臣請試爲大王明說梁王。通意天子。說而不用。死未晚也。公
孫玃遂見梁王曰。夫濟北之地。東接彊齊。南牽吳越。北脅燕趙。此
四分五裂之國。權不足以自守。勁不足以捍寇。又非有奇怪云以
待難也。雖墜言於吳。非其正計也。鄉使濟北見情實。示不從之端。
則吳必先歷齊。畢濟北。招燕趙而總之。如此。則山東之從。結而無
隙矣。今吳王連諸侯之兵。敺白徒之衆。西與天子爭衡。濟北獨底
節。不下。使吳失與而無助。跬步獨進。瓦解土崩。破敗而不救者。未

九九
一〇〇

必非濟北之力也。夫以區區之濟北。而與諸侯爭彊。是以羔犢之
弱。而扞虎狼之敵也。守職不橈。可謂誠一矣。功義如此。尙見疑於
上。脅肩低首。累足撫衿。使有自悔不前之心。非社稷之利也。臣恐
藩臣守職者疑之。臣竊料之。能歷西山。徑長樂。抵未央。攘袂而正
議者。獨大王耳。上有全亡之功。下有安百姓之名。德淪於骨髓。恩
加於無窮。願大王留意詳惟之。孝王大說。使人馳以聞。濟北王得
不坐。徙封於菑川。河閒王太傅衞綰擊吳楚有功。拜爲中尉。綰以
中郞將事文帝。醇謹無他。上爲太子時。召文帝左右飲。而綰稱病
不行。文帝且崩。屬上曰。綰長者。善遇之。故上亦寵任焉。夏六月乙
亥。詔吏民爲吳王濞等所詿誤當坐。及逋逃亡軍者皆赦之。帝欲
以吳王弟德哀侯廣之子續吳。以楚元王子禮續楚。竇太后曰。吳
王老人也。宜爲宗室順善。今乃首率七國紛亂天下。柰何續其後。
不許吳。許立楚後。乙亥。徙淮陽王餘爲魯王。汝南王非爲江都王。

梟雄、
殷勤、

王故吳地。立宗正禮爲楚王。立皇子端爲膠西王。勝爲中山王。

赤壁之戰 漢獻帝建安十三年　資治通鑑

初魯肅聞劉表卒。言於孫權曰。荊州與國鄰接。江山險固。沃野萬
里。士民殷富。若據而有之。此帝王之資也。今劉表新亡。二子不協。
軍中諸將。各有彼此。劉備天下梟雄。與操有隙。寄寓於表。表惡其
能而不能用也。若備與彼協心。上下齊同。則宜撫安。與結盟好。如
有離違。宜別圖之。以濟大事。肅請得奉命弔表二子。幷慰勞其軍
中用事者。及說備使撫表衆。同心一意。共治曹操。備必喜而從命。
如其克諧。天下可定也。今不速往。恐爲操所先。權卽遣肅行。到夏
口。聞操已向荊州。晨夜兼道。比至南郡。而琮已降。備南走。肅徑迎
之。與備會于當陽長坂。肅宣權旨。論天下事勢。致殷勤之意。且問
備曰。豫州今欲何至。備曰。與蒼梧太守吳巨有舊。欲往投之。肅曰。
孫討虜。聰明仁惠。敬賢禮士。江表英豪。咸歸附之。已據有六郡。兵

芟夷、
王室之冑、

精糧多。足以立事。今爲君計。莫若遣腹心。自結於東。以共濟世業。
而欲投吳巨。巨是凡人。偏在遠郡。行將爲人所幷。豈足託乎。備甚
悅。肅又謂諸葛亮曰。我子瑜友也。卽共定交。子瑜者亮兄瑾也。避
亂江東。爲孫權長史。備用肅計。進住鄂縣之樊口。曹操自江陵。將
順江東下。諸葛亮謂劉備曰。事急矣。請奉命求救於孫將軍。遂與
魯肅俱詣孫權。亮見權於柴桑。說權曰。海內大亂。將軍起兵江東。
劉豫州收衆漢南。與曹操共爭天下。今操芟夷大難。略已平矣。遂
破荊州。威震四海。英雄無用武之地。故豫州遁逃至此。願將軍量
力而處之。若能以吳越之衆。與中國抗衡。不如蚤與之絕。若不能。
何不按兵束甲。北面而事之。今將軍外託服從之名。而內懷猶豫
之計。事急而不斷。禍至無日矣。權曰。苟如君言。劉豫州何不遂事
之乎。亮曰。田橫齊之壯士耳。猶守義不辱。況劉豫州。王室之冑。英
才蓋世。衆士慕仰。若水之歸海。若事之不濟。此乃天也。安能復爲

勃然、
強弩之末勢、不能穿魯縞、
必蹶上將軍、
協規、
鼎足之形、
奄有、

之下乎。權勃然曰。吾不能擧全吳之地。十萬之衆。受制於人。吾計
決矣。非劉豫州。莫可以當曹操者。然豫州新敗之後。安能抗此難
乎。亮曰。豫州軍雖敗於長坂。今戰士還者。及關羽水軍。精甲萬人。
劉琦合江夏戰士。亦不下萬人。曹操之衆。遠來疲敝。聞追豫州。輕
騎一日一夜。行三百餘里。此所謂強弩之末勢。不能穿魯縞者也。
故兵法忌之曰。必蹶上將軍。且北方之人。不習水戰。又荊州之民
附操者。偪兵勢耳。非心服也。今將軍誠能命猛將。統兵數萬。與豫
州協規同力。破操軍必矣。操軍破。必北還。如此則荊吳之勢強。鼎
足之形成矣。成敗之機。在於今日。權大悅。與其群下謀之。是時曹
操遺權書曰。近者奉辭伐罪。旄麾南指。劉琮束手。今治水軍八十
萬衆。方與將軍會獵於吳。權以示臣下。莫不響震失色。長史張昭
等曰。曹公豺虎也。挾天子以征四方。動以朝廷爲辭。今日拒之。事
更不順。且將軍大勢可以拒操者長江也。今操得荊州。奄有其地。

蒙衝、
宇下、
下曹從事、士林、
廓開、
英雄樂業、

劉表治水軍。蒙衝鬬艦。乃以千數。操悉浮以沿江。兼有步兵。水陸
俱下。此爲長江之險。已與我共之矣。而勢力衆寡。又不可論。愚謂。
大計不如迎之。魯肅獨不言。權起更衣。肅追於宇下。權知其意。執
肅手曰。卿欲何言。肅曰。向察衆人之議。專欲誤將軍。不足與圖大
事。今肅可迎操耳。如將軍不可也。何以言之。今肅迎操。操當以肅
還付鄉黨。品其名位。猶不失下曹從事。乘犢車。從吏卒。交遊士林。
累官。故不失州郡也。將軍迎操。欲安所歸乎。願早定大計。莫用衆
人之議也。權歎息曰。諸人持議。甚失孤望。今卿廓開大計。正與孤
同。時周瑜受使至番陽。肅勸權召瑜還。瑜至。謂權曰。操雖託名漢
相。其實漢賊也。將軍以神武雄才。兼仗父兄之烈。割據江東。地方
數千里。兵精足用。英雄樂業。當橫行天下。爲漢家除殘去穢。況操
自送死。而可迎之邪。請爲將軍籌之。今北土未平。馬超韓遂尙在
關西。爲操後患。而操舍鞍馬。仗舟楫。與吳越爭衡。今又盛寒。馬無

狐疑、

邂逅不如意、

助畫、

委署、儻能屈威誠副其所望、

藁草。驅中國士衆遠涉江湖之間。不習水土。必生疾病。此數者。用兵之患也。而操皆冒行之。將軍禽操。宜在今日。瑜請得精兵數萬人。進住夏口。保爲將軍破之。權曰。老賊欲廢漢自立久矣。徒忌二袁。呂布。劉表與孤耳。今數雄已滅。惟孤尙存。孤與老賊。勢不兩立。君言當擊。甚與孤合。此天以君授孤也。因拔刀斫前奏案曰。諸將吏敢復有言當迎操者。與此案同。乃罷會。是夜瑜復見權曰。諸人徒見操書言水步八十萬。而各恐懾。不復料其虛實。便開此議。甚無謂也。今以實校之。彼所將中國人。不過十五六萬。且已久疲。所得表衆。亦極七八萬耳。尙懷狐疑。夫以疲病之卒。御狐疑之衆。衆數雖多。甚未足畏。瑜得精兵五萬。自足制之。願將軍勿慮。權撫其背曰。公瑾。卿言至此。甚合孤心。子布。元表諸人。各顧妻子。挾持私慮。深失所望。獨卿與子敬。與孤同耳。此天以卿二人贊孤也。五萬兵難卒合。已選三萬人。船糧戰具俱辨。卿與子敬。程公便在前發。

孤當續發人衆。多載資糧。爲卿後援。卿能辨之者誠決。邂逅不如意。便還就孤。孤當與孟德決之。遂以周瑜。程普爲左右督。將兵與備幷力逆操。以魯肅爲贊軍校尉。助畫方略。劉備在樊口。日遣邏吏於水次。候望權軍。吏望見瑜船。馳往白備。備遣人慰勞之。瑜曰。有軍任。不可得委署。儻能屈威。誠副其所望。備乃乘單舸往見瑜曰。今拒曹公。深爲得計。戰卒有幾。瑜曰。三萬人。備曰。恨少。瑜曰。此自足用。豫州但觀瑜破之。備欲呼魯肅等共會語。瑜曰。受命不得妄委署。若欲見子敬。可別過之。備深愧喜。進與操遇於赤壁。時操軍衆。已有疾疫。初一交戰。操軍不利。引次江北。瑜等在南岸。瑜部將黃蓋曰。今寇衆我寡。難與持久。操軍方連船艦。首尾相接。可燒而走也。乃取蒙衝鬪艦十艘。載燥荻枯柴。灌油其中。裹以帷幕。上建旌旗。豫備走舸。繫於其尾。先以書遺操。詐云欲降。時東南風急。蓋以十艦最著前。中江擧帆。餘船以次俱進。操軍吏士。皆出營立

營落、

雷鼓

蹈藉、

太白經天、

結納

紛競、

觀。指言蓋降。去北軍二里餘。同時發火。火烈風猛。船往如箭。燒盡北船。延及岸上營落。頃之烟炎張天。人馬燒溺死者甚衆。瑜等率輕銳繼其後。雷鼓大震。北軍大壞。操引軍從華容道步走。遇泥濘。道不通。天又大風。悉使羸兵負艸塡之。騎乃得過。羸兵爲人馬所蹈藉。陷泥中死者甚多。劉備。周瑜水陸並進。追操至南郡。時操軍兼以飢疫。死者太半。操乃留征南將軍曹仁。橫野將軍徐晃守江陵。折衝將軍樂進守襄陽。引軍北還。

玄武門之變 唐高祖武德九年　資治通鑑

六月丁巳。太白經天。秦王世民旣與太子建成。齊王元吉有隙。以洛陽形勝之地。恐一朝有變。欲出保之。乃以行臺工部尙書溫大雅鎭洛陽。遣秦府車騎將軍滎陽張亮。將左右王保等千餘人之洛陽。陰結納山東豪傑。以俟變。多出金帛。恣其所用。元吉告亮謀不軌。下吏考驗。亮終無言。乃釋之。使還洛陽。建成夜召世民飮酒

而酖之。世民暴心痛。吐血數升。淮安王神通扶之還西宮。上幸西宮。問世民疾。敕建成曰。秦王素不能飮。自今無得復夜飮。因謂世民曰。首建大謀。削平海內。皆汝之功。吾欲立汝爲嗣。汝固辭。且建成年長。爲嗣日久。吾不忍奪也。觀汝兄弟。似不相容。同處京邑。必有紛競。當遣汝還行臺。居洛陽。自陝以東。皆主之。仍命汝建天子旌旗。如漢梁孝王故事。世民涕泣。辭以不欲遠離膝下。上曰。天下一家。東西兩都。道路甚邇。吾思汝卽往。毋煩悲也。將行。建成。元吉相與謀曰。秦王若至洛陽。有土地甲兵。不可復制。不如留之長安。則一匹夫耳。取之易矣。乃密令數人上封事。言秦王左右聞往洛陽。無不喜躍。觀其志趣。恐不復來。又遣近幸之臣。以利害說上。上意遂移。事復中止。建成。元吉與後宮。日夜譖訴世民於上。上信之。將罪世民。陳叔達諫曰。秦王有大功於天下。不可黜也。且性剛烈。若加挫抑。恐不勝憂憤。或有不測之疾。陛下悔之何及。上乃止。元

嫌隙、

府朝塗地、
行周公之事、

迂長者之眷、
以敦布衣之交、

蓬戶甕牖、

策名藩邸、

積金至斗、

吉密請殺秦王。上曰。彼有定天下之功。罪狀未著。何以爲辭。元吉曰。秦王初平東都。顧望不還。散錢帛以樹私恩。又違敕命。非反而何。但應速殺。何患無辭。上不應。秦府僚屬皆憂懼。不知所出。行臺考功郎中房玄齡。謂比部郎中長孫無忌曰。今嫌隙已成。一旦禍機竊發。豈惟府朝塗地。乃實社稷之憂。莫若勸王行周公之事。以安家國。存亡之機。間不容髮。正在今日。無忌曰。吾懷此久矣。不敢發口。今吾子所言。正合吾心。謹當白之。乃入言世民。世民召玄齡謀之。玄齡曰。大王功蓋天地。當承大業。今日憂危。乃天贊也。願大王勿疑。乃與府屬杜如晦。共勸世民。誅建成元吉。健成元吉以秦府多驍將。欲誘之使爲己用。密以金銀器一車。贈左二副護軍尉遲敬德。幷以書招之。曰。願迂長者之眷。以敦布衣之交。敬德辭曰。敬德蓬戶甕牖之人。遭隋末亂離。久淪逆地。罪不容誅。秦王賜以更生之恩。今又策名藩邸。唯當殺身以爲報。於殿下無功。不敢謬

當重賜。若私交殿下。乃是貳心。徇利忘忠。殿下亦何所用。建成怒。遂與之絕。敬德以告世民。世民曰。公心如山嶽。雖積金至斗。知公不移。相遺但受。何所嫌也。且得以知其陰計。豈非良策。不然。禍將及公。既而元吉使壯士夜刺敬德。敬德知之。洞開重門。安臥不動。刺客屢至其庭。終不敢入。元吉乃譖敬德於上。下詔獄訊治。將殺之。世民固請得免。又譖左一馬軍總管程知節。出爲康州刺史。知節謂世民曰。大王股肱羽翼盡矣。身何能久。知節以死不去。願早決計。又以金帛誘右二護軍段志玄。志玄不從。建成謂元吉曰。秦府智畧之士可憚者。獨房玄齡杜如晦耳。皆譖之於上而逐之。世民腹心。唯長孫無忌。尙在府中。與其舅雍州治中高士廉。右候車騎將軍三水侯君集。及尉遲敬德等。日夜勸世民。誅建成。元吉。世民猶豫未決。問於靈州大都督李靖。靖辭。問於行軍總管李世勣。世勣辭。世民由是重二人。會突厥郁射設。將數萬騎。屯河南。入塞

簡閱、

拉殺、

大王之名、合之成唐字、

圍烏城。建成薦元吉代世民。督諸軍北征。上從之。命元吉督右武衛大將軍李藝。天紀將軍張瑾等。救烏城。元吉請尉遲敬德。程知節。段志玄。及秦府右三統軍秦叔寶等。與之偕行。簡閱秦王帳下精銳之士。以益元吉軍。率更丞王晊。密告世民曰。太子語齊王。今汝得秦王驍將精兵。擁數萬之衆。吾與秦王餞汝於昆明池。使壯士拉殺之於幕下。奏云暴卒。主上宜無不信。吾當使人進說。令授吾國事。敬德等既入汝手。宜悉坑之。孰敢不服。世民以晊言告長孫無忌等。無忌等勸世民先事圖之。世民歎曰。骨肉相殘。古今大惡。吾誠知禍在朝夕。欲俟其發。然後以義討之。不亦可乎。敬德曰。人情誰不愛其死。今衆人以死奉王。乃天授也。禍機垂發。而王猶晏然。不以爲憂。大王縱自輕。如宗廟社稷何。大王不用敬德之言。敬德將竄身草澤。不能留居大王左右。交手受戮也。無忌曰。不從敬德之言。事今敗矣。敬德等必不爲王有。無忌亦當相隨而去。不

能復事大王矣。世民曰。吾所言。亦未可全棄。公更圖之。敬德曰。王今處事有疑。非智也。臨難不決。非勇也。且大王素所畜養勇士八百餘人。在外者今已入宮。擐甲執兵。事勢已成。大王安得已乎。世民訪之府僚。皆曰。齊王凶戾。終不肯事其兄。比聞護軍薛實嘗謂齊王曰。大王之名。合之成唐字。大王終主唐祀。齊王喜曰。但除秦王。取東宮如反掌耳。彼與太子謀亂未成。已有取太子之心。亂心無厭。何所不爲。若使二人得志。恐天下非復唐有。以大王之賢。取二人如拾地芥耳。柰何徇匹夫之節。忘社稷之計乎。世民猶未決。衆曰。大王以舜爲何如人。曰。聖人也。衆曰。使舜浚井不出。則爲井中之泥。塗廩不下。則爲廩上之灰。安能澤被天下。灋施後世乎。是以小杖則受。大杖則走。蓋所存者大故也。世民命卜之。幕僚張公謹自外來。取龜投地。曰。卜以決疑。今事在不疑。尙何卜乎。卜而不吉。庸得已乎。於是定計。世民令無忌密召房玄齡等。曰。敕旨不聽

道士、
似為世充、建德報讐、
消息、
跋馬、不彀、
絓、

復事王。今若私謁、必坐死。不敢奉教。世民怒謂敬德曰、玄齡。如晦。豈叛我邪。取所佩刀授敬德曰、公往觀之。若無來心、可斷其首以來。敬德往。與無忌共諭之曰、王已決計。公宜速入共謀之。吾屬四人、不可羣行道中。乃令玄齡。如晦著道士服。與無忌俱入。敬德自它道亦至。

玄武門之變二

資治通鑑

己未。太白復經天。傅弈密奏。太白見秦分。秦王當有天下。上以其狀授世民。於是世民密奏。建成。元吉。淫亂後宮。且曰、臣於兄弟無絲毫負。今欲殺臣。似為世充。建德報讐。臣今枉死。永違君親。魂歸地下。實恥見諸賊。上省之愕然。報曰、明當鞫問。汝宜早參。庚申。世民帥長孫無忌等入。伏兵於玄武門。張婕妤竊知世民表意。馳語建成。建成召元吉謀之。元吉曰、宜勒宮府兵。託疾不朝。以觀形勢。建成曰、兵備已嚴。當與弟入參。自問消息。乃俱入。趣玄武門。上時

已召裴寂。蕭瑀。陳叔達等。欲按其事。建成。元吉至臨湖殿。覺變。即跋馬東歸宮府。世民從而呼之。元吉張弓射世民。再三不彀。世民射建成殺之。尉遲敬德將七十騎繼至。左右射元吉墜馬。世民馬逸入林下。為木枝所絓。墜不能起。元吉遽至。奪弓將扼之。敬德躍馬叱之。元吉步欲趣武德殿。敬德追射殺之。翊衛車騎將軍馮翊馮立。聞建成死。歎曰、豈有生受其恩。而死逃其難乎。乃與副護軍薛萬徹。屈咥直府左車騎萬年謝叔方。帥東宮齊府精兵二千。馳趣玄武門。張公謹多力。獨閉關以拒之。不得入。雲麾將軍敬君弘。掌宿衛兵。屯玄武門。挺身出戰。所親止之曰、事未可知。且徐觀變。俟兵集。成列而戰。未晚也。君弘不從。與中郎將呂世衡。大呼而進。皆死之。君弘。顯雋之曾孫也。守門兵與萬徹等力戰良久。萬徹鼓譟。欲攻秦府。將士大懼。尉遲敬德持建成。元吉首示之。宮府兵遂潰。萬徹與數十騎亡入終南山。馮立既殺敬君弘。謂其徒曰、亦足

率土、處以元良、
投杼、
籍沒、
地嫌勢逼、文王之明、泰伯之賢、子臧之節、

以少報太子矣。遂解兵逃於野。上方泛舟海池。世民使尉遲敬德入宿衛。敬德擐甲持矛。直至上所。上大驚。問曰、今日亂者誰邪。卿來此何為。對曰、秦王以太子。齊王作亂。舉兵誅之。恐驚動陛下。遣臣宿衛。上謂裴寂等曰、不圖今日乃見此事。當如之何。蕭瑀。陳叔達曰、建成。元吉。本不預義謀。又無功於天下。疾秦王功高望重。共為姦謀。今秦王已討而誅之。秦王功蓋宇宙。率土歸心。陛下若處以元良。委之國務。無復事矣。上曰、善。此吾之夙心也。時宿衛及秦府兵。與二宮左右戰猶未已。敬德請降手敕。令諸軍並受秦王處分。上從之。天策府司馬宇文士及。自東上閤門出宣敕。衆然後定。上又使黃門侍郎裴矩至東宮曉諭諸將卒。皆罷散。上乃召世民。撫之曰、近日以來。幾有投杼之惑。世民跪而吮上乳。號慟久之。建成子安陸王承道。河東王承德。武安王承訓。汝南王承明。鉅鹿王承義。元吉子梁郡王承業。漁陽王承鸞。普安王承獎。江夏王承裕。

義陽王承度。皆坐誅。仍絕屬籍。初建成許元吉以正位之後。立為太弟。故元吉為之盡死。諸將欲盡誅建成。元吉左右百餘人。籍沒其家。尉遲敬德固爭曰、罪在二凶。既伏其誅。若及支黨。非所以求安也。乃止。是日下詔。赦天下。凶逆之罪。止於建成。元吉。自餘黨與。一無所問。其僧尼道士女冠。並宜依舊。國家庶事。皆取秦王處分。辛酉。馮立。謝叔方皆自出。薛萬徹亡匿。世民屢使諭之。乃出。世民曰、此皆忠於所事。義士也。釋之。癸亥。立世民為皇太子。又詔、自今軍國庶事。無大小悉委太子處決。然後聞奏。

臣光曰、立嫡以長。禮之正也。然高祖所以有天下。皆太宗之功。隱太子以庸劣居其右。地嫌勢逼。必不相容。嚮使高祖有文王之明。隱太子有泰伯之賢。太宗有子臧之節。則亂何自而生矣。既不能然。太宗始欲俟其先發。然後應之。如此則事非獲已。猶為愈也。既而為羣下所迫。遂至喋血禁門。推刃同氣。貽譏千古。惜哉。夫創業

儀刑、　指擬、

垂統之君。子孫之所儀刑也。彼中明肅代之傳繼。得非有所指擬。
以爲口實乎。

周德威傳　　五代史

周德威。字鎭遠。朔州馬邑人也。爲人勇而多智。能望塵以知敵數。
其狀貌雄偉。笑不改容。人見之凜如也。事晉王爲騎將。稍遷鐵林
軍使。從破王行瑜。以功遷內衙指揮使。其小字陽五。當梁晉之際。
周陽五之勇聞天下。梁軍圍晉太原。下令軍中曰。能生得周陽五
者爲刺史。有驍將陳章者。號陳野叉。常乘白馬被朱甲以自異。出
入陣中。求周陽五。欲必生致之。晉王戒德威曰。陳野叉欲得汝以
求刺史。見白馬朱甲者。宜善備之。德威笑曰。陳章好大言耳。安知
刺史非臣作邪。因戒其部兵曰。見白馬朱甲者。當佯走以避之。兩
軍皆陣。德威微服雜卒伍中。陳章出挑戰。兵始交。德威部下見白
馬朱甲者。因退走。章果奮矟急追之。德威伺章已過。揮鐵鎚擊之。

夾城、　梓宮、

中章墮馬。遂生擒之。梁攻燕。晉遣德威。將五萬人。爲燕攻梁取潞
州。遷代州刺史。內外蕃漢馬步軍都指揮使。梁軍捨燕攻潞。圍以
夾城。潞州守將李嗣昭閉城距守。而德威與梁軍相持於外。踰年。
嗣昭與德威素有隙。晉王病且革。語莊宗曰。梁軍圍潞。而德威與
嗣昭有隙。吾甚憂之。上喪在殯。莊宗新立。殺其叔父克寧。國中未
定。而晉之重兵悉屬德威于外。晉人皆恐。莊宗使人以喪及克寧
之難告德威。且召其軍。德威聞命。卽日還軍太原。留其兵城外。徒
步而入。伏梓宮前。慟哭幾絕。晉人乃安。遂從莊宗。復擊梁軍。破夾
城。與李嗣昭歡如初。以破夾城功。拜振武節度使。同中書門下平
章事。天祐七年。秋。梁遣王景仁。將魏。滑。汴。宋等兵七萬人。擊趙。趙
王王鎔乞師于晉。晉遣德威。先屯趙州。冬。梁軍至于柏鄉。趙人告
急。莊宗自將出贊皇。會德威于石橋。進距柏鄉五里。營于野河北。
晉兵少。而景仁所將神威龍驤拱宸等軍。皆梁精兵。人馬鎧甲。飾

以組繡金銀。其光耀日。晉軍望之色動。德威勉其衆曰。此汴。宋傭
販兒。徒飾其外耳。其中不足懼也。其一甲之値數十千。得之適足
爲吾資。無徒望而愛之。當勉以往取也。退而告于莊宗曰。梁兵甚
銳。未可與爭。宜少退以待之。莊宗曰。吾提孤軍出千里。其利速戰。
今不乘勢急擊之。使敵知吾之衆寡。則吾無所施矣。德威曰。不然。
趙人能城守而不能野戰。吾之取勝。利在騎兵。平川廣野。騎兵之
所長也。今吾軍於河上。迫賊營門。非吾用長之地也。莊宗不悅。退
臥帳中。諸將無敢入見。德威謂監軍張承業曰。王怒老兵。不速戰
者非怯也。且吾兵少而臨賊營門。所恃者一水隔耳。使梁得舟栰
渡河。吾無類矣。不如退軍鄗邑。誘敵出營。擾而勞之。可以策勝也。
承業入言曰。德威老將知兵。願無忽其言。莊宗遽起曰。吾方思之
耳。已而德威獲梁遊兵。問景仁何爲。曰。治舟數百。將以爲浮梁。德
威引與俱見莊宗。莊宗笑曰。果如公所料。乃退軍鄗邑。德威晨遣三百

騎。叩梁營挑戰。自以勁兵三千繼之。景仁怒。悉其軍以出。與德威
轉鬭數十里。至于鄗南。兩軍皆陣。梁軍橫亘六七里。汴。宋之軍居
西。魏。滑之軍居東。莊宗策馬登高。望而喜曰。平原淺草。可前可卻。
眞吾之勝地也。乃使人告德威曰。吾當爲公先。公可繼進。德威持
馬諫曰。梁軍輕出而遠來。與吾轉戰。其來必不暇齎糧糗。縱其能
齎。亦不暇食。不及日午。人馬俱饑。因其將退而擊之勝。諸將亦皆
以爲然。至未申時。梁軍東偏塵起。德威鼓譟而起。麾其西偏曰。魏。
滑軍走矣。又麾其東偏曰。梁軍走矣。梁陣動不可復整。乃皆走。遂
大敗。自鄗追至柏鄉。橫尸數十里。景仁以十餘騎僅而免。自梁與
晉爭。凡數十戰。其大敗未嘗如此。劉守光僭號於燕。晉遣德威。將
兵三萬。出飛狐以擊之。德威入祁溝關。取涿州。遂圍守光於幽州。
破其外城。守光閉門距守。而晉軍盡下燕諸州縣。獨幽州不下。圍
之踰年。乃破之。以功拜盧龍軍節度使。德威雖爲大將。而常身與

士卒。馳騁於矢石之閒。守光驍將單廷珪望見德威於陣。曰。此周
陽五也。乃挺槍馳騎追之。德威佯走。度廷珪垂及。側身少卻。廷珪
馬方馳不可止。縱其少過。奮檛擊之。廷珪墜馬。遂見擒。莊宗與劉
鄩相持于魏。鄩夜潛軍出黃澤關。以襲太原。德威自幽州以千騎
入土門以躡之。鄩至樂平。遇雨不得進而還。德威與鄩俱東爭趨
臨淸。臨淸有積粟。且晉軍餉道也。德威先馳據之。以故莊宗卒能
困鄩軍而敗之。莊宗勇而好戰。尤銳於見敵。德威老將。常務持重。
以挫人之鋒。故其用兵常伺敵之隙以取勝。十五年。德威將燕兵
三萬人。與鎭定等軍從莊宗于河上。自麻家渡進軍臨濮以趨汴
州。軍宿胡柳陂。黎明。侯騎報曰。梁軍至矣。莊宗問戰於德威。德威
對曰。此去汴宋信宿而近。梁軍父母妻子皆在其中。而梁人家國。
繫此一擧。吾以深入之兵當其必死之戰。可以計勝。而難與力爭
也。且吾軍先至此。糧爨具。而營柵完。是謂以逸待勞之師也。王宜

按軍無動。而臣請以騎軍擾之。使其營柵不得成。樵爨不暇給。因
其勞乏而乘之。可以勝也。莊宗曰。吾軍河上。終日俟敵。今見敵不
擊。復何爲乎。顧李存審曰。公以輜重先。吾爲公殿。遽督軍而出。德
威謂其子曰。吾不知死所矣。前遇梁軍而陣。王軍居中。鎭定之軍
居左。德威之軍居右。而輜重次右之西。兵已接。莊宗率銀槍軍馳
入梁陣。梁軍小敗。犯晉輜重。輜重見梁朱旗。皆驚走入德威軍。德
威軍亂。梁軍乘之。德威父子皆戰死。莊宗與諸將相持而哭曰。吾
不聽老將之言。而使其父子至此。莊宗卽位。贈德威太師。明宗時
加贈太尉。配享莊宗廟。晉高祖追封德威燕王。子光輔官至刺史。

死節傳　五代史

語曰。世亂識忠臣。誠哉。五代之際。不可以爲無人。吾得全節之士
三人焉。作死節傳。

王彥章。字子明。鄆州壽昌人也。少爲軍卒。事梁大祖。爲開封府押
衙左親從指揮使。行營先鋒馬軍使。末帝卽位。遷濮州刺史。又徙
澶州刺史。彥章爲人驍勇有力。能跣足履棘行百步。持一鐵槍。騎
而馳突奮疾如飛。而他人莫能舉也。軍中號王鐵槍。梁晉爭天下
爲勁敵。獨彥章心常輕晉王。謂人曰。亞次鬬雞小兒耳。何足懼哉。
梁分魏相六州爲兩鎭。懼魏軍不從。遣彥章將五百騎入魏屯金
波亭。以虞變。魏軍果亂。夜攻彥章。彥章南走。魏人降晉。晉軍攻破
澶州。虜彥章妻子。歸之太原。賜以第宅。供給甚備。閒遣使者招彥
章。彥章斬其使者以自絕。然晉人畏彥章之在梁也。必欲招致之。
待其妻子愈厚。自梁失魏博。與晉夾河而軍。彥章常爲先鋒。遷汝
鄭二州防禦使。匡國軍節度使。北面行營副招討使。又徙宣義軍
節度使。是時。晉已盡有河北。以鐵鎖斷德勝口。築河南北爲兩城。
號夾寨。而梁末帝昏亂。小人趙巖。張漢傑等用事。大臣宿將多被
讒閒。彥章雖爲招討副使。而謀不見用。龍德三年。夏。晉取鄆州。梁

人大恐。宰相敬翔顧事急。以繩內靴中。入見末帝。泣曰。先帝取天
下。不以臣爲不肖。所謀無不用。今彊敵未滅。陛下棄忽臣言。臣身
不用。不如死。乃引繩將自經。末帝使人止之。問所欲言。翔曰。事急
矣。非彥章不可。末帝乃召彥章爲招討使。以段凝爲副。末帝問破
敵之期。彥章對曰。三日。左右皆失笑。彥章受命而出。馳兩日至滑
州。置酒大會。陰遣人具舟於楊村。命甲士六百皆持巨斧。載冶者。
具鞴炭。乘流而下。彥章會飮。酒半。佯起更衣。引精兵數千。沿河以
趨德勝。舟兵舉鎖燒斷之。因以巨斧斬浮橋。而彥章引兵急擊南
城。浮橋斷。南城遂破。蓋三日矣。是時莊宗在魏。以朱守殷守夾寨。
聞彥章爲招討使。驚曰。彥章驍勇。吾嘗避其鋒。非守殷敵也。然彥
章兵少。利於速戰。必急攻我南城。卽馳騎救之。行二十里。而得夾
寨報者。曰。彥章兵已至。比至而南城破矣。莊宗徹北城爲柹。下楊
劉。與彥章俱浮于河。各行一岸。每舟柹相及。輒戰。一日數十接。彥

叶力　守捉

章至楊劉。攻之幾下。晉人築壘博州東岸。彥章引兵攻之。不克。還
楊劉戰敗。是時。段凝已有異志。與趙巖。張漢傑交通。彥章素剛。憤
梁日削。而嫉巖等所爲。嘗謂人曰。俟吾破賊還。誅姦臣以謝天下。
巖等聞之懼。與凝叶力傾之。其破南城也。彥章與凝各爲捷書以
聞。凝遣人告巖等。匿彥章書。而上己書。末帝初疑其事。已而使者
至軍。獨賜勞凝。而不及彥章。軍士皆失色。及楊劉之敗也。凝乃上
書言。彥章使酒輕敵。而至於敗。趙巖等從中日夜毀之。乃罷彥章。
以凝爲招討使。彥章馳至京師。入見。以笏畫地。自陳勝敗之迹。巖
等諷有司劾彥章不恭。勒還第。唐兵攻兗州。末帝召彥章。使守捉
東路。是時梁之勝兵皆屬段凝。京師秪有保鑾五百騎。皆新募之
兵不可用。乃以屬彥章。而以張漢傑監之。彥章至遞坊。以兵少戰
敗。退保中都。又敗。與其牙兵百餘騎死戰。唐將夏魯奇素與彥章
善。識其語音。曰。王鐵槍也。擧矟刺之。彥章傷重。馬踣被擒。莊宗見

新定漢文卷之三　一二五　一二六

之曰。爾常以孺子待我。今日服乎。又曰。爾善戰者。何不守兗州。而
守中都。中都無壁壘。何以自固。彥章對曰。大事已去。非人力可爲。
莊宗惻然。賜藥以封其創。彥章武人不知書。常爲俚語謂人曰。豹
死留皮。人死留名。其於忠義。蓋天性也。莊宗愛其驍勇。欲全活之。
使人慰諭彥章。彥章謝曰。臣與陛下血戰十餘年。今兵敗力窮。不
死何待。且臣受梁恩。非死不能報。豈有朝事梁而暮事晉。生何面
目見天下之人乎。莊宗又遣明宗往諭之。彥章病創臥。不能起。仰
顧明宗。呼其小字曰。汝非邈佶烈乎。我豈苟活者。遂見殺。年六十
一。晉高祖時。追贈彥章太師。與彥章同時。有裴約者。潞州之牙將
也。莊宗以李嗣昭爲昭義軍節度使。約以裨將守澤州。嗣昭卒。其
子繼韜以澤潞叛降于梁。約召其州人。泣而諭曰。吾事故使二十
餘年。見其分財饗士。欲報梁仇。不幸早世。今郎君父喪未葬。違背
君親。吾能死于此。不能從以歸梁也。衆皆感泣。梁遣董璋。率兵圍

之。約與州人拒守。求救於莊宗。是時莊宗方與梁人戰河上。而已
建大號。聞繼韜叛降梁。頗有憂色。及聞約獨不叛。喜曰。吾於繼韜
何薄。於約何厚。而約能分逆順邪。顧符存審曰。吾不惜澤州與梁。
一州易得。約難得也。爾識機便爲我取約來。存審以五千騎馳至
遼州。而梁兵已破澤州。約見殺。至周世宗時。又有劉仁贍者焉。仁
贍。字守惠。彭城人也。父金事楊行密。爲濠。滁二州刺史。以驍勇知
名。仁贍爲將。輕財重士。法令嚴肅。少略通兵書。事南唐。爲左監門
衞將軍。黃。袁二州刺史。所至稱治。李景使掌親軍。以爲武昌軍節
度使。周師征淮。先遣李穀。攻自壽春。景遣將劉彥貞拒周兵。以仁
贍爲清淮軍節度使。鎭壽州。李穀退守正陽浮橋。彥貞見周兵之
卻。意其怯。急追之。仁贍以爲不可。彥貞不聽。仁贍獨按兵城守。彥
貞果敗於正陽。世宗攻壽州。圍之數重。以方舟載礮。自淝河中流
擊其城。又束巨竹數十萬竿。上施版屋。號爲竹龍。載甲士以攻之。

新定漢文卷之三　一二七　一二八

又決其水砦。入于淝河。攻之百端。自正月至於四月。不能下。而歲
大暑。霖雨彌旬。周兵營寨。水深數尺。淮。淝暴漲。礮舟竹龍皆飄南
岸。爲景兵所焚。周兵多死。世宗東趨濠梁。以李重進爲廬壽都招
討使。景亦遣其元帥齊王景達等。列砦紫金山下。爲夾道以屬城
中。而重進與張永德兩軍相疑不協。仁贍屢請出戰。景達不許。由
是憤惋成疾。明年。正月。世宗復至淮上。盡破紫金山砦。壞其夾道。
景兵大敗。諸將往往見擒。而景之守將廣陵馮延魯。光州張紹。舒
州周祚。泰州方訥。泗州范再遇等。或走或降。皆不能守。雖景君臣。
亦皆震懾。奉表稱臣。願割土地。輸貢賦。以效誠款。而仁贍獨堅守
不可下。世宗使景所遣使者孫晟等至城下示之。仁贍子崇諫幸
其父病。謀與諸將出降。仁贍立命斬之。監軍使周延構哭于中門。
救之不得。於是士卒皆感泣。願以死守。三月。仁贍病甚。已不知人。
其副使孫羽詐爲仁贍書。以城降。世宗命舁仁贍至帳前。嘆嗟久

之。賜以玉帶御馬。復使入城養病。是日卒。制曰。劉仁贍盡忠所事。抗節無虧。前代名臣。幾人可比。予之南伐。得爾爲多。乃拜仁贍檢校太尉。兼中書令。天平軍節度使。仁贍不能受命而卒。年五十八。世宗遣使弔祭。喪事官給。追封彭城郡王。以其子崇讚爲懷州刺史。賜莊宅各一區。李景聞仁贍卒。亦贈太師。壽州故治壽春。世宗以其難尅。遂徙城下蔡。而復其軍。曰忠正軍。曰吾以旌仁贍之節也。

嗚呼。天下惡梁久矣。然士之不幸而生其時者。不爲之臣可也。其食人之祿者。必死人之事。如彥章者。可謂得其死哉。仁贍既殺其子。以自明矣。豈有垂死而變節者乎。今周世宗實錄載仁贍降書。蓋其副使孫羽等所爲也。當世宗時。王環爲蜀守秦州。攻之。久不下。其後力屈而降。世宗頗嗟其忠。然止以爲大將軍。視世宗待二人之薄厚。而考其制書。乃知仁贍非降者也。自古忠臣義士之難得也。五代之亂。三人者。或出於單卒。或出於僞國之臣。可勝嘆哉。可勝嘆哉。

新定漢文卷之三

一二九
一三〇

新定漢文卷之三 終

讀例	卷壹 卷貳 版權所有	卷三 卷四 卷五
明治三十三年三月七日印刷 明治三十三年三月十一日發行	明治三十二年七月十一日印刷 明治三十二年七月十四日發行 明治三十三年七月廿五日訂正再版印刷 明治三十三年七月三十日發行	明治三十二年十一月二十五日印刷 明治三十二年十一月二十八日發行 明治三十三年七月二十五日訂正再版印刷 明治三十三年七月三十日發行

訂正新定漢文
讀例 定價金拾八錢
從壹至五 各定價金參拾五錢

東京市日本橋區馬喰町貳丁目壹番地
編輯發行兼印刷者 興文社
代表者 鹿島長次郎
同所
印刷所 興文社工場

東京市日本橋區馬喰町二丁目一番地
發行所 興文社

大阪市東區南久寶寺町四丁目
關西大賣捌 前川善兵衛

興文社編次

訂正 新定漢文

明治三十三年十二月五日 文部省檢定濟 中學校用書

興文社藏版

新定漢文卷之四目次

新定漢文卷之四目次 四

以上

新定漢文卷之四目次

新定漢文卷之四　訂正

興文社編次

鈇鉞、
中規矩繩墨、
黥、

孫子列傳　史記

孫子武者。齊人也。以兵法見於吳王闔廬。闔廬曰。子之十三篇。吾盡觀之矣。可以小試勒兵乎。對曰。可。闔廬曰。可試以婦人乎。曰可。於是許之。出宮中美女。得百八十人。孫子分爲二隊。以王之寵姫二人各爲隊長。皆令持戟。令之曰。汝知而心與左右手背乎。婦人曰。知之。孫子曰。前則視心。左視左手。右視右手。後卽視背。婦人曰。諾。約束既布。乃設鈇鉞。卽三令五申之。於是鼓之右。婦人大笑。孫子曰。約束不明。申令不熟。將之罪也。復三令五申。而鼓之左。婦人復大笑。孫子曰。約束不明。申令不熟。將之罪也。既已明而不如法者。吏士之罪也。乃欲斬左右隊長。吳王從臺上觀。見且斬愛姫。大駭。趣使使下令曰。寡人已知將軍能用兵矣。寡人非此二姫。食不甘味。願勿斬也。孫子曰。臣既已受命爲將。將在軍。君命有所不受。遂斬隊長二人以徇。用其次爲隊長。於是復鼓之。婦人左右前後跪起。皆中規矩繩墨。無敢出聲。於是孫子使使報王曰。兵既整齊。王可試下觀之。唯王所欲用之。雖赴水火。猶可也。吳王曰。將軍罷休就舍。寡人不願下觀。孫子曰。王徒好其言。不能用其實。於是闔廬知孫子能用兵。卒以爲將。西破彊楚入郢。北威齊晉。顯名諸侯。孫子與有力焉。孫武既死。後百餘歲有孫臏。臏生阿鄄之間。臏亦孫武之後世子孫也。孫臏嘗與龐涓俱學兵法。龐涓既事魏。得爲惠王將軍。而自以爲能不及孫臏。乃陰使召孫臏。臏至。龐涓恐其賢於己。疾之。則以法刑斷其兩足而黥之。欲隱勿見。齊使者如梁。孫臏以刑徒陰見說齊使。齊使以爲奇。竊載與之齊。齊將田忌善

馳逐重射、
質、
解雜亂紛糾者、不控捲。救鬭者不搏撠、批亢擣虛、形格勢禁、則自爲解耳、
百里而趣利者、蹶上將、五十里而趣利者、軍半至、
倍日并行、

而客待之。忌數與齊諸公子馳逐重射。孫子見其馬足不甚相遠。馬有上中下輩。於是孫子謂田忌曰。君第重射。臣能令君勝。田忌信然之。與王及諸公子逐射千金。及臨質。孫子曰。今以君之下駟與彼上駟。取君上駟與彼中駟。取君中駟與彼下駟。既馳三輩畢。而田忌一不勝而再勝。卒得王千金。於是忌進孫子於威王。威王問兵法。遂以爲師。其後魏伐趙。趙急。請救於齊。齊威王欲將孫臏。臏辭謝曰。刑餘之人不可。於是乃以田忌爲將。而孫子爲師。居輜車中。坐爲計謀。田忌欲引兵之趙。孫子曰。夫解雜亂紛糾者不控捲。救鬭者不搏撠。批亢擣虛。形格勢禁。則自爲解耳。今梁趙相攻。輕兵銳卒必竭於外。老弱罷於內。君不若引兵疾走大梁。據其街路。衝其方虛。彼必釋趙而自救。是我一舉解趙之圍。而收弊於魏也。田忌從之。魏果去邯鄲。與齊戰於桂陵。大破梁軍。後十五年。魏與趙攻韓。韓告急於齊。齊使田忌將而往。直走大梁。魏將龐涓聞之。去韓而歸。齊軍既已過而西矣。孫子謂田忌曰。彼三晉之兵。素悍勇而輕齊。齊號爲怯。善戰者因其勢而利導之。兵法。百里而趣利者蹶上將。五十里而趣利者軍半至。使齊軍入魏地爲十萬竈。明日爲五萬竈。又明日爲三萬竈。龐涓行三日。大喜曰。我固知齊軍怯。入吾地三日。士卒亡者過半矣。乃棄其步軍。與其輕銳。倍日并行逐之。孫子度其行。暮當至馬陵。馬陵道狹。而旁多阻隘。可伏兵。乃斫大樹白而書之曰。龐涓死于此樹之下。於是令齊軍善射者萬弩夾道而伏。期曰。暮見火舉而俱發。龐涓果夜至斫木下。見白書。乃鑽火燭之。讀其書未畢。齊軍萬弩俱發。魏軍大亂相失。龐涓自知智窮兵敗。乃自剄曰。遂成豎子之名。齊因乘勝盡破其軍。虜魏太子申以歸。孫臏以此名顯天下。世傳其兵法。

平原君列傳　史記

平原君趙勝者。趙之諸公子也。諸子中勝最賢。喜賓客。賓客蓋至

槃散、 罷癃、 贊、 穎脫、 未發、 歷階、 兩言

者數千人。平原君相趙惠文王及孝成王。三去相。三復位。封於東武城。平原君家樓臨民家。民家有躄者。槃散行汲。平原君美人居樓上。臨見大笑之。明日躄者至平原君門。請曰。臣聞君之喜士。士不遠千里而至者。以君能貴士而賤妾也。臣不幸有罷癃之病。而君之後宮臨而笑臣。臣願得笑臣者頭。平原君笑應曰。諾。躄者去。平原君笑曰。觀此豎子。乃欲以一笑之故。殺吾美人。不亦甚乎。終不殺。居歲餘賓客門下舍人稍稍引去者過半。平原君怪之曰。勝所以待諸君者。未嘗敢失禮。而去者何多也。門下一人前對曰。以君之不殺笑躄者。以君爲愛色而賤士。士卽去耳。於是平原君乃斬笑躄者美人頭。自造門進躄者因謝焉。其後門下乃復稍稍來。是時齊有孟嘗。魏有信陵。楚有春申。故爭相傾以待士。秦之圍邯鄲。趙使平原君求救。合從於楚。約與食客門下有勇力文武備具者二十人偕。平原君曰。使文能取勝則善矣。文不能取勝。則歃血

於華屋之下。必得定從而還。士不外索。取於食客門下足矣。得十九人。餘無可取者。無以滿二十人。門下有毛遂者。前自贊於平原君曰。遂聞君將合從於楚。約與食客門下二十人偕。不外索。今少一人。願君卽以遂備員而行矣。平原君曰。先生處勝之門下。幾年於此矣。毛遂曰。三年於此矣。平原君曰。夫賢士之處世也。譬若錐之處囊中。其末立見。今先生處勝之門下。三年於此矣。左右未有所稱誦。勝未有所聞。是先生無所有也。先生不能。先生留。毛遂曰。臣乃今日請處囊中耳。使遂蚤得處囊中。乃穎脫而出。非特其末見而已。平原君竟與毛遂偕。十九人相與目笑之。而未發也。毛遂比至楚。與十九人論議。十九人皆服。平原君與楚合從。言其利害。日出而言之。日中不決。十九人謂毛遂曰。先生上。毛遂按劍歷階而上。謂平原君曰。從之利害。兩言而決耳。今日出而言。從日中不決。何也。楚王謂平原君曰。客何爲者也。平原君曰。是勝之舍人也。

辱王之先人、 取雞狗馬之血來、 錄錄、 相士、 九鼎大呂 剡、 鍾磬、 易德耳、

楚王叱曰。胡不下。吾乃與而君言。汝何爲者也。毛遂按劍而前曰。王之所以叱遂者。以楚國之衆也。今十步之內。王不得恃楚國之衆也。王之命懸於遂手。吾君在前。叱者何也。且遂聞湯以七十里之地王天下。文王以百里之壤而臣諸侯。豈其士卒衆多哉。誠能據其勢而奮其威。今楚地方五千里。持戟百萬。此霸王之資也。以楚之彊。天下弗能當。白起小豎子耳。率數萬之衆。興師以與楚戰。一戰而擧鄢郢。再戰而燒夷陵。三戰而辱王之先人。此百世之怨。而趙之所羞。而王弗知惡焉。合從者爲楚。非爲趙也。吾君在前。叱者何也。楚王曰。唯唯。誠若先生之言。謹奉社稷而以從。毛遂曰。從定乎。楚王曰。定矣。毛遂謂楚王之左右曰。取雞狗馬之血來。毛遂奉銅盤而跪進之楚王曰。王當歃血而定從。次者吾君。次者遂。遂定從於殿上。毛遂左手持盤血。而右手招十九人曰。公相與歃此血於堂下。公等錄錄。所謂因人成事者也。平原君已定從而歸。歸

至於趙曰。勝不敢復相士。勝相士。多者千人。寡者百數。自以爲不失天下之士。今乃於毛先生而失之也。毛先生一至楚。而使趙重於九鼎大呂。毛先生以三寸之舌。彊於百萬之師。勝不敢復相士。遂以爲上客。平原君既返趙。楚使春申君將兵赴救趙。魏信陵君亦矯奪晉鄙軍。往救趙。皆未至。秦急圍邯鄲。邯鄲急且降。平原君甚患之。邯鄲傳舍吏子李同說平原君曰。君不憂趙亡邪。平原君曰。趙亡則勝爲虜。何爲不憂乎。李同曰。邯鄲之民。炊骨易子而食。可謂急矣。而君之後宮以百數。婢妾被綺縠。餘粱肉。而民褐衣不完。糟糠不厭。民困兵盡。或剡木爲矛矢。而君器物鍾磬自若。使秦破趙。君安得有此。使趙得全。君何患無有。今君誠能令夫人以下編於士卒之間。分功而作。家之所有盡散以饗士。士方其危苦之時。易德耳。於是平原君從之。得敢死之士三千人。李同遂與三千人赴秦軍。秦軍爲之卻三十里。亦會楚魏救至。秦兵遂罷。邯鄲復

事成、操右券以責事不成、以虛名德君、

堅白

絀、

存。李同戰死。封其父爲李侯。虞卿欲以信陵君之存邯鄲爲平原君請封。公孫龍聞之。夜駕見平原君曰。龍聞虞卿欲以信陵君之存邯鄲爲君請封。有之乎。平原君曰。然。龍曰。此甚不可。且王擧君而相趙者。非以君之智能爲趙國無有也。割東武城而封君者。非以君爲有功也。而以國人無勳。乃以君爲親戚故也。君受相印不辭無能。割地不言無功者。亦自以爲親戚故也。今信陵君存邯鄲而請封。是親戚受城。而國人計功也。此甚不可。且虞卿操其兩權。事成。操右券以責。事不成。以虛名德君。君必勿聽也。平原君遂不聽虞卿。平原君以趙孝成王十五年卒。子孫代後竟與趙俱亡。平原君厚待公孫龍。公孫龍善爲堅白之辯。及鄒衍過趙言至道。乃絀公孫龍。

樂毅列傳

史記

樂毅者。其先祖曰樂羊。樂羊爲魏文侯將。伐取中山。魏文侯封樂羊以靈壽。樂羊死。葬於靈壽。其後子孫因家焉。中山復國。至趙武靈王時。復滅中山。而樂氏後有樂毅。樂毅賢好兵。趙人擧之。及武靈王有沙丘之亂。乃去趙適魏。聞燕昭王以子之之亂。而齊大敗燕。燕昭王怨齊。未嘗一日而忘報齊也。燕國小辟遠。力不能制。於是屈身下士。先禮郭隗以招賢者。樂毅於是爲魏昭王使於燕。燕王以客禮待之。樂毅辭讓。遂委質爲臣。燕昭王以爲亞卿。久之。當是時。齊湣王彊。南敗楚相唐昧於重丘。西摧三晉於觀津。遂與三晉擊秦。助趙滅中山。破宋。廣地千餘里。與秦昭王爭重爲帝。已而復歸之。諸侯皆欲背秦而服於齊。湣王自矜。百姓不堪。於是燕昭王問伐齊之事。樂毅對曰。齊霸國之餘業也。地大人衆。未易獨攻也。王必欲伐之。莫如與趙及楚魏。於是使樂毅約趙惠文王。別使連楚魏。令趙嚪秦以伐齊之利。諸侯害齊湣王之驕暴。皆爭合從。與燕伐齊。樂毅還報。燕昭王悉起兵。使樂毅爲上將軍。趙惠文王

嚪、

鹵獲、

弃群臣、

以相國印授樂毅。樂毅於是并護趙楚韓魏燕之兵以伐齊。破之濟西。諸侯兵罷歸。而燕軍樂毅獨追至于臨菑。齊湣王之敗濟西。亡走保於莒。樂毅獨留徇齊。齊皆城守。樂毅攻入臨菑。盡取齊寶財物祭器。輸之燕。燕昭王大說。親至濟上勞軍。行賞饗士。封樂毅於昌國。號爲昌國君。於是燕昭王收齊鹵獲以歸。而使樂毅復以兵平齊城之不下者。樂毅留徇齊五歲。下齊七十餘城。皆爲郡縣以屬燕。唯獨莒卽墨未服。會燕昭王死。子立爲燕惠王。惠王自爲太子時。嘗不快於樂毅。及卽位。齊之田單聞之。乃縱反間於燕曰。齊城不下者兩城耳。然所以不早拔者。聞樂毅與燕新王有隙。欲連兵且留齊。南面而王齊。齊之所患。唯恐他將之來。於是燕惠王固已疑樂毅。得齊反間。乃使騎劫代將。而召樂毅。樂毅知燕惠王之不善代之。畏誅。遂西降趙。趙封樂毅於觀津。號曰望諸君。尊寵樂毅。以警動於燕齊。齊田單後與騎劫戰。果設詐誑燕軍。遂破騎劫於卽墨下。而轉戰逐燕。北至河上。盡復得齊城。而迎襄王於莒。入于臨菑。燕惠王後悔使騎劫代樂毅。以故破軍亡將失齊。又怨樂毅之降趙。恐趙用樂毅。而乘燕之弊以伐燕。燕惠王乃使人讓樂毅。且謝之曰。先王擧國而委將軍。將軍爲燕破齊。報先王之讎。天下莫不震動。寡人豈敢一日而忘將軍之功哉。會先王弃群臣。寡人新卽位。左右誤寡人。寡人之使騎劫代將軍。爲將軍久暴露於外。故召將軍且休計事。將軍過聽。以與寡人有隙。遂捐燕歸趙。將軍自爲計則可矣。而亦何以報先王之所以遇將軍之意乎。樂毅報遺燕惠王書曰。臣不佞。不能奉承王命。以順左右之心。恐傷先王之明。有害足下之義。故遁逃走趙。今足下使人數之以罪。臣恐侍御者。不察先王之所以畜幸臣之理。又不白臣之所以事先王之心。故敢以書對。臣聞賢聖之君。不以祿私親。其功多者賞之。其能當者處之。故察能而授官者。成功之君也。論行而結交者。立

見有高世主之心。
最勝之遺事。
具符節、反命。
齊器設於寧臺、大呂陳於元英、故鼎反乎磨室、薊丘之植、植於汶篁、慊於志。
愼庶孽、施及乎萌隷。
不化。
古之君子、交絶不出惡聲、忠臣去國、不潔其名。

名之士也。臣竊觀先王之擧也、見有高世主之心。故假節於魏、以身得察於燕。先王過擧、厠之賓客之中、立之群臣之上、不謀父兄、以爲亞卿。臣竊不自知、自以爲奉令承教、可幸無罪。故受令而不辭。先王命之曰、我有積怨深怒於齊、不量輕弱、而欲以齊爲事。臣曰、夫齊霸國之餘業、而最勝之遺事也。練於兵甲、習於戰攻。王若欲伐之、必與天下圖之。與天下圖之、莫若結於趙。且又淮北宋地、楚魏之所欲也。趙若許而約四國攻之、齊可大破也。先王以爲然。具符節、南使臣於趙。顧反命、起兵擊齊。以天之道、先王之靈、河北之地、隨先王而擧之濟上。濟上之軍、受命擊齊、大敗齊人。輕卒鋭兵、長驅至國。齊王遁而走莒、僅以身免。珠玉財寶、車甲珍器、盡收入於燕。齊器設於寧臺、大呂陳於元英、故鼎反乎磨室、薊丘之植、植於汶篁。自五伯已來、功未有及先王者也。先王以爲慊於志、故裂地而封之、使得比小國諸侯。臣竊不自知、自以爲奉命承教、可

幸無罪。是以受命不辭。臣聞賢聖之君、功立而不廢、故著於春秋。蚤知之士、名成而不毀、故稱於後世。若先王之報怨雪恥、夷萬乘之强國、收八百歲之蓄積、及至弃群臣之日、餘教未衰、執政任事之臣、修法令、愼庶孽、施及乎萌隷、皆可以教後世。臣聞之、善作者不必善成、善始者不必善終。昔伍子胥說聽於闔閭、而吳王遠迹至郢。夫差弗是也、賜之鴟夷而浮之江。吳王不寤先論之可以立功、故沈子胥而不悔。子胥不蚤見主之不同量、是以至於入江而不化。夫免身立功、以明先王之迹、臣之上計也。離毀辱之誹謗、墮先王之名、臣之所大恐也。臨不測之罪、以幸爲利、義之所不敢出也。臣聞古之君子、交絶不出惡聲、忠臣去國、不潔其名。臣雖不佞、數奉教於君子矣。恐侍御者之親左右之說、不察疏遠之行、故敢獻書以聞。唯君王之留意焉。於是燕王復以樂毅子樂閒爲昌國君。而樂毅往來復通燕。燕趙以爲客卿。樂毅卒於趙。樂閒居燕三十餘年。燕王喜用其相栗腹之計、欲攻趙、而問昌國君樂閒。樂閒曰、趙四戰之國也。其民習兵。伐之不可。燕王不聽、遂伐趙。趙使廉頗擊之、大破栗腹之軍於鄗、禽栗腹・樂乘。樂乘者樂閒之宗也。於是樂閒奔趙。趙遂圍燕。燕重割地以與趙和。趙乃解而去。燕王恨不用樂閒。樂閒既在趙、乃遺樂閒書曰、紂之時、箕子不用、犯諫不怠、以冀其聽。商容不達、身祗辱焉、以冀其變。及民志不入、獄囚自出、然後二子退隱。故紂負桀暴之累、二子不失忠聖之名。何者、其憂患之盡矣。今寡人雖愚、不若紂之暴也。燕民雖亂、不若殷民之甚也。室有語、不相盡以告鄰里。二者寡人不爲君取也。樂閒・樂乘怨燕不聽其計、二人卒留趙。趙封樂乘爲武襄君。其明年、樂乘・廉頗爲趙圍燕。燕重禮以和、乃解。後五歲、趙孝成王卒。襄王使樂乘代廉頗。廉頗攻樂乘、樂乘走。廉頗亡入魏。其後十六年而秦滅趙。其後二十餘年、高帝過趙、問樂毅有後世乎。對曰、有樂叔。高帝封

之樂卿、號曰華成君。華成君、樂毅之孫也。而樂氏之族、有樂瑕公・樂臣公。趙且爲秦所滅、亡之齊高密。樂臣公善修黃帝・老子之言、顯聞於齊、稱賢師。

太史公曰、始齊之蒯通及主父偃、讀樂毅之報燕王書、未嘗不廢書而泣也。樂臣公學黃帝・老子。其本師號曰河上丈人。不知其所出。河上丈人教安期生。安期生教毛翕公。毛翕公教樂瑕公。樂瑕公教樂臣公。樂臣公教蓋公。蓋公教於齊高密・膠西、爲曹相國師。

廉頗藺相如列傳　　史記

廉頗者、趙之良將也。趙惠文王十六年、廉頗爲趙將、伐齊大破之。取晉陽、拜爲上卿。以勇氣聞於諸侯。藺相如者、趙人也。爲趙宦者令繆賢舍人。趙惠文王時、得楚和氏璧。秦昭王聞之、使人遺趙王書、願以十五城請易璧。趙王與大將軍廉頗諸大臣謀、欲予秦、秦城恐不可得、徒見欺。欲勿予、卽患秦兵之來。計未定、求人可使報

伏斧質、　列觀、　九賓、

秦者未得。宦者令繆賢曰。臣舍人藺相如可使。王問何以知之。對
曰。臣嘗有罪。竊計欲亡走燕。臣舍人相如止臣曰。君何以知燕王。
臣語曰。臣嘗從大王與燕王會境上。燕王私握臣手曰。願結友。以
此知之。故欲往。相如謂臣曰。夫趙彊而燕弱。而君幸於趙王。故燕
王欲結於君。今君乃亡趙走燕。燕畏趙。其勢必不敢留君。而束君
歸趙矣。君不如肉袒伏斧質請罪。則幸得脫矣。臣從其計。大王亦
幸赦臣。臣竊以爲其人勇士。有智謀。宜可使。於是王召見。問藺相
如曰。秦王以十五城請易寡人之璧。可予不。相如曰。秦彊而趙弱。
不可不許。王曰。取吾璧。不予我城。柰何。相如曰。秦以城求璧。而趙
不許。曲在趙。趙予璧。而秦不予趙城。曲在秦。均之二策。寧許以負
秦曲。王曰。誰可使者。相如曰。王必無人。臣願奉璧往。使城入趙而
璧留秦。城不入。臣請完璧歸趙。趙王於是遂遣相如。奉璧西入秦。
秦王坐章臺見相如。相如奉璧奏秦王。秦王大喜。傳以示美人及

左右。左右皆呼萬歲。相如視秦王無意償趙城。乃前曰。璧有瑕。請
指示王。王授璧。相如因持璧卻立倚柱。怒髮上衝冠。謂秦王曰。大
王欲得璧。使人發書至趙王。趙王悉召群臣議。皆曰。秦貪負其彊。
以空言求璧。償城恐不可得。議不欲予秦璧。臣以爲布衣之交。尙
不相欺。況大國乎。且以一璧之故。逆彊秦之驩。不可。於是趙王乃
齋戒五日。使臣奉璧。拜送書於庭。何者。嚴大國之威。以修敬也。今
臣至。大王見臣列觀。禮節甚倨。得璧傳之美人。以戲弄臣。臣觀大
王無意償趙王城邑。故臣復取璧。大王必欲急臣。臣頭今與璧俱
碎於柱矣。相如持其璧睨柱。欲以擊柱。秦王恐其破璧。乃辭謝固
請。召有司案圖。指從此以往十五都予趙。相如度秦王特以詐佯
爲予趙城。實不可得。乃謂秦王曰。和氏璧。天下所共傳寶也。趙王
恐不敢不獻。趙王送璧時。齋戒五日。今大王亦宜齋戒五日。設九
賓於廷。臣乃敢上璧。秦王度之。終不可彊奪。遂許齋五日。舍相如

嘻、　瑟、　盆缻　位在廉頗之右、

廣成傳舍。相如度秦王雖齋。決負約不償城。乃使其從者衣褐。懷
其璧。從徑道亡。歸璧于趙。秦王齋五日後。乃設九賓禮於廷。引趙
使者藺相如。相如至。謂秦王曰。秦自繆公以來。二十餘君。未嘗有
堅明約束者也。臣誠恐見欺於王而負趙。故令人持璧歸。閒至趙
矣。且秦彊而趙弱。大王遣一介之使至趙。趙立奉璧來。今以秦之
彊。而先割十五都予趙。趙豈敢留璧。而得罪於大王乎。臣知欺大
王之罪當誅。臣請就湯鑊。唯大王與群臣熟計議之。秦王與群臣
相視而嘻。左右或欲引相如去。秦王因曰。今殺相如。終不能得璧
也。而絕秦趙之驩。不如因而厚遇之。使歸趙。趙王豈以一璧之故
欺秦邪。卒廷見相如。畢禮而歸之。相如既歸。趙王以爲賢大夫。使
不辱於諸侯。拜相如爲上大夫。秦亦不以城予趙。趙亦終不予秦
璧。其後秦伐趙。拔石城。明年復攻趙。殺二萬人。秦王使使者告趙
王。欲與王爲好。會於西河外澠池。趙王畏秦。欲毋行。廉頗藺相如

計曰。王不行。示趙弱且怯也。趙王遂行。相如從。廉頗送至境。與王
訣曰。王行。度道里會遇之禮畢還。不過三十日。三十日不還。則請
立太子爲王。以絕秦望。王許之。遂與秦王會澠池。秦王飲酒酣。曰。
寡人竊聞趙王好音。請奏瑟。趙王鼓瑟。秦御史前書曰。某年月日。
秦王與趙王會飲。令趙王鼓瑟。藺相如前曰。趙王竊聞秦王善爲
秦聲。請奉盆缻秦王。以相娛樂。秦王怒不許。於是相如前進缻。因
跪請秦王。秦王不肯擊缻。相如曰。五步之內。相如請得以頸血濺
大王矣。左右欲刃相如。相如張目叱之。左右皆靡。於是秦王不懌
爲一擊缻。相如顧召趙御史書曰。某年月日。秦王爲趙王擊缻。秦
之群臣曰。請以趙十五城爲秦王壽。藺相如亦曰。請以秦之咸陽
爲趙王壽。秦王竟酒。終不能加勝於趙。趙亦盛設兵以待秦。秦不
敢動。既罷歸國。以相如功大。拜爲上卿。位在廉頗之右。廉頗曰。我
爲趙將。有攻城野戰之大功。而藺相如徒以口舌爲勞。而位居我

負荊、
刎頸之交、

上。且相如素賤人。吾羞不忍爲之下。宣言曰。我見相如必辱之。相如聞。不肯與會。相如每朝時。常稱病。不欲與廉頗爭列。已而相如出。望見廉頗。相如引車避匿。於是舍人相與諫曰。臣所以去親戚而事君者。徒慕君之高義也。今君與廉頗同列。廉君宣惡言。而君畏匿之。恐懼殊甚。且庸人尙羞之。況於將相乎。臣等不肖。請辭去。藺相如固止之曰。公之視廉將軍。孰與秦王。曰。不若也。相如曰。夫以秦王之威。而相如廷叱之。辱其群臣。相如雖駑。獨畏廉將軍哉。顧吾念之。彊秦之所以不敢加兵於趙者。徒以吾兩人在也。今兩虎共鬭。其勢不俱生。吾所以爲此者。以先國家之急而後私讎也。廉頗聞之。肉袒負荊。因賓客至藺相如門謝罪曰。鄙賤之人。不知將軍寬之至此也。卒相與驩。爲刎頸之交。是歲廉頗東攻齊。破其一軍。居二年。廉頗復伐齊幾。拔之。後三年。廉頗攻魏之防陵安陽。拔之。後四年。藺相如將而攻齊。至平邑而罷。其明年。趙奢破秦軍閼與下。

趙奢者。趙之田部吏也。收租稅。而平原君家不肯出。趙奢以法治之。殺平原君用事者九人。平原君怒將殺奢。奢因說曰。君於趙爲貴公子。今縱君家而不奉公。則法削。法削則國弱。國弱則諸侯加兵。諸侯加兵。是無趙也。君安得有此富乎。以君之貴。奉公如法則上下平。上下平則國彊。國彊則趙固。而君爲貴戚。豈輕於天下邪。平原君以爲賢。言之於王。王用之治國賦。國賦太平。民富而府庫實。秦伐韓。軍於閼與。王召廉頗而問曰。可救不。對曰。道遠險狹難救。又召樂乘而問焉。樂乘對如廉頗言。又召問趙奢。奢對曰。其道遠險狹。譬之猶兩鼠鬭於穴中。將勇者勝。王乃令趙奢將救之。兵去邯鄲三十里。而令軍中曰。有以軍事諫者死。秦軍軍武安西。秦軍鼓譟勒兵。武安屋瓦盡振。軍中候有一人。言急救武安。趙奢立斬之。堅壁留二十八日。不行。復益增壘。秦閒來入。趙奢善食而遣

國、卷甲、
就鈇質之誅、胥後令、
若膠柱而鼓瑟耳、

之。閒以報秦將。秦將大喜曰。夫去國三十里。而軍不行。乃增壘。閼與非趙地也。趙奢既已遣秦閒。乃卷甲而趨之。二日一夜至。令善射者去閼與五十里而軍。軍壘成。秦人聞之。悉甲而至。軍士許歷請以軍事諫。趙奢曰。內之。許歷曰。秦人不意趙師至此。其來氣盛。將軍必厚集其陣以待之。不然必敗。趙奢曰。請受令。許歷曰。請就鈇質之誅。趙奢曰。胥後令邯鄲。許歷復請諫曰。先據北山上者勝。後至者敗。趙奢許諾。卽發萬人趨之。秦兵後至。爭山不得上。趙奢縱兵擊之。大破秦軍。秦軍解而走。遂解閼與之圍而歸。趙惠文王賜奢號。爲馬服君。以許歷爲國尉。趙奢於此與廉頗藺相如同位。後四年。趙惠文王卒。子孝成王立。七年。秦與趙兵相距長平。時趙奢已死。而藺相如病篤。趙使廉頗將攻秦。秦數敗趙軍。趙軍固壁不戰。秦數挑戰。廉頗不肯。趙王信秦之閒。秦之閒言曰。秦之所惡。獨畏馬服君趙奢之子趙括爲將耳。趙王因以括爲將。代廉頗。藺

相如曰。王以名使括。若膠柱而鼓瑟耳。括徒能讀其父書傳。不知合變也。趙王不聽。遂將之。趙括自少時學兵法。言兵事。以天下莫能當。嘗與其父奢言兵事。奢不能難。然不謂善。括母問奢其故。奢曰。兵死地也。而括易言之。使趙不將括卽已。若必將之。破趙軍者必括也。及括將行。其母上書言於王曰。括不可使將。王曰。何以。對曰。始妾事其父時。爲將。身所奉飯飮而進食者以十數。所友者以百數。大王及宗室所賞賜者。盡以予軍吏士大夫。受命之日。不問家事。今括一旦爲將。東向而朝。軍吏無敢仰視之者。王所賜金帛。歸藏於家。而日視便利田宅可買者買之。王以爲何如其父。父子異心。願王勿遣。王曰。母置之。吾已決矣。括母因曰。王終遣之。卽有如不稱。妾得無隨坐乎。王許諾。趙括既代廉頗。悉更約束。易置軍吏。秦將白起聞之。縱奇兵佯敗走。而絕其糧道。分斷其軍爲二。士卒離心。四十餘日。軍餓。趙括出銳卒自搏戰。秦軍射殺趙括。括軍

遺矢、

莫府、

收保、

敗。數十萬之衆遂降秦。秦悉阬之。趙前後所亡。凡四十五萬。明年秦兵遂圍邯鄲。歲餘。幾不得脫。賴楚魏諸侯來救。乃得解邯鄲之圍。趙王亦以括母先言。竟不誅也。自邯鄲圍解五年。而燕用栗腹之謀。曰。趙壯者盡於長平。其孤未壯。擧兵擊趙。趙使廉頗將擊大破燕軍於鄗。殺栗腹。遂圍燕。燕割五城請和。乃聽之。趙以尉文封廉頗爲信平君。爲假相國。廉頗之免長平歸也。失勢之時。故客盡去。及復用爲將。客又復至。廉頗曰。客退矣。客曰。吁。君何見之晩也。夫天下以市道交。君有勢。我則從君。君無勢則去。此固其理也。有何怨乎。居六年。趙使廉頗伐魏之繁陽。拔之。趙孝成王卒。子悼襄王立。使樂乘代廉頗。廉頗怒。攻樂乘。樂乘走。廉頗遂奔魏之大梁。其明年。趙乃以李牧爲將而攻燕。拔武遂方城。廉頗居梁久之。魏不能信用。趙以數困於秦兵。趙王思復得廉頗。廉頗亦思復用於趙。趙王使使者視廉頗尚可用否。廉頗之仇郭開。多與使者金。令毀之。趙使者既見廉頗。廉頗爲之一飯斗米肉十斤。被甲上馬。以示尚可用。趙使還報王曰。廉將軍雖老尚善飯。然與臣坐頃之。三遺矢矣。趙王以爲老。遂不召。楚聞廉頗在魏。陰使人迎之。廉頗一爲楚將。無功。曰。我思用趙人。廉頗卒死于壽春。

李牧者。趙之北邊良將也。常居代鴈門。備匈奴。以便宜置吏。市租皆輸入莫府。爲士卒費。日擊數牛饗士。習射騎。謹烽火。多閒諜。厚遇戰士。爲約曰。匈奴卽入盜。急入收保。有敢捕虜者斬。匈奴每入。烽火謹。輒入收保。不敢戰。如是數歲。亦不亡失。然匈奴以李牧爲怯。雖趙邊兵。亦以爲吾將怯。趙王讓李牧。李牧如故。趙王怒召之。使他人代將。歲餘。匈奴每來出戰。出戰數不利。失亡多。邊不得田畜。復請李牧。牧杜門不出。固稱疾。趙王乃復彊起使將兵。牧曰。王必用臣。臣如前。乃敢奉令。王許之。李牧至。如故約。匈奴數歲無所得。終以爲怯。邊士日得賞賜而不用。皆願一戰。於是乃具選車。得

習

金之士、

令其宗人盡斷其車軸末而傅鐵籠、

轊、

千三百乘。選騎得萬三千匹。百金之士五萬人。彀者十萬人。悉勒習戰。大縱畜牧。人民滿野。匈奴小入。佯北不勝。以數千人委之。單于聞之。大率衆來入。李牧多爲奇陳。張左右翼擊之。大破殺匈奴十餘萬騎。滅襜襤。破東胡。降林胡。單于奔走。其後十餘歲。匈奴不敢近趙邊城。趙悼襄王元年。廉頗既亡入魏。趙使李牧攻燕。拔武遂方城。居二年。龐煖破燕軍。殺劇辛。後七年。秦破趙。殺將扈輒於武遂城。斬首十萬。趙乃以李牧爲大將軍。擊秦軍於宜安。大破秦軍。走秦將桓齮。封李牧爲武安君。居三年。秦攻番吾。李牧擊破秦軍。南距韓魏。趙王遷七年。秦使王翦攻趙。趙使李牧司馬尚禦之。秦多與趙王寵臣郭開金。爲反閒。言李牧司馬尚欲反。趙王乃使趙蔥及齊將顏聚代李牧。李牧不受命。趙使人微捕得李牧斬之。廢司馬尚。後三月。王翦因急擊趙大破。殺趙蔥。虜趙王遷及其將顏聚。遂滅趙。

太史公曰。知死必勇。非死者難也。處死者難。方藺相如引璧睨柱。及叱秦王左右。勢不過誅。然士或怯懦而不敢發。相如一奮其氣。威信敵國。退而讓頗。名重太山。其處智勇。可謂兼之矣。

田單列傳　　史記

田單者。齊諸田疏屬也。湣王時。單爲臨菑市掾。不見知。及燕使樂毅伐破齊。齊湣王出奔。已而保莒城。燕師長驅平齊。而田單走安平。令其宗人盡斷其車軸末而傅鐵籠。已而燕軍攻安平。城壞。齊人走爭塗。以轊折車敗。爲燕所虜。唯田單宗人以鐵籠故得脫。東保卽墨。燕既盡降齊城。唯獨莒卽墨不下。燕軍聞齊王在莒。并兵攻之。淖齒既殺湣王於莒。因堅守距燕軍。數年不下。燕引兵東圍卽墨。卽墨大夫出與戰。敗死。城中相與推田單曰。安平之戰。田單宗人以鐵籠得全。習兵。立以爲將軍。以卽墨距燕。頃之。燕昭王卒。惠王立。與樂毅有隙。田單聞之。乃縱反閒於燕。宣言曰。齊王已死。

操版插
銜枚
始如處女適人開戶後如脫兎適不及距

城之不拔者二耳。樂毅畏誅而不敢歸。以伐齊爲名。實欲連兵南面而王齊。齊人未附。故且緩攻即墨。以待其事。齊人所懼。唯恐他將之來。即墨殘矣。燕王以爲然。使騎劫代樂毅。樂毅因歸趙。燕人士卒忿。而田單乃令城中人食必祭其先祖於庭。飛鳥悉翔舞城中下食。燕人怪之。田單因宣言曰。神來下教我。乃令城中人曰。當有神人爲我師。有一卒曰。臣可以爲師乎。因反走。田單乃起引還東鄕坐。師事之。卒曰。臣欺君。誠無能也。田單曰。子勿言也。因師之。每出約束。必稱神師。乃宣言曰。吾唯懼燕軍之劓所得齊卒。置之前行。與我戰。即墨敗矣。燕人聞之。如其言。城中人見齊諸降者盡劓。皆怒堅守。唯恐見得。單又縱反閒曰。吾懼燕人掘吾城外冢墓。僇先人。可爲寒心。燕軍盡掘壟墓。燒死人。即墨人從城上望見。皆涕泣。其欲出戰。怒自十倍。田單知士卒之可用。乃身操版插。與士卒分功。妻妾編於行伍之閒。盡散飲食饗士。令甲卒皆伏。使老弱女子乘城。遣使約降於燕。燕軍皆呼萬歲。田單又收民金。得千鎰。令即墨富豪遺燕將曰。即墨即降。願無虜掠吾族家妻妾。令安堵。燕將大喜許之。燕軍由此益懈。田單乃收城中。得千餘牛。爲絳繒衣。畫以五彩龍文。束兵刃於其角。而灌脂束葦於尾。燒其端。鑿城數十穴。夜縱牛。壯士五千人隨其後。牛尾熱。怒而奔燕軍。燕軍夜大驚。牛尾炬火光明炫燿。燕軍視之。皆龍文。所觸盡死傷。五千人因銜枚擊之。而城中鼓譟從之。老弱皆擊銅器爲聲。聲動天地。燕軍大駭敗走。齊人遂夷殺其將騎劫。燕軍擾亂奔走。齊人追亡逐北。所過城邑皆畔燕。而歸田單。兵日益多。乘勝。燕日敗亡。卒至河上。而齊七十餘城皆復爲齊。乃迎襄王於莒。入臨菑而聽政。襄王封田單。號曰安平君。

太史公曰。兵以正合。以奇勝。善之者。出奇無窮。奇正還相生。如環之無端。夫始如處女。適人開戶。後如脫兎。適不及距。其田單之謂邪。初淖齒之殺湣王也。莒人求湣王子法章。得之太史嬓之家。爲人灌園。嬓女憐而善遇之。後法章私以情告女。女遂與通。及莒人共立法章爲齊王。以莒距燕。而太史氏女遂爲后。所謂君王后也。燕之初入齊。聞畫邑人王蠋賢。令軍中曰。環畫邑三十里無入。以王蠋之故。已而使人謂蠋曰。齊人多高子之義。吾以子爲將。封子萬家。蠋固謝。燕人曰。子不聽。吾引三軍而屠畫邑。王蠋曰。忠臣不事二君。貞女不更二夫。齊王不聽吾諫。故退而耕於野。國既破亡。吾不能存。今又劫之以兵。爲君將。是助桀爲暴也。與其生而無義。固不如烹。遂經其頸於樹枝。自奮絕脰而死。齊亡大夫聞之曰。王蠋布衣也。義不北面於燕。況在位食祿者乎。乃相聚如莒。求諸子立爲襄王。

脫
亡其夫
請決
監門
兩人亦反用門者以令里中

張耳陳餘列傳　史記

張耳者。大梁人也。其少時。及魏公子毋忌爲客。張耳嘗亡命游外黃。外黃富人女甚美。嫁庸奴。亡其夫。去抵父客。父客素知張耳。乃謂女曰。必欲求賢夫。從張耳。女聽。乃卒爲請決。嫁之張耳。張耳此時脫身游。女家厚奉給張耳。張耳以故致千里客。乃宦魏爲外黃令。名由此益賢。陳餘者。亦大梁人也。好儒術。數游趙苦陘。富人公乘氏以其女妻之。亦知陳餘非庸人也。餘年少。父事張耳。兩人相與爲刎頸交。秦之滅大梁也。張耳家外黃。高祖爲布衣時。嘗數從張耳游。客數月。秦滅魏數歲。已聞此兩人魏之名士也。購求有得張耳千金。陳餘五百金。張耳陳餘乃變名姓。俱之陳。爲里監門以自食。兩人相對。里吏嘗有過笞陳餘。陳餘欲起。張耳躡之。使受笞。吏去。張耳乃引陳餘之桑下。而數之曰。始吾與公言何如。今見小辱。而欲死一吏乎。陳餘然之。秦詔書購求兩人。兩人亦反用門者以令里中。陳涉起蘄。至入陳。兵數萬。張耳陳餘上謁陳涉。涉及左右。生平數聞張耳陳餘賢。未嘗見。見即大喜。陳中豪傑父老乃說

解
頭會箕斂
傳

陳涉曰。將軍身被堅執銳。率士卒以誅暴秦。復立楚社稷。存亡繼
絕。功德宜爲王。且夫監臨天下諸將。不爲王不可。願將軍立爲楚
王也。陳涉問此兩人。兩人對曰。夫秦爲無道。破人國家。滅人社稷。
絕人後世。罷百姓之力。盡百姓之財。將軍瞋目張膽。出萬死不顧
一生之計。爲天下除殘也。今始至陳而王之。示天下私。願將軍毋
王。急引兵而西。遣人立六國後。自爲樹黨。爲秦益敵也。敵多則力
分。與衆則兵彊。如此野無交兵。縣無守城。誅暴秦。據咸陽以令諸
侯。諸侯亡而得立。以德服之。如此則帝業成矣。今獨王陳。恐天下
解也。陳涉不聽。遂立爲王。陳餘乃復說陳王曰。大王舉梁楚而西。
務在入關。未及收河北也。臣嘗游趙。知其豪傑及地形。願請奇兵。
北略趙地。於是陳王以故所善陳人武臣爲將軍。邵騷爲護軍。以
張耳。陳餘爲左右校尉。予卒三千人。北略趙地。武臣等從白馬渡
河。至諸縣。說其豪傑曰。秦爲亂政虐刑。以殘賊天下。數十年矣。北

有長城之域。南有五嶺之戍。外內騷動。百姓罷敝。頭會箕斂。以供
軍費。財匱力盡。民不聊生。重之以苛法峻刑。使天下父子不相安。
陳王奮臂爲天下倡始。王楚之地。方二千里。莫不響應。家自爲怒。
人自爲鬬。各報其怨而攻其讎。縣殺其令丞。郡殺其守尉。今已張
大楚。王陳。使吳廣。周文將卒百萬西擊秦。於此時而不成封侯之
業者。非人豪也。諸君試相與計之。夫天下同心而苦秦久矣。因天
下之力。而攻無道之君。報父兄之怨。而成割地有土之業。此士之
一時也。豪傑皆然其言。乃行收兵。得數萬人。號武臣爲武信君。下
趙十城。餘皆城守。莫肯下。乃引兵東北擊范陽。范陽人蒯通說范
陽令曰。竊聞公之將死。故弔。雖然。賀公得通而生。范陽令曰。何以
弔之。對曰。秦法重。足下爲范陽令十年矣。殺人之父。孤人之子。斷
人之足。黥人之首。不可勝數。然而慈父孝子。莫敢倳刃公之腹中
者。畏秦法耳。今天下大亂。秦法不施。然則慈父孝子。且倳刃公之

塡
時間不容息

腹中以成其名。此臣之所以弔公也。今諸侯畔秦矣。武信君兵且
至。而君堅守范陽。少年皆爭殺君。下武信君。君急遣臣見武信君。
可轉禍爲福在今矣。范陽令乃使蒯通見武信君曰。足下必將戰
勝然後略地。攻得然後下城。臣竊以爲過矣。誠聽臣之計。可不攻
而降城。不戰而略地。傳檄而千里定。可乎。武信君曰。何謂也。蒯通
曰。今范陽令宜整頓其士卒以守戰者也。怯而畏死。貪而重富貴。
故欲先天下降。畏君以爲秦所置吏。誅殺如前十城也。然今范陽
少年亦方殺其令。自以城距君。君何不齎臣侯印。拜范陽令。范陽
令則以城下君。少年亦不敢殺其令。令范陽令乘朱輪華轂。使驅
馳燕趙郊。燕趙郊見之。皆曰。此范陽令先下者也。卽喜矣。燕趙城
可毋戰而降也。此臣之所謂傳檄而千里定者也。武信君從其計。
因使蒯通賜范陽令侯印。趙地聞之。不戰以城下者三十餘城。至
邯鄲。張耳。陳餘聞周章軍入關。至戲卻。又聞諸將爲陳王徇地。多

以讒毀得罪誅。怨陳王不用其筴。不以爲將。而以爲校尉。乃說武
臣曰。陳王起蘄。至陳而王。非必立六國後。將軍今以三千人下趙
數十城。獨介居河北。不王。無以塡之。且陳王聽讒。還報恐不脫於
禍。又不如立其兄弟。不。卽立趙後。將軍毋失時。時閒不容息。武臣
乃聽之。遂立爲趙王。以陳餘爲大將軍。張耳爲右丞相。邵騷爲左
丞相。使人報陳王。陳王大怒。欲盡族武臣等家。而發兵擊趙。陳王
相國房君諫曰。秦未亡而誅武臣等家。此又生一秦也。不如因而
賀之。使急引兵西擊秦。陳王然之。從其計。徙繫武臣等家宮中。封
張耳子敖爲成都君。陳王使使者賀趙。令趣發兵西入關。張耳。陳
餘說武臣曰。王王趙非楚意。特以計賀王。楚已滅秦。必加兵於趙。
願王毋西兵。北徇燕代。南收河內以自廣。趙南據大河。北有燕代。
楚雖勝秦。必不敢制趙。趙王以爲然。因不西兵。而使韓廣略燕。李
良略常山。張黶略上黨。韓廣至燕。燕人因立廣爲燕王。趙王乃與

厮養卒、

不封

築甬道屬河、

張耳陳餘北略地燕界。趙王閒出、爲燕軍所得。燕將囚之、欲與分趙地半、乃歸王。使者往、燕輒殺之、以求地。張耳・陳餘患之。有厮養卒、謝其舍中曰、吾爲公說燕、與趙王載歸。舍中皆笑曰、使者往十餘輩、輒死。若何以能得王。乃走燕壁。燕將見之。問燕將曰、知臣何欲。燕將曰、若欲得趙王耳。曰、君知張耳陳餘何如人也。燕將曰、賢人也。曰、知其志何欲。曰、欲得其王耳。趙養卒乃笑曰、君未知此兩人所欲也。夫武臣張耳陳餘、杖馬箠下趙數十城。此亦各欲南面而王。豈欲爲卿相終已邪。夫臣與主、豈可同日而道哉。顧其勢初定、未敢參分而王。且以少長先立武臣爲王、以持趙心。今趙地已服。此兩人亦欲分趙而王、時未可耳。今君乃囚趙王。此兩人名爲求趙王、實欲燕殺之。此兩人分趙自立。夫以一趙尚易燕。況以兩賢王、左提右挈、而責殺王之罪、滅燕易矣。燕將以爲然、乃歸趙王。養卒爲御而歸。李良已定常山、還報。趙王復使良略太原、至石邑。

秦兵塞井陘、未能前。秦將詐稱二世使人、遺李良書、不封。曰、良嘗事我得顯幸。良誠能反趙爲秦、赦良罪、貴良。良得書、疑不信。乃還之邯鄲、益請兵。未至、道逢趙王姊出飲、從百餘騎。李良望見、以爲王、伏謁道旁。王姊醉、不知其將、使騎謝李良。李良素貴、起慚其從官。從官有一人曰、天下畔秦、能者先立。且趙王素出將軍下。今女兒乃不爲將軍下車。請追殺之。李良已得秦書、固欲反趙、未決。因此怒、遣人追殺王姊道中。乃遂將其兵、襲邯鄲。邯鄲不知、竟殺武臣・邵騷。趙人多爲張耳・陳餘耳目者、以故得脫出、收其兵、得數萬人。客有說張耳曰、兩君羇旅而欲附趙、難。獨立趙後、扶以義、可就功。乃求得趙歇、立爲趙王、居信都。李良進兵擊陳餘。陳餘敗李良。李良走歸章邯。章邯引兵至邯鄲、皆徙其民河內、夷其城郭。張耳與趙王歇、走入鉅鹿城。王離圍之。陳餘北收常山兵、得數萬人。軍鉅鹿北。章邯軍鉅鹿南棘原、築甬道屬河、餉王離。王離兵食多。

有十一二相全、

不意君之望臣深也、豈以臣爲重去將哉

急攻鉅鹿。鉅鹿城中食盡兵少。張耳數使人召前陳餘。陳餘自度兵少、不敵秦、不敢前。數月、張耳大怒、怨陳餘、使張黶・陳澤往讓陳餘曰、始吾與公爲刎頸交。今王與耳旦暮且死。而公擁兵數萬、不肯相救。安在其相爲死。苟必信、胡不赴秦軍俱死。且有十一二相全。陳餘曰、吾度前終不能救趙、徒盡亡軍。且餘所以不俱死、欲爲趙王・張君報秦。今必俱死、如以肉委餓虎。何益。張黶・陳澤曰、事已急。要以俱死立信。安知後慮。陳餘曰、吾死顧以爲無益。必如公言。乃使五千人、令張黶・陳澤先嘗秦軍。至皆沒。當是時、燕・齊・楚聞趙急、皆來救。張敖亦北收代兵、得萬餘人、來、皆壁餘旁、未敢擊秦。項羽兵數絕章邯甬道。王離軍乏食。項羽悉引兵渡河、遂破章邯。章邯引兵解。諸侯軍乃敢擊圍鉅鹿秦軍。遂虜王離。涉閒自殺。卒存鉅鹿者、楚力也。於是趙王歇・張耳乃得出鉅鹿、謝諸侯。張耳與陳餘相見、責讓陳餘以不肯救趙。及問張黶・陳澤所在。陳餘怒曰、張

黶・陳澤以必死責臣。臣使將五千人、先嘗秦軍、皆沒不出。張耳不信、以爲殺之。數問陳餘。陳餘怒曰、不意君之望臣深也。豈以臣爲重去將哉。乃脫解印綬、推予張耳。張耳亦愕不受。陳餘起如廁。客有說張耳曰、臣聞、天與不取、反受其咎。今陳將軍與君印、君不受。反天不祥。急取之。張耳乃佩其印、收其麾下。而陳餘還、亦望張耳不讓。遂趨出。張耳遂收其兵。陳餘獨與麾下所善數百人、之河上澤中漁獵。由此陳餘・張耳遂有郤。趙王歇復居信都。張耳從項羽諸侯入關。漢元年二月、項羽立諸侯王。張耳雅游、人多爲之言。項羽亦素數聞張耳賢。乃分趙立張耳、爲常山王、治信都。信都更名襄國。陳餘客多說項羽曰、陳餘・張耳、一體有功於趙。項羽以陳餘不從入關、聞其在南皮、卽以南皮旁三縣以封之。而徙趙王歇王代。張耳之國。陳餘愈益怒曰、張耳與餘功等也。今張耳王、餘獨侯。此項羽不平。及齊王田榮畔楚、陳餘乃使夏說說田榮曰、項羽爲

五星聚東井、　袒韝蔽、箕倨、　孱王、　汚、　要之置、　轞車膠致、

天下宰不平。盡王諸將善地、徙故王王惡地。今趙王乃居代。願王
假臣兵、請以南皮爲扞蔽。田榮欲樹黨於趙、以反楚。乃遣兵從陳
餘。陳餘因悉三縣兵、襲常山王張耳。張耳敗走。念諸侯無可歸者。
曰、漢王與我有舊故、而項羽又彊、立我。我欲之楚。甘公曰、漢王之
入關、五星聚東井。東井者、秦分也。先至必霸。楚雖彊、後必屬漢。故
耳走漢。漢王亦還定三秦、方圍章邯廢丘。張耳謁漢王。漢王厚遇
之。陳餘已敗張耳、皆復收趙地、迎趙王於代、復爲趙王。趙王德陳
餘、立以爲代王。陳餘爲趙王弱、國初定、不之國、留傅趙王、而使夏
說以相國守代。漢二年、東擊楚、使使告趙、欲與俱。陳餘曰、漢殺張
耳乃從。於是漢王求人類張耳者、斬之、持其頭遺陳餘。陳餘乃遣
兵助漢。漢之敗於彭城西、陳餘亦復覺張耳不死、卽背漢。漢三年、
韓信已定魏地、遣張耳與韓信、擊破趙井陘、斬陳餘泜水上、追殺
趙王歇襄國。漢立張耳爲趙王。漢五年、張耳薨、諡爲景王。子敖嗣

立、爲趙王。高祖長女魯元公主、爲趙王敖后。漢七年、高祖從平城
過趙。趙王朝夕袒韝蔽、自上食、禮甚卑、有子壻禮。高祖箕倨詈、甚
慢易之。趙相貫高・趙午等年六十餘、故張耳客也。生平爲氣、乃怒
曰、吾王孱王也。說王曰、夫天下豪傑竝起、能者先立。今王事高祖
甚恭、而高祖無禮。請爲王殺之。張敖齧其指出血、曰、君何言之誤。
且先人亡國、賴高祖得復國。德流子孫、秋毫皆高祖力也。願君無
復出口。貫高・趙午等十餘人、皆相謂曰、乃吾等非也。吾王長者、不
倍德。且吾等義不辱。今怨高祖辱我王。故欲殺之。何乃汚王爲乎。
令事成歸王、事敗獨身坐耳。漢八年、上從東垣還、過趙。貫高等乃
壁人柏人、要之置。上過欲宿、心動、問曰、縣名爲何。曰、柏人。柏人者、
迫於人也。不宿而去。漢九年、貫高怨家知其謀、乃上變告之。於是
上皆幷逮捕趙王・貫高等。十餘人皆爭自剄。貫高獨怒罵曰、誰令
公爲之。今王實無謀、而幷捕王。公等皆死、誰白王不反者。乃轞車

髡鉗、　刺剟、　豈少而女乎、　箯輿、　絕肮、　尙、　相然信以死、豈顧問哉、

膠致、與王詣長安、治張敖之罪。上乃詔趙羣臣賓客、有敢從王、皆
族。貫高與客孟舒等十餘人、皆自髡鉗、爲王家奴、從來。貫高至、對
獄曰、獨吾屬爲之。王實不知。吏治榜笞數千、刺剟、身無可擊者、終
不復言。呂后數言、張王以魯元公主故、不宜有此。上怒曰、使張敖
據天下、豈少而女乎。不聽。廷尉以貫高事辭聞。上曰、壯士。誰知者。
以私問之。中大夫泄公曰、臣之邑子、素知之。此固趙國立名義、不
侵爲然諾者也。上使泄公持節問之箯輿前。仰視曰、泄公邪。泄公
勞苦如生平驩、與語、問張王果有計謀不。高曰、人情寧不各愛其
父母妻子乎。今吾三族皆以論死。豈以王易吾親哉。顧爲王實不
反。獨吾等爲之。具道本指所以爲者、王不知狀。於是泄公入、具以
報。上乃赦趙王。上賢貫高爲人能立然諾、使泄公具告之曰、張王
已出。因赦貫高。貫高喜曰、吾王審出乎。泄公曰、然。泄公曰、上多足
下。故赦足下。貫高曰、所以不死、一身無餘者、白張王不反也。今王

已出、吾責已塞、死不恨矣。且人臣有簒殺之名、何面目復事上哉。
縱上不殺我、我不愧於心乎。乃仰絕肮、遂死。當此之時、名聞天下。
張敖已出、以尙魯元故、封爲宣平侯。於是上賢張王諸客、以鉗奴
從張王入關、無不爲諸侯相・郡守者。及孝惠・高后・文帝・孝景時、張
王客子孫、皆得爲二千石。張敖高后六年薨。子偃爲魯元王。以母
呂后女故、呂公封爲魯元王。元王弱、兄弟少。乃封張敖他姬子二
人。壽爲樂昌侯、侈爲信都侯。高后崩、諸呂無道。大臣誅之、而廢魯
元王及樂昌侯・信都侯。孝文帝卽位、復封故魯元王偃爲南宮侯。
續張氏。

太史公曰、張耳・陳餘、世傳所稱賢者。其賓客廝役、莫非天下俊傑。
所居國無不取卿相者。然張耳・陳餘始居約時、相然信以死、豈顧
問哉。及據國爭權、卒相滅亡。何鄉者相慕用之誠、後相倍之戾也。
豈非以利哉。名譽雖高、賓客雖盛、所由殆與太伯・延陵季子異矣。

蓐食
漂、
哀王孫、
無所事信、

淮陰侯列傳　史記

淮陰侯韓信者。淮陰人也。始爲布衣時。貧無行。不得推擇爲吏。又不能治生商賈。常從人寄食飲。人多厭之者。常數從其下鄉南昌亭長寄食。數月。亭長妻患之。乃晨炊蓐食。食時信往。不爲具食。信亦知其意。怒竟絕去。信釣於城下。諸母漂。有一母。見信飢。飯信。竟漂數十日。信喜。謂漂母曰。吾必有以重報母。母怒曰。大丈夫不能自食。吾哀王孫而進食。豈望報乎。淮陰屠中少年。有侮信者。曰。若雖長大。好帶刀劍。中情怯耳。衆辱之曰。信能死。刺我。不能死。出我袴下。於是信孰視之。俛出袴下蒲伏。一市人皆笑信以爲怯。及項梁渡淮。信杖劍從之。居戲下。無所知名。項梁敗。又屬項羽。羽以爲郎中。數以策干項羽。羽不用。漢王之入蜀。信亡楚歸漢。未得知名。爲連敖。坐法當斬。其輩十三人皆已斬。次至信。信乃仰視。適見滕

新定漢文卷之四　四五　四六

公曰。上不欲就天下乎。何爲斬壯士。滕公奇其言。壯其貌。釋而不斬。與語。大說之。言於上。上拜以爲治粟都尉。上未之奇也。信數與蕭何語。何奇之。至南鄭。諸將行道亡者數十人。信度何等已數言上。上不我用。卽亡。何聞信亡。不及以聞。自追之。人有言上曰。丞相何亡。上大怒。如失左右手。居一二日。何來謁上。上且怒且喜。罵何曰。若亡何也。何曰。臣不敢亡也。臣追亡者。上曰。若所追者誰。何曰。韓信也。上復罵曰。諸將亡者以十數。公無所追。追信詐也。何曰。諸將易得耳。至如信者。國士無雙。王必欲長王漢中。無所事信。必欲爭天下。非信無所與計事者。顧王策安所決耳。上曰。吾亦欲東耳。安能鬱鬱久居此乎。何曰。王計必欲東。能用信。信卽留。不能用信。終亡耳。王曰。吾爲公以爲將。何曰。雖爲將。信必不留。王曰。以爲大將。何曰。幸甚。於是王欲召信拜之。何曰。王素慢無禮。今拜大將。如呼小兒耳。此乃信所以去也。王必欲拜之。擇良日。齋戒。設壇場。具

嘔嘔、
刓弊、
何所不散、

禮。乃可耳。王許之。諸將皆喜。人人各自以爲得大將。至拜大將。乃韓信也。一軍皆驚。信拜禮畢。上坐。王曰。丞相數言將軍。將軍何以教寡人計策。信謝。因問王曰。今東鄉爭權天下。豈非項王邪。漢王曰。然。曰。大王自料勇悍仁彊。孰與項王。漢王默然。良久曰。不如也。信再拜賀曰。惟信亦爲大王不如也。然臣嘗事之。請言項王之爲人也。項王喑噁叱咤。千人皆廢。然不能任屬賢將。此特匹夫之勇耳。項王見人。恭敬慈愛。言語嘔嘔。人有疾病。涕泣分食飲。至使人有功。當封爵者。印刓弊。忍不能予。此所謂婦人之仁也。項王雖霸天下。而臣諸侯。不居關中。而都彭城。有背義帝之約。而以親愛王。諸侯不平。諸侯之見項王遷逐義帝。置江南。亦皆歸逐其主。而自王善地。項王所過。無不殘滅者。天下多怨。百姓不親附。特劫於威彊耳。名雖爲霸。實失天下心。故曰。其彊易弱。今大王誠能反其道。任天下武勇。何所不誅。以天下城邑封功臣。何所不服。以義兵從

新定漢文卷之四　四七　四八

思東歸之士。何所不散。且三秦王爲秦將。將秦子弟數歲矣。所殺亡不可勝計。又欺其衆降諸侯。至新安。項王詐坑秦降卒二十餘萬。唯獨邯。欣。翳得脫。秦父兄怨此三人。痛入骨髓。今楚彊以威王此三人。秦民莫愛也。大王之入武關。秋毫無所害。除秦苛法。與秦民約法三章耳。秦民無不欲得大王王秦者。於諸侯之約。大王當王關中。關中民咸知之。大王失職入漢中。秦民無不恨者。今大王舉而東。三秦可傳檄而定也。於是漢王大喜。自以爲得信晚。遂聽信計。部署諸將所擊。八月。漢王舉兵。東出陳倉。定三秦。漢二年。出關收魏河南。韓殷王皆降。合齊趙共擊楚。四月。至彭城。漢兵敗散而還。信復收兵。與漢王會滎陽。復擊破楚京索之閒。以故楚兵卒不能西。漢之敗卻彭城。塞王欣翟王翳亡漢降楚。齊趙欲反漢與楚和。六月。魏王豹謁歸視親疾。至國。卽絕河關反漢。與楚約和。漢王使酈生說豹。不下。其八月。以信爲左丞相擊魏。魏王盛兵蒲坂。

疑兵、木罌缻、
喋血、
樵蘇後爨、師不宿飽、
方軌、
十則圍之、倍則戰之、
傳發、萆山、
傳飧、

塞臨晉。信乃益爲疑兵。陳船欲渡臨晉。而伏兵從夏陽以木罌缻渡軍。襲安邑。魏王豹驚。引兵迎信。信遂虜豹。定魏爲河東郡。漢王遣張耳。與信俱引兵。東北擊趙代。後九月。破代兵。禽夏說閼與。信之下魏破代。漢輒使人收其精兵。詣滎陽以距楚。信與張耳以兵數萬。欲東下井陘擊趙。趙王成安君陳餘。聞漢且襲之也。聚兵井陘口。號稱二十萬。廣武君李左車說成安君曰。聞漢將韓信涉西河。虜魏王。禽夏說。新喋血閼與。今乃輔以張耳。議欲下趙。此乘勝而去國遠鬪。其鋒不可當。臣聞千里餽糧。士有飢色。樵蘇後爨。師不宿飽。今井陘之道。車不得方軌。騎不得成列。行數百里。其勢糧食必在其後。願足下假臣奇兵三萬人。從間路絕其輜重。足下深溝高壘。堅營勿與戰。彼前不得鬪。退不得還。吾奇兵絕其後。使野無所掠。不至十日。而兩將之頭。可致於戲下。願君留意臣之計。否必爲二子所禽矣。成安君儒者也。常稱義兵。不用詐謀奇計。曰。吾

聞兵法。十則圍之。倍則戰之。今韓信兵號數萬。其實不過數千。能千里而襲我。亦已罷極。今如此避而不擊。後有大者。何以加之。則諸侯謂吾怯。而輕來伐我。不聽廣武君策。廣武君策不用。韓信使人間視。知其不用。還報。則大喜。乃敢引兵遂下。未至井陘口三十里止舍。夜半傳發。選輕騎二千人。人持一赤幟。從間道萆山而望趙軍。誡曰。趙見我走。必空壁逐我。若疾入趙壁。拔趙幟。立漢赤幟。令其裨將傳飧曰。今日破趙會食。諸將皆莫信。佯應曰。諾。謂軍吏曰。趙已先據便地爲壁。且彼未見吾大將旗鼓。未肯擊前行。恐吾至阻險而還。信乃使萬人先行。出背水陳。趙軍望見而大笑。平旦信建大將之旗鼓。鼓行出井陘口。趙開壁擊之。大戰良久。於是信。張耳佯弃鼓旗。走水上軍。水上軍開入之。復疾戰。趙果空壁。爭漢鼓旗。逐韓信。張耳。韓信。張耳已入水上軍。軍皆殊死戰。不可敗。信所出奇兵二千騎。共候趙空壁逐利。則馳入趙壁。皆拔趙旗。立漢

効首虜、

赤幟二千。趙軍已不勝。不能得信等。欲還歸壁。壁皆漢赤幟。而大驚以爲漢皆已得趙王將矣。兵遂亂遁走。趙將雖斬之。不能禁也。於是漢兵夾擊。大破虜趙軍。斬成安君泜水上。禽趙王歇。信乃令軍中。毋殺廣武君。有能生得者。購千金。於是有縛廣武君。而致戲下者。信乃解其縛。東鄉坐。西鄉對。師事之。諸將効首虜。休畢賀。因問信曰。兵法右倍山陵。前左水澤。今者將軍令臣等反背水陳。曰。破趙會食。臣等不服。然竟以勝。此何術也。信曰。此在兵法。顧諸君不察耳。兵法不曰。陷之死地而後生。置之亡地而後存。且信非得素拊循士大夫也。此所謂驅市人而戰之。其勢非置之死地。使人人自爲戰。今予之生地。皆走。寧尙可得而用之乎。諸將皆服曰。善。非臣所及也。於是信問廣武君曰。僕欲北攻燕。東伐齊。何若而有功。廣武君辭謝曰。臣聞敗軍之將。不可以言勇。亡國之大夫。不可以圖存。今臣敗亡之虜。何足以權大事乎。信曰。僕聞之。百里奚居

虞而虞亡。在秦而秦霸。非愚於虞。而智於秦也。用與不用。聽與不聽也。誠令成安君聽足下計。若信者亦已爲禽矣。以不用足下。故信得侍耳。因固問曰。僕委心歸計。願足下勿辭。廣武君曰。臣聞智者千慮。必有一失。愚者千慮。必有一得。故曰。狂夫之言。聖人擇焉。顧恐臣計未必足用。願效愚忠。夫成安君有百戰百勝之計。一旦而失之。軍敗鄗下。身死泜上。今將軍涉西河。虜魏王。禽夏說閼與。一舉而下井陘。不終朝破趙二十萬衆。誅成安君。名聞海內。威震天下。農夫莫不輟耕釋耒。褕衣甘食。傾耳以待命者。若此將軍之所長也。然而衆勞卒罷。其實難用。今將軍欲擧倦弊之兵。頓之燕堅城之下。欲戰恐久力不能拔。情見勢屈。曠日糧竭。而弱燕不服。齊必距境以自彊也。燕齊相持而不下。則劉項之權。未有所分也。若此者。將軍所短也。臣愚竊以爲亦過矣。故善用兵者。不以短擊長。而以長擊短。韓信曰。然則何由。廣武君對曰。方今爲將軍計。莫

醳兵、
北首燕路、奉咫尺之書、
諠言者、

如案甲休兵。鎭趙撫其孤。百里之內。牛酒日至。以饗士大夫。醳兵。
北首燕路。而後遣辯士。奉咫尺之書。暴其所長於燕。燕必不敢不
聽從。燕已從。使諠言者東告齊。齊必從風而服。雖有智者。亦不知
爲齊計矣。如是則天下事皆可圖也。兵固有先聲而後實者。此之
謂也。韓信曰。善。從其策。發使使燕。燕從風而靡。乃遣使報漢。因請
立張耳爲趙王。以鎭撫其國。漢王許之。乃立張耳爲趙王。楚數使
奇兵渡河擊趙。趙王耳韓信往來救趙。因行定趙城邑。發兵詣漢。
楚方急圍漢王於滎陽。漢王南出之宛葉閒。得黥布。走入成皐。楚
又復急圍之。六月。漢王出成皐東渡河。獨與滕公俱。從張耳軍修
武。至宿傳舍。晨自稱漢使。馳入趙壁。張耳韓信未起。卽其臥內。上
奪其印符。以麾召諸將易置之。信耳起。乃知漢王來大驚。漢王奪
兩人軍。卽令張耳備守趙地。拜韓信爲相國。收趙兵未發者擊齊。
信引兵東。未渡平原。聞漢王使酈食其已說下齊。韓信欲止。范陽

辯士蒯通說信曰。將軍受詔擊齊。而漢獨發閒使下齊。寧有詔止
將軍乎。何以得毋行也。且酈生一士。伏軾掉三寸之舌。下齊七十
餘城。將軍將數萬衆。歲餘乃下趙五十餘城。爲將數歲。反不如一
豎儒之功乎。於是信然之。從其計。遂渡河。齊已聽酈生。卽留縱酒。
罷備漢守禦。信因襲齊歷下軍。遂至臨菑。齊王田廣以酈生賣己。
乃烹之。而走高密。使使之楚請救。韓信已定臨菑。遂東追廣至高
密西。楚亦使龍且將。號稱二十萬救齊。齊王廣龍且幷軍與信戰。
未合。人或說龍且曰。漢兵遠鬭窮戰。其鋒不可當。齊楚自居其地
戰。兵易敗散。不如深壁。令齊王使其信臣招所亡城。亡城聞其王
在。楚來救。必反漢。漢兵二千里客居。齊城皆反之。其勢無所得食。
可無戰而降也。龍且曰。吾平生知韓信爲人。易與耳。且夫救齊。不
戰而降之。吾何功。今戰而勝之。齊之半可得。何爲止。遂戰。與信夾
濰水陳。韓信乃夜令人爲萬餘囊。滿盛沙。壅水上流。引軍半渡。擊

龍且。佯不勝。還走。龍且果喜曰。固知信怯也。遂追渡水。信使人決
壅囊。水大至。龍且軍大半不得渡。卽急擊殺龍且。龍且水東軍散
走。齊王廣亡去。信遂追北至城陽。皆虜楚卒。漢四年。遂皆降。平齊。
使人言漢王曰。齊僞詐多變。反覆之國也。南邊楚。不爲假王以鎭
之。其勢不定。願爲假王便。當是時。楚方急圍漢王於滎陽。韓信使
者至。發書。漢王大怒。罵曰。吾困於此。旦暮望若來佐我。乃欲自立
爲王。張良陳平躡漢王足。因附耳語曰。漢方不利。寧能禁信之王
乎。不如因而立。善遇之。使自爲守。不然變生。漢王亦悟。因復罵曰。
大丈夫定諸侯。卽爲眞王耳。何以假爲。乃遣張良往立信爲齊王。
徵其兵擊楚。楚已亡龍且。項王恐。使盱眙人武涉往說齊王信曰。
天下共苦秦久矣。相與戮力擊秦。秦已破。計功割地。分土而王之。
以休士卒。今漢王復興兵而東。侵人之分。奪人之地。已破三秦。引
兵出關。收諸侯之兵。以東擊楚。其意非盡呑天下者不休。其不知

厭足。如是甚也。且漢王不可必。身居項王掌握中數矣。項王憐而
活之。然得脫輒倍約。復擊項王。其不可親信如此。今足下雖自以
與漢王爲厚交。爲之盡力用兵。終爲之所禽矣。足下所以得須臾
至今者。以項王尚存也。當今二王之事。權在足下。足下右投。則漢
王勝。左投。則項王勝。項王今日亡。則次取足下。足下與項王有故。
何不反漢與楚連和。參分天下王之。今釋此時。而自必於漢以擊
楚。且爲智者固若此乎。韓信謝曰。臣事項王。官不過郞中。位不過
執戟。言不聽。畫不用。故倍楚而歸漢。漢王授我上將軍印。予我數
萬衆。解衣衣我。推食食我。言聽計用。故吾得以至於此。夫人深親
信我。我倍之不祥。雖死不易。幸爲信謝項王。武涉已去。齊人蒯通
知天下權在韓信。欲爲奇策而感動之。以相人說韓信曰。僕嘗受
相人之術。韓信曰。先生相人何如。對曰。貴賤在於骨法。憂喜在於
容色。成敗在於決斷。以此參之。萬不失一。韓信曰。善。先生相寡人

折北

何如。對曰。願少閒。信曰。左右去矣。通曰。相君之面。不過封侯。又危
不安。相君之背。貴乃不可言。韓信曰。何謂也。蒯通曰。天下初發難
也。俊雄豪傑。建號壹呼。天下之士。雲合霧集。魚鱗襍遝。熛至風起。
當此之時。憂在亡秦而已。今楚漢分爭。使天下無罪之人。肝膽塗
地。父子暴骸骨於中野。不可勝數。楚人起彭城。轉鬭逐北。至於滎
陽。乘利席卷。威震天下。然兵困於京索之閒。迫西山而不能進者。
三年於此矣。漢王將數十萬之衆。距鞏雒。阻山河之險。一日數戰。
無尺寸之功。折北不救。敗滎陽。傷成皋。遂走宛葉之閒。此所謂智
勇俱困者也。夫銳氣挫於險塞。而糧食竭於內府。百姓罷極怨望。
容容無所倚。以臣料之。其勢非天下之賢聖。固不能息天下之禍。
當今兩主之命。縣於足下。足下爲漢則漢勝。與楚則楚勝。臣願披
腹心。輸肝膽。效愚計。恐足下不能用也。誠能聽臣之計。莫如兩利
而俱存之。三分天下。鼎足而居。其勢莫敢先動。夫以足下之賢聖。

西鄕爲百姓請命
深拱揖讓
奉項嬰頭

有甲兵之衆。據彊齊。從燕趙。出空虛之地。而制其後。因民之欲。西
鄕爲百姓請命。則天下風走而響應矣。孰敢不聽。割大弱彊。以立
諸侯。諸侯已立。天下服聽。而歸德於齊。案齊之故。有膠泗之地。懷
諸侯之德。深拱揖讓。則天下之君王。相率而朝於齊矣。蓋聞天與
弗取。反受其咎。時至不行。反受其殃。願足下孰慮之。韓信曰。漢王
遇我甚厚。載我以其車。衣我以其衣。食我以其食。吾聞之。乘人之
車者。載人之患。衣人之衣者。懷人之憂。食人之食者。死人之事。吾
豈可以鄕利倍義乎。蒯生曰。足下自以爲善漢王。欲建萬世之業。
臣竊以爲誤矣。始常山王。成安君爲布衣時。相與爲刎頸之交。後
爭張黶陳澤之事。二人相怨。常山王背項王。奉項嬰頭而竄逃。歸
於漢王。漢王借兵而東下。殺成安君泜水之南。頭足異處。卒爲天
下笑。此二人相與。天下至驩也。然而卒相禽者。何也。患生於多欲。
而人心難測也。今足下欲行忠信。以交於漢王。必不能固於二君

不世出

之相與也。而事多大於張黶陳澤。故臣以爲足下必漢王之不危
已亦誤矣。大夫種范蠡存亡越。霸句踐。立功成名。而身死亡。野獸
已盡。而獵狗烹。夫以交友言之。則不如張耳之與成安君者也。以
忠信言之。則不過大夫種范蠡之於句踐也。此二人者。足以觀矣。
願足下深慮之。且臣聞勇略震主者身危。而功蓋天下者不賞。臣
請言大王功略。足下涉西河。虜魏王。禽夏說。引兵下井陘。誅成安
君。徇趙。脅燕。定齊。南摧楚人之兵二十萬。東殺龍且。西鄕以報。此
所謂功無二於天下。而略不世出者也。今足下戴震主之威。挾不
賞之功。歸楚楚人不信。歸漢漢人震恐。足下欲持是安歸乎。夫勢
在人臣之位。而有震主之威。名高天下。竊爲足下危之。韓信謝曰。
先生且休矣。吾將念之。後數日。蒯通復說曰。夫聽者。事之候也。計
者。事之機也。聽過計失。而能久安者鮮矣。聽不失一二者。不可亂
以言。計不失本末者。不可紛以辭。夫隨廝養之役者。失萬乘之權。

儋石
蹢躅

守儋石之祿者。闕卿相之位。故知者。決之斷也。疑者。事之害也。審
毫氂之小計。遺天下之大數。智誠知之。決弗敢行者。百事之禍也。
故曰。猛虎之猶豫。不若蜂蠆之致螫。騏驥之蹢躅。不如駑馬之安
步。孟賁之狐疑。不如庸夫之必至也。雖有舜禹之智。吟而不言。不
如瘖聾之指麾也。此言貴能行之。夫功者難成而易敗。時者難得
而易失也。時乎時不再來。願足下詳察之。韓信猶豫。不忍倍漢。又
自以爲功多。漢終不奪我齊。遂謝蒯通。蒯通說不聽。已佯狂爲巫。
漢王之困固陵。用張良計。召齊王信。遂將兵會垓下。項羽已破。高
祖襲奪齊王軍。漢五年正月。徙齊王信爲楚王。都下邳。信至國。召
所從食漂母。賜千金。及下鄕南昌亭長賜百錢。曰。公小人也。爲德
不卒。召辱己之少年令出胯下者。以爲楚中尉。告諸將相曰。此壯
士也。方辱我時。我寧不能殺之邪。殺之無名。故忍而就於此。項王
亡將鍾離眛家在伊盧。素與信善。項王死後亡歸信。漢王怨眛。聞

不朝從、鞅鞅、

其在楚。詔楚捕昧。信初之國。行縣邑陳兵出入。漢六年。人有上書告楚王信反。高帝以陳平計。天子巡狩。會諸侯。南方有雲夢。發使告諸侯會陳。吾將游雲夢。實欲襲信。信弗知。高祖且至楚。信欲發兵反。自度無罪。欲謁上。恐見禽。人或說信曰。斬昧謁上。上必喜。無患。信見昧計事。昧曰。漢所以不擊取楚。以昧在公所。若欲捕我以自媚於漢。吾今日死。公亦隨手亡矣。乃罵信曰。公非長者。卒自剄。信持其首。謁高祖於陳。上令武士縛信。載後車。信曰。果若人言。狡兎死。良狗烹。高鳥盡。良弓藏。敵國破。謀臣亡。天下已定。我固當烹。上曰。人告公反。遂械繫信。至雒陽。赦信罪。以爲淮陰侯。信知漢王畏惡其能。常稱病不朝從。信由此日怨望。居常鞅鞅。羞與絳灌等列。信常過樊將軍噲。噲跪拜送迎。言稱臣。曰。大王乃肯臨臣。信出門笑曰。生乃與噲等爲伍。上常從容與信言諸將能不。各有差。上問曰。如我能將幾何。信曰。陛下不過能將十萬。上曰。於君何如。曰。臣多多而益善耳。上笑曰。多多益善。何爲爲我禽。信曰。陛下不能將兵。而善將將。此乃信之所以爲陛下禽也。且陛下所謂天授。非人力也。陳豨拜爲鉅鹿守。辭於淮陰侯。淮陰侯挈其手。辟左右。與之步於庭。仰天歎曰。子可與言乎。欲與子有言也。豨曰。唯將軍令之。淮陰侯曰。公所居。天下精兵處也。而公陛下之信幸臣也。人言公之畔。陛下必不信。再至。陛下乃疑矣。三至。必怒而自將。吾爲公從中起。天下可圖也。陳豨素知其能也。信之曰。謹奉教。漢十一年。陳豨果反。上自將而往。信病不從。陰使人至豨所曰。第擧兵。吾從此助公。信乃謀與家臣。夜詐詔赦諸官徒奴。欲發以襲呂后太子。部署已定。待豨報。其舍人得罪於信。信囚欲殺之。舍人弟上變。告信欲反狀於呂后。呂后欲召。恐其黨不就。乃與蕭相國謀。詐令人從上所來。言豨已得死。列侯羣臣皆賀。相國紿信曰。雖疾彊入賀。信入。呂后使武士縛信。斬之長樂鍾室。信方斬之曰。吾悔不用蒯

王良、造父、　歸輸之塗、治法征謀、

通之計。乃爲兒女子所詐。豈非天哉。遂夷信三族。高祖已從豨軍來至。見信死。且喜且憐之。問信死亦何言。呂后曰。信言恨不用蒯通計。高祖曰。是齊辯士也。乃詔齊捕蒯通。蒯通至。上曰。若教淮陰侯反乎。對曰。然。臣固教之。豎子不用臣之策。故令自夷於此。如彼豎子用臣之計。陛下安得而夷之乎。上怒曰。烹之。通曰。嗟乎。寃哉烹也。上曰。若教韓信反。何寃。對曰。秦之綱絕而維弛。山東大擾。異姓竝起。英俊烏集。秦失其鹿。天下共逐之。於是高材疾足者先得焉。跖之狗吠堯。堯非不仁。狗固吠非其主。當是時。臣唯獨知韓信。非知陛下也。且天下銳精持鋒。欲爲陛下所爲者甚衆。顧力不能耳。又可盡烹之邪。高帝曰。置之。乃釋通之罪。

太史公曰。吾如淮陰。淮陰人爲余言。韓信雖爲布衣時。其志與衆異。其母死。貧無以葬。然乃行營高敞地。令其旁可置萬家。余視其母冢。良然。假令韓信學道謙讓。不伐己功。不矜其能。則庶幾哉。於漢家勳。可以比周。召。太公之徒。後世血食矣。不務出此。而天下已集。乃謀畔逆。夷滅宗族。不亦宜乎。

送石處士序

唐　韓　愈

河陽軍節度御史大夫烏公。爲節度之三月。求士於從事之賢者。有薦石先生者。公曰。先生何如。曰。先生居嵩邙瀍穀之閒。冬一裘。夏一葛。食朝夕飯一盂蔬一盤。人與之錢則辭。請與出遊。未嘗以事免。勸之仕不應。坐一室。左右圖書。與之語道理。辯古今事當否。論人高下。事後當成敗。若河決下流而東注。若駟馬駕輕車。就熟路。而王良造父爲之先後也。若燭照數計而龜卜也。大夫曰。先生有以自老。無求於人。其肯爲某來邪。從事曰。大夫文武忠孝。求士爲國。不私於家。方今寇聚於恆。師環其疆。農不耕收。財粟殫亡。吾所處地。歸輸之塗。治法征謀。宜有所出。先生仁且勇。若以義請。而

譔書詞、　駿、

強委重焉。其何說之辭。於是譔書詞。具馬幣。卜日以授使者。求先生之廬而請焉。先生不告於妻子。不謀於朋友。冠帶出見客。拜受書禮於門內。宵則沐浴。戒行事。載書冊。問道所由。告行於常所來往。晨則畢至。張上東門外。酒三行。且起。有執爵而言者。曰。大夫眞能以義取人。先生眞能以道自任。決去就。爲先生別。又酌而祝曰。凡去就出處何常。惟義之歸。遂以爲先生壽。又酌而祝曰。使大夫恆無變其初。無務富其家。而飢其師。無甘受佞人。而外敬正士。無昧於諂言。惟先生是聽。以能有成功。保天子之寵命。又祝曰。使先生無圖利於大夫。而私便其身。先生起拜祝辭曰。敢不敬蚤夜以求從祝規。於是東都之人士。咸知大夫與先生果能相與以有成也。遂各爲歌詩六韻。退。愈爲之序云。

送溫處士赴河陽軍序

韓　愈

伯樂一過冀北之野。而馬羣遂空。夫冀北馬多天下。伯樂雖善知馬。安能空其羣邪。解之者曰。吾所謂空。非無馬也。無良馬也。伯樂知馬。遇其良輒取之。羣無留良焉。苟無良。雖謂無馬。不爲虛語矣。東都固士大夫之冀北也。恃才能深藏而不市者。洛之北涯曰石生。其南涯曰溫生。大夫烏公以鈇鉞鎭河陽之三月。以石生爲才。以禮爲羅。羅而致之幕下。未數月也。以溫生爲才。於是以石生爲媒。以禮爲羅。又羅而致之幕下。東都雖信多才士。朝取一人焉拔其尤。暮取一人焉拔其尤。自居守河南尹。以及百司之執事。與吾輩二縣之大夫。政有所不通。事有所可疑。奚所諮而處焉。士大夫之去位而巷處者。誰與嬉遊。小子後生。於何考德而問業焉。縉紳之東西行過是都者。無所禮於其廬。若是而稱曰。大夫烏公一鎭河陽。而東都處士之廬無人焉。豈不可也。夫南面而聽天下。其所託重而恃力者。惟相與將耳。相爲天子得人於朝廷。將爲天子得文武士於幕下。求內外無治。不可得也。愈縻於茲。不能自引去。資

貳、　帕首袴韡、　守屛、　颶、　踔、　撞搪、　爬梳、

二生以待老。今皆爲有力者奪之。其何能無介然於懷邪。生既至。拜公於軍門。其爲吾以前所稱。爲天下賀。以後所稱。爲吾致私怨於盡取也。留守相公首爲四韻詩。歌其事。愈因推其意而序之。

送殷員外序

韓　愈

唐受天命爲天子。凡四方萬國。不問海內外。無小大。咸臣順於朝。時節貢水土百物。大者特來。小者附集。元和睿聖文武皇帝既嗣位。悉治方內。就法度。十二年詔曰。四方萬國。惟回鶻於唐最親。奉職尤謹。丞相其選宗室四品一人。持節往賜君長。告之朕意。又選學有經法。通知時事者一人。與之爲貳。由是殷侯侑自太常博士。遷尙書虞部員外郞。兼侍御史。朱衣象笏。承命以行。朝之大夫。莫不出餞。酒半。右庶子韓愈。執盞言曰。殷大夫。今人適數百里。出門。惘惘有離別可憐之色。持被入直三省。丁寧顧婢子語。刺刺不能休。今子使萬里外國。獨無幾微出於言面。豈不眞知輕重大丈夫哉。丞相以子應詔。眞誠知人。士不通經。果不足用。於是相屬爲詩。以道其行云。

送鄭尙書序

韓　愈

嶺之南。其州七十。其二十二。隸嶺南節度府。其四十餘。分四府。府各置帥。然獨嶺南節度爲大府。大府始至。四府必使其佐啓問起居。謝守地不得卽賀。以爲禮。歲時必遣賀問。致水土物。大府帥或道過其府。府帥必戎服。左握刀。右屬弓矢。帕首袴韡迎郊。及既至。大府帥先入據館。帥守屛。若將趨入拜庭之爲者。大府與之爲讓。至一再。乃敢改服。以賓主見。適位執爵。皆興拜。不許。乃止。虔若小侯之事大國。有大事。諮而後行。隸府之州。離府遠者。至三千里。懸隔山海。使必數月而後能至。蠻夷悍輕。易怨以變。其南州皆岸大海。多洲島。颶風一日踔數千里。漫瀾不見蹤跡。控御失所依險阻。結黨仇。機毒矢以待將吏。撞搪呼號以相和應。蜂屯蟻雜。不可爬

草薙、禽獮、罄諸君、

梳好則人。怒則獸。故常薄其征入。簡節而疎目。時有所遺漏。不究切之。長養以兒子。至紛不可治。乃草薙而禽獮之。盡根株痛斷。乃止。其海外雜國。若躭浮羅流求毛人夷亶之州。林邑扶南眞臘于陀利之屬。東南際天地以萬數。或時候風潮朝貢。蠻胡賈人舶交海中。若嶺南帥得其人。則一邊盡治。不相寇盜賊殺。無風魚之災。水旱癘毒之患。外國之貨日至。珠香象犀玳瑁奇物溢於中國。不可勝用。故選帥常重于他鎮。非有文武威風。知大體。可畏信者。則不幸往往有事。長慶三年四月。以工部尙書鄭公爲刑部尙書。兼御史大夫。往踐其任。鄭公嘗以節鎮襄陽。又帥滄景德棣。歷河南尹華州刺史。皆有功德可稱道。入朝爲金吾將軍散騎常侍工部侍郎尙書。家屬百人。無數畝之宅。僦屋以居。可謂貴而能貧。爲仁者不富之效也。及是命。朝廷莫不悅。將行。公卿大夫士。苟能詩者。咸相率爲詩。以美朝政。以慰公南行之思。韻必以來字者。所以祝

新定漢文卷之四　六九 七〇

公成政而來歸疾也。

送董邵南序

韓　愈

燕趙古稱多感慨悲歌之士。董生擧進士。連不得志於有司。懷抱利器。鬱鬱適茲土。吾知其必有合也。董生勉乎哉。夫以子之不遇時。苟慕義彊仁者。皆愛惜焉。矧燕趙之士。出乎其性者哉。然吾嘗聞風俗與化移易。吾惡知其今不異於古所云邪。聊以吾子之行卜之也。董生勉乎哉。吾因子有所感矣。爲我弔望諸君之墓。而觀於其市。復有昔時屠狗者乎。爲我謝曰。明天子在上。可以出而仕矣。

送楊少尹序

韓　愈

昔疏廣受二子。以年老。一朝辭位而去。於時公卿設供帳。祖道都門外。車數百兩。道傍觀者。多嘆息泣下。共言其賢。漢史旣傳其事。而後世工畫者。又圖其迹。至今照人耳目。赫赫若前日事。國子司

落莫、歌鹿鳴、鄕先生

業楊君巨源。方以能詩訓後進。一旦以年滿七十。亦白丞相去歸其鄕。世常說古今人不相及。今楊與二疏。其意豈異也。予忝在公卿後。遇病不能出。不知楊侯去時。城門外送者幾人。車幾兩。馬幾匹。道傍觀者。亦有嘆息知其爲賢與否。而太史氏又能張大其事。爲傳繼二疏蹤跡否。不落莫否。見今世無工畫者。而畫與不畫。固不論也。然吾聞楊侯之去。丞相有愛而惜之者。白以爲其都少尹。不絕其祿。又爲歌詩以勸之。京師之長於詩者。亦屬而和之。又不知當時二疏之去。有是事否。古今人同不同。未可知也。中世士大夫。以官爲家。罷則無所於歸。楊侯始冠。擧於其鄕。歌鹿鳴而來也。今之歸。指其樹曰。某樹吾先人之所種也。某水某丘。吾童子時所釣遊也。鄕人莫不加敬。誡子孫以楊侯不去其鄕爲法。古之所謂鄕先生沒而可祭於社者。其在斯人歟。其在斯人歟。

伯夷頌

韓　愈

新定漢文卷之四　七一 七二

士之特立獨行。適於義而已。不顧人之是非。皆豪傑之士。信道篤而自知明者也。一家非之。力行而不惑者寡矣。至於一國一州非之。力行而不惑者。蓋天下一人而已矣。若至於擧世非之。力行而不惑者。則千百年乃一人而已耳。若伯夷者。窮天地亙萬世而不顧者也。昭乎日月不足爲明。崒乎泰山不足爲高。巍乎天地不足爲容也。當殷之亡。周之興。微子賢也。抱祭器而去之。武王周公聖也。從天下之賢士與天下之諸侯。而往攻之。未嘗聞有非之者也。彼伯夷叔齊者。乃獨以爲不可。殷旣滅矣。天下宗周。彼二子乃獨恥食其粟。餓死而不顧。由是而言。夫豈有求而爲哉。信道篤而自知明也。今世之所謂士者。一凡人譽之。則自以爲有餘。一凡人沮之。則自以爲不足。彼獨非聖人而自是如此。夫聖人乃萬世之標準也。余故曰。若伯夷者。特立獨行。窮天地亙萬世而不顧者也。雖然微二子。亂臣賊子接跡於後世矣。

推闡聖明、　度人、　焚頂燒指、

論佛骨表　　韓愈

臣某言。伏以佛者夷狄之一法耳。自後漢時流入中國。上古未嘗有也。昔者黃帝在位百年。年百一十歲。少昊在位八十年。年百歲。顓頊在位七十九年。年九十八歲。帝嚳在位七十年。年百五歲。帝堯在位九十八年。年百一十八歲。帝舜及禹。年皆百歲。此時天下太平。百姓安樂壽考。然而中國未有佛也。其後殷湯亦年百歲。湯孫太戊在位七十五年。武丁在位五十九年。書史不言其年壽所極。推其年數。蓋亦俱不減百歲。周文王年九十七歲。武王年九十三歲。穆王在位百年。此時佛法亦未入中國。非因事佛而致然也。漢明帝時。始有佛法。明帝在位纔十八年耳。其後亂亡相繼。運祚不長。宋齊梁陳元魏以下。事佛漸謹。年代尤促。惟梁武帝在位四十八年。前後三度捨身施佛。宗廟之祭。不用牲牢。晝日一食。止於菜果。其後竟爲侯景所逼。餓死臺城。國亦尋滅。事佛求福。乃更得

禍。由此觀之。佛不足事。亦可知矣。高祖始受隋禪。則議除之。當時羣臣材識不遠。不能深知先王之道。古今之宜。推闡聖明。以救斯弊。其事遂止。臣常恨焉。伏惟睿聖文武皇帝陛下。神聖英武。數千百年已來。未有倫比。卽位之初。卽不許度人爲僧尼道士。又不許創立寺觀。臣常以爲高祖之志。必行於陛下之手。今縱未能卽行。豈可恣之轉令盛也。今聞陛下令羣僧迎佛骨於鳳翔。御樓以觀。舁入大內。又令諸寺遞迎供養。臣雖至愚。必知陛下不惑於佛。作此崇奉。以祈福祥也。直以年豐人樂。徇人之心。爲京都士庶。設詭異之觀。戲翫之具耳。安有聖明若此。而肯信此等事哉。然百姓愚冥。易惑難曉。苟見陛下如此。將謂眞心事佛。皆云天子大聖。猶一心敬信。百姓何人。豈合更惜身命。焚頂燒指。百十爲羣。解衣散錢。自朝至暮。轉相倣效。惟恐後時。老少奔波。棄其業次。若不卽加禁遏。更歷諸寺。必有斷臂臠身。以爲供養者。傷風敗俗。傳笑四方。非

宣政一見、　禮賓一設、　以桃茢祓除不祥、　食其所愛之肉、　蚍蜉、

細事也。夫佛本夷狄之人。與中國言語不通。衣服殊製。口不言先王之法言。身不服先王之法服。不知君臣之義。父子之情。假如其身至今尙在。奉其國命。來朝京師。陛下容而接之。不過宣政一見。禮賓一設。賜衣一襲。衞而出之於境。不令惑衆也。況其身死已久。枯朽之骨。凶穢之餘。豈宜令入宮禁。孔子曰。敬鬼神而遠之。古之諸侯。行弔於其國。尙令巫祝先以桃茢祓除不祥。然後進弔。今無故取朽穢之物。親臨觀之。巫祝不先。桃茢不用。羣臣不言其非。御史不擧其失。臣實恥之。乞以此骨付之有司。投諸水火。永絕根本。斷天下之疑。絕後代之惑。使天下之人知大聖人之所作爲。出於尋常萬萬也。豈不盛哉。豈不快哉。佛如有靈。能作禍祟。凡有殃咎。宜加臣身。上天鑒臨。臣不怨悔。無任感激懇悃之至。謹奉表以聞。臣某誠惶誠恐。

張中丞傳後序　　韓愈

元和二年四月十三日夜。愈與吳郡張籍。閱家中舊書。得李翰所爲張巡傳。翰以文章自名。爲此傳頗詳密。然尙恨有闕者。不爲許遠立傳。又不載雷萬春事首尾。遠雖材若不及巡者。開門納巡。位本在巡上。授之柄而處其下。無所疑忌。竟與巡俱守死。成功名。城陷而虜。與巡死先後異耳。兩家子弟材智下。不能通知二父志。以爲巡死而遠就虜。疑畏死而辭服於賊。遠誠畏死。何苦守尺寸之地。食其所愛之肉。以與賊抗而不降乎。當其圍守時。外無蚍蜉蟻子之援。所欲忠者。國與主耳。而賊語以國亡主滅。遠見救援不至。而賊來益衆。必以其言爲信。外無待而猶死守。人相食且盡。雖愚人亦能數日而知死處矣。遠之不畏死亦明矣。烏有城壞其徒俱死。獨蒙愧恥求活。雖至愚者不忍爲。嗚呼。而謂遠之賢而爲之邪。說者又謂遠與巡分城而守。城之陷。自遠所分始。以此詬遠。此又與兒童之見無異。人之將死。其臟腑必有先受其病者。引繩而絕

浮圖、　上甎、

之。其絶必有處。觀者見其然。從而尤之。其亦不達於理矣。小人之好議論。不樂成人之美。如是哉。如巡遠之所成就。如此卓卓。猶不得免。其他則又何說。當二公之初守也。寧能知人之卒不救。棄城而逆遁。苟此不能守。雖避之他處何益。及其無救而且窮也。將其創殘餓羸之餘。雖欲去必不達。二公之賢。其講之精矣。守一城。捍天下。以千百就盡之卒。戰百萬日滋之師。蔽遮江淮。沮遏其勢。天下之不亡。其誰之功也。當是時。棄城而圖存者。不可一二數。擅強兵。坐而觀者相環也。不追議此。而責二公以死守。亦見其自比於逆亂。設淫辭而助之攻也。愈嘗從事於汴徐二府。屢道於兩府間。親祭於其所謂雙廟者。其老人往往說巡遠時事。云南霽雲之乞救於賀蘭也。賀蘭嫉巡遠之聲威功績出己上。不肯出師救。愛霽雲之勇且壯。不聽其語。強留之。具食與樂。延霽雲坐。霽雲慷慨語曰。雲來時。睢陽之人。不食月餘日矣。雲雖欲獨食。義不忍。雖食且

不下咽。因拔所佩刀。斷一指。血淋漓。以示賀蘭。一座大驚。皆感激爲雲泣下。雲知賀蘭終無爲雲出師意。卽馳去。將出城。抽矢射佛寺浮圖。矢著其上甎半箭。曰。吾歸破賊。必滅賀蘭。此矢所以志也。愈貞元中。過泗州。船上人猶指以相語。城陷。賊以刃脅降巡。巡不屈。卽牽去將斬之。又降霽雲。雲未應。巡呼雲曰。南八。男兒死耳。不可爲不義屈。雲笑曰。欲將以有爲也。公有言。雲敢不死。卽不屈。張籍曰。有于嵩者。少依於巡。及巡起事。嵩常在圍中。籍大歷中。於和州烏江縣見嵩。嵩時年六十餘矣。以巡初嘗得臨渙縣尉。好學無所不讀。籍時尚小。粗問巡遠事。不能細也。云巡長七尺餘。鬚髯若神。嘗見嵩讀漢書。謂嵩曰。何爲久讀此。嵩曰。未熟也。巡曰。吾於書讀不過三遍。終身不忘也。因誦嵩所讀書。盡卷不錯一字。嵩驚。以爲巡偶熟此卷。因亂抽他帙以試。無不盡然。嵩又取架上諸書。試以問巡。巡應口誦無疑。嵩從巡久。亦不見巡常讀書也。爲文章。操

陽陽、　衙推、　罔繩擉刃、　涵淹卵育、　睅然、　伈伈睍睍、

紙筆立書。未嘗起草。初守睢陽時。士卒僅萬人。城中居人。戶亦且數萬。巡因一見問姓名。其後無不識者。巡怒。鬚髯輒張。及城陷。賊縛巡等數十人坐。且將戮。巡起旋。其衆見巡起。或起或泣。巡曰。汝勿怖。死命也。衆泣不能仰視。巡就戮時。顏色不亂。陽陽如平常。遠寬厚長者。貌如其心。與巡同年生。月日後於巡。呼巡爲兄。死時年四十九。嵩貞元初。死於亳宋間。或傳嵩有田在亳宋間。武人奪而有之。嵩將詣州訟理。爲所殺。嵩無子。張籍云。

鱷魚文

韓　愈

維年月日。潮州刺史韓愈。使軍事衙推秦濟。以羊一豬一。投惡谿之潭水。以與鱷魚食。而告之曰。昔先王既有天下。烈山澤。罔繩擉刃。以除蟲蛇惡物爲民害者。驅而出之四海之外。及後王德薄。不能遠有。則江漢之間。尚皆棄之。以與蠻夷楚越。況潮嶺海之間。去京師萬里哉。鱷魚之涵淹卵育於此。亦固其所。今天子嗣唐位。聖

神慈武。四海之外。六合之內。皆撫而有之。況禹跡所揜。揚州之近地。刺史縣令之所治。出貢賦以供天地宗廟百神之祀之壤者哉。鱷魚其不可與刺史雜處此土也。刺史受天子命。守此土。治此民。而鱷魚睅然不安谿潭。據處食民畜熊豕鹿麞。以肥其身。以種其子孫。與刺史抗拒。爭爲長雄。刺史雖駑弱。亦安肯爲鱷魚低首下心。伈伈睍睍。爲臣吏羞。以偸活於此邪。且承天子命以來爲吏。固其勢不得不與鱷魚辯。鱷魚有知。其聽刺史言。潮之州。大海在其南。鯨鵬之大。蝦蟹之細。無不容歸。以生以食。鱷魚朝發而夕至也。今與鱷魚約。盡三日。其率醜類。南徙於海。以避天子之命吏。三日不能。至五日。五日不能。至七日。七日不能。是終不肯徙也。是不有刺史聽從其言也。不然。則是鱷魚冥頑不靈。刺史雖有言。不聞不知也。夫傲天子之命吏。不聽其言。不徙以避之。與冥頑不靈。而爲民物害者。皆可殺。刺史則選材技吏民。操強弓毒矢。以與鱷魚從

駢死、槽櫪、　齗齗然、　坻石、　超鴻蒙、混希夷、

事必盡殺乃止。其無悔。

雜說四　　韓　愈

世有伯樂、然後有千里馬。千里馬常有、而伯樂不常有。故雖有名馬、祇辱於奴隸人之手、駢死於槽櫪之間、不以千里稱也。馬之千里者、一食或盡粟一石。食馬者不知其能千里而食也。是馬也雖有千里之能、食不飽、力不足、才美不外見。且欲與常馬等不可得。安求其能千里也。策之不以其道、食之不能盡其材、鳴之不能通其意、執策而臨之曰、天下無馬。嗚呼、其眞無馬邪、其眞不知馬也。

愚溪詩序　　唐　柳　宗　元

灌水之陽有溪焉。東流入於瀟水。或曰、冉氏嘗居也。故姓是溪曰冉溪。或曰、可以染也。名之以其能、故謂之染溪。余以愚觸罪、謫瀟水上。愛是溪。入二三里、得其尤絶者家焉。古有愚公谷。今余家是溪、而名莫能定。土之居者猶齗齗然。不可以不更也。故更之爲愚

溪。愚溪之上買小丘、爲愚丘。自愚丘東北行六十步、得泉焉。又買居之、爲愚泉。愚泉凡六穴、皆出山下平地。蓋上出也。合流屈曲而南、爲愚溝。遂負土累石、塞其隘、爲愚池。愚池之東爲愚堂。其南爲愚亭。池之中爲愚島。嘉木異石錯置。皆山水之奇者。以余故咸以愚辱焉。夫水智者樂也。今是溪獨見辱於愚、何哉。蓋其流甚下、不可以灌漑。又峻急多坻石、大舟不可入也。幽邃淺狹、蛟龍不屑、不能興雲雨。無以利世、而適類於余。然則雖辱而愚之可也。寗武子邦無道則愚。智而爲愚者也。顏子終日不違如愚。睿而爲愚者也。皆不得爲眞愚。今余遭有道、而違於理、悖於事。故凡爲愚者、莫我若也。夫然則天下莫能爭是溪。余得專而名焉。溪雖莫利於世、而善鑑萬類、淸瑩秀澈、鏘鳴金石。能使愚者喜笑眷慕、樂而不能去也。余雖不合於俗、亦頗以文墨自慰、漱滌萬物、牢籠百態、而無所避之。以愚辭歌愚溪、則茫然而不違、昏然而同歸。超鴻蒙、混希夷、寂寥而莫我知也。於是作八愚詩、紀於溪石上。

僇人、隟、施施、　茅茷、　箕踞、岈然、洼然、　灝氣、　潨然、　魚梁、偃蹇、

始得西山宴游記　　柳　宗　元

自余爲僇人、居是州、恆惴慄。其隟也、則施施而行、漫漫而游。日與其徒上高山、入深林、窮迴溪。幽泉怪石、無遠不到。到則披草而坐、傾壺而醉。醉則更相枕以臥。臥而夢。意有所極、夢亦同趣。覺而起、起而歸。以爲凡是州之山水有異態者、皆我有也。而未始知西山之怪特。今年九月二十八日、因坐法華西亭、望西山、始指異之。遂命僕人過湘江、緣染溪、斫榛莽、焚茅茷、窮山之高而止。攀援而登、箕踞而遨、則凡數州之土壤、皆在衽席之下。其高下之勢、岈然洼然、若垤若穴。尺寸千里、攢蹙累積、莫得遯隱。縈青繚白、外與天際、四望如一。然後知是山之特出、不與培塿爲類。悠悠乎與灝氣俱、而莫得其涯。洋洋乎與造物者游、而不知其所窮。引觴滿酌、頽然就醉、不知日之入。蒼然暮色、自遠而至。至無所見、而猶不欲歸。心

凝形釋、與萬化冥合。然後知吾嚮之未始游、游於是乎始。故爲之文以志。是歲元和四年也。

鈷鉧潭記　　柳　宗　元

鈷鉧潭在西山西。其始蓋冉水自南奔注、抵山石、屈折東流。其顚委勢峻、盪擊益暴、齧其涯。故旁廣而中深、畢至石乃止。流沫成輪、然後徐行。其淸而平者且十畝。有樹環焉、有泉懸焉。其上有居者。以予之亟游也、一旦款門來告曰、不勝官租私券之委積、既芟山而更居。願以潭上田貿財以緩禍。予樂而如其言。則崇其臺、延其檻、行其泉於高者墜之潭、有聲潨然。尤與中秋觀月爲宜。於以見天之高、氣之迥。孰使予樂居夷而忘故土者、非茲潭也歟。

鈷鉧潭西小丘記　　柳　宗　元

得西山後八日、尋山口西北道二百步、又得鈷鉧潭。西二十五步、當湍而浚者爲魚梁。梁之上有丘焉。生竹樹。其石之突怒偃蹇、負

嶔然、　籠、貨、　剗刈、　熙熙然、　瀯瀯、　匝旬
巉、蒙絡搖綴、披拂、　俶爾、翕忽、　犬牙差互、

土而出。爭爲奇狀者。殆不可數。其嶔然相累而下者。若牛馬之飲於溪。其衝然角列而上者。若熊羆之登於山。丘之小不能一畝。可以籠而有之。問其主。曰。唐氏之棄地。貨而不售。問其價。曰。止四百。余憐而售之。李深源。元克己時同遊。皆大喜。出自意外。卽更取器用。剗刈穢草。伐去惡木。烈火而焚之。嘉木立。美竹露。奇石顯。由其中以望。則山之高。雲之浮。溪之流。鳥獸魚之遨遊。擧熙熙然迴巧獻伎。以效茲丘之下。枕席而臥。則淸冷之狀與目謀。瀯瀯之聲與耳謀。悠然而虛者與神謀。淵然而靜者與心謀。不匝旬而得異地者二。雖古好事之士。或未能至焉。噫。以茲丘之勝。致之灃鎬鄠杜。則貴游之士爭買者。日增千金。而愈不可得。今棄是州也。農夫漁父。過而陋之。賈四百。連歲不能售。而我與深源克己。獨喜得之。是其果有遭乎。書於石。所以賀茲丘之遭也。

至小丘西小石潭記　　柳宗元

新定漢文卷之四　八五　八六

從小丘西行百二十步。隔篁竹。聞水聲。如鳴佩環。心樂之。伐竹取道。下見小潭。水尤淸冽。全石以爲底。近岸卷石底以出。爲坻爲嶼。爲嵁爲巖。青樹翠蔓。蒙絡搖綴。參差披拂。潭中魚可百許頭。皆若空遊無所依。日光下徹。影布石上。怡然不動。俶爾遠逝。往來翕忽。似與遊者相樂。潭西南而望。斗折蛇行。明滅可見。其岸勢犬牙差互。不可知其源。坐潭上。四面竹樹環合。寂寥無人。淒神寒骨。悄愴幽邃。以其境過淸。不可久居。乃記之而去。同遊者。吳武陵。龔古。余弟宗玄。隸而從者。崔氏二小生。曰恕己。曰奉壹。

袁家渴記　　柳宗元

由冉溪西南。水行十里。山水之可取者五。莫若鈷鉧潭。由溪口而西。陸行可取者八九。莫若西山。由朝陽巖東南。水行至蕪江。可取者三。莫若袁家渴。皆永中幽麗奇處也。楚越之間方言。謂水之反流者爲渴。音若衣褐之褐。渴上與南館高嶂合。下與百家瀨合。其中重洲小溪。澄潭淺渚。閒廁曲折。平者深黑。峻者沸白。舟行若窮。忽又無際。有小山出水中。山皆美石。上生青叢。冬夏常蔚然。其旁多巖洞。其下多白礫。其樹多楓柟石楠楩櫧樟柚。草則蘭芷。又有異卉。類合歡而蔓生。轇轕水石。每風自四山而下。振動大木。掩苒衆草。紛紅駭綠。蓊葧香氣。衝濤旋瀨。退貯谿谷。搖颺葳蕤。與時推移。其大都如此。余無以窮其狀。永之人未嘗遊焉。余得之不敢專也。出而傳於世。其地世主袁氏。故以名焉。

轇轕、　葳蕤、　庥、　既崇而焚、既釃而盈、　蠲、

石渠記　　柳宗元

自渴西南行。不能百步。得石渠。民橋其上。有泉幽幽然。其鳴乍大乍細。渠之廣。或咫尺。或倍尺。其長可十許步。其流抵大石。伏出其下。踰石而往。有石泓。菖蒲被之。青鮮環周。又折西行。旁陷巖石下。北墮小潭。潭幅員減百步。淸深多儵魚。又北曲行紆餘。睨若無窮。然卒入於渴。其側皆詭石怪木。奇卉美箭。可列坐而庥焉。風搖其

新定漢文卷之四　八七　八八

巓。韻動崖谷。視之旣靜。其聽始遠。予從州牧得之。攬去翳朽。決疏土石。旣崇而焚。旣釃而盈。惜其未始有傳焉者。故累記其所屬。遺之其人。書之其陽。俾後好事者求之得以易。元和七年正月八日。蠲渠至大石。十月十九日。踰石得石泓小潭。渠之美於是始窮也。

石澗記　　柳宗元

石渠之事旣窮。上由橋西北。下土山之陰。民又橋焉。其水之大。倍石渠三之一。亘石爲底。達于兩涯。若牀若堂。若陳筵席。若限閫奧。水平布其上。流若織文。響若操琴。揭跣而往。折竹。掃陳葉。排腐木。可羅胡牀十八九居之。交絡之流。觸激之音。皆在牀下。翠羽之木。龍鱗之石。均蔭其上。古之人其有樂乎此邪。後之來者。有能追余之踐履邪。得意之日。與石渠同。由渴而來者。先石渠。後石澗。由百家瀨上而來者。先石澗。後石渠。澗之可窮者。皆出石城村東南。其間可樂者數焉。其上深山幽林。逾峭險。道狹不可窮也。

小石城山記

柳宗元

堄、睥睨、梁欐、堡塢、

自西山道口徑北。踰黃茅嶺而下。有二道。其一西出。尋之無所得。其一少北而東。不過四十丈。土斷而川分。有積石橫當其垠。其上爲睥睨梁欐之形。其旁出堡塢。有若門焉。窺之正黑。投以小石。洞然有水聲。其響之激越。良久乃已。環之可上。望甚遠。無土壤而生嘉樹美箭。益奇而堅。其疏數偃仰。類智者所施設也。噫。吾疑造物者之有無久矣。及是愈以爲誠有。又怪其不爲之於中州。而列是夷狄。更千百年。不得一售其伎。是固勞而無用。神者儻不宜如是。則其果無乎。或曰。以慰夫賢而辱於此者。或曰。其氣之靈。不爲偉人。而獨爲是物。故楚之南。少人而多石。是二者余未信之。

桐葉封弟辯

柳宗元

婦寺、缺缺、

古之傳者有言。成王以桐葉與小弱弟戲。曰。以封汝。周公入賀。王曰。戲也。周公曰。天子不可戲。乃封小弱弟於唐。吾意不然。王之弟

新定漢文卷之四　八九　九〇

當封邪。周公宜以時言於王。不待其戲而賀以成之也。不當封邪。周公乃成其不中之戲。以地以人。與小弱者。爲之主。其得爲聖乎。且周公以王之言。不可苟焉而已。必從而成之邪。設有不幸王以桐葉戲婦寺。亦將舉而從之乎。凡王者之德。在行之何若。設未得其當。雖十易之。不爲病。要於其當。不可使易也。而況以其戲乎。若戲而必行之。是周公教王遂過也。吾意周公輔成王。宜以道。從容優樂。要歸之大中而已。必不逢其失而爲之辭。又不當束縛之。馳驟之。使若牛馬然。急則敗矣。且家人父子。尚不能以此自克。況號爲君臣者邪。是直小丈夫缺缺者之事。非周公所宜用。故不可信。或曰。封唐叔。史佚成之。

晉文公問守原議

柳宗元

內豎、天子之冊、附許世子止趙盾之義、十八丈、

晉文公既受原於王。難其守。問寺人勃鞮。以畀趙衰。余謂。守原。政之大者也。所以承天子。樹霸功。致命諸侯。不宜謀及媟近。以忝王命。而晉君擇大任。不公議於朝。而私議於宮。不博謀於卿相。而獨謀於寺人。雖或衰之賢足以守。國之政不爲敗。而賊賢失政之端。由是滋矣。況當其時。不乏言議之臣乎。狐偃爲謀臣。先軫將中軍。晉君疏而不咨。外而不求。乃卒定於內豎。其可以爲法乎。且晉君將襲齊桓之業。以翼天子。乃大志也。然而齊桓任管仲以興。進豎刁以敗。則獲原啓疆。適其始政。所以觀視諸侯也。而乃背其所以興。跡其所以敗。然而能霸諸侯者。以土則大。以力則彊。以義則天子之冊也。誠畏之矣。烏能得其心服哉。其後景監得以相衞鞅。弘石得以殺望之。誤之者晉文公也。嗚呼。得賢臣以守大邑。則非失舉也。蓋失問也。然猶羞當時。陷後代。若此。況於問與舉又兩失者。其何以救之哉。余故著晉君之罪。以附春秋許世子止趙盾之義。

與韓愈論史官書

柳宗元

正月二十一日。某頓首。十八丈退之侍者。前獲書言史事。云。具與

新定漢文卷之四　九一　九二

劉秀才書。及今乃見書藁。私心甚不喜。與退之往年言史事甚大謬。若書中言。退之不宜一日在館下。安有探宰相意。以爲苟以史筆榮一韓退之邪。若果爾。退之豈宜虛受宰相榮己。而冒居館下近密地。食奉養。役使掌故。利紙筆。爲私書。取以供子弟費。古之志於道者。不宜若是。且退之以爲紀錄者有刑禍。避不肯就。尤非也。史以名爲褒貶。猶且恐懼不敢爲。設使退之爲御史中丞大夫。其褒貶成敗人。愈益顯。其宜恐懼尤大也。則又將揚揚入臺府。美食安坐。行呼唱於朝廷而已邪。在御史猶爾。設使退之爲宰相。生殺出入升黜天下士。其敵益衆。則又將揚揚入政事堂。美食安坐。行呼唱於內庭外衢而已邪。何以異不爲史而榮其號利其祿者也。又言。不有人禍。則有天刑。若以罪夫前古之爲史者。然亦甚惑。凡居其位。思直其道。道苟直。雖死不可回也。如回之。莫若亟去其位。孔子之困於魯衞陳蔡宋齊楚者。其時暗。諸侯不能以也。其不遇

磊磊軒天地者、

行行焉、

而死。不以作春秋故也。當其時雖不作春秋。孔子猶不遇而死也。若周公史佚雖紀言書事。猶遇且顯也。又不得以春秋爲孔子累。范曄悖亂。雖不爲史。其族亦赤。司馬遷觸天子喜怒。班固不檢下。崔浩沽其直以鬬暴虜。皆非中道。左丘明以疾盲。出於不幸。子夏不爲史亦盲。不可以是爲戒。其餘皆不出此。是退之宜守中道。不忘其直。無以他事自恐。退之之恐。唯在不直不得中道。刑禍非所恐也。凡言二百年文武士多有誠如此者。今退之曰。我一人也。何能明。則同職者又所云若是。後來繼今者又所云若是。人人皆曰。我一人。則卒誰能紀傳之邪。如退之但以所聞知孜孜不敢怠。同職者後來繼今者亦各以所聞知孜孜不敢怠。則庶幾不墜。使卒有明也。不然。徒信人口語。每每異辭。日以滋久。則所云磊磊軒天地者。決必不沈沒。且亂雜無可攷。非有志者所忍恣也。果有志。豈當待人督責迫蹙。然後爲官守邪。又凡鬼神事。眇茫荒惑。無可

準。明者所不道。退之之智。而猶懼於此。今學如退之。辭如退之。好議論如退之。慷慨自謂正直行行焉如退之。猶所云若是。則唐之史迹其卒無可託乎。明天子賢宰相得史才如此。而又不果。甚可痛哉。退之宜更思。可爲速爲。果卒以爲恐懼不敢。則一日可引去。又何以云行且謀也。今當爲而不爲。又誘館中他人及後生者。此大惑已。不勉己而欲勉人。難矣哉。

送田畫秀才寧親萬州序

宋　歐陽修

五代之初。天下分爲十三四。及建隆之際。或滅或微。其在者猶七國。而蜀與江南地最大。以周世宗之雄。三至淮上。不能擧李氏。而蜀亦恃險爲阻。秦隴山南皆被侵奪。而荊人縮手歸峽。不敢西窺以爭故地。及太祖受天命。用兵不過萬人。擧兩國。如一郡縣吏。何其偉歟。當此時。文初之祖從諸將西平成都。及南攻金陵。功最多。於時語名將者稱田氏。田氏功書史官。祿世於家。至今而不絕。及天下已定。將率無所用其武。士君子爭以文儒進。故文初將家子。反衣白衣。從鄉進士擧於有司。彼此一時。亦各遭其勢而然也。文初辭業通敏。爲人敦潔可喜。歲之仲春。自荊南西拜其親於萬州。維舟夷陵。予與之登高以遠望。遂遊東山。窺綠蘿溪。坐磐石。文初愛之。留數日乃去。夷陵者。其地志云。北有夷山。以爲名。或曰巴峽之險。至此地始平夷。蓋今文初所見。尙未爲山川之勝者。由此而上。泝江湍入三峽。險怪奇絕。乃可愛也。當王師伐蜀時。兵出兩道。一自鳳州以入。一自歸州以取忠萬以西。今之所經。皆王師嚮所用武處。覽其山川。可以慨然而賦矣。

徼塞、

國有學遂有序黨有庠家有塾、

吉州學記

歐陽修

慶曆三年秋。天子開天章閣。召政事之臣八人。問治天下。其要有幾施於今者宜何先。使出而書以對。八人者皆震恐失措。俯伏頓首言。此非愚臣所宜及。惟陛下所欲爲。則天下幸甚。於是詔書屢

下。勸農桑。責吏課。擧賢才。其明年三月。遂詔天下皆立學。置學官之員。然後海隅徼塞。四方萬里之外。莫不皆有學。嗚呼盛矣。學校。王政之本也。古者致治之盛衰。視其學之興廢。記曰。國有學。遂有序。黨有庠。家有塾。此三代極盛之時。大備之制也。宋興蓋八十有四年。而天下之學。始克大立。豈非盛美之事。須其久而後至於大備歟。是以詔下之日。臣民喜幸。而奔走就事者。以後爲羞。其年十月。吉州之學成。州舊有夫子廟在城之西北。今知州事李侯寬之至也。謀與州人遷而大之。以爲學舍。事方上請。而詔已下。學遂以成。李侯治吉。敏而有方。其作學也。吉之士率其私錢一百五十萬。以助用人之力。積二萬二千工。而人不以爲勞。其良材堅甓之用。凡二十二萬三千五百。而人不以爲多。學有堂筵齋講。有藏書之閣。有賓客之位。有游息之亭。嚴嚴翼翼。壯偉閎耀。而人不以爲侈。旣成。而來學者常三百餘人。予世家於吉。而濫官於朝。進不能贊

涵煦、

揚天子之盛美。退不得與諸生揖讓乎其中。然予聞教學之法。本於人性。磨揉遷革。使趨於善。其勉於人者勤。其入於人者漸。善教者。以不倦之意。須遲久之功。至於禮讓興行。而風俗純美。然後爲學之成。今州縣之吏。不得久其職。而躬親於教化也。故李侯之績。及於學之立。而不及待其成。惟後之人毋廢慢天子之詔。而怠以中止。幸予他日因得歸榮故鄉。而謁於學門。將見吉之士。皆道德明秀。而可爲公卿。問於其俗。而婚喪飲食。皆中禮節。入於其里。而長幼相孝慈於其家。行於其郊。而少者扶其羸老。壯者代其負荷於道路。然後樂學之道成。而得時從先生者老。席於衆賓之後。聽鄕樂之歌。飲獻酬之酒。以詩頌天子太平之功。而周覽學舍。思詠李侯之遺愛。不亦美哉。故於其始成也。刻辭於石。而立諸其廡以俟。

豐樂亭記

歐陽修

修既治滁之明年夏。始飲滁水而甘。問諸滁人。得於州南百步之近。其上豐山。聳然而特立。下則幽谷。窈然而深藏。中有清泉。滃然而仰出。俯仰左右。顧而樂之。於是疏泉鑿石。闢地以爲亭。而與滁人往遊其間。滁於五代干戈之際。用武之地也。昔太祖皇帝。嘗以周師破李景兵十五萬於清流山下。生擒其將皇甫暉姚鳳於滁東門之外。遂以平滁。修嘗考其山川。按其圖記。升高以望清流之關。欲求暉鳳就擒之所。而故老皆無在者。蓋天下之平久矣。自唐失其政。海內分裂。豪傑並起而爭。所在爲敵國者。何可勝數。及宋受天命。聖人出而四海一。嚮之憑恃險阻。剗削消磨。百年之間。漠然徒見山高而水清。欲問其事。而遺老盡矣。今滁介於江淮之間。舟車商賈。四方賓客之所不至。民生不見外事。而安於畎畝衣食。以樂生送死。而孰知上之功德。休養生息。涵煦百年之深也。修之來此。樂其地僻而事簡。又愛其俗之安閑。既得斯泉於山谷之間。

潺潺、　傴僂、　洌、山肴野蔌、　觥籌、　季子不禮於

乃日與滁人仰而望山。俯而聽泉。掇幽芳而蔭喬木。風霜冰雪。刻露清秀。四時之景。無不可愛。又幸其民樂其歲物之豐成。而喜與予遊也。因爲本其山川。道其風俗之美。使民知所以安此豐年之樂者。幸生無事之時也。夫宣上恩德。以與民共樂。刺史之事也。遂書以名其亭焉。

醉翁亭記

歐陽修

環滁皆山也。其西南諸峯。林壑尤美。望之蔚然而深秀者。瑯琊也。山行六七里。漸聞水聲潺潺。而瀉出于兩峯之間者。讓泉也。峯回路轉。有亭翼然臨于泉上者。醉翁亭也。作亭者誰。山之僧智僊也。名之者誰。太守自謂也。太守與客來飲于此。飲少輒醉。而年又最高。故自號曰醉翁也。醉翁之意不在酒。在乎山水之間也。山水之樂。得之心而寓之酒也。若夫日出而林霏開。雲歸而巖穴暝。晦明變化者。山間之朝暮也。野芳發而幽香。佳木秀而繁陰。風霜高潔。

水落而石出者。山間之四時也。朝而往。暮而歸。四時之景不同。而樂亦無窮也。至於負者歌于塗。行者休于樹。前者呼。後者應。傴僂提攜。往來而不絕者。滁人遊也。臨溪而漁。溪深而魚肥。釀泉爲酒。泉香而酒洌。山肴野蔌。雜然而前陳者。太守宴也。宴酣之樂。非絲非竹。射者中。奕者勝。觥籌交錯。起坐而諠譁者。衆賓歡也。蒼顏白髮。頹然乎其間者。太守醉也。已而夕陽在山。人影散亂。太守歸而賓客從也。樹林陰翳。鳥聲上下。遊人去而禽鳥樂也。然而禽鳥知山林之樂。而不知人之樂。人知從太守遊而樂。而不知太守之樂其樂也。醉能同其樂。醒能述以文者。太守也。太守謂誰。廬陵歐陽修也。

晝錦堂記

歐陽修

仕宦而至將相。富貴而歸故鄉。此人情之所榮。而今昔之所同也。蓋士方窮時。困阨閭里。庸人孺子。皆得易而侮之。若季子不禮於

其嫂、買臣見棄於其妻、　高牙大纛、桓圭袞裳、　垂紳正笏、　銘彝鼎、

其嫂。買臣見棄於其妻。一旦高車駟馬。旗旄導前。而騎卒擁後。夾道之人。相與駢肩累迹。瞻望咨嗟。而所謂庸夫愚婦者。奔走駭汗。羞愧俯伏。以自悔罪於車塵馬足之間。此一介之士。得志當時。而意氣之盛。昔人比之衣錦之榮者也。惟大丞相魏國公則不然。公相人也。世有令德。爲時名卿。自公少時。已擢高科。登顯仕。海內之士。聞下風而望餘光者。蓋亦有年矣。所謂將相而富貴。皆公所宜素有。非如窮阨之人。僥倖得志於一時。出於庸夫愚婦之不意。以驚駭而夸耀之也。然則高牙大纛。不足爲公榮。桓圭袞裳。不足爲公貴。惟德被生民。而功施社稷。勒之金石。播之聲詩。以耀後世。而垂無窮。此公之志。而士亦以此望於公也。豈止夸一時榮一鄕哉。

公在至和中。嘗以武康之節。來治於相。乃作晝錦之堂于後圃。既又刻詩於石。以遺相人。其言以快恩讎矜名譽爲可薄。蓋不以昔人所夸者爲榮。而以爲戒。於此見公之視富貴爲何如。而其志豈易量哉。故能出入將相。勤勞王家。而夷險一節。至於臨大事決大議。垂紳正笏。不動聲色。而措天下於泰山之安。可謂社稷之臣矣。其豐功盛烈。所以銘彝鼎而被絃歌者。乃邦家之光。非閭里之榮也。余雖不獲登公之堂。幸嘗竊誦公之詩。樂公之志有成。而喜爲天下道也。於是乎書。

王彦章畫像記

歐陽修

太師王公。諱彦章。字子明。鄆州壽張人也。事梁爲宣義軍節度使。以身死國。葬於鄭州之管城。晉天福二年。始贈太師。公在梁。以智勇聞。梁晉之爭數百戰。其爲勇將多矣。而晉人獨畏彦章。自乾化後。常與晉戰。屢困莊宗於河上。及梁末年。小人趙巖等用事。梁之大臣老將。多以讒不見信。皆怒而有怠心。而梁亦盡失河北。事勢已去。諸將多懷顧望。獨公奮然自必。不少屈懈。志雖不就。卒死以忠。公既死而梁亦亡矣。悲夫。五代終始纔五十年。而更十有三君。五易國而八姓。士之不幸而出乎其時。能不汙其身。得全其節者鮮矣。公本武人。不知書。其語質。平生嘗謂人曰。豹死留皮。人死留名。蓋其義勇忠信。出於天性而然。予於五代書。竊有善善惡惡之志。至於公傳。未嘗不感憤歎息。惜乎舊史殘略。不能備公之事。康定元年。予以節度判官來此。求於滑人。得公之孫睿所錄家傳。頗多於舊史。其記德勝之戰尤詳。又言。敬翔怒末帝不肯用公。欲自經於帝前。公因用笏畫山川。爲御史彈而見廢。又言。公五子。其二同公死節。此皆舊史無之。又云。公在滑。以讒自歸於京師。而史云召之。是時梁兵盡屬段凝。京師羸兵不滿數千。公得保鑾五百人。之鄆州。以力寡敗於中都。而史云將五千以往者。亦皆非也。公之攻德勝也。初受命於帝前。期以三日破敵。梁之將相聞者皆竊笑。及破南城。果三日。是時莊宗在魏。聞公復用。料公必速攻。自魏馳馬來救。已不及矣。莊宗之善料。公之善出奇。何其神哉。今國家罷

兵四十年。一旦元昊反。敗軍殺將。連四五年。而攻守之計。至今未決。予嘗獨持用奇取勝之議。而歎邊將屢失其機。時人聞予說者。或笑以爲狂。或忽若不聞。雖予亦惑。不能自信。及讀公家傳。至於德勝之捷。乃知古之名將。必出於奇。然後能勝。然非審於爲計者。不能出奇。奇在速。速在果。此天下偉男子之所爲。非拘牽常算之士可到也。每讀其傳。未嘗不想見其人。後二年。予復來通判州事。歲之正月。過俗所謂鐵槍寺者。又得公畫像而拜焉。歲久磨滅。隱隱可見。亟命工完理之。而不敢有加焉。懼失其眞也。公尤善用槍。當時號王鐵槍。公死已百年。至今俗猶以名其寺。童兒牧豎皆知王鐵槍之爲良將也。一槍之勇。同時豈無。而公獨不朽者。豈其忠義之節使然歟。畫已百餘年矣。完之復可百年。然公之不泯者。不繫乎畫之存不存也。而予尤區區如此者。蓋其希慕之至焉耳。讀其書。尚想乎其人。況得拜其像。識其面目。不忍見其壞也。畫既完。

因書予所得者于後。而歸其人使藏之。

朋黨論　歐陽修

臣聞朋黨之說自古有之。惟幸人君辨其君子小人而已。大凡君子與君子。以同道爲朋。小人與小人以同利爲朋。此自然之理也。然臣謂小人無朋。惟君子則有之。其故何哉。小人所好者祿利也。所貪者財貨也。當其同利之時。暫相黨引。以爲朋者僞也。及其見利而爭先。或利盡而交疏。則反相賊害。雖其兄弟親戚不能相保。故臣謂小人無朋。其暫爲朋者僞也。君子則不然。所守者道義。所行者忠信。所惜者名節。以之修身。則同道而相益。以之事國。則同心而共濟。終始如一。此君子之朋也。故爲人君者。但當退小人之僞朋。用君子之眞朋。則天下治矣。堯之時。小人共工。讙兜等四人爲一朋。君子八元八凱十六人爲一朋。舜佐堯退四凶小人之朋。而進元凱君子之朋。堯之天下大治。及舜自爲天子。而皐夔稷契

等二十二人並列於朝。更相稱美。更相推讓。凡二十二人爲一朋。而舜皆用之。天下亦大治。書曰。紂有臣億萬。惟億萬心。周有臣三千。惟一心。紂之時億萬人各異心。可謂不爲朋矣。然紂以亡國。周武王之臣三千人爲一大朋。而周用以興。後漢獻帝時。盡取天下名士囚禁之。目爲黨人。及黃巾賊起。漢室大亂。後方悔悟。盡解黨人而釋之。然已無救矣。唐之晚年。漸起朋黨之論。及昭宗時。盡殺朝之名士。或投之黃河。曰此輩清流。可投濁流。而唐遂亡矣。夫前世之主。能使人人異心不爲朋。莫如紂。能禁絕善人爲朋。莫如漢獻帝。能誅戮清流之朋。莫如唐昭宗之世。然皆亂亡其國。更相稱美推讓。而不自疑。莫如舜之二十二臣。舜亦不疑而皆用之。然而後世不誚舜爲二十二人朋黨所欺。而稱舜爲聰明之聖者。以能辨君子與小人也。周武之世。擧其國之臣三千人共爲一朋。自古爲朋之多且大。莫如周。然周用此以興者。善人雖多而不厭也。夫

八元八凱、黃巾賊、

興亡治亂之迹。爲人君者。可以鑒矣。

縱囚論　歐陽修

信義行於君子。而刑戮施於小人。刑入於死者。乃罪大惡極。此又小人之尤甚者也。寧以義死。不苟幸生。而視死如歸。此又君子之尤難者也。方唐太宗之六年。錄大辟囚三百餘人。縱使還家。約其自歸以就死。是以君子之難能。期小人之尤者以必能也。其囚及期而卒自歸無後者。是君子之所難。而小人之所易也。此豈近於人情。或曰。罪大惡極。誠小人矣。及施恩德以臨之。可使變而爲君子。蓋恩德入人之深。而移人之速。有如是者矣。曰。太宗之爲此。所以求此名也。然安知夫縱之去也。不意其必來以冀免。所以縱之乎。又安知夫被縱而去也。不意其自歸而必獲免。所以復來乎。夫意其必來而縱之。是上賊下之情也。意其必免而復來。是下賊上之心也。吾見上下交相賊以成此名也。烏有所謂施恩德與夫知

信義者哉。不然。太宗施德於天下。於茲六年矣。不能使小人不爲極惡大罪。而一日之恩。能使視死如歸。而存信義。是又不通之論也。然則何爲而可。曰。縱而來歸。殺之無赦。而又縱之。而又來。則可知爲恩德之致爾。然此必無之事也。若夫縱而來歸而赦之。可偶一爲之爾。若屢爲之。則殺人者皆不死。是可爲天下之常法乎。不可爲常者。其聖人之法乎。是以堯舜三王之治。必本於人情。不立異以爲高。不逆情以干譽。

送石昌言爲北使引　宋　蘇洵

昌言擧進士時。吾始數歲。未學也。憶與羣兒戲先府君側。昌言從旁取棗栗啖我。家居相近。又以親戚故。甚狎。昌言擧進士。日有名。吾後漸長。亦稍知讀書。學句讀屬對聲律。未成而廢。昌言聞吾廢學。雖不言。察其意。甚恨。後十餘年。昌言及第第四人。守官四方。不相聞。吾日以壯大。乃能感悟。摧折復學。又數年。遊京師。見昌言長

屬對聲律、

兩制。　折衝。　怛然。心掉。　說大人則藐之。

安。相與勞問。如平生歡。出文十數首。昌言甚喜稱善。吾晚學無師。雖日爲文。中心自慚。及聞昌言說。乃頗自喜。今十餘年。又來京師。而昌言官兩制。乃爲天子出使萬里之外。强悍不屈之虜庭。建大旆。從騎數百。送車千乘。出都門。意氣慨然。自思爲兒時。見昌言先府君旁。安知其至此。富貴不足怪。吾於昌言。獨自有感也。大丈夫生不爲將。得爲使折衝口舌之間足矣。往年。彭任從富公使還。爲我言曰。既出境。宿驛亭。聞介馬數萬騎馳過。劍槊相摩。終夜有聲。從者怛然失色。及明。視道上馬跡。尚心掉不自禁。凡虜所以誇耀中國者。多此類。中國之人不測也。故或至於震懼而失辭。以爲夷狄笑。嗚呼。何其不思之甚也。昔者奉春君使冒頓。壯士健馬皆匿不見。是以有平城之役。今之匈奴。吾知其無能爲也。孟子曰。說大人則藐之。況於夷狄。請以爲贈。

管仲論　蘇洵

新定漢文卷之四　一〇九　一一〇

管仲相威公。霸諸侯。攘戎狄。終其身齊國富强。諸侯不叛。管仲死。豎刁。易牙。開方用。威公薨於亂。五公子爭立。其禍蔓延。訖簡公。齊無寧歲。夫功之成。非成於成之日。蓋必有所由起。禍之作。不作於作之日。亦必有所由兆。則齊之治也。吾不曰管仲。而曰鮑叔。及其亂也。吾不曰豎刁。易牙。開方。而曰管仲。何則豎刁。易牙。開方三子。彼固亂人國者。顧其用之者威公也。夫有舜而後知放四凶。有仲尼而後知去少正卯。彼威公何人也。顧其使威公得用三子者。管仲也。仲之疾也。公問之相。當是時也。吾以仲且舉天下之賢者以對。而其言乃不過曰豎刁。易牙。開方三子。非人情不可近而已。嗚呼。仲以爲威公果能不用三子矣乎。仲與威公處幾年矣。亦知威公之爲人矣乎。威公聲不絕乎耳。色不絕乎目。而非三子者則無以遂其欲。彼其初之所以不用者。徒以有仲焉耳。一日無仲。則三子者可以彈冠相慶矣。仲以爲將死之言。可以縶威公之手足邪。夫齊國不患有三子。而患無仲。有仲則三子者三匹夫耳。不然天下豈少三子之徒。雖威公幸而聽仲。誅此三人。而其餘者。仲能悉數而去之邪。嗚呼。仲可謂不知本者矣。因威公之問。舉天下之賢者以自代。則仲雖死。而齊國未爲無仲也。夫何患三子者。不言可也。五霸莫盛於威文。文公之才。不過威公。其臣又皆不及仲。靈公之虐。不如孝公之寬厚。文公死。諸侯不敢叛晉。晉襲文公之餘威。得爲諸侯之盟主者。百有餘年。何者。其君雖不肖。而尚有老成人焉。威公之薨也。一敗塗地。無惑也。彼獨恃一管仲。而仲則死矣。夫天下未嘗無賢者。蓋有有臣而無君者矣。威公在焉。而曰天下不復有管仲者。吾不信也。仲之書。有記其將死。論鮑叔賓胥無之爲人。且各疏其短。是其心以爲是數子者。皆不足以託國。而又逆知其將死。則其書誕謾不足信也。吾觀史鰌以不能進蘧伯玉。而退彌子瑕。故有身後之諫。蕭何且死。舉曹參以自代。大臣之用心。固宜如此也。夫國以一人興。以一人亡。賢者不悲其身之死。而憂其國之衰。故必復有賢者。而後可以死。彼管仲者。何以死哉。

新定漢文卷之四　一一一　一一二

六國　蘇洵

六國破滅。非兵不利戰不善。弊在賂秦。賂秦而力虧。破滅之道也。或曰。六國互喪。率賂秦邪。曰。不賂者以賂者喪。蓋失彊援。不能獨完。故曰。弊在賂秦也。秦以攻取之外。小則獲邑。大則得城。較秦之所得。與戰勝而得者。其實百倍。諸侯之所亡。與戰敗而亡者。其實亦百倍。則秦之所大欲。諸侯所大患。固不在戰矣。思厥先祖父暴霜露。斬荊棘。以有尺寸之地。子孫視之不甚惜。舉以與人。如棄草芥。今日割五城。明日割十城。然後得一夕安寢。起視四境。而秦兵又至矣。然則諸侯之地有限。暴秦之欲無厭。奉之彌繁。侵之愈急。故不戰而強弱勝負已判矣。至於顚覆。理固宜然。古人云。以地事秦。猶抱薪救火。薪不盡。火不滅。此言得之。齊人未嘗賂秦。終繼五

蘖、拱　岌然

國遷滅。何哉。與嬴而不助五國也。五國既喪、齊亦不免矣。燕趙之君、始有遠略、能守其土、義不賂秦。是故燕雖小國而後亡。斯用兵之效也。至丹以荊卿爲計、始速禍焉。趙嘗五戰於秦、二敗而三勝。後秦擊趙者再。李牧連卻之。洎牧以讒誅、邯鄲爲郡。惜其用武而不終也。且燕趙處秦革滅殆盡之際、可謂智力孤危、戰敗而亡。誠不得已。向使三國各愛其地、齊人勿附於秦、刺客不行、良將猶在、則勝負之數、存亡之理、當與秦相較、或未易量。嗚呼、以賂秦之地、封天下之謀臣、以事秦之心、禮天下之奇才、幷力西嚮、則吾恐秦人食之不得下咽也。悲夫、有如此之勢、而爲秦人積威之所劫。日削月割、以趨於亡。爲國者無使爲積威之所劫哉。夫六國與秦皆諸侯。其勢弱於秦、而猶有可以不賂而勝之之勢。苟以天下之大、而從六國破亡之故事、是又在六國下矣。

木假山記

蘇洵

木之生、或蘖而殤、或拱而夭。幸而至於任爲棟梁則伐。不幸而爲風之所拔、水之所漂、或破折或腐。幸而得不破折不腐、則爲人之所材、而有斧斤之患。其最幸者、漂沈汨沒於湍沙之間、不知其幾百年、而其激射齧食之餘、或髣髴於山者、則爲好事者取去、強之以爲山、然後可以脫泥沙而遠斧斤。而荒江之濆、如此者幾何。不爲好事者所見、而爲樵夫野人所薪者、何可勝數。則其最幸者之中、又有不幸者焉。予家有三峰。予每思之、則疑其有數存乎其間。且其蘖而不殤、拱而不夭、任爲棟梁而不伐、風拔水漂而不破折不腐、不破折不腐、而不爲人所材、以及於斧斤、出於湍沙之間、而不爲樵夫野人之所薪、而後得至乎此、則其理似不偶然也。然予之愛之、則非徒愛其似山、而又有所感焉。非徒愛之、而又有所敬焉。予見中峰、魁岸踞肆、意氣端重、若有以服其旁之二峰。二峰者、莊栗刻峭、凜乎不可犯。雖其勢服於中峰、而岌然決無阿附意。吁、

油然

其可敬也夫。其可以有所感也夫。

喜雨亭記

宋　蘇軾

亭以雨名、志喜也。古者有喜、則以名物、示不忘也。周公得禾、以名其書。漢武得鼎、以名其年。叔孫勝敵、以名其子。其喜之大小不齊、其示不忘一也。予至扶風之明年、始治官舍、爲亭於堂之北、而鑿池其南、引流種樹、以爲休息之所。是歲之春、雨麥於岐山之陽。其占爲有年。既而彌月不雨、民方以爲憂。越三月乙卯乃雨、甲子又雨。民以爲未足。丁卯大雨、三日乃止。官吏相與慶於庭、商賈相與歌於市、農夫相與抃於野。憂者以喜、病者以愈、而吾亭適成。於是舉酒於亭上、以屬客而告之曰、五日不雨可乎。曰、五日不雨則無麥。十日不雨可乎。曰、十日不雨則無禾。無麥無禾、歲且薦饑、獄訟繁興、而盜賊滋熾。則吾與二三子、雖欲優游以樂於此亭、其可得邪。今天不遺斯民、始旱而賜之以雨、使吾與二三子、得相與優游

而樂於此亭者、皆雨之賜也。其又可忘邪。既以名亭、又從而歌之曰、使天而雨珠、寒者不得以爲襦。使天而雨玉、饑者不得以爲粟。一雨三日、伊誰之力。民曰太守。太守不有。歸之天子。天子曰不然。歸之造物。造物不自以爲功。歸之太空。太空冥冥、不可得而名。吾以名吾亭。

上梅直講書

蘇軾

某官執事。某每讀詩至鴟鴞、讀書至君奭、常竊悲周公之不遇。及觀史、見孔子厄於陳蔡之間、而絃歌之聲不絕。顏淵仲由之徒、相與問答。夫子曰、匪兕匪虎、率彼曠野。吾道非邪。又何爲於此。顏淵曰、夫子之道至大。故天下莫能容。雖然不容何病。不容然後見君子。夫子油然而笑曰、回、使爾多財、吾爲爾宰。夫天下雖不能容、而其徒自足以相樂如此。乃今知周公之富貴、有不如夫子之貧賤。夫以周公之賢、以管蔡之親、而不知其心、則周公誰與樂其富貴。

而夫子之所與共貧賤者。皆天下之賢才。則亦足與樂乎此矣。軾七八歲時。始知讀書。聞今天下有歐陽公者。其爲人如古孟軻韓愈之徒。而又有梅公者從之遊。而與之上下其議論。其後益壯。始能讀其文詞。想見其爲人。意其飄然脫去世俗之樂。而自樂其樂也。方學爲對偶聲律之文。求斗升之祿。自度無以進見於諸公之間。來京師逾年。未嘗窺其門。今年春。天下之士。羣至於禮部。執事與歐陽公實親試之。軾不自意獲在第二。既而聞之人。執事愛其文。以爲有孟軻之風。而歐陽公亦以其能不爲世俗之文也。而取焉。是以在此。非左右爲之先容。非親舊爲之請屬。而嚮之十餘年間。聞其名而不得見者。一朝爲知己。退而思之。人不可以苟富貴。亦不可以徒貧賤。有大賢焉而爲其徒。則亦足恃矣。苟其僥一時之幸。從車騎數十人。使閭巷小民聚觀而贊歎之。亦何以易此樂也。傳曰。不怨天。不尤人。蓋優哉游哉。可以卒歲。執事名滿天下。而位不過五品。其容色溫然而不怒。其文章寬厚敦朴。而無怨言。此必有所樂乎斯道也。軾願與聞焉。

范增論　　　蘇　軾

漢用陳平計。間疎楚君臣。項羽疑范增與漢有私。稍奪其權。增大怒曰。天下事大定矣。君王自爲之。願賜骸骨歸卒伍。歸未至彭城。疽發背死。蘇子曰。增之去善矣。不去。羽必殺增。獨恨其不蚤耳。然則當以何事去。增勸羽殺沛公。羽不聽。終以此失天下。當於是去耶。曰。否。增之欲殺沛公。人臣之分也。羽之不殺。猶有君人之度也。增曷爲以此去哉。易曰。知幾其神乎。詩曰。相彼雨雪。先集維霰。增之去。當於羽殺卿子冠軍時也。陳涉之得民也。以項燕扶蘇。項氏之興也。以立楚懷王孫心。而諸侯叛之也。以弒義帝。且義帝之立。增爲謀主矣。義帝之存亡。豈獨爲楚之盛衰。亦增之所與同禍福也。未有義帝亡。而增獨能久存者也。羽之殺卿子冠軍也。是弒義帝之兆也。其弒義帝。則疑增之本也。豈必待陳平哉。物必先腐也。而後蟲生之。人必先疑也。而後讒入之。陳平雖智。安能間無疑之主哉。吾嘗論義帝天下之賢主也。獨遣沛公入關。而不遣項羽。識卿子冠軍於稠人之中。而擢以爲上將。不賢而能如是乎。羽既矯殺卿子冠軍。義帝必不能堪。非羽弒帝。則帝殺羽。不待智者而後知也。增始勸項梁立義帝。諸侯以此服從。中道而弒之。非增之意也。夫豈獨非其意。將必力爭而不聽也。不用其言。而殺其所立。羽之疑增。必自是始矣。方羽殺卿子冠軍。增與羽比肩而事義帝。君臣之分未定也。爲增計者。力能誅羽則誅之。不能則去之。豈不毅然大丈夫也哉。增年已七十。合則留。不合則去。不以此時明去就之分。而欲依羽以成功名。陋矣。雖然增高帝之所畏也。增不去。項羽不亡。嗚呼。增亦人傑也哉。

鮮腆

留侯論　　蘇　軾

古之所謂豪傑之士。必有過人之節。人情有所不能忍者。匹夫見辱。拔劍而起。挺身而鬭。此不足爲勇也。天下有大勇者。卒然臨之而不驚。無故加之而不怒。此其所挾持者甚大。而其志甚遠也。夫子房受書於圯上之老人也。其事甚怪。然亦安知其非秦之世有隱君子者出而試之。觀其所以微見其意者。皆聖賢相與警戒之義。而世不察。以爲鬼物。亦已過矣。且其意不在書。當韓之亡。秦之方盛也。以刀鋸鼎鑊。待天下之士。其平居無事。夷滅者不可勝數。雖有賁育。無所獲施。夫持法太急者。其鋒不可犯。而其勢未可乘。子房不忍忿忿之心。以匹夫之力。而逞於一擊之間。當此之時。子房之不死者。其間不能容髮。蓋亦危矣。千金之子。不死於盜賊。何者。其身可愛。而盜賊之不足以死也。子房以蓋世之才。不爲伊尹。太公之謀。而特出於荆軻聶政之計。以僥倖於不死。此圯上老人所爲深惜者也。是故倨傲鮮腆。而深折之。彼其能有所忍也。然後

循循焉、

可以就大事。故曰。孺子可敎也。楚莊王伐鄭。鄭伯肉袒牽羊以迎。莊王曰。其君能下人。必能信用其民矣。遂舍之。句踐之困於會稽而歸。臣妾於吳者。三年而不勌。且夫有報人之志。而不能下人者。是匹夫之剛也。夫老人者。以爲子房才有餘。而憂其度量之不足。故深折其少年剛鋭之氣。使之忍小忿而就大謀。何則非有平生之素。卒然相遇於草野之閒。而命以僕妾之役。油然而不怪者。此固秦皇之所不能驚。而項籍之所不能怒也。觀夫高祖之所以勝。項籍之所以敗者。在能忍與不能忍之閒而已矣。項籍惟不能忍。是以百戰百勝而輕用其鋒。高祖忍之。養其全鋒。而待其弊。此子房敎之也。當淮陰破齊而欲自王。高祖發怒。見於辭色。由此觀之。猶有剛彊不能忍之氣。非子房其誰全之。太史公疑子房以爲魁梧奇偉。而其狀貌乃如婦人女子。不稱其志氣。嗚呼。此其所以爲子房歟。

鼂錯論

蘇軾

天下之患。最不可爲者。名爲治平無事。而其實有不測之憂。坐觀其變。而不爲之所。則恐至於不可救。起而强爲之。則天下狃於治平之安。而不吾信。惟仁人君子豪傑之士。爲能出身爲天下犯大難。以求成大功。此固非勉强期月之閒。而苟以求名者之所能也。天下治平。無故而發大難之端。吾發之。吾能收之。然後有辭於天下。事至而循循焉欲去之。使他人任其責。則天下之禍。必集於我。昔者鼂錯盡忠。爲漢謀弱山東之諸侯。諸侯並起。以誅錯爲名。而天子不之察。以錯爲說。天下悲錯之以忠而受禍。而不知錯之有以取之也。古之立大事者。不唯有超世之才。亦必有堅忍不拔之志。昔禹之治水。鑿龍門。決大河。而放之海。方其功之未成也。蓋亦有潰冒衝突可畏之患。惟能前知其當然。事至不懼。而徐爲之所。是以得至於成功。夫以七國之彊。而驟削之。其爲變豈足怪哉。錯

没人、

不於此時捐其身。爲天下當大難之衝。而制吳楚之命。乃爲自全之計。欲使天子自將。而己居守。且夫發七國之難者誰乎。己欲求其名。安所逃其患。以自將之至危。與居守之至安。己爲難首。擇其至安。而遺天子以其至危。此忠臣義士所以憤惋而不平者也。當此之時。雖無袁盎。錯亦未免于禍。何者。己欲居守。而使人主自將。以情而言。天子固已難之矣。而重違其議。是以袁盎之說得行於其閒。使吳楚反。錯以身任其危。日夜淬礪。東向而待之。使不至於累其君。則天子將恃之以爲無恐。雖有百盎。可得而閒哉。嗟夫。世之君子。欲求非常之功。則無務爲自全之計。使錯自將而討吳楚。未必無功。唯其欲自固其身。而天子不悅。奸臣得以乘其隙。錯之所以自全者。乃其所以自禍歟。

日喩

蘇軾

生而眇者不識日。問之有目者。或告之曰。日之狀如銅槃。扣槃而得其聲。他日聞鐘以爲日也。或告之曰。日之光如燭。捫燭而得其形。他日揣籥以爲日也。日之與鐘籥亦遠矣。而眇者不知其異。以其未嘗見而求之人也。道之難見也。甚於日。而人之未習也。無以異於眇。達者告之。雖有巧譬善導。亦無以過於槃與燭也。自槃而之鐘。自燭而之籥。轉而相之。豈有既乎。故世之言道者。或卽其所見而名之。或莫之見而意之。皆求道之過也。然則道卒不可求歟。蘇子曰。道可致而不可求。何謂致。孫武曰。善戰者致人。不致於人。孔子曰。百工居肆以成其事。君子學以致其道。莫之求而自至。斯以爲致也歟。南方多没人。日與水居也。七歲而能涉。十歲而能浮。十五而能没矣。夫没者豈苟然哉。必將有得於水之道者。日與水居。則十五而得其道。生不識水。則雖壯見舟而畏之。故北方之勇者。問於没人。而求其所以没。以其言試之河。未有不溺者也。故凡不學而務求道。皆北方之學没者也。昔者以聲律取士。士雜學。而

鋤耰銍艾、

閔閔焉、

木訥、　令色、

不志於道。今也以經術取士。士知求道。而不務學。渤海吳君彥律。有志於學者也。方求舉於禮部。作日喩以告之。

稼說送張琥　　蘇軾

曷嘗觀於富人之稼乎。其田美而多。其食足而有餘。其田美而多。則可以更休。而地力得完。其食足而有餘。則種之常不後時。而斂之常及其熟。故富人之稼常美。少秕而多實。久藏而不腐。今吾十口之家。而共百畝之田。寸寸而取之。日夜以望之。鋤耰銍艾。相尋於其上者如魚鱗。而地力竭矣。種之常不及時。而斂之常不待其熟。此豈能復有美稼哉。古之人。其才非有以大過今之人也。其平居所以自養而不敢輕用。以待其成者。閔閔焉如嬰兒之望長也。弱者養之以至於剛。虛者養之以至於充。三十而後仕。五十而後爵。信於久屈之中。而用於至足之後。流於既溢之餘。而發於持滿之末。此古之人所以大過人。而今之君子所以不及也。吾少也。有

志於學。不幸而蚤得與吾子同年。吾子之得。亦不可謂不蚤也。吾今雖欲自以爲不足。而衆且妄推之矣。嗚呼。吾子其去此而務學也哉。博觀而約取。厚積而薄發。吾告子止於此矣。子歸過京師而問焉。有曰轍子由者。吾弟也。其亦以是語之。

剛說　　蘇軾

孔子曰。剛毅木訥近仁。又曰。巧言令色鮮矣仁。所好夫剛者。非好其剛也。好其仁也。所惡夫佞者。非惡其佞也。惡其不仁也。吾平生多難。常以身試之。凡免吾於厄者。皆平日可畏人也。擠我於險者。皆異時可喜人也。吾是以知剛者之必仁。佞者之必不仁也。建中靖國之初。吾歸自海南。見故人問存沒。追論平生所見剛者。或不幸死矣。若孫君介夫諱立節者。眞可謂剛者也。始吾弟子由爲條例司屬官。以議不合引去。王荊公謂君曰。吾條例司。當得開敏如子者。君笑曰。公過矣。當求勝我者。若我輩人。則亦不肯爲條例司

束濕、

矣。公不答。徑起入戶。君亦趨出。君爲鎭江軍書記。吾時通守錢塘。往來常潤。見君京口。方新法之初。監司皆新進少年。馭吏如束濕。不復以禮遇士大夫。而獨敬憚君。曰。是抗丞相。不肯爲條例司者。謝麟經制溪洞事宜。州守王奇與蠻戰死。君爲桂州節度判官。被旨鞠吏士有罪者。麟因收大小使臣十二人。付君幷按。且盡斬之。君持不可。麟以語侵君。君曰。獄當論情。吏當守法。逗撓不進。諸將罪也。既伏其辜矣。餘人可盡戮乎。若必欲以非法斬人。則經制司自爲之。我何與焉。麟奏君抗拒。君亦奏麟侵獄事。刑部定如君言。十二人皆不死。或以遷官。吾以是益知剛者之必仁也。不仁而能以一言活十二人於必死乎。方孔子時。可謂多君子。而曰未見剛者。以明其難得如此。而世乃曰太剛則折。士患不剛耳。長養成就。猶恐不足。當憂其太剛而懼之以折邪。折不折天也。非剛之罪。爲此論者。鄙夫患失者也。君平生可紀者甚多。獨書此二事。遺其子

勰勱。明剛者之必仁。以信孔子之說。

黃州快哉亭記　　宋　蘇轍

江出西陵。始得平地。其流奔放肆大。南合湘沅。北合漢沔。其勢益張。至於赤壁之下。波流浸灌。與海相若。淸河張君夢得。謫居齊安。即其廬之西南爲亭。以覽觀江流之勝。而余兄子瞻。名之曰快哉。蓋亭之所見。南北百里。東西一舍。濤瀾洶湧。風雲開闔。晝則舟楫出沒於其前。夜則魚龍悲嘯於其下。變化倏忽。動心駭目。不可久視。今乃得玩之几席之上。舉目而足。西望武昌諸山。岡陵起伏。草木行列。煙消日出。漁夫樵父之舍。皆可指數。此其所以爲快哉者也。至於長洲之濱。故城之墟。曹孟德孫仲謀之所睥睨。周瑜陸遜之所馳騖。其流風遺跡。亦足以稱快世俗。昔楚襄王從宋玉景差於蘭臺之宮。有風颯然至者。王披襟當之。曰。快哉此風。寡人所與庶人共者邪。宋玉曰。此獨大王之雄風耳。庶人安得共之。玉之言。

疎蕩。

蓋有諷焉。夫風無雄雌之異。而人有遇不遇之變。楚王之所以爲樂。與庶人之所以爲憂。此則人之變也。而風何與焉。士生於世。使其中不自得。將何往而非病。使其中坦然不以物傷性。將何適而非快。今張君不以謫爲患。收會計之餘功。而自放山水之閒。此其中宜有以過人者。將蓬戶甕牖。無所不快。而況乎濯長江之清流。挹西山之白雲。窮耳目之勝。以自適也哉。不然。連山絕壑。長林古木。振之以清風。照之以明月。此皆騷人思士之所以悲傷憔悴而不能勝者。烏覩其爲快也哉。

上樞密韓太尉書　　蘇轍

太尉執事。轍生好爲文。思之至深。以爲文者氣之所形。然文不可以學而能。氣可以養而致。孟子曰。我善養吾浩然之氣。今觀其文章。寬厚宏博。充乎天地之閒。稱其氣之小大。太史公行天下。周覽四海名山大川。與燕趙閒豪俊交游。故其文疎蕩。頗有奇氣。此二

子者。豈嘗執筆學爲如此之文哉。其氣充乎其中。而溢乎其貌。動乎其言。而見乎其文。而不自知也。轍生十有九年矣。其居家所與游者。不過其鄰里鄉黨之人。所見不過數百里之閒。無高山大野可登覽以自廣。百氏之書。雖無所不讀。然皆古人之陳迹。不足以激發其志氣。恐遂汨沒。故決然捨去。求天下奇聞壯觀。以知天地之廣大。過秦漢之故都。恣觀終南嵩華之高。北顧黃河之奔流。慨然想見古之豪傑。至京師。仰觀天子宮闕之壯。與倉廩府庫城池苑囿之富且大也。而後知天下之巨麗。見翰林歐陽公。聽其議論之宏辯。觀其容貌之秀偉。與其門人賢士大夫游。而後知天下之文章聚乎此也。太尉以才畧冠天下。天下之所恃以無憂。四夷之所憚以不敢發。入則周公召公。出則方叔召虎。而轍也未之見焉。且夫人之學也。不志其大。雖多而何爲。轍之來也。於山見終南嵩華之高。於水見黃河之大且深。於人見歐陽公。而猶以爲未見太尉也。故願得觀賢人之光耀。聞一言以自壯。然後可以盡天下之大觀而無憾矣。轍年少。未能通習吏事。嚮之來。非有取於斗升之祿。偶然得之。非其所樂。然幸得賜歸待選。使得優游數年之閒。將歸益治其文。且學爲政。太尉苟以爲可教而辱教之。又幸矣。

六國論　　蘇轍

嘗讀六國世家。竊怪天下之諸侯。以五倍之地。十倍之衆。發憤西向。以攻山西千里之秦。而不免於滅亡。嘗爲之深思遠慮。以爲必有可以自安之計。蓋未嘗不咎其當時之士慮患之疎。而見利之淺。且不知天下之勢也。夫秦之所與諸侯爭天下者。不在齊楚燕趙也。而在韓魏之郊。諸侯之所與秦爭天下者。不在齊楚燕趙也。而在韓魏之野。秦之有韓魏。譬如人之有腹心之疾也。韓魏塞秦之衝。而蔽山東之諸侯。故夫天下之所重者。莫如韓魏也。昔者范雎用於秦而收韓。商鞅用於秦而收魏。昭王未得韓魏之心。而出

兵以攻齊之剛壽。而范雎以爲憂。然則秦之所忌者。可以見矣。秦之用兵於燕趙。秦之危事也。越韓過魏。而攻人之國都。燕趙拒之於前。而韓魏乘之於後。此危道也。而秦之攻燕趙。未嘗有韓魏之憂。則韓魏之附秦故也。夫韓魏諸侯之障。而使秦人得出入於其閒。此豈知天下之勢邪。委區區之韓魏。以當强虎豹之秦。彼安得不折而入於秦哉。韓魏折而入於秦。然後秦人得通其兵於東諸侯。而使天下徧受其禍。夫韓魏不能獨當秦。而天下之諸侯。藉之以蔽其西。故莫如厚韓親魏以擯秦。秦人不敢逾韓魏以窺齊楚燕趙之國。而齊楚燕趙之國。因得以自完於其閒矣。以四無事之國。佐當寇之韓魏。使韓魏無東顧之憂。而爲天下出身以當秦兵。以二國委秦。而四國休息於內。以陰助其急。若此可以應夫無窮。彼秦者將何爲哉。不知出此。而乃貪疆場尺寸之利。背盟敗約。以自相屠滅。秦兵未出。而天下諸侯已自困矣。至使秦人得伺其隙。

以取其國。可不悲哉。

送李材叔知柳州序

宋　曾　鞏

談者謂南越偏且遠。其風氣與中州異。故官者皆不欲久居。往往車船未行。輒以屈指計歸日。又咸小其官。以爲不足事。其逆自爲慮如此。故其至。皆傾搖懈弛。其憂且勤之心。其習俗從古而爾。不然。何自越與中國通。已千餘年。而名能撫循其民者。不過數人邪。故越與閩蜀。始俱爲夷。閩蜀皆已變。而越獨尙陋。豈其俗不可更與。蓋吏者莫致其治教之意也。意亦其民之不幸也已。彼不知繇京師而之越。水陸之道皆安行。非若閩溪峽江蜀棧之不測。則均之吏。於遠。此非獨優與。其風氣吾所諳之。與中州亦不甚異。起居不違其節。未嘗有疾。苟違節。雖中州寧能不生疾邪。其物產之美。果有荔子龍眼蕉柑橄欖。花有素馨山丹含笑之屬。食有海之百物。累歲之酒醋。皆絕於天下。人少鬭訟。喜嬉樂。吏者惟其無久居

之心。故謂之不可。如其有久居之心。奚不可邪。古之人。爲一鄉一縣。其德義惠愛。尙足以薰蒸漸澤。今大者專州。豈當小其官而不事邪。令其得吾說而思之。人咸有久居之心。又不小其官。爲越人滌其陋俗。而毆於治。居閩蜀上。無不幸之歎。其事出千餘年之表。則其美之巨細可知也。然非其材之穎然邁於衆人者。不能也。官於南者多矣。予知其材之穎然邁於衆人。能行吾說者。李材叔而已。材叔久與其兄公翊仕同年。同用薦者爲縣。入秘書省爲著作佐郎。今材叔爲柳州。公翊爲象州。皆同時。材又相若也。則二州交相致其政。其施之速。勢之便。可勝道也夫。其越人之幸也夫。其可賀也夫。

道山亭記

曾　鞏

閩故隷周者七。至秦開其地。列於中國。始并爲閩中郡。自粵之太末。與吳之豫章。爲其通路。其路在閩者。陸出則阸於兩山之間。山相屬無間斷。累數驛乃一得平地。小爲縣。大爲州。然其四顧亦山也。其塗或逆坂如緣絙。或垂崖如一髮。或側徑鉤出於不測之谿。上皆石芒峭發。擇然後可投步。負戴者。雖其土人。猶側足然後能進。非其土人。罕不躓也。其谿行則水皆自高瀉下。石錯出其間。如林立。如士騎。滿野千里。下上不見其首尾。水行其隙間。或衡縮蟉糅。或逆走旁射。其狀若蚓結。若蟲鏤。其旋若輪。其激若矢。舟泝沿者投便利。失毫分。輒破溺。雖其土長川居之人。非生而習水事者。不敢以舟楫自任也。其水陸之險如此。漢嘗處其衆江淮之間。而墟其地。蓋以其陿多阻。豈虛也哉。福州治侯官。於閩爲土中。所謂閩中也。其地於閩爲最平以廣。四出之山皆遠。而長江在其南。大海在其東。其城之內外皆涂。旁有溝。溝通潮汐。舟載者晝夜屬於門庭。麓多傑木。而匠多良能。人以屋室鉅麗相矜。雖下貧必豐其居。而佛老子之徒。其宮又特盛。城之中三山。西曰閩山。東曰九僊

山。北曰粵王山。三山者鼎趾立。其附山蓋佛老子之宮以數十百。其環詭殊絕之狀。蓋已盡人力。光祿卿直昭文館程公爲是州。得閩山嶔崟之際。爲亭於其處。其山川之勝。城邑之大。宮室之榮。不下簟席而盡於四矚。程公以謂在江海之上。爲登覽之觀。可比於道家所謂蓬萊方丈瀛洲之山。故名之曰道山之亭。閩以險且遠。故仕者常憚往。程公能因其地之善。以寓其耳目之樂。非獨忘其險且遠。又將抗其思於埃壒之外。其志壯哉。程公於是州。以治行聞。既新其城。又新其學。而其餘功又及於此。蓋其歲滿。就更廣州。拜諫議大夫。又拜給事中集賢殿修撰。今爲越州。字公闢。名師孟云。

或逆坂如緣絙、或側徑鉤出於不測之谿、石芒峭發、

衡縮蟉糅、

涂、

環詭、

嶔崟、

抗其思於埃壒之外、

讀孔子世家

宋　王　安　石

太史公敘帝王。則曰本紀。公侯傳國。則曰世家。公卿特起。則曰列傳。此其例也。其列孔子爲世家。奚其進退無所據邪。孔子。旅人也。

曷爲、
極摯、
抵牾、

棲棲衰季之世。無尺土之柄。此列之以傳。宜矣。曷爲世家哉。豈以仲尼躬將聖之資。其教化之盛。舃奕萬世。故爲之世家以抗之。又非極摯之論也。夫仲尼之才。帝王可也。何特公侯哉。仲尼之道。世天下可也。何特世其家哉。處之世家。仲尼之道不從而大。置之列傳。仲尼之道不從而小。而遷也自亂其例。所謂多所抵牾者也。

讀孟嘗君傳

王安石

世皆稱孟嘗君能得士。士以故歸之。而卒賴其力。以脱於虎豹之秦。嗟乎。孟嘗君特雞鳴狗盜之雄耳。豈足以言得士。不然。擅齊之强。得一士焉。宜可以南面而制秦。尚何取雞鳴狗盜之力哉。夫雞鳴狗盜之出其門。此士之所以不至也。

新定漢文卷之四 終

讀例	卷壹 卷貳	卷三 卷四 卷五
明治三十三年三月七日印刷	明治三十二年七月十一日印刷	明治三十二年十一月二十五日印刷
明治三十三年三月十一日發行	明治三十二年七月十四日發行	明治三十二年十一月二十八日發行
	明治三十三年七月廿五日訂正再版印刷	明治三十三年七月二十五日訂正再版印刷
	明治三十三年七月三十日發行	明治三十三年七月三十日發行

版權所有

訂正新定漢文
讀例 定價金拾八錢
從壹至五 各定價金參拾五錢

編輯發行兼印刷者　東京市日本橋區馬喰町貳丁目壹番地　興文社
代表者　鹿島長次郎

印刷所　同所　興文社工場

發行所　東京市日本橋區馬喰町二丁目一番地　興文社

關西大賣捌　大阪市東區南久寶寺町四丁目　前川善兵衛

興文社編次

訂正 新定漢文

興文社藏版

明治三十三年十二月五日 文部省檢定濟 中學校用書

新定漢文卷之五目次

以上

新定漢文卷之五 訂正

興文社編次

文章不成者、不可以誅罰、

稠濁、偉服、

元元、

蘇秦說秦惠王 秦策上

戰國策

蘇秦始將連橫說秦惠王曰。大王之國。西有巴蜀漢中之利。北有胡貉代馬之用。南有巫山黔中之限。東有殽函之固。田肥美。民殷富。戰車萬乘。奮擊百萬。沃野千里。蓄積饒多。地勢形便。此所謂天府。天下之雄國也。以大王之賢。士民之衆。車騎之用。兵法之敎。可以幷諸侯。呑天下。稱帝而治。願大王少留意。臣請奏其效。秦王曰。寡人聞之。毛羽不豐滿者。不可以高飛。文章不成者。不可以誅罰。道德不厚者。不可以使民。政敎不順者。不可以煩大臣。今先生儼然不遠千里。而庭敎之。願以異日。蘇秦曰。臣固疑大王之不能用

也。昔者神農伐補遂。黃帝伐涿鹿。而禽蚩尤。堯伐驩兜。舜伐三苗。禹伐共工。湯伐有夏。文王伐崇。武王伐紂。齊桓任戰而霸天下。由此觀之。惡有不戰者乎。古者使車轂擊馳。言語相結。天下爲一。約從連橫。兵革不藏。文士竝飭。諸侯亂惑。萬端俱起。不可勝理。科條既備。民多僞態。書策稠濁。百姓不足。上下相愁。民無所聊。明言章理。兵甲愈起。辨言偉服。戰攻不息。繁稱文辭。天下不治。舌敝耳聾。不見成功。行義約信。天下不親。於是乃廢文任武。厚養死士。綴甲厲兵。效勝於戰場。夫徒處而致利。安坐而廣地。雖古五帝三王五霸明主賢君。常欲坐而致之。其勢不能。故以戰續之。寬則兩軍相攻。迫則杖戟相撞。然後可建大功。是故兵勝於外。義強於內。威立於上。民服於下。今欲幷天下。陵萬乘。詘敵國。制海內。子元元。臣諸侯。非兵不可。今之嗣主。忽於至道。皆惛於敎。亂於治。迷於言。惑於語。沈於辯。溺於辭。以此論之。王固不能行也。說秦王。書十上而說

羸縢履蹻、

陰符、揣摩、

摩燕烏集闕、

關不通、

式

炫熿、

掘門、棬樞、

撙銜、

不行。黑貂之裘敝。黃金百斤盡。資用乏絕。去秦而歸。羸縢履蹻。負書擔橐。形容枯槁。面目黧黑。狀有愧色。歸至家。妻不下紝。嫂不爲炊。父母不與言。蘇秦喟然歎曰。妻不以我爲夫。嫂不以我爲叔。父母不以我爲子。是皆秦之罪也。乃夜發書。陳篋數十。得太公陰符之謀。伏而誦之。簡練以爲揣摩。讀書欲睡。引錐自刺其股。血流至足。曰。安有說人主。不能出其金玉錦繡。取卿相之尊者哉。朞年揣摩成。曰。此眞可以說當世之君矣。於是乃摩燕烏集闕。見說趙王於華屋之下。抵掌而談。趙王大說。封爲武安君。受相印。革車百乘。錦繡千純。白璧百雙。黃金萬鎰。以隨其後。約從散橫。以抑強秦。故蘇秦相於趙。而關不通。當此之時。天下之大。萬民之衆。王侯之威。謀臣之權。皆欲決於蘇秦之策。不費斗糧。未煩一兵。未戰一士。未絕一絃。未折一矢。諸侯相親。賢於兄弟。夫賢人在而天下服。一人用而天下從。故曰。式於政。不式於勇。式於廊廟之內。不式於四境

之外。當秦之隆。黃金萬鎰爲用。轉轂連騎。炫熿於道。山東之國。從風而服。使趙大重。且夫蘇秦。特窮巷掘門。桑戶棬樞之士耳。伏軾撙銜。橫歷天下。廷說諸侯之王。杜左右之口。天下莫之能伉。將說楚王。路過洛陽。父母聞之。淸宮除道。張樂設飮。郊迎三十里。妻側目而視。傾耳而聽。嫂蛇行匍伏。四拜自跪而謝。蘇秦曰。嫂何前倨而後卑也。嫂曰。以季子之位尊而多金。蘇秦曰。嗟乎。貧窮則父母不子。富貴則親戚畏懼。人生世上。勢位富厚。蓋可以忽乎也。

甘茂拔宜陽 秦策上

戰國策

秦武王謂甘茂曰。寡人欲車通三川。以闚周室。而寡人死不朽乎。甘茂對曰。請之魏約伐韓。王令向壽輔行。甘茂至魏。謂向壽。子歸告王曰。魏聽臣矣。然願王勿攻也。事成。盡以爲子功。向壽歸以告王。王迎甘茂於息壤。甘茂至。王問其故。對曰。宜陽大縣也。上黨南陽積之久矣。名爲縣。其實郡也。今王倍數險。行千里。而攻之難矣。

臣聞張儀西幷巴蜀之地。北取西河之外。南取上庸。天下不以爲多張儀。而賢先王。魏文侯令樂羊將攻中山。三年而拔之。樂羊反而語功。文侯示之謗書一篋。樂羊再拜稽首曰。此非臣之功。主君之力也。今臣羈旅之臣也。樗里疾公孫衍二人者。挾韓而議。王必聽之。是王欺魏。而臣受公仲侈之怨也。昔者曾子處費。費人有與曾子同名族者而殺人。人告曾子母曰。曾參殺人。曾子之母曰。吾子不殺人。織自若。有頃焉。人又曰。曾參殺人。其母尙織自若也。頃之。一人又告之曰。曾參殺人。其母懼投杼。踰墻而走。夫以曾參之賢。與母之信也。而三人疑之。則慈母不能信也。今臣之賢。不及曾子。而王之信臣。又未若曾子之母也。疑臣者不適三人。臣恐王爲臣之投杼也。王曰。寡人不聽也。請與子盟。於是與之盟於息壤」果攻宜陽。五月而不能拔也。樗里疾公孫衍二人在。爭之王。王將聽之。召甘茂而告之。甘茂對曰。息壤在彼。王曰。有之。因悉起兵。復使甘茂攻之。遂拔宜陽。

馮諼客孟嘗君 齊策下　戰國策

長鋏歸來乎、　記、　習計會、　責、

齊人有馮諼者。貧乏不能自存。使人屬孟嘗君。願寄食門下。孟嘗君曰。客何好。曰。客無好也。曰。客何能。曰。客無能也。孟嘗君笑而受之曰。諾。左右以君賤之也。食以草具。居有頃。倚柱彈其劍歌曰。長鋏歸來乎。食無魚。左右以告。孟嘗君曰。食之。比門下之魚客。居有頃。復彈其鋏歌曰。長鋏歸來乎。出無車。左右皆笑之。以告。孟嘗君曰。爲之駕。比門下之車客。於是乘其車。揭其劍。過其友曰。孟嘗君客我。後有頃。復彈其劍鋏歌曰。長鋏歸來乎。無以爲家。左右皆惡之。以爲貪而不知足。孟嘗君問。馮公有親乎。對曰。有老母。孟嘗君使人給其食用。無使乏。於是馮諼不復歌」後孟嘗君出記。問門下諸客。誰習計會。能爲文收責於薛者乎。馮諼署曰。能。孟嘗君怪之曰。此誰也。左右曰。乃歌夫長鋏歸來者也。孟嘗君笑曰。客果有能

憒、儜愚、　沈、開罪、不羞、　買利、　服劒、

也。吾負之。未嘗見也。請而見之。謝曰。文倦於事。憒於憂。而性儜愚。沈於國家之事。開罪於先生。先生不羞。乃有意欲爲收責於薛乎。馮諼曰。願之。於是約車治裝。載券契而行。辭曰。責畢收。以何市而反。孟嘗君曰。視吾家所寡有者。驅而之薛。使吏召諸民當償者。悉來合券。券徧合。起矯命以責賜諸民。因燒其券。民稱萬歲。長驅到齊。晨而求見。孟嘗君怪其疾也。衣冠而見之曰。責畢收乎。來何疾也。曰。收畢矣。以何市而反。馮諼曰。君云。視吾家所寡有者。臣竊計。君宮中積珍寶。狗馬實外廏。美人充下陳。君家所寡有者。以義耳。竊以爲君市義。孟嘗君曰。市義柰何。曰。今君有區區之薛。不拊愛子其民。因而賈利之。臣竊矯君命。以責賜諸民。因燒其券。民稱萬歲。乃臣所以爲君市義也。孟嘗君不說曰。諾。先生休矣」後朞年。齊王謂孟嘗君曰。寡人不敢以先王之臣爲臣。孟嘗君就國於薛。未至百里。民扶老攜幼。迎君道中。孟嘗君顧謂馮諼。先生所爲文市義者。乃今日見之。馮諼曰。狡兔有三窟。僅得免其死耳。今君有一窟。未得高枕而臥也。請爲君復鑿二窟」孟嘗君予車五十乘。金五百斤。西遊於梁。謂梁王曰。齊放其大臣孟嘗君於諸侯。諸侯先迎之者。富而兵強。於是梁王虛上位。以故相爲上將軍。遣使者。黃金千斤。車百乘。往聘孟嘗君。馮諼先馳。誡孟嘗君曰。千金重幣也。百乘顯使也。齊其聞之矣。梁使三反」孟嘗君固辭不往也。齊王聞之。君臣恐懼。遣太傅齎黃金千斤。文車二駟。服劍一。封書謝孟嘗君曰。寡人不祥。被於宗廟之祟。沈於諂諛之臣。開罪於君。寡人不足爲也。願君顧先王之宗廟。姑反國統萬人乎。馮諼誡孟嘗君曰。願請先王之祭器。立宗廟於薛。廟成。還報孟嘗君曰。三窟已就。君姑高枕爲樂矣」孟嘗君爲相數十年。無纖介之禍者。馮諼之計也。

張儀以連橫說楚 楚策　戰國策

張儀爲秦破從連橫。說楚王曰。秦地半天下。兵敵四國。被山帶河。

格、
敵侔、
通侯執珪、
關扃天下之匈、

四塞以爲固。虎賁之士百餘萬。車千乘。騎萬匹。粟如丘山。法令既明。士卒安難樂死。主嚴以明。將智以武。雖無出兵甲。席卷常山之險。折天下之脊。天下後服者先亡。且夫爲從者。無以異於驅羣羊而攻猛虎也。夫虎之與羊。不格明矣。今大王不與猛虎而與羣羊。竊以爲大王之計過矣。凡天下强國。非秦而楚。非楚而秦。兩國敵侔交爭。其勢不兩立。而大王不與秦。秦下甲兵據宜陽。韓之上地不通。下河東。取成皋。韓必入臣於秦。韓入臣。魏則從風而動。秦攻楚之西。韓魏攻其北。社稷豈得無危哉。且夫約從者。聚羣弱而攻至强也。夫以弱攻强。不料敵而輕戰。國貧而驟擧兵。此危亡之術也。臣聞之。兵不如者。勿與挑戰。粟不如者。勿與持久。夫從人者。飾辯虛辭。高主之節行。言其利而不言其害。卒有楚禍。無及爲已。是故願大王之熟計之也。秦西有巴蜀。方船積粟。起於汶山。循江而下。至郢三千餘里。舫船載卒。一舫載五十人。與三月之糧。下水而

浮。一日行三百餘里。里數雖多。不費汗馬之勞。不至十日。而距扞關。扞關驚。則從竟陵以東。盡城守矣。黔中巫郡。非王之有已。秦擧兵出之武關。南面而攻。則北地絕。秦兵之攻楚也。危難在三月之內。而楚恃諸侯之救。在半歲之外。此其勢不相及也。夫恃弱國之救。而忘强秦之禍。此臣所以爲大王患也。且大王嘗與吳人五戰。三勝而亡之。陳卒盡矣。有偏守新城。而居民苦矣。臣聞之。攻大者易危。而民敝者怨於上。夫守易危之功。而逆强秦之心。臣竊爲大王危之。且夫秦之所以不出甲於函谷關。十五年以攻諸侯者。陰謀有吞天下之心也。楚嘗與秦構難。戰於漢中。楚人不勝。通侯執珪死者七十餘人。遂亡漢中。楚王大怒。興師襲秦。戰於藍田又卻。此所謂兩虎相搏者也。夫秦楚相敝。而韓魏以全制其後。計無過於此者矣。是故願大王熟計之也。秦下兵攻衛陽晉。必關扃天下之匈。大王悉起兵以攻宋。不至數月而宋可擧。擧宋而東指。則泗

形親之國、
箕帚之妾、
從車下風、
雞駭之犀、

上十二諸侯。盡王之有已。凡天下所信。約從親堅者蘇秦。封爲武安君而相燕。卽陰與燕王謀破齊共分其地。乃佯有罪出走入齊。齊王因受而相之。居二年而覺。齊王大怒。車裂蘇秦於市。夫以一詐僞反覆之蘇秦。而欲經營天下。混一諸侯。其不可成也亦明矣。今秦之與楚也。接境壤界。固形親之國也。大王誠能聽臣。臣請秦太子入質於楚。楚太子入質於秦。請以秦女爲大王箕帚之妾。效萬家之都。以爲湯浴之邑。長爲昆弟之國。終身無相攻擊。臣以爲計無便於此者。故敝邑秦王。使使臣獻書大王之從車下風。須以決事。楚王曰。楚國僻陋。託東海之上。寡人年幼。不習國家之長計。今上客幸敎以明制。寡人聞之。敬以國從。乃遣使車百乘。獻雞駭之犀。夜光之璧於秦王。

蘇秦以合從說趙 趙策上　　戰國策

蘇秦從燕之趙。始合從。說趙王曰。天下之卿相人臣。乃至布衣之

士。莫不高賢大王之行義。皆願奉敎陳忠於前之日久矣。雖然奉陽君妬。大王不得任事。是以外賓客。游談之士。無敢盡忠於前者。今奉陽君捐館舍。大王乃今然後得與士民相親。臣故敢進其愚效愚忠。爲大王計。莫若安民無事。請無庸有爲也。安民之本。在於擇交。擇交而得。則民安。擇交不得。則民終身不得安。請言外患。齊秦爲兩敵。而民不得安。倚秦攻齊。而民不得安。倚齊攻秦。而民不得安。故夫謀人之王。伐人之國。常苦出辭斷絕人之交。願大王愼無出於口也。請屏左右。白言所以異陰陽而已矣。大王誠能聽臣。燕必致氈裘狗馬之地。齊必致海隅魚鹽之地。楚必致橘柚雲夢之地。韓魏皆可使致封地湯沐之邑。貴戚父兄。皆可以受封侯。夫割地效實。五霸之所以覆軍禽將而求也。封侯貴戚。湯武之所以放殺而爭也。今大王垂拱而兩有之。是臣之所以爲大王願也。大王與秦。則秦必弱韓魏。與齊。則齊必弱楚魏。魏弱。則割河外。韓弱。

則効宜陽。宜陽効。則上郡絶。河外割。則道不通。楚弱則無援。此三策者。不可不熟計也。夫秦下軹道。則南陽動。劫韓包周。則趙自銷鑠。據衛取淇。則齊必入朝。秦欲已得行於山東。則必擧甲而向趙。秦甲涉河踰漳據番吾。則兵必戰於邯鄲之下矣。此臣之所以爲大王患也。當今之時。山東之建國。莫如趙强。趙地方二千里。帶甲數十萬。車千乘。騎萬匹。粟支十年。西有常山。南有河漳。東有清河。北有燕國。燕固弱國。不足畏也。且秦之所畏害於天下者。莫如趙。然而秦不敢擧兵甲而伐趙者何也。畏韓魏之議其後也。然則韓魏。趙之南蔽也。秦之攻韓魏也。則不然。無有名山大川之限。稍蠶食之。傅之國都而止矣。韓魏不能支秦。必入臣。韓魏臣於秦。秦無韓魏之隔。禍必中於趙矣。此臣之所以爲大王患也。臣聞堯無三夫之分。舜無咫尺之地。以有天下。禹無百人之聚。以王諸侯。湯武之卒。不過三千人。車不過三百乘。立爲天子。誠得其道也。是故明主外料其敵國之强弱。內度其士卒之衆寡。賢與不肖。不待兩軍相當。而勝敗存亡之機節。固已見於胸中矣。豈掩於衆人之言。而以冥冥決事哉。臣竊以天下地圖案之。諸侯之地。五倍於秦。料諸侯之卒。十倍於秦。六國并力爲一。西面而攻秦。秦破必矣。今見破於秦。西面而事之。見臣於秦。夫破人之與破於人也。臣人之與臣於人也。豈可同日而言之哉。夫橫人者。皆欲割諸侯之地。以與秦成。與秦成。則高臺榭。美宮室。聽竽瑟之音。察五味之和。前有軒轅。後有長庭美人巧笑。卒有秦患。而不與其憂。是故橫人日夜務以秦權恐猲諸侯。以求割地。願大王之熟計之也。臣聞明主絶疑去讒。屏流言之迹。塞朋黨之門。故尊主廣地强兵之計。臣得陳忠於前矣。故竊爲大王計。莫如一韓魏齊楚燕趙。六國從親。以儐畔秦。令天下之將相。相與會於洹水之上。通質刑白馬以盟之。約曰。秦攻楚。齊魏各出銳師以佐之。韓絶食道。趙涉河漳。燕守常山之北。

臺榭、軒轅、
長庭、
恐猲、
儐畔、

秦攻韓魏。則楚絶其後。齊出銳師以佐之。趙涉河漳。燕守雲中。秦攻齊。則楚絶其後。韓守成皐。魏塞午道。趙涉河漳博關。燕出銳師以佐之。秦攻燕。則趙守常山。楚軍武關。齊涉渤海。韓魏出銳師以佐之。秦攻趙。則韓軍宜陽。楚軍武關。魏軍河外。齊涉渤海。燕出銳師以佐之。諸侯有先背約者。五國共伐之。六國從親以擯秦。秦必不敢出兵於函谷關。以害山東矣。如是則霸業成矣。趙王曰。寡人年少。莅國之日淺。未嘗得聞社稷之長計。今上客有意存天下。安諸侯。寡人敬以國從。乃封蘇秦爲武安君。飾車百乘。黃金千鎰。白璧百雙。錦繡千純。以約諸侯。

吳起對魏武侯 魏策上

戰國策

魏武侯與諸大夫浮於西河。稱曰。河山之險。豈不亦信固哉。王鍾侍坐。曰。此晉國之所以强也。若善脩之。則霸王之業具矣。吳起對曰。吾君之言。危國之道也。而子又附之。是重危也。武侯忿然曰。子之言有說乎。吳起對曰。河山之險。信不足保也。霸王之業。不從此也。昔者三苗之居。左彭蠡之波。右洞庭之水。汶山在其南。而衡山在其北。恃此險也。爲政不善。而禹放逐之。夫夏桀之國。左天門之陰。而右天谿之陽。廬睪在其北。伊洛出其南。有此險也。然爲政不善。而湯伐之。殷紂之國。左孟門而右漳釜。前帶河。後被山。有此險也。然爲政不善。而武王伐之。且君親從臣而勝降城。城非不高也。人民非不衆也。然而可得并者。政惡故也。從是觀之。地形險阻。奚足以霸王矣。武侯曰。善。吾乃今日聞聖人之言也。西河之政。專委之子矣。

郭隗說燕昭王 燕策上

戰國策

燕昭王收破燕。後卽位。卑身厚幣。以招賢者。欲將以報讎。故往見郭隗先生曰。齊因孤國之亂。而襲破燕。孤極知燕小力少。不足以報。然得賢士與共國。以雪先王之恥。孤之願也。敢問以國報讎者

詘指、 呴藉、 涓人、 無以、 釁鐘、 觳觫、

柰何。郭隗先生對曰。帝者與師處。王者與友處。霸者與臣處。亡國
與役處。詘指而事之。北面而受學。則百己者至。先趨而後息。先問
而後嘿。則什己者至。人趨己趨。則若己者至。馮几據杖。眄視指使。
則廝役之人至。若恣睢奮擊。呴藉叱咄。則徒隸之人至矣。此古服
道致士之法也。王誠博選國中之賢者。而朝其門下。天下聞王朝
其賢臣。天下之士。必趨於燕矣。昭王曰。寡人將誰朝而可。郭隗先
生曰。臣聞古之君人。有以千金求千里馬者。三年不能得。涓人言
於君曰。請求之。君遣之。三月得千里馬。馬已死。買其骨五百金。反
以報君。君大怒曰。所求者生馬。安事死馬。而捐五百金。涓人對曰。
死馬且買之五百金。況生馬乎。天下必以王爲能市馬。馬今至矣。
於是不能朞年。千里之馬至者三。今王誠欲致士。先從隗始。隗且
見事。況賢於隗者乎。豈遠千里哉。於是昭王爲隗築宮而師之。樂
毅自魏往。鄒衍自齊往。劇辛自趙往。士爭湊燕。燕王弔死問生。與

百姓同其甘苦。二十八年。燕國殷富。士卒樂佚輕戰。於是遂以樂
毅爲上將軍。與秦楚三晉合謀以伐齊。齊兵敗。閔王出走於外。燕
兵獨追北。入至臨淄。盡取齊寶。燒其宮室宗廟。齊城之不下者。唯
獨莒卽墨。

見牛未見羊 梁惠王章句上

孟子

齊宣王問曰。齊桓晉文之事。可得聞乎。孟子對曰。仲尼之徒。無道
桓文之事者。是以後世無傳焉。臣未之聞也。無以則王乎。曰。德何
如則可以王矣。曰。保民而王。莫之能禦也。曰。若寡人者。可以保民
乎哉。曰。可。曰。何由知吾可也。曰。臣聞之胡齕。曰。王坐於堂上。有牽
牛而過堂下者。王見之曰。牛何之。對曰。將以釁鐘。王曰。舍之。吾不
忍其觳觫若無罪而就死地。對曰。然則廢釁鐘與。曰。何可廢也。以
羊易之。不識有諸。曰。有之。曰。是心足以王矣。百姓皆以王爲愛也。

褊、 他人有心、予忖度之、 復、百鈞、 一羽、秋毫之末、輿薪、 運於掌、刑于寡妻、御、 便嬖、

臣固知王之不忍也。王曰。然。誠有百姓者。齊國雖褊小。吾何愛一
牛。卽不忍其觳觫若無罪而就死地。故以羊易之也。曰。王無異於
百姓之以王爲愛也。以小易大。彼惡知之。王若隱其無罪而就死
地。則牛羊何擇焉。王笑曰。是誠何心哉。我非愛其財。而易之以羊
也。宜乎百姓之謂我愛也。曰。無傷也。是乃仁術也。見牛未見羊也。
君子之於禽獸也。見其生。不忍見其死。聞其聲。不忍食其肉。是以
君子遠庖廚也。王說曰。詩云。他人有心。予忖度之。夫子之謂也。夫
我乃行之。反而求之。不得吾心。夫子言之。於我心有戚戚焉。此心
之所以合於王者何也。曰。有復於王者。曰。吾力足以擧百鈞。而不
足以擧一羽。明足以察秋毫之末。而不見輿薪。則王許之乎。曰。否。
今恩足以及禽獸。而功不至於百姓者。獨何與。然則一羽之不擧。
爲不用力焉。輿薪之不見。爲不用明焉。百姓之不見保。爲不用恩
焉。故王之不王。不爲也。非不能也。曰。不爲者與不能者之形。何以

異。曰。挾泰山以超北海。語人曰。我不能。是誠不能也。爲長者折枝。
語人曰。我不能。是不爲也。非不能也。故王之不王。非挾泰山以超
北海之類也。王之不王。是折枝之類也。老吾老。以及人之老。幼吾
幼。以及人之幼。天下可運於掌。詩曰。刑于寡妻。至于兄弟。以御于
家邦。言擧斯心。加諸彼而已。故推恩足以保四海。不推恩。無以保
妻子。古之人所以大過人者。無他焉。善推其所爲而已矣。今恩足
以及禽獸。而功不至於百姓者。獨何與。權然後知輕重。度然後知
長短。物皆然。心爲甚。王請度之。抑王興甲兵。危士臣。構怨於諸侯。
然後快於心與。王曰。否。吾何快於是。將以求吾所大欲也。曰。王之
所大欲。可得聞與。王笑而不言。曰。爲肥甘不足於口與。輕煖不足
於體與。抑爲采色不足視於目與。聲音不足聽於耳與。便嬖不足
使令於前與。王之諸臣皆足以供之。而王豈爲是哉。曰。否。吾不爲
是也。曰。然則王之所大欲可知已。欲辟土地。朝秦楚。莅中國。而撫

罔、
八口之家、
頒白、
不膚撓、不目逃、市朝、
褐寬博、嚴、

四夷也。以若所爲。求若所欲。猶緣木而求魚也。王曰。若是其甚與。曰。殆有甚焉。緣木求魚。雖不得魚。無後災。以若所爲。求若所欲。盡心力而爲之。後必有災。曰。可得聞與。曰。鄒人與楚人戰。則王以爲孰勝。曰。楚人勝。曰。然則小固不可以敵大。寡固不可以敵衆。弱固不可以敵强。海內之地。方千里者九。齊集有其一。以一服八。何以異於鄒敵楚哉。蓋亦反其本矣。今王發政施仁。使天下仕者。皆欲立於王之朝。耕者皆欲耕於王之野。商賈皆欲藏於王之市。行旅皆欲出於王之塗。天下之欲疾其君者。皆欲赴愬於王。其如是孰能禦之。王曰。吾惛不能進於是矣。願夫子輔吾志。明以教我。我雖不敏。請嘗試之。曰。無恆產而有恆心者。惟士爲能。若民則無恆產。因無恆心。苟無恆心。放辟邪侈。無不爲已。及陷於罪。然後從而刑之。是罔民也。焉有仁人在位。罔民而可爲也。是故明君制民之產。必使仰足以事父母。俯足以畜妻子。樂歲終身飽。凶年免於死亡。

然後驅而之善。故民之從之也輕。今也制民之產。仰不足以事父母。俯不足以畜妻子。樂歲終身苦。凶年不免於死亡。此惟救死而恐不贍。奚暇治禮義哉。王欲行之。則盍反其本矣。五畝之宅。樹之以桑。五十者可以衣帛矣。雞豚狗彘之畜。無失其時。七十者可以食肉矣。百畝之田。勿奪其時。八口之家。可以無飢矣。謹庠序之教。申之以孝悌之義。頒白者不負戴於道路矣。老者衣帛食肉。黎民不飢不寒。然而不王者。未之有也。

養浩然之氣　公孫丑章句上　　孟子

公孫丑問曰。夫子加齊之卿相。得行道焉。雖由此霸王不異矣。如此則動心否乎。孟子曰。否。我四十不動心。曰。若是則夫子過孟賁遠矣。曰。是不難。告子先我不動心。曰。不動心有道乎。曰。有。北宮黝之養勇也。不膚撓。不目逃。思以一毫挫於人。若撻之於市朝。不受於褐寬博。亦不受於萬乘之君。視刺萬乘之君。若刺褐夫。無嚴諸

三軍、
守約、
不縮、
守氣、
不得於言勿求於心、不得於心勿求於氣、
浩然、
必有事焉、而勿正、
芒芒然、
詖辭、

侯。惡聲至必反之。孟施舍之所養勇也。曰。視不勝猶勝也。量敵而後進。慮勝而後會。是畏三軍者也。舍豈能爲必勝哉。能無懼而已矣。孟施舍似曾子。北宮黝似子夏。夫二子之勇。未知其孰賢。然而孟施舍守約也。昔者曾子謂子襄曰。子好勇乎。吾嘗聞大勇於夫子矣。自反而不縮。雖褐寬博。吾不惴焉。自反而縮。雖千萬人吾往矣。孟施舍之守氣。又不如曾子之守約也。曰。敢問夫子之不動心。與告子之不動心。可得聞與。告子曰。不得於言。勿求於心。不得於心。勿求於氣。不得於心。勿求於氣。可。不得於言。勿求於心。不可。夫志。氣之帥也。氣。體之充也。夫志至焉。氣次焉。故曰。持其志。無暴其氣。既曰。志至焉。氣次焉。又曰。持其志。無暴其氣者。何也。曰。志壹則動氣。氣壹則動志也。今夫蹶者趨者。是氣也。而反動其心。敢問。夫子惡乎長。曰。我知言。我善養吾浩然之氣。敢問何謂浩然之氣。曰。難言也。其爲氣也。至大至剛。以直養而無害。則塞乎天地之間。其

爲氣也。配義與道。無是餒也。是集義所生者。非義襲而取之也。行有不慊於心則餒矣。我故曰。告子未嘗知義。以其外之也。必有事焉。而勿正。心勿忘。勿助長也。無若宋人然。宋人有閔其苗之不長而揠之者。芒芒然歸。謂其人曰。今日病矣。予助苗長矣。其子趨而往視之。苗則槁矣。天下之不助苗長者寡矣。以爲無益而舍之者。不耘苗者也。助之長者。揠苗者也。非徒無益。而又害之。何謂知言。曰。詖辭知其所蔽。淫辭知其所陷。邪辭知其所離。遁辭知其所窮。生於其心。害於其政。發於其政。害於其事。聖人復起。必從吾言矣。宰我子貢。善爲說辭。冉牛閔子顏淵。善言德行。孔子兼之。曰。我於辭命則不能也。然則夫子既聖矣乎。曰。惡。是何言也。昔者子貢問於孔子曰。夫子聖矣乎。孔子曰。聖則吾不能。我學不厭。而敎不倦也。子貢曰。學不厭。智也。敎不倦。仁也。仁且智。夫子既聖矣。夫聖孔子不居。是何言也。昔者竊聞之。子夏子游子張。皆有聖人之一體。

敢問所安、　班、　汙不至阿其所好、　拔乎其萃、

冉牛閔子顏淵。則具體而微。敢問所安。曰。姑舍是。曰。伯夷伊尹何如。曰。不同道。非其君不事。非其民不使。治則進。亂則退。伯夷也。何事非君。何使非民。治亦進。亂亦進。伊尹也。可以仕則仕。可以止則止。可以久則久。可以速則速。孔子也。皆古聖人也。吾未能有行焉。乃所願則學孔子也。伯夷伊尹於孔子。若是班乎。曰。否。自有生民以來。未有孔子也。曰。然則有同與。曰。有。得百里之地而君之。皆能以朝諸侯有天下。行一不義。殺一不辜。而得天下。皆不爲也。是則同。曰。敢問其所以異。曰。宰我子貢有若。智足以知聖人。汙不至阿其所好。宰我曰。以予觀於夫子。賢於堯舜遠矣。子貢曰。見其禮而知其政。聞其樂而知其德。由百世之後。等百世之王。莫之能違也。自生民以來。未有夫子也。有若曰。豈惟民哉。麒麟之於走獸。鳳凰之於飛鳥。泰山之於丘垤。河海之於行潦。類也。聖人之於民。亦類也。出於其類。拔乎其萃。自生民以來。未有盛於孔子也。

廛、　捆、　饔飧、　厲、　釜甑、　舍、

許行　滕文公章句上　孟子

有爲神農之言者許行。自楚之滕。踵門而告文公曰。遠方之人。聞君行仁政。願受一廛而爲氓。文公與之處。其徒數十人。皆衣褐。捆屨織席以爲食。陳良之徒陳相。與其弟辛。負耒耜而自宋之滕。曰。聞君行聖人之政。是亦聖人也。願爲聖人氓。陳相見許行而大悅。盡棄其學而學焉。陳相見孟子。道許行之言曰。滕君則誠賢君也。雖然。未聞道也。賢者與民竝耕而食。饔飧而治。今也滕有倉廩府庫。則是厲民而以自養也。惡得賢。孟子曰。許子必種粟而後食乎。曰。然。許子必織布而後衣乎。曰。否。許子衣褐。許子冠乎。曰。冠。曰。奚冠。曰。冠素。曰。自織之與。曰。否。以粟易之。曰。許子奚爲不自織。曰。害於耕。曰。許子以釜甑爨。以鐵耕乎。曰。然。自爲之與。曰。否。以粟易之。以粟易械器者。不爲厲陶冶。陶冶亦以其械器易粟者。豈爲厲農夫哉。且許子何不爲陶冶。舍皆取諸其宮中而用之。何爲紛紛然

路、　氾濫、　烈、　疏、　振德、

與百工交易。何許子之不憚煩。曰。百工之事。固不可耕且爲也。然則治天下。獨可耕且爲與。有大人之事。有小人之事。且一人之身。而百工之所爲備。如必自爲而後用之。是率天下而路也。故曰。或勞心。或勞力。勞心者治人。勞力者治於人。治於人者食人。治人者食於人。天下之通義也。當堯之時。天下猶未平。洪水橫流。氾濫於天下。草木暢茂。禽獸繁殖。五穀不登。禽獸偪人。獸蹄鳥跡之道。交於中國。堯獨憂之。擧舜而敷治焉。舜使益掌火。益烈山澤而焚之。禽獸逃匿。禹疏九河。瀹濟漯。而注諸海。決汝漢。排淮泗。而注之江。然後中國可得而食也。當是時也。禹八年於外。三過其門而不入。雖欲耕得乎。后稷敎民稼穡。樹藝五穀。五穀熟而民人育。人之有道也。飽食煖衣。逸居而無敎。則近於禽獸。聖人有憂之。使契爲司徒。敎以人倫。父子有親。君臣有義。夫婦有別。長幼有序。朋友有信。放勳曰。勞之來之。匡之直之。輔之翼之。使自得之。又從而振德之。

蕩蕩乎、　巍巍乎、不與、　場、　江漢以濯之、秋陽以暴之、皜皜乎不可尚已、　鴃舌、

聖人之憂民如此。而暇耕乎。堯以不得舜爲己憂。舜以不得禹皐陶爲己憂。夫以百畝之不易爲己憂者。農夫也。分人以財。謂之惠。敎人以善。謂之忠。爲天下得人者。謂之仁。是故以天下與人易。爲天下得人難。孔子曰。大哉堯之爲君。惟天爲大。惟堯則之。蕩蕩乎民無能名焉。君哉舜也。巍巍乎有天下。而不與焉。堯舜之治天下。豈無所用其心哉。亦不用於耕耳。吾聞用夏變夷者。未聞變於夷者也。陳良楚產也。悅周公仲尼之道。北學於中國。北方之學者。未能或之先也。彼所謂豪傑之士也。子之兄弟事之數十年。師死而遂倍之。昔者孔子沒。三年之外。門人治任將歸。入揖於子貢。相嚮而哭。皆失聲。然後歸。子貢反。築室於場。獨居三年。然後歸。他日子夏子張子游。以有若似聖人。欲以所事孔子事之。彊曾子。曾子曰。不可。江漢以濯之。秋陽以暴之。皜皜乎不可尚已。今也南蠻鴃舌之人。非先王之道。子倍子之師而學之。亦異於曾子矣。吾聞出於

戎狄是膺、荊舒是懲、
蒩、
地中、
汙地、
沛澤、
丕顯哉文王謨、丕承哉武王烈、佑啓我後人、咸以正無缺、
闢、 放、

幽谷遷于喬木者、未聞下喬木而入於幽谷者。魯頌曰、戎狄是膺、荊舒是懲。周公方且膺之。子是之學、亦爲不善變矣。」從許子之道、則市賈不貳、國中無僞、雖使五尺之童適市、莫之或欺。布帛長短同、則賈相若。麻縷絲絮輕重同、則賈相若。五穀多寡同、則賈相若。屨大小同、則賈相若。曰、夫物之不齊、物之情也。或相倍蓰、或相什伯、或相千萬。子比而同之、是亂天下也。巨屨小屨同賈、人豈爲之哉。從許子之道、相率而爲僞者也。惡能治國家。

豈好辯哉 滕文公章句下　　孟子

公都子曰、外人皆稱夫子好辯。敢問何也。孟子曰、予豈好辯哉。予不得已也。天下之生久矣。一治一亂」當堯之時、水逆行、氾濫於中國。蛇龍居之。民無所定。下者爲巢、上者爲營窟。書曰、洚水警余。洚水者洪水也。使禹治之。禹掘地而注之海、驅蛇龍而放之菹。水由地中行。江淮河漢是也。險阻既遠、鳥獸之害人者消。然後人得平土而居之」堯舜既沒、聖人之道衰。暴君代作。壞宮室以爲汙池、民無所安息。棄田以爲園囿、使民不得衣食。邪說暴行又作。園囿汙池沛澤多、而禽獸至。及紂之身、天下又大亂」周公相武王、誅紂伐奄。三年討其君、驅飛廉於海隅而戮之。滅國者五十。驅虎豹犀象而遠之。天下大悅。書曰、丕顯哉文王謨、丕承哉武王烈。佑啓我後人、咸以正無缺」世衰道微、邪說暴行有作。臣弑其君者有之、子弑其父者有之。孔子懼作春秋。春秋天子之事也。是故孔子曰、知我者其惟春秋乎、罪我者其惟春秋乎」聖王不作、諸侯放恣、處士橫議。楊朱墨翟之言盈天下。天下之言、不歸楊則歸墨。楊氏爲我、是無君也。墨氏兼愛、是無父也。無父無君、是禽獸也。公明儀曰、庖有肥肉、廏有肥馬、民有飢色、野有餓莩。此率獸而食人也。楊墨之道不息、孔子之道不著。是邪說誣民、充塞仁義也。仁義充塞、則率獸食人。人將相食。吾爲此懼。閑先聖之道、距楊墨、放淫辭、邪說者不得作。作於其心、害於其事。作於其事、害於其政。聖人復起、不易吾言矣」昔者禹抑洪水、而天下平。周公兼夷狄、驅猛獸、而百姓寧。孔子成春秋、而亂臣賊子懼。詩云、戎狄是膺、荊舒是懲。則莫我敢承。無父無君、是周公所膺也。我亦欲正人心、息邪說、距詖行、放淫辭、以承三聖者。豈好辯哉。予不得已也。能言距楊墨者、聖人之徒也。

塗炭、
遺佚、
由由然、
袒裼裸裎、
接淅、
金聲、 玉振、
熊掌、

孔子聖之時者也 萬章章句下　　孟子

孟子曰、伯夷目不視惡色、耳不聽惡聲。非其君不事、非其民不使。治則進、亂則退。橫政之所出、橫民之所止、不忍居也。思與鄉人處、如以朝衣朝冠坐於塗炭也。當紂之時、居北海之濱、以待天下之清也。故聞伯夷之風者、頑夫廉、懦夫有立志」伊尹曰、何事非君、何使非民。治亦進、亂亦進。曰、天之生斯民也、使先知覺後知、使先覺覺後覺。予天民之先覺者也。予將以此道覺此民也。思天下之民、匹夫匹婦有不與被堯舜之澤者、若己推而內之溝中。其自任以天下之重也」柳下惠不羞汙君、不辭小官。進不隱賢、必以其道。遺佚而不怨、阨窮而不憫。與鄉人處、由由然不忍去也。爾爲爾、我爲我。雖袒裼裸裎於我側、爾焉能浼我哉。故聞柳下惠之風者、鄙夫寬、薄夫敦」孔子之去齊、接淅而行。去魯、曰、遲遲吾行也。去父母國之道也。可以速而速、可以久而久、可以處而處、可以仕而仕、孔子也」孟子曰、伯夷聖之清者也。伊尹聖之任者也。柳下惠聖之和者也。孔子聖之時者也。孔子之謂集大成。集大成也者、金聲而玉振之也。金聲也者、始條理也。玉振之也者、終條理也。始條理者、智之事也。終條理者、聖之事也。智譬則巧也。聖譬則力也。由射於百步之外也。其至爾力也。其中非爾力也。

舍生而取義 告子章句上　　孟子

孟子曰、魚我所欲也。熊掌亦我所欲也。二者不可得兼、舍魚而取熊掌者也。生亦我所欲也。義亦我所欲也。二者不可得兼、舍生而

嘑爾、蹴爾、

取義者也。生亦我所欲。所欲有甚於生者。故不爲苟得也。死亦我所惡。所惡有甚於死者。故患有所不辟也。如使人之所欲莫甚於生。則凡可以得生者。何不用也。使人之所惡莫甚於死者。則凡可以辟患者。何不爲也。由是則生而有不用也。由是則可以辟患而有不爲也。是故所欲有甚於生者。所惡有甚於死者。非獨賢者有是心也。人皆有之。賢者能勿喪耳。一簞食。一豆羹。得之則生。弗得則死。嘑爾而與之。行道之人弗受。蹴爾而與之。乞人不屑也。萬鍾則不辨禮義而受之。萬鍾於我何加焉。爲宮室之美。妻妾之奉。所識窮乏者得我與。鄕爲身死而不受。今爲宮室之美爲之。鄕爲身死而不受。今爲妻妾之奉爲之。鄕爲身死而不受。今爲所識窮乏者得我而爲之。是亦不可以已乎。此之謂失其本心。

生於憂患而死於安樂 告子章句下　孟子

拂亂、曾益、困於心、衡於慮、而後作、徵於色、發於聲、而後喩、法家拂士、

孟子曰。舜發於畎畝之中。傅說擧於版築之閒。膠鬲擧於魚鹽之

中。管夷吾擧於士。孫叔敖擧於海。百里奚擧於市。故天將降大任於是人也。必先苦其心志。勞其筋骨。餓其體膚。空乏其身。行拂亂其所爲。所以動心忍性。曾益其所不能。人恆過。然後能改。困於心。衡於慮。而後作。徵於色。發於聲。而後喩。入則無法家拂士。出則無敵國外患者。國恆亡。然後知生於憂患。而死於安樂也。

原道　韓愈

定名、虛位、煦煦、孑孑、

博愛之謂仁。行而宜之之謂義。由是而之焉之謂道。足乎己無待於外之謂德。仁與義爲定名。道與德爲虛位。故道有君子有小人。而德有凶有吉。老子之小仁義。非毀之也。其見者小也。坐井而觀天。曰天小者。非天小也。彼以煦煦爲仁。孑孑爲義。其小之也亦宜。其所謂道。道其所道。非吾所謂道也。其所謂德。德其所德。非吾所謂德也。凡吾所謂道德云者。合仁與義言之也。天下之公言也。老子所謂道德云者。去仁與義言之也。一人之私言也。周道衰。孔子沒。火于秦。黃老于漢。佛于晉宋齊梁魏隋之閒。其言道德仁義者。不入于楊。則入于墨。不入于墨。則入于老。不入于老。則入于佛。入于彼。必出于此。入者主之。出者奴之。入者附之。出者汙之。噫。後之人。其欲聞仁義道德之說。孰從而聽之。老者曰。孔子。吾師之弟子也。佛者曰。孔子。吾師之弟子也。爲孔子者。習聞其說。樂其誕而自小也。亦曰吾師亦嘗師之云爾。不惟擧之於其口。而又筆之於其書。噫。後之人。雖欲聞仁義道德之說。其孰從而求之。甚矣人之好怪也。不求其端。不訊其末。惟怪之欲聞。古之爲民者四。今之爲民者六。古之敎者處其一。今之敎者處其三。農之家一。而食粟之家六。工之家一。而用器之家六。賈之家一。而資焉之家六。柰之何民不窮且盜也。古之時。人之害多矣。有聖人者立。然後敎之以相生相養之道。爲之君。爲之師。驅其蟲蛇禽獸。而處之中土。寒然後爲

之衣。饑然後爲之食。木處而顚。土處而病也。然後爲之宮室。爲之工。以贍其器用。爲之賈。以通其有無。爲之醫藥。以濟其夭死。爲之葬埋祭祀。以長其恩愛。爲之禮。以次其先後。爲之樂。以宣其湮鬱。爲之政。以率其怠勌。爲之刑。以鋤其强梗。相欺也。爲之符璽斗斛權衡。以信之。相奪也。爲之城郭甲兵。以守之。害至而爲之備。患生而爲之防。今其言曰。聖人不死。大盜不止。剖斗折衡。而民不爭。嗚呼。其亦不思而已矣。如古之無聖人。人之類滅久矣。何也。無羽毛鱗介以居寒熱也。無爪牙以爭食也。是故君者。出令者也。臣者。行君之令。而致之民者也。民者。出粟米麻絲。作器皿。通貨財。以事其上者也。君不出令。則失其所以爲君。臣不行君之令。而致之民。則失其所以爲臣。民不出粟米麻絲。作器皿。通貨財。以事其上。則誅。今其法曰。必棄而君臣。去而父子。禁而相生相養之道。以求其所謂清淨寂滅者。嗚呼。其亦幸而出於三代之後。不見黜於禹湯文

胥、

武周公孔子也其亦不幸而不出於三代之前不見正於禹湯文武周公孔子也」帝之與王其號雖殊其所以爲聖一也夏葛而冬裘渴飲而饑食其事雖殊其所以爲智一也今其言曰曷不爲太古之無事是亦責冬之裘者曰曷不爲葛之之易也責饑之食者曰曷不爲飲之之易也傳曰古之欲明明德於天下者先治其國欲治其國者先齊其家欲齊其家者先修其身欲修其身者先正其心欲正其心者先誠其意然則古之所謂正心誠意者將以有爲也今也欲治其心而外天下國家滅其天常子焉而不父其父臣焉而不君其君民焉而不事其事」孔子之作春秋也諸侯用夷禮則夷之夷而進於中國則中國之經曰夷狄之有君不如諸夏之亡詩曰戎狄是膺荊舒是懲今也舉夷狄之法而加之先王之敎之上幾何其不胥而爲夷也」夫所謂先王之敎者何也博愛之謂仁行而宜之之謂義由是而之焉之謂道足乎己無待於外之謂德其文詩書易春秋其法禮樂刑政其民士農工賈其位君臣父子師友賓主昆弟夫婦其服麻絲其居宮室其食粟米果蔬魚肉其爲道易明而其爲敎易行也是故以之爲己則順而祥以之爲人則愛而公以之爲心則和而平以之爲天下國家無所處而不當是故生則得其情死則盡其常郊焉而天神假廟焉而人鬼饗」曰斯道也何道也曰斯吾所謂道也非向所謂老與佛之道也堯以是傳之舜舜以是傳之禹禹以是傳之湯湯以是傳之文武周公文武周公傳之孔子孔子傳之孟軻軻之死不得其傳焉荀與揚也擇焉而不精語焉而不詳由周公而上上而爲君故其事行由周公而下下而爲臣故其說長」然則如之何而可也曰不塞不流不止不行人其人火其書廬其居明先王之道以道之鰥寡孤獨癈疾者有養也其亦庶乎其可也

進學解

韓　愈

國子先生、
畯良、
爬羅剔抉、刮垢磨光、
鉤其玄、
繼晷、 觝排異端、
補苴罅漏、張皇幽眇、
沈浸醲郁、
上規姚姒、渾渾無涯、周誥殷盤、佶屈聱牙、 莊騷、
頭童齒豁、
杗、 欂櫨、侏儒、椳闑扂楔、
玉札、 牛溲馬勃、
卓犖、
踵常途之促

國子先生晨入太學招諸生立館下誨之曰業精于勤荒于嬉行成于思毀于隨方今聖賢相逢治具畢張拔去兇邪登崇畯良占小善者率以錄名一藝者無不庸爬羅剔抉刮垢磨光蓋有幸而獲選孰云多而不揚諸生業患不能精無患有司之不明行患不能成無患有司之不公」言未既有笑於列者曰先生欺予哉弟子事先生于茲有年矣先生口不絕吟於六藝之文手不停披於百家之編記事者必提其要纂言者必鉤其玄貪多務得細大不捐焚膏油以繼晷恆兀兀以窮年先生之業可謂勤矣」觝排異端攘斥佛老補苴罅漏張皇幽眇尋墜緒之茫茫獨旁搜而遠紹障百川而東之廻狂瀾於既倒先生之於儒可謂有勞矣」沈浸醲郁含英咀華作爲文章其書滿家上規姚姒渾渾無涯周誥殷盤佶屈聱牙春秋謹嚴左氏浮誇易奇而法詩正而葩下逮莊騷太史所錄子雲相如同工異曲先生之於文可謂閎其中而肆其外矣」少始知學勇於敢爲長通於方左右具宜先生之於爲人可謂成矣然而公不見信於人私不見助於友跋前躓後動輒得咎暫爲御史遂竄南夷三年博士冗不見治命與仇謀取敗幾時冬煖而兒號寒年豐而妻啼饑頭童齒豁竟死何裨不知慮此而反敎人爲」先生曰吁子來前夫大木爲杗細木爲桷欂櫨侏儒椳闑扂楔各得其宜施以成室者匠氏之工也玉札丹砂赤箭青芝牛溲馬勃敗鼓之皮俱收並蓄待用無遺者醫師之良也登明選公雜進巧拙紆餘爲妍卓犖爲傑校短量長惟器是適者宰相之方也」昔者孟軻好辯孔道以明轍環天下卒老于行荀卿守正大論是弘逃讒于楚廢死蘭陵是二儒者吐辭爲經擧足爲法絕類離倫優入聖域其遇於世何如也」今先生學雖勤而不繇其統言雖多而不要其中文雖奇而不濟於用行雖修而不顯於衆猶且月費俸錢歲靡廩粟子不知耕婦不知織乘馬從徒安坐而食踵常途之促

促窺陳編以盜竊、
杙、
楹、以昌陽引年、豨苓、
恒其德貞、
王臣蹇蹇匪躬之故、
冒進、曠官、
擊柝、
委吏、乘田、
招、

促窺陳編以盜竊。然而聖主不加誅。宰臣不見斥。非其幸歟。動而得謗。名亦隨之。投閑置散。乃分之宜。若夫商財賄之有亡。計班資之崇庳。忘己量之所稱。指前人之瑕疵。是所謂詰匠氏之不以杙爲楹。而訾醫師以昌陽引年。欲進其豨苓也。

爭臣論

韓　愈

或問諫議大夫陽城於愈。可以爲有道之士乎哉。學廣而聞多。不求聞於人也。行古人之道。居於晉之鄙。晉之鄙人。薰其德而善良者幾千人。大臣聞而薦之天子。以爲諫議大夫。人皆以爲華。陽子不色喜。居於位五年矣。視其德。如在野。彼豈以富貴移易其心哉。

愈應之曰。是易所謂恒其德貞。而夫子凶者也。惡得爲有道之士乎哉。在易蠱之上九云。不事王侯。高尚其事。蹇之六二則曰。王臣蹇蹇。匪躬之故。夫不以所居之時不一。而所蹈之德不同也。若蠱之上九。居無用之地。而致匪躬之節。以蹇之六二。在王臣之位。而

高不事之心。則冒進之患生。曠官之刺興。志不可則。而尤不終无也。今陽子在位。不爲不久矣。聞天下之得失。不爲不熟矣。天子待之。不爲不加矣。而未嘗一言及於政。視政之得失。若越人視秦人之肥瘠。忽焉不加喜戚於其心。問其官則曰。諫議也。問其祿則曰。下大夫之秩也。問其政則曰。我不知也。有道之士。固如是乎哉。且吾聞之。有官守者。不得其職則去。有言責者。不得其言則去。今陽子以爲得其言乎哉。得其言而不言。與不得其言而不去。無一可者也。陽子將爲祿仕乎。古之人有云。仕不爲貧。而有時乎爲貧。謂祿仕者也。宜乎辭尊而居卑。辭富而居貧。若抱關擊柝者可也。蓋孔子嘗爲委吏矣。嘗爲乘田矣。亦不敢曠其職。必曰。會計當而已矣。必曰。牛羊遂而已矣。若陽子之秩祿。不爲卑且貧。章章明矣。而如此。其可乎哉。或曰。否。非若此也。夫陽子惡訕上者。惡爲人臣。招其君之過。而以爲名者。故雖諫且議。使人不得而知焉。書曰。爾有

骨鯁、
熙鴻號於無窮、
不乂、
孔席不暇暖、墨突不得黔、

嘉謀嘉猷。則入告爾后於內。爾乃順之於外。曰。斯謀斯猷。惟我后之德。夫陽子之用心。亦若此者。愈應之曰。若陽子之用心如此。滋所謂惑者矣。入則諫其君。出不使人知者。大臣宰相者之事。非陽子之所宜行也。夫陽子本以布衣隱於蓬蒿之下。主上嘉其行誼。擢在此位。官以諫爲名。誠宜有以奉其職。使四方後代知朝廷有直言骨鯁之臣。天子有不僭賞。從諫如流之美。庶巖穴之士。聞而慕之。束帶結髮。願進於闕下。而伸其辭說。致吾君於堯舜。熙鴻號於無窮也。若書所謂。則大臣宰相之事。非陽子之所宜行也。且陽子之心。將使君人者惡聞其過乎。是啓之也。或曰。陽子之不求聞。而人聞之。不求用。而君用之。不得已而起。守其道而不變。何子過之深也。愈曰。自古聖人賢士。皆非有求於聞用也。閔其時之不平。人之不乂。得其道。不敢獨善其身。而必以兼濟天下也。孜孜矻矻。死而後已。故禹過家門不入。孔席不暇暖。而墨突不得黔。彼二聖

一賢者。豈不知自安佚之爲樂哉。誠畏天命。而悲人窮也。夫天授人以賢聖才能。豈使自有餘而已。誠欲以補其不足者也。耳目之於身也。耳司聞。而目司見。聽其是非。視其險易。然後身得安焉。聖賢者時人之耳目也。時人者聖賢之身也。且陽子之不賢。則將役於賢。以奉其上矣。若果賢。則固畏天命。而閔人窮也。惡得以自暇逸乎哉。或曰。吾聞君子不欲加諸人。而惡訐以爲直者。若吾子之論。直則直矣。無乃傷於德。而費於辭乎。好盡言。以招人過。國武子之所以見殺於齊也。吾子其亦聞乎。愈曰。君子居其位。則思死其官。未得位。則思修其辭。以明其道。我將以明道也。非以爲直而加人也。且國武子。不能得善人。而好盡言於亂國。是以見殺。傳曰。惟善人能受盡言。謂其聞而能改之也。子告我曰。陽子可以爲有道之士也。今雖不能及已。陽子將不得爲善人乎哉。

毛穎傳

韓　愈

當吐而生、
竊姮娥、騎蟾蜍入月、
宋鵲、
八竅而趺居、
以衡石自程、
絳人陳玄、弘農陶泓、會稽褚先生、

毛穎者。中山人也。其先明眎。佐禹治東方土。養萬物有功。因封於卯地。死爲十二神。嘗曰。吾子孫。神明之後。不可與物同。當吐而生。已而果然。明眎八世孫䨲。世傳當殷時居中山。得神仙之術。能匿光使物。竊姮娥。騎蟾蜍入月。其後代遂隱不仕云。居東郭者曰䨲。狡而善走。與韓盧爭能。盧不及。盧怒與宋鵲謀而殺之。醢其家」秦始皇時。蒙將軍恬南伐楚。次中山。將大獵以懼楚。召左右庶長與軍尉。以連山筮之。得天與人文之兆。筮者賀曰。今日之獲。不角不牙。衣褐之徒。缺口而長鬚。八竅而趺居。獨取其髦。簡牘是資。天下其同書。秦其遂兼諸侯乎。遂獵。圍毛氏之族。拔其豪。載穎而歸。獻俘於章臺宮。聚其族而加束縛焉。秦皇帝使恬賜之湯沐。而封之管城。號曰管城子。日見親寵任事」穎爲人。强記而便敏。自結繩之代。以及秦事。無不纂錄。陰陽卜筮。占相醫方。族氏。山經地志。字書圖畫。九流百家天人之書。及至浮圖老子外國之說。皆所詳悉。又

通於當代之務。官府簿書。市井貨錢注記。惟上所使。自秦皇帝。及太子扶蘇胡亥丞相斯中車府令高。下及國人。無不愛重。又善隨人意。正直邪曲巧拙。一隨其人。雖見廢棄。終默不洩。惟不喜武士。然見請亦時往」累拜中書令。與上益狎。上嘗呼爲中書君。上親決事。以衡石自程。雖宮人不得立左右。獨穎與執燭者常侍。上休方罷。穎與絳人陳玄。弘農陶泓。及會稽褚先生友善。相推致。其出處必偕。上召穎。三人者不待詔。輒俱往。上未嘗怪焉」後因進見。上將有任使。拂拭之。因免冠謝。上見其髮禿。又所摹畫。不能稱上意。上嘻笑曰。中書君老而禿。不任吾用。吾嘗謂君中書。君今不中書邪。對曰。臣所謂盡心者。因不復召。歸封邑。終於管城。其子孫甚多。散處中國夷狄。皆冒管城。惟居中山者。能繼父祖業。

太史公曰。毛氏有兩族。其一姬姓。文王之子封於毛。所謂魯衞毛聃者也。戰國時。有毛公毛遂。獨中山之族。不知其本所出。子孫最

踔厲風發、
汎濫停蓄、
子本相侔、
大人、
詡詡、

爲蕃昌。春秋之成。見絕於孔子。而非其罪。及蒙將軍拔中山之豪。始皇封之管城。世遂有名。而姬姓之毛無聞」穎始以俘見。卒見任使。秦之滅諸侯。穎與有功。賞不酧勞。以老見疏。秦眞少恩哉。

柳子厚墓誌銘　　韓　愈

子厚諱宗元。七世祖慶。爲拓跋魏侍中。封濟陰侯。曾伯祖奭。爲唐宰相。與褚遂良韓瑗俱得罪武后。死高宗朝。皇考諱鎭。以事母棄太常博士。求爲縣令江南。其後以不能媚權貴失御史。權貴人死。乃復拜侍御史。號爲剛直。所與游。皆當世名人」子厚少精敏。無不通達。逮其父時。雖少年。已自成人。能取進士第。嶄然見頭角。衆謂柳氏有子矣。其後以博學宏詞。授集賢殿正字。儁傑廉悍。議論證據今古。出入經史百子。踔厲風發。率常屈其座人。名聲大振。一時皆慕與之交。諸公要人。爭欲令出我門下。交口薦譽之」貞元十九年。由藍田尉拜監察御史。順宗卽位。拜禮部員外郎。遇用事者得

罪。例出爲刺史。未至。又例貶永州司馬。居閑益自刻苦。務記覽。爲詞章。汎濫停蓄。爲深博無涯涘。而自肆於山水閒」元和中。嘗例召至京師。又偕出爲刺史。而子厚得柳州。旣至。歎曰。是豈不足爲政邪。因其土俗。爲設敎禁。州人順賴。其俗以男女質錢。約不時贖。子本相侔。則沒爲奴婢。子厚與設方計。悉令贖歸。其尤貧力不能者。令書其傭。足相當則使歸其質。觀察使下其法於他州。比一歲。免而歸者且千人。衡湘以南。爲進士者。悉以子厚爲師。其經承子厚口講指畫爲文詞者。悉有法度可觀」其召至京師。而復爲刺史也。中山劉夢得禹錫亦在遣中。當詣播州。子厚泣曰。播州非人所居。而夢得親在堂。吾不忍夢得之窮。無辭以白其大人。且萬無母子俱往理。請於朝。將拜疏願以柳易播。雖重得罪死不恨。遇有以夢得事白上者。夢得於是改刺連州。嗚呼。士窮乃見節義。今夫平居里巷相慕悅。酒食游戲相徵逐。詡詡强笑語。以相取下。握手出肺

顧藉、　窮裔、　舅弟、　室、　零丁、

肝相示。指天日涕泣。誓生死不相背負。眞若可信。一旦臨小利害僅如毛髮比。反眼若不相識。落陷穽。不一引手救。反擠之。又下石焉者。皆是也。此宜禽獸夷狄所不忍爲。而其人自視以爲得計。聞子厚之風。亦可以少愧矣。」子厚前時少年。勇於爲人。不自貴重顧藉。謂功業可立就。故坐廢退。既退。又無相知有氣力得位者推挽。故卒死於窮裔。材不爲世用。道不行於時也。使子厚在臺省時。自持其身。已能如司馬刺史時。亦自不斥。斥時有人力能擧之。且必復用不窮。然子厚斥不久。窮不極。雖有出於人。其文學辭章。必不能自力以致必傳於後如今無疑也。雖使子厚得所願。爲將相於一時。以彼易此。孰得孰失。必有能辨之者。」子厚以元和十四年十一月八日卒。年四十七。以十五年七月十日。歸葬萬年先人墓側。子厚有子。男二人。長曰周六。始四歲。季曰周七。子厚卒乃生。女子二人。皆幼。其得歸葬也。費皆出觀察使河東裴君行立。行立有節

槩。重然諾。與子厚結交。子厚亦爲之盡。竟賴其力。葬子厚於萬年之墓者。舅弟盧遵。遵。涿人。性謹愼。學問不厭。自子厚之斥。遵從而家焉。逮其死不去。既往葬子厚。又將經紀其家。庶幾有始終者。銘曰。

是惟子厚之室。既固既安。以利其嗣人。

祭十二郎文　韓　愈

年月日。季父愈。聞汝喪之七日。乃能銜哀致誠。使建中遠具時羞之奠。告汝十二郎之靈。」嗚呼。吾少孤。及長。不省所怙。惟兄嫂是依。中年。兄歿南方。吾與汝俱幼。從嫂歸葬河陽。既又與汝就食江南。零丁孤苦。未嘗一日相離也。吾上有三兄。皆不幸早世。承先人後者。在孫惟汝。在子惟吾。兩世一身。形單影隻。嫂常撫汝。指吾而言曰。韓氏兩世。惟此而已。汝時尤小。當不復記憶。吾時雖能記憶。亦未知其言之悲也。」吾年十九。始來京城。其後四年。而歸視汝。又四年。吾往河陽省墳墓。遇汝從嫂喪來葬。又二年。吾佐董丞相於汴州。汝來省吾。止一歲。請歸取其孥。明年丞相薨。吾去汴州。汝不果來。是年吾佐戎徐州。使取汝者始行。吾又罷去。汝又不果來。吾念汝從於東。東亦客也。不可以久。圖久遠者。莫如西歸。將成家而致汝。嗚呼。孰謂汝遽去吾而歿乎。吾與汝俱少年。以爲雖暫相別。終當久與相處。故捨汝而旅食京師。以求斗斛之祿。誠知其如此。雖萬乘之公相。吾不以一日輟汝而就也。」去年。孟東野往。吾書與汝曰。吾年未四十。而視茫茫。而髮蒼蒼。而齒牙動搖。念諸父與諸兄。皆康强而早世。如吾之衰者。其能久存乎。吾不可去。汝不肯來。恐旦暮死。而汝抱無涯之戚也。孰謂少者歿而長者存。强者夭而病者全乎。」嗚呼。其信然邪。其夢邪。其傳之非其眞邪。信也。吾兄之盛德而夭其嗣乎。汝之純明而不克蒙其澤乎。少者强者而夭沒。長者衰者而存全乎。未可以爲信也。夢也。傳之非其眞也。東野之書。

耿蘭之報。何爲而在吾側也。嗚呼。其信然矣。吾兄之盛德而夭其嗣矣。汝之純明宜業其家者。不克蒙其澤矣。所謂天者誠難測。而神者誠難明矣。所謂理者不可推。而壽者不可知矣。雖然。吾自今年來。蒼蒼者或化而爲白矣。動搖者或脫而落矣。毛血日益衰。志氣日益微。幾何不從汝而死也。死而有知。其幾何離。其無知。悲不幾時。而不悲者無窮期矣。汝之子始十歲。吾之子始五歲。少而强者不可保。如此孩提者。又可冀其成立邪。嗚呼哀哉。嗚呼哀哉。」汝去年書云。比得軟脚病。往往而劇。吾曰。是疾也。江南之人。常常有之。未始以爲憂也。嗚呼。其竟以此而殞其生乎。抑別有疾而至斯乎。汝之書。六月十七日也。東野云。汝歿以六月二日。耿蘭之報無月日。蓋東野之使者。不知問家人以月日。如耿蘭之報。不知當言月日。東野與吾書。乃問使者。使者妄稱以應之耳。其然乎。其不然乎。今吾使建中祭汝。弔汝之孤。與汝之乳母。彼有食可守以待終

兆、　窆、　進律增秩、　亭障、　物故、　餫夫、　食醯、

喪。則待終喪而取以來。如不能守以終喪。則遂取以來。其餘奴婢。並令守汝喪。吾力能改葬。終葬汝於先人之兆。然後惟其所願。嗚呼。汝病吾不知時。汝歿吾不知日。生不能相養以共居。歿不能撫汝以盡哀。斂不憑其棺。窆不臨其穴。吾行負神明。而使汝夭。不孝不慈。而不得與汝相養以生。相守以死。一在天之涯。一在地之角。生而影不與吾形相依。死而魂不與吾夢相接。吾實爲之。其又何尤。彼蒼者天。曷其有極。自今以往。吾其無意於人世矣。當求數頃之田於伊潁之上。以待餘年。教吾子與汝子幸其成。長吾女與汝女待其嫁。如此而已。嗚呼。言有窮而情不可終。汝其知也邪。其不知也邪。嗚呼哀哉。尙饗。

興州江運記　　柳宗元

御史大夫嚴公牧於梁五年。嗣天子用周漢進律增秩之典。以親諸侯。謂公有功德理行。就加禮部尙書。是年四月。使中謁者來錫

新定漢文卷之五　五三　五四

公命。賓僚吏屬。將校卒士。黧老童孺。塡溢公門。舞躍歡呼。願建碑紀德。垂億萬祀。公固不許。而相與怨咨。遑遑如不飮食。於是西鄙之人。密以刋山導江之事。願刻巖石。曰。維梁之西。其蔽曰某山。其守曰興州。興州之西爲戎居。歲備亭障。實以精卒。以道之險隘。兵困於食。守用不固。公患之曰。吾嘗爲興州。凡其士人之故。吾能知之。自長擧北至於靑泥山。又西抵於成州。過栗亭川。踰寶井堡。崖谷峻隘。十里百折。負重而上。若蹈利刃。盛秋水潦。窮冬雨雪。深泥積水。相輔爲害。顚踣騰藉。血流棧道。糗糧芻藁。塡谷委山。牛馬羣畜相藉物故。餫夫畢力。守卒延頸。嗷嗷之聲。其可哀也。若是者緜三百里而餘。自長擧而西。可以導江而下。二百里而至。昔之人莫得知也。吾受命於君。而育斯人。其可已乎。乃出軍府之幣。以備器用。卽山僦功。由是轉巨石。仆大木。焚以炎火。沃以食醯。摧其堅剛。化爲灰燼。畚鍤之下。易甚朽壤。乃闢乃墾。乃宣乃理。隨山之曲直。

烝徒、　昏札、　杠梁、　四人、　西門遺利、史起興歎、　白圭壑鄰、孟子不與、　以貨竄名軍伍中、　不嗛、　戚、　署、

以休人力。順地之高下。以殺湍悍。厥功既成。咸如其素。於是決去壅土。疏導江濤。萬夫呼抃。莫不如志。雷騰雲奔。百里一瞬。既會既遠。淡爲安流。烝徒謳歌。枕臥而至。戍人無虞。專力待寇。惟我公之功。疇可侔也。而無以酬德致其大願。又不可得命。矧公之始來。屬當惡歲。府庾甚虛。器備甚殫。飢饉昏札。死徒充路。賴公節用愛人。克安而生。老窮有養。幼乳以遂。不問不使。咸得其志。公命鼓鑄。庫有利兵。公命屯田。師有餘糧。選徒練旅。有衆孔武。平刑議獄。有衆不黷。增石爲防。膏我稻粱。歲無凶菑。家有積倉。傳館是飾。旅忘其歸。杠梁以成。人不履危。若是者。皆以戎隙。師士而爲之。不出四人之力。而百役已就。且我西鄙之職官。故不能具擧。惟公和恒直方。廉毅信讓。敦尙儒學。抑損貴位。率忠與仁。以厚其誠。有可以安利於人者。行之堅勇。不俟終日。其與功濟物。宜如此其大也。昔之爲國者。惟水事爲重。故有障大澤勤其官而受封國者矣。西門遺利。

新定漢文卷之五　五五　五六

史起興歎。白圭壑鄰。孟子不與。公能夷險休勞。以惠萬代。其功烈尤章章焉。不可蓋也。是用假辭謁工。勒而存之。用永憲於後祀。

段太尉逸事狀　　柳宗元

太尉始爲涇州刺史。時汾陽王以副元帥居蒲。王子晞爲尙書。領行營節度使。寓軍邠州。縱士卒無賴。邠人偸嗜暴惡者。率以貨竄名軍伍中。則肆志。吏不得問。日羣行丐取于市。不嗛。輒奮擊折人手足。椎釜鬲甕盎盈道上。把臂徐去。至撞殺孕婦人。邠寧節度使白孝德。以王故。戚不敢言。太尉自州以狀白府。願計事。至則曰。天子以生人分公理。公見人被暴害。因恬然。且大亂。若何。孝德曰。願奉敎。太尉曰。某爲涇州。甚適少事。今不忍人無寇暴死。以亂天子邊事。公誠以都虞候命某者。能爲公已亂。使公之人不得害。孝德曰。幸甚。如太尉請。既署一月。晞軍士十七人。入市取酒。又以刃刺酒翁。壞釀器。酒流溝中。太尉列卒。取十七人。皆斷頭注槊上。植市

不戢士、　火伍、　巽、

門外。晞一營大譟。盡甲。孝德震恐。召太尉曰。將奈何。太尉曰。無傷也。請辭於軍。孝德使數十人從太尉。太尉盡辭去。解佩刀。選老躄者一人。持馬。至晞門下。甲者出。太尉笑且入曰。殺一老卒。何甲也。吾戴吾頭來矣。甲者愕。因諭曰。尙書固負若屬邪。副元帥固負若屬邪。奈何欲以亂敗郭氏。爲白尙書。出聽我言。晞出見太尉。太尉曰。副元帥勳塞天地。當務始終。今尙書恣卒爲暴。暴且亂。亂天子邊。欲誰歸罪。罪且及副元帥。今邠人惡子弟。以貨竄名軍籍中。殺害人。如是不止。幾日不大亂。大亂由尙書出。人皆曰。尙書倚副元帥不戢士。然則郭氏功名。其與存者幾何。言未畢。晞再拜曰。公幸教晞以道。恩甚大。願奉軍以從。顧叱左右曰。皆解甲。散還火伍中。敢譁者死。太尉曰。吾未晡食。請假設草具。既食。曰。吾疾作。願留宿門下。命持馬者。去旦日來。還臥軍中。晞不解衣。戒候卒。擊柝衞太尉。旦俱至孝德所。謝不能。請改過。邠州由是無禍。」先是太尉在涇

州。爲營田官。涇大將焦令諶取人田。自占數十頃。給與農曰。且熟。歸我半。是歲大旱。野無草。農以告諶。諶曰。我知入數而已。不知旱也。督責益急。且飢死。無以償。卽告太尉。太尉判狀辭甚巽。使人來諭諶。諶盛怒。召農者曰。我畏段某邪。何敢言我。取判鋪背上。以大杖擊二十。垂死。輿來庭中。太尉大泣曰。乃我困汝。卽自取水洗去血。裂裳衣瘡。手注善藥。旦夕自哺農者。然後食。取騎馬賣。市穀代償。使勿知。淮西寓軍帥尹少榮。剛直士也。入見諶。大罵曰。汝誠人邪。涇州野如赭。人且飢死。而必得穀。又用大杖。擊無罪者。段公。仁信大人也。而汝不知敬。今段公唯一馬。賤賣市穀入汝。汝又取不恥。凡爲人傲天災。犯大人。擊無罪者。又取仁者穀。使主人出無馬。汝將何以對天地。尙不媿奴隷邪。諶雖暴抗。然聞言則大媿。流汗不能食。曰。我終不可以見段公。一夕自恨死。及太尉自涇州以司農徵。戒其族。過岐。朱泚幸致貨幣。愼勿納。及過。泚固致大綾三百

姁姁、　腊、大風、攣踠、瘻癘、死肌、三蟲、　汪然、　隳突、　缶、　弛然、

匹。太尉壻韋晤堅拒。不得命。至都。太尉怒曰。果不用吾言。晤謝曰。處賤無以拒也。太尉曰。然。終不以在吾第。以如司農治事堂。棲之梁木上。泚反。太尉終。吏以告泚。泚取視。其故封識具存。」元和九年月日。永州司馬員外置同正員柳宗元。謹上史館。今之稱太尉大節者。出入以爲武人。一時奮不慮死。以取名天下。不知太尉之所立如是。宗元嘗出入岐周邠斄閒。過眞定。北上馬嶺。歷亭鄣堡戍。竊好問老校退卒。能言其事。太尉爲人姁姁。常低首拱手行步。言氣卑弱。未嘗以色待物。人視之。儒者也。遇不可。必達其志。決非偶然者。會州刺史崔公來。言信行直。備得太尉遺事。覆校無疑。或恐尙逸墜。未集太史氏。敢以狀私於執事。謹狀。

捕蛇者說

柳宗元

永州之野產異蛇。黑質而白章。觸草木盡死。以齧人。無禦之者。然得而腊之以爲餌。可以已大風攣踠瘻癘。去死肌。殺三蟲。其始太

醫以王命聚之。歲賦其二。募有能捕之者。當其租入。永之人爭奔走焉。」有蔣氏者。專其利三世矣。問之則曰。吾祖死於是。吾父死於是。今吾嗣爲之十二年。幾死者數矣。言之。貌若甚慼者。余悲之。且曰。若毒之乎。余將告於莅事者。更若役。復若賦。則何如。蔣氏大慼。汪然出涕曰。君將哀而生之乎。則吾斯役之不幸。未若復吾賦不幸之甚也。嚮吾不爲斯役。則久已病矣。自吾氏三世居是鄉。積於今六十歲矣。而鄉鄰之生日蹙。殫其地之出。竭其廬之入。號呼而轉徙。饑渴而頓踣。觸風雨。犯寒暑。呼噓毒癘。往往而死者相藉也。曩與吾祖居者。今其室十無一焉。與吾父居者。今其室十無二三焉。與吾居十二年者。今其室十無四五焉。非死則徙爾。而吾以捕蛇獨存。悍吏之來吾鄉。叫囂乎東西。隳突乎南北。譁然而駭者。雖雞狗不得寧焉。吾恂恂而起。視其缶。而吾蛇尙存。則弛然而臥。謹食之。時而獻焉。退而甘食其土之有。以盡吾齒。蓋一歲之犯死者

傭隙宇、尋引、

嗇夫、版尹、

二焉。其餘則熙熙而樂。豈若吾鄉鄰之旦旦有是哉。今雖死乎此。比吾鄉鄰之死則已後矣。又安敢毒邪。余聞而愈悲。孔子曰。苛政猛於虎也。吾嘗疑乎是。今以蔣氏觀之。猶信。嗚呼。孰知賦斂之毒有甚是蛇者乎。故爲之說。以俟夫觀人風者得焉。

梓人傳　　柳宗元

裴封叔之第。在光德里。有梓人。款其門。願傭隙宇而處焉。所職尋引規矩繩墨。家不居礱斲之器。問其能。曰。吾善度材。視棟宇之制。高深圓方短長之宜。吾指使而羣工役焉。捨我。衆莫能就一宇。故食於官府。吾受祿三倍。作於私家。吾收其直大半焉。他日入其室。其牀闕足。而不能理。曰。將求他工。余甚笑之。謂其無能而貪祿嗜貨者。其後京兆尹將飾官署。余往過焉。委羣材。會衆工。或執斧斤。或執刀鋸。皆環立嚮之。梓人左持引。右執杖。而中處焉。量棟宇之任。視木之能舉揮其杖曰斧。彼執斧者奔而右。顧而指曰鋸。彼執

鋸者趨而左。俄而斤者斲。刀者削。皆視其色。俟其言。莫敢自斷者。其不勝任者。怒而退之。亦莫敢慍焉。畫宮於堵。盈尺而曲盡其制。計其毫釐。而構大廈。無進退焉。既成。書於上棟曰。某年某月某日某建。則其姓氏也。凡執用之工。不在列。余圜視大駭。然後知其術之工大矣。繼而歎曰。彼將捨其手藝。專其心智。而能知體要者歟。吾聞勞心者役人。勞力者役於人。彼其勞心者歟。能者用而智者謀。彼其智者歟。是足爲佐天子相天下法矣。物莫近乎此也。彼爲天下者。本於人。其執役者。爲徒隸。爲鄉師里胥。其上爲下士。又其上爲中士。爲上士。又其上爲大夫。爲卿。爲公。離而爲六職。判而爲百役。外薄四海。有方伯連率。郡有守。邑有宰。皆有佐政。其下有胥吏。又其下皆有嗇夫版尹。以就役焉。猶衆工之各有執伎以食力也。彼佐天子相天下者。舉而加焉。指而使焉。條其綱紀而盈縮焉。齊其法制而整頓焉。猶梓人之有規矩繩墨以定制也。擇天下之

听听、

審曲面勢、

士。使稱其職。居天下之人。使安其業。視都知野。視野知國。視國知天下。其遠邇細大。可手據其圖而究焉。猶梓人畫宮於堵。而績于成也。能者進而由之。使無所德。不能者退而休之。亦莫敢慍。不衒能。不矜名。不親小勞。不侵衆官。日與天下之英才。討論其大經。猶梓人之善運衆工。而不伐藝也。夫然後相道得。而萬國理矣。相道既得。萬國既理。天下舉首而望曰。吾相之功也。後之人循跡而慕曰。彼相之才也。士或談殷周之理者。曰伊傅周召。其百執事之勤勞。而不得紀焉。猶梓人自名其功。而執用者不列也。大哉相乎。通是道者。所謂相而已矣。其不知體要者反此。以恪勤爲公。以簿書爲尊。衒能矜名。親小勞。侵衆官。竊取六職百役之事。听听於府庭。而遺其大者遠者焉。所謂不通是道者也。猶梓人而不知繩墨之曲直。規矩之方圓。尋引之短長。姑奪衆工之斧斤刀鋸。以佐其藝。又不能備其工。以至敗績用。而無所成也。不亦謬歟。或曰。彼主爲

室者。儻或發其私智。牽制梓人之慮。奪其世守。而道謀是用。雖不能成功。豈其罪邪。亦在任之而已。余曰。不然。夫繩墨誠陳。規矩誠設。高者不可仰而下也。狹者不可張而廣也。由我則固。不由我則圮。彼將樂去固而就圮也。則卷其術。默其智。悠爾而去。不屈吾道。是誠良梓人耳。其或嗜其貨利。忍而不能捨也。喪其制量。屈而不能守也。棟橈屋壞。則曰非我罪也。可乎哉。可乎哉。余謂梓人之道類於相。故書而藏之。梓人蓋古之審曲面勢者。今謂之都料匠云。余所遇者楊氏。潛其名。

種樹郭橐駝傳　　柳宗元

郭橐駝。不知始何名。病僂。隆然伏行。有類橐駝者。故鄉人號之駝。駝聞之曰。甚善。名我固當。因捨其名。亦自謂橐駝云。其鄉曰豐樂鄉。在長安西。駝業種樹。凡長安豪富人。爲觀游及賣果者。皆爭迎取養。視駝所種樹。或移徙。無不活。且碩茂。蚤實以蕃。他植者雖窺

孳　拳　進奏吏

何傚慕莫能如也有問之對曰橐駝非能使木壽且孳也能順木之天以致其性焉爾凡植木之性其本欲舒其培欲平其土欲故其築欲密既然已勿動勿慮去不復顧其蒔也若子其置也若棄則其天者全而其性得矣故吾不害其長而已非有能碩茂之也不抑耗其實而已非有能蚤而蕃之也他植者則不然根拳而土易其培之也若不過焉則不及苟能有反是者則又愛之太恩憂之太勤旦視而暮撫已去而復顧甚者爪其膚以驗其生枯搖其本以觀其疏密而木之性日以離矣雖曰愛之其實害之雖曰憂之其實讎之故不我若也吾又何能爲哉問者曰以子之道移之官理可乎駝曰我知種樹而已理非吾業也然吾居鄕見長人者好煩其令若甚憐焉而卒以禍旦暮吏來而呼曰官命促爾耕勗爾植督爾穫蚤繅而緖蚤織而縷字而幼孩遂而雞豚鳴鼓而聚之擊木而召之吾小人輟飧饔以勞吏者且不得暇又何以蕃吾

生而安吾性邪故病且怠若是則與吾業者其亦有類乎問者嘻曰不亦善夫吾問養樹得養人術傳其事以爲官戒也

上范司諫書

歐陽修

月日具官謹齋沐拜書司諫學士執事前月中得進奏吏報云自陳州召至闕拜司諫卽欲爲一書以賀多事悤卒未能也司諫七品官爾於執事得之不爲喜而獨區區欲一賀者誠以諫官者天下之得失一時之公議繫焉今世之官自九卿百執事外至一郡縣吏非無貴官大職可以行其道也然縣越其封郡踰其境雖賢守長不得行以其有司也吏部之官不得理兵部鴻臚之卿不得理光祿以其有司也若天下之失得生民之利害社稷之大計惟所見聞而不繫職司者獨宰相可行之諫官可言之爾故士學古懷道者仕於時不得爲宰相必爲諫官諫官雖卑與宰相等天子曰不可宰相曰可天子曰然宰相曰不然坐乎廟堂之上與天子

企足　麻　讜言

辨可否者宰相也天子曰是諫官曰非天子曰必行諫官曰必不可行立殿陛之前與天子爭是非者諫官也宰相尊行其道諫官卑行其言言行道亦行也九卿百司郡縣之吏守一職者任一職之責宰相諫官繫天下之事亦任天下之責然宰相九卿而下失職者受責於有司諫官之失職也取譏於君子有司之法行乎一時君子之譏著之簡册而昭明垂之百世而不泯甚可懼也夫七品之官任天下之責懼百世之譏豈不重邪非材且賢者不能爲也近執事始被召於陳州洛之士大夫相與語曰我識范君知其材也其來不爲御史必爲諫官及命下果然則又相與語曰我識范君知其賢也他日聞有立天子陛下直辭正色面爭廷論者非他人必范君也拜命以來翹首企足竚乎有聞而卒未也竊惑之豈洛之士大夫能料於前而不能料於後也將執事有待而爲也昔韓退之作爭臣論以譏陽城不能極諫卒以諫顯人皆謂城之

不諫蓋有待而然退之不識其意而妄譏修獨以謂不然當退之作論時城爲諫議大夫已五年後又二年始廷論陸贄及沮裴延齡作相欲裂其麻纔兩事耳當德宗時可謂多事矣授受失宜叛將强臣羅列天下又多猜忌進任小人於此之時豈無一事可言而須七年邪當時之事豈無急於沮延齡論陸贄兩事邪謂宜朝拜官而夕奏疏也幸而城爲諫官七年適遇延齡陸贄事一諫而罷以塞其責向使止五年六年而遂遷司業是終無一言而去也何所取哉今之居官者率三歲而一遷或一二歲甚者半歲而遷也此又非可以待乎七年也今天子躬親庶政化理淸明雖爲無事然自千里詔執事而拜是官者豈不欲聞正議而樂讜言乎今未聞有所言說使天下知朝廷有正士而彰吾君有納諫之明也夫布衣韋帶之士窮居草茅坐誦書史常恨不見用及用也又曰彼非我職不敢言或曰我位猶卑不得言得言矣又曰我有待是

終無一人言也。可不惜哉。伏惟執事思天子所以見用之意。懼君子百世之譏。一陳昌言以塞重望。且解洛士大夫之惑。則幸甚幸甚。

偃虹隄記　歐陽修

有自岳陽至者。以滕侯之書洞庭之圖來告曰。願有所記。予發書按圖。自岳陽門西距金雞之右。其外隱然隆高以長者。曰偃虹隄。問其作而名者。曰吾滕侯之所爲也。問其所以作之利害。曰洞庭。天下之至險。而岳陽荊潭黔蜀四會之衝也。昔舟之往來湖中者。至無所寓。則皆泊南津。其有事於州者遠且勞。而又常以風波之恐覆溺之虞。今舟之至者。皆泊隄下。有事於州者。近而且無患。問其大小之制用人之力。曰長一千尺。高三十尺。厚加二尺。而殺其上。得厚三分之二。用民力萬有五千五百工。而不踰時以成。問其始作之謀。曰州以事上轉運使。轉運使擇其吏之能者。行視可否。

凡三反復。而又上於朝廷。決之三司。然後曰可。而皆不能易吾侯之議也。曰此君子之作也。可以書矣。蓋慮於民也深。則其謀始也精。故能用力少。而爲功多。夫以百步之隄。禦天下至險不測之虞。惠其民而及於荊潭黔蜀。凡往來湖中。無遠邇之人。皆蒙其利焉。且岳陽。四會之衝。舟之來而止者。日凡有幾。使隄土石幸久不朽。則滕侯之惠利於人物。可以數計哉。夫事不患於不成。而患於易壞。蓋作者未始不欲其久存。而繼者嘗至於怠廢。自古賢智之士。爲其民捍患興利。其遺迹往往而在。使其繼者皆知始作之心。則民到於今受其賜。天下豈有遺利乎。此滕侯之所以慮而欲有紀於後也。滕侯志大材高。名聞當世。方朝廷用兵急人之時。嘗顯用之。而功未及就。退守一州。無所用心。略施其餘。以利及物。夫慮熟謀審。力不勞而功倍。作事可以爲後法。一宜書。不苟一時之譽。思爲利於無窮。而告來者以不廢。二宜書。岳之民人。與湖中之往來者。皆欲爲滕侯紀。三宜書。以三宜書。不可以不書。乃爲之書。

故霸州文安縣主簿蘇君墓誌銘　歐陽修

有蜀君子曰蘇君。諱洵。字明允。眉州眉山人也。君之行義修於家。信於鄉里。聞於蜀之人久矣。當至和嘉祐之間。與其二子軾轍偕至京師。翰林學士歐陽修得其所著書二十二篇。獻諸朝。書既出。而公卿士大夫爭傳之。其二子擧進士。皆在高等。亦以文學稱於時。眉山在西南數千里外。一日父子隱然名動京師。而蘇氏文章遂擅天下。君之文博辨宏偉。讀者悚然想見其人。既見而溫溫似不能言。及卽之與居。愈久而愈可愛。間而出其所有。愈叩而愈無窮。嗚呼。可謂純明篤實之君子也。曾祖諱祜。祖諱杲。父諱序。贈尚書職方員外郎。三世皆不顯。職方君三子。曰澹。曰渙。皆以文學擧進士。而君少獨不喜學。年已壯。猶不知書。職方君縱而不問。鄕閭親族皆怪之。或問其故。職方君笑而不答。君亦自如也。年二十七。

始大發憤。謝其素所往來少年。閉戶讀書。爲文辭。歲餘擧進士。再不中。又擧茂材異等。不中。退而歎曰。此不足爲吾學也。悉取所爲文數百篇焚之。益閉戶讀書。絕筆不爲文辭者五六年。乃大究六經百家之說。以考質古今治亂成敗。聖賢窮達出處之際。得其粹精。涵畜充溢。抑而不發。久之慨然曰。可矣。由是下筆。頃刻數千言。其縱橫上下。出入馳驟。必造於深微而後止。蓋其稟也厚。故發之遲。志也愨。故得之精。自來京師。一時後生學者。皆尊其賢。學其文。以爲師法。以其父子俱知名。故號老蘇以別之。初修爲上其書。召試紫微閣。辭不至。遂除試秘書省校書郎。會太常修纂建隆以來禮書。乃以爲霸州文安縣主簿。使食其祿。與陳州項城縣令姚闢。同修禮書。爲太常因革禮一百卷。書成。方奏未報。而君以疾卒。實治平三年戊申四月也。享年五十有八。天子聞而哀之。特贈光祿寺丞。勅有司具舟載其喪。歸於蜀。君娶程氏。大理寺丞文應之女。

汨、商搉、

生三子。曰景先。早卒。軾今爲殿中丞。直史館。轍權大名府推官。三女皆早卒。孫曰邁。曰遲。有文集二十卷。諡法三卷。君善與人交。急人患難。死則卹養其孤。鄉人多德之。蓋晚而好易。曰。易之道深矣。汨而不明者。諸儒以附會之說亂之也。去之則聖人之旨見矣。作易傳。未成而卒。治平四年十月壬申。葬於彭山之安鎭鄉可龍里。君生於遠方、而學文晚成。常歎曰。知我者惟吾父與歐陽公也。然則非余誰宜銘。銘曰。

蘇顯當世。實欒城人。以宦留眉。蕃蕃子孫。自其高曾。鄉里稱仁。偉歟明允。大發於文。亦既有文。而又有子。其存不朽。其嗣彌昌。嗚呼明允。可謂不亡。

南陽縣君謝氏墓誌銘　　歐陽修

慶曆四年秋。予友宛陵梅聖俞。來自吳興。出其哭內之詩而悲曰。吾妻謝氏亡矣。丐我以銘而葬焉。予諾之未暇作。居一歲中。書七

新定漢文卷之五　七三 七四

八至。未嘗不以謝氏銘爲言。且曰。吾妻故太子賓客諱濤之女。希深之妹也。希深父子。爲時聞人。而世顯榮。謝氏生於盛族。年二十以歸吾。凡十七年而卒。卒之夕。斂以嫁時之衣。甚矣吾貧可知也。然謝氏怡然處之。治其家有常法。其飲食器皿。雖不及豐侈。而必精以旨。其衣無故新。而澣濯縫紉。必潔以完。所至官舍雖卑陋。而庭宇灑掃。必肅以嚴。其平居語言容止。必從容以和。吾窮於世久矣。其出而幸與賢士大夫遊而樂。入則見吾妻之怡怡。而忘其憂。使吾不以富貴貧賤累其心者。抑吾妻之助也。吾嘗與士大夫語。謝氏多從戶屛竊聽之。閒則盡能商搉其人才能賢否。及時事之得失。皆有條理。吾官吳興。或自外醉而歸。必問曰。今日孰與飲而樂乎。聞其賢者也則悅。否則歎曰。君所交皆一時賢儁。豈其屈己下之邪。惟以道德焉。故合者尤寡。今與是人飲而歡邪。是歲南方旱。仰見飛蝗而歎曰。今西兵未解。天下重困。盜賊暴起於江淮。而

皇考、卜吉、

天旱且蝗如此。我爲婦人。死而得君葬我幸矣。其所以能安居貧而不困者。其性識明而知道理。多此類。嗚呼。其生也迫吾之貧。而沒也又無以厚焉。謂惟文字可以著其不朽。且其生平。尤知文章爲可貴。歿而得此。庶幾以慰其魂。且塞予悲。此我所以請銘於子之勤也。若此予忍不銘。夫人享年三十七。用夫恩。封南陽縣君。二男一女。以其年七月七日卒於高郵。梅氏世葬宛陵。以貧不能歸也。某年某月某日。葬於潤州之某縣某原。銘曰。

高崖斷谷兮。京口之原。山蒼水深兮。土厚而堅。居之可樂兮。卜者曰然。骨肉歸土兮。魂氣升天。何必故鄉兮。然後爲安。

瀧岡阡表　　歐陽修

嗚呼。惟我皇考崇公卜吉於瀧岡之六十年。其子修始克表於其阡。非敢緩也。蓋有待也。修不幸生四歲而孤。太夫人守節自誓。居貧自力於衣食。以長以敎。俾至於成人。太夫人告之曰。汝父爲吏

新定漢文卷之五　七五 七六

廉。而好施與。喜賓客。其俸祿雖薄。常不使有餘。曰。毋以是爲我累。然其亡也。無一瓦之覆。一壟之植。以庇而爲生。吾何恃而能自守邪。吾於汝父知其一二。以有待於汝也。自吾爲汝家婦。不及事吾姑。然知汝父之能養也。汝孤而幼。吾不能知汝之必有立。然知汝父之必將有後也。吾之始歸也。汝父免於母喪方逾年。歲時祭祀。則必涕泣曰。祭而豐。不如養之薄也。閒御酒食。則又涕泣曰。昔常不足。而今有餘。其何及也。吾始一二見之。以爲新免於喪適然耳。既而其後常然。至其終身。未嘗不然。吾雖不及事姑。而以此知汝父之能養也。汝父爲吏。嘗夜燭治官書。屢廢而歎。吾問之則曰。此死獄也。我求其生不得爾。吾曰。生可求乎。曰。求其生而不得。則死者與我皆無恨也。矧求而有得邪。以其有得。則知不求而死者有恨也。夫常求其生。猶失之死。而世常求其死也。回顧乳者抱汝而立於旁。因指而歎曰。術者謂我歲行在戌將死。使其言然。吾不及

見兒之立也。後當以我語告之。其平居教他子弟。常用此語。吾耳熟焉。故能詳也。其施於外事。吾不能知。其居於家。無所矜飾。而所爲如此。是眞發於中者邪。嗚呼。其心厚於仁者邪。此吾知汝父之必將有後也。汝其勉之。夫養不必豐。要於孝。利雖不得博於物。要其心之厚於仁。吾不能教汝。此汝父之志也。修泣而志之。不敢忘。

先公少孤力學。咸平三年。進士及第。爲道州判官。泗綿二州推官。又爲泰州判官。享年五十有九。葬沙溪之瀧岡。太夫人姓鄭氏。考諱德儀。世爲江南名族。太夫人恭儉仁愛而有禮。初封福昌縣太君。進封樂安安康彭城三郡太君。自其家少微時。治其家以儉約。其後常不使過之。曰。吾兒不能苟合於世。儉薄所以居患難也。其後修貶夷陵。太夫人言笑自若。曰汝家故貧賤也。吾處之有素矣。汝能安之。吾亦安矣。自先公之亡二十年。修始得祿而養。又十有二年。列官於朝。始得贈封其親。又十年。修爲龍圖閣直學士。尙書

吏部郎中。留守南京。太夫人以疾終於官舍。享年七十有二。又八年。修以非才入副樞密。遂參政事。又七年而罷。自登二府。天子推恩。褒其三世。蓋自嘉祐以來。逢國大慶。必加寵錫。皇曾祖府君。累贈金紫光祿大夫太師中書令。曾祖妣。累封楚國太夫人。皇祖府君。累贈金紫光祿大夫太師中書令兼尙書令。祖妣。累封吳國太夫人。皇考崇公。累贈金紫光祿大夫太師中書令兼尙書令。皇妣。累封越國太夫人。今上初郊。皇考賜爵爲崇國公。太夫人進號魏國。於是小子修泣而言曰。嗚呼。爲善無不報。而遲速有時。此理之常也。惟我祖考。積善成德。宜享其隆。雖不克有於其躬。而賜爵受封。顯榮褒大。實有三朝之錫命。是足以表見於後世。而庇賴其子孫矣。乃列其世譜。具刻於碑。既又載我皇考崇公之遺訓。太夫人之所以教。而有待於修者。並揭於阡。俾知夫小子修之德薄能鮮。遭時竊位。而幸全大節。不辱其先者。其來有自。熙寧三年。歲次庚戌。四月。辛酉朔。十有五日。乙亥。男推誠保德崇仁翊戴功臣。觀文殿學士。特進。行兵部尙書。知靑州軍州事。兼管內勸農使。充京東東路安撫使。上柱國。樂安郡開國公。食邑四千三百戶。實封一千二百戶修表。

上田樞密書　　蘇洵

天之所以與我者。豈偶然哉。堯不得以與丹朱。舜不得以與商均。而瞽瞍不得奪諸舜。發於其心。出於其言。見於其事。確乎其不可易也。聖人不得以與人。父不得奪諸其子。於此見天之所以與我者。不偶然也。夫其所以與我者。必有以用我也。我知之不得行之。不以告人。天固用之。我實置之。其名曰棄天。自卑以求幸其言。自小以求用其道。天之所以與我者何如。而我如此也。其名曰褻天。棄天。我之罪也。褻天。亦我之罪也。不棄不褻。而人不我用。不我用之罪也。其名曰逆天。然則棄天褻天者。其責在我。逆天者。其責在

人。在我者。吾將盡吾力之所能爲者。以塞夫天之所以與我之意。而求免夫天下後世之譏。在人者。吾何知焉。吾求免夫一身之責之不暇。而暇爲人憂乎哉。孔子孟軻之不遇。老於道途。而不倦不慍。不怍不沮者。夫固知夫責之所在也。衞靈魯哀齊宣梁惠之徒。不足相與以有爲也。我亦知之矣。抑將盡吾心焉耳。吾心之不盡。吾恐天下後世。無以責夫衞靈魯哀齊宣梁惠之徒。而彼亦將有以辭其責也。然則孔子孟軻之目。將不瞑於地下矣。夫聖人賢人之用心也固如此。如此而生。如此而死。如此而貧賤。如此而富貴。升而爲天。沈而爲淵。流而爲川。止而爲山。彼不預吾事。吾事畢矣。切怪夫後之賢者。不能自處其身也。饑寒困窮之不勝。而號於人。嗚呼。使吾誠死於饑寒困窮邪。則天下後世之責。將必有在。彼其身之責。不自任以爲憂。而我取而加之吾身。不亦過乎。今洵之不肖。何敢自列於聖賢。然其心亦所有甚不自輕者。何則天下之學

者。孰不欲一蹴而造聖人之域。然及其不成也。求一言之幾乎道。而不可得也。千金之子。可以貧人。可以富人。非天之所與。雖以貧人富人之權。求一言之幾乎道。不可得也。天子之宰相。可以生人。可以殺人。非天之所與。雖以生人殺人之權。求一言之幾乎道。不可得也。今洵用力於聖人賢人之術。亦已久矣。其言語。其文章。雖不識其果可以有用於今。而傳於後與否。獨怪夫得之之不勞。方其致思於心也。若或啓之。得之心而書之紙也。若或相之。夫豈無一言之幾於道者乎。千金之子。天子之宰相。求而不得者。一旦在己。故其心有以自負。或者天其亦有以與我也。曩者見執事於益州。當時之文。淺狹可笑。饑寒困窮亂其心。而聲律記問。又從而破壞其體。不足觀也已。數年來。退居山野。自分永棄。與世俗日疎闊。得以大肆其力於文章。詩人之優柔。騷人之清深。孟韓之溫醇。遷固之雄剛。孫吳之簡切。投之所向。無不如意。嘗試以爲董生得聖

人之經。其失也流而爲迂。鼂錯得聖人之權。其失也流而爲詐。有二子之材而不流者。其惟賈生乎。惜乎今之世。愚未見其人也。作策二道。曰審勢。審敵。作書十篇。曰權書。洵有山田一頃。非凶歲。可以無饑。力耕而節用。亦足以自老。不肖之身不足惜。而天之所與者不忍棄。且不敢褻也。執事之名滿天下。天下之士。用與不用。在執事。故敢以所謂策二道。權書十篇爲獻。平生之文。遠不可多致。有洪範論史論十篇。近以獻內翰歐陽公。度執事與之朝夕相從。議天下之事。則斯文也。其亦庶乎得陳於前矣。若夫言之可用與其身之可貴與否者。執事事也。執事責也。於洵何有哉。

上韓樞密書　蘇洵

太尉執事。洵著書無他長。及言兵事。論古今形勢。至自比賈誼。所獻權書。雖古人已往成敗之迹。苟深曉其義。施之於今。無所不可。昨因請見。求進末議。太尉許諾。謹撰其說。言語朴直。非有驚世絕俗之談。甚高難行之論。太尉取其大綱。而無責其纖悉。蓋古者非用兵決勝之爲難。而養兵不用之可畏。今夫水。激之山。放之海。決之爲溝塍。壅之爲沼沚。是天下之人能之。委江河。注淮泗。匯爲洪波瀦爲大湖。萬世而不溢者。自禹之後。未之見也。夫兵者。聚天下不義之徒。授之以不仁之器。而教之以殺人之事。夫惟天下之未安。盜賊之未殄。然後有以施其不義之心。用其不仁之器。而行其殺人之事。當是之時。勇者無餘力。智者無餘謀。巧者無餘技。故其不義之心。變而爲忠。不仁之器。加之於不仁。而殺人之事。施之於當殺。及夫天下既平。盜賊既殄。不義之徒。聚而不散。勇者有餘力。則思以爲亂。智者有餘謀。則思以爲奸。巧者有餘技。則思以爲詐。於是天下之患。雜然出矣。蓋虎豹終月而不殺。則跳踉大叫。以發其怒。蝮蝎終日而不螫。則噬齧草木。以致其毒。其理固然。無足怪者。昔者劉項奮臂於草莽之間。秦楚無賴子弟。千百爲輩。爭起而

應者。不可勝數。轉鬬五六年。天下厭兵。項籍死而高祖亦已老矣。方是時。分王諸將。改定律令。與天下休息。而韓信黥布之徒。相繼而起者七國。高祖死於介冑之間。而莫能止也。連延及於呂氏之禍。訖孝文而後定。是何起之易。而收之難也。劉項之勢。初若決河順流而下。誠有可喜。及其崩潰四出。放乎數百里之間。拱手而莫能救也。嗚呼。不有聖人。何以善其後。太祖太宗。躬擐甲冑。跋涉險阻。以斬刈四方之蓬蒿。用兵數十年。謀臣猛將滿天下。一旦卷甲而休之。傳四世而天下無變。此何術也。荆楚九江之地。不分於諸將。而韓信黥布之徒。無以啓其心也。雖然天下無變。而兵久不用。則其不義之心。蓄而無所發。飽食優游。求逞於良民。觀其平居無事。出怨言以邀其上。一日有急。是非人得千金。不可使也。往年詔天下。繕完城池。西川之事。洵實親見。凡郡縣之富民。擧而籍其名。得錢數百萬。以爲酒食饋餉之費。杵聲未絕。城輒隨壞。如此者。數

偶語、　壖、　睊睊、

年而後定。卒事。官吏相賀。卒徒相矜。若戰勝凱旋而待賞者。比來京師。遊阡陌閒。其曹往往偶語。無所諱忌。聞之土人。方春時橫不忍聞。蓋時五六月矣。會京師憂大水。鋤耰畚築。列於兩河之壖。縣官日費千萬。傳呼勞問之聲。不絕者數十里。猶且睊睊狠顧。莫肯效用。且夫內之如京師之所聞。外之如西川之所親見。天下之勢今何如也。御將者天子之事也。御兵者將之職也。天子者。養尊而處優。樹恩而收名。與天下爲喜樂者也。故其道不可以御兵。人臣執法而不求情。盡心而不求名。出死力以捍社稷。使天下之心繫於一人。而己不與焉。故御兵者人臣之事。不可以累天子也。今之所患。大臣好名而懼謗。好名則多樹私恩。懼謗則執法不堅。是以天下之兵。豪縱至此。而莫之或制也。頃者狄公在樞府。號爲寬厚愛人。狎昵士卒。得其歡心。而太尉適承其後。彼狄公者知御外之術。而不知治內之道。此邊將材也。古者兵在外。愛將軍而忘天子。

在內。愛天子而忘將軍。愛將軍所以戰。愛天子所以守。狄公以其御外之心。而施諸其內。太尉不反其道。而何以爲治。或者以爲兵久驕不治。一旦繩以法。恐因以生亂。昔者郭子儀去河南。李光弼實代之。將至之日。張用濟斬於轅門。三軍股慄。夫以臨淮之悍。而代汾陽之長者。三軍之士。竦然如赤子之脫慈母之懷。而立乎嚴師之側。何亂之敢生。且夫天子者。天下之父母也。將相者。天下之師也。師雖嚴。赤子不敢以怨其父母。將相雖厲。天下不敢以咎其君。其勢然也。天子者。可以生人。可以殺人。故天下望其生。及其殺之也。天下曰。是天子殺之。故天子不可以多殺。人臣奉天子之法。雖多殺。天下無所歸怨。此先王所以威懷天下之術也。伏惟。太尉思天下所以長久之道。而無幸一時之名。盡至公之心。而無邺三軍之多言。夫天子推深仁以結其心。太尉厲威武以振其惰。彼其思天子之深仁。則畏而不至於怨。思太尉之威武。則愛而不至於驕。君臣之體順。而畏愛之道立。非太尉。吾誰望邪。

審勢　　蘇　洵

治天下者定所尙。所尙一定。至於千萬年而不變。使民之耳目純於一。而子孫有所守。易以爲治。故三代聖人。其後世遠者。至七八百年。夫豈惟其民之不忘其功以至於是。蓋其子孫得其祖宗之法而爲依據。可以永久。夏之尙忠。商之尙質。周之尙文。視天下之所宜尙而固執之。以此而始。以此而終。不朝文而暮質。以自潰亂。故聖人者出。必先定一代之所尙。周之世。蓋有周公爲之制禮。而天下遂尙文。後世有賈誼者。說漢文帝。亦欲先定制度。而其說不果用。今者天下幸方治安。子孫萬世帝王之計。不可不預定於此時。然萬世帝王之計。常先定所尙。使其子孫可以安坐而守其舊。至於政弊。然後變其小節。而其大體卒不可革易。故享世長遠。而民不苟簡。今也考之於朝野之閒。以觀國家之所尙者。而愚猶有

惑也。何則天下之勢有强弱。聖人審其勢而應之以權。勢强矣。强甚而不已則折。勢弱矣。弱甚而不已則屈。聖人權之。而使其甚不至於折與屈者。威與惠也。夫强甚者威竭而不振。弱甚者惠褻而下不以爲德。故處弱者利用威。而處强者利用惠。乘强之威以行惠則惠尊。乘弱之惠以養威則威發而天下震慄。故威與惠者。所以裁節天下强弱之勢也。然而不知强弱之勢者。有殺人之威而下不懼。有生人之惠而下不喜。何者威竭而惠褻故也。故有天下者。必先審知天下之勢。而後可與言用威惠。不先審知其勢。而徒曰我能用威。我能用惠者。未也。故有强而益之以威。弱而益之以惠。以至於折與屈者。是可悼也。譬之一人之身。將欲飲藥餌石以養其生。必先審觀其性之爲陰。其性之爲陽。而投之以藥石。藥石之陽而投之以陰。藥石之陰而投之以陽。故陰不至於涸。而陽不至於亢。苟不能先審觀己之爲陰。與己之爲陽。而以陰攻陰。以陽

攻陽。則陰者固死於陰。而陽者固死於陽。不可救也。是以善養身者。先審其陰陽。而善制天下者。先審其强弱。以爲之謀」昔者周有天下。諸侯大盛。當其盛時。大者已有地五百里。而畿內反不過千里。其勢爲弱。秦有天下。散爲郡縣。聚爲京師。守令無大權柄。伸縮進退。無不在我。其勢爲彊。然方其成康在上。諸侯無小大。莫不臣伏。弱之勢未見於外。及其後世失德。而諸侯禽奔獸遯。各固其國。以相侵伐。而其上之人卒不悟。區區守姑息之道。而望其能以制服强國。是謂以弱政濟弱勢。故周之天下卒斃於弱。秦自孝公。其勢固已駸駸焉日趨於彊大。及其子孫。已幷天下而亦不悟。專任法制。以斬撻平民。是謂以彊政濟彊勢。故秦之天下卒斃於强。周拘於惠而不知權。秦勇於威而不知本。二者皆不審天下之勢也」吾宋制治。有縣令。有郡守。有轉運使。以大系小。絲牽繩聯。總合於上。雖其地在萬里外。方數千里。擁兵百萬。而天子一呼於殿陛閒。

三尺豎子。馳傳捧詔。召而歸之京師。則解印趨走。惟恐不及。如此之勢。秦之所恃以强之勢也。勢强矣。然天下之病。常病於弱。噫。有可强之勢如秦。而反陷於弱者。何也。習於惠而怯於威也。惠太甚而威不勝也。夫其所以習於惠而惠太甚者。賞數而加於無功也。怯於威而威不勝者。刑弛而兵不振也。由賞與刑與兵之不得其道。是以有弱之實著於外焉。何謂弱之實。曰。官吏曠惰。職廢不舉。而敗官之罰不加嚴也。多贖數赦。不問有罪。而典刑之禁不能行也。冗兵驕狂。負力幸賞。而維持姑息之恩不敢節也。將帥覆軍。匹馬不返。而敗軍之責不加重也。羌胡彊盛。陵壓中國。而邀金繒增幣帛之恥。不爲怒也。若此類者。太弱之實也。久而不治。則又將有大於此。而遂浸微浸消。釋然而潰。以至於不可救止者乘之矣。然愚以爲弱在於政。不在於勢。是謂以弱政敗彊勢。今夫一輿薪之火。衆人之所憚而不敢犯者也。擧而投之河。則何熱之能爲。是以

負强秦之勢。而溺於弱周之弊。而天下不知其彊焉者以此也」雖然政之弱。非若勢弱之難治也。借如弱周之勢。必變易其諸侯。而後彊可能也。天下之諸侯。固未易變易。此又非一日之故也。若夫弱政。則用威而已矣。可以朝改而夕定也。夫齊。古之彊國也。而威王。又齊之賢王也。當其卽位。委政不治。諸侯並侵。而人不知其國之爲彊國也。一旦發怒。裂萬家。封卽墨大夫。召烹阿大夫。與常譽阿大夫者。而發兵擊趙魏衞。趙魏衞盡走請和。而齊國人人震懼。不敢飾非者。彼誠知其政之弱。而能用其威。以濟其弱也。況今以天子之尊。藉郡縣之勢。言脫於口。而四方響應。其所以用威之資。固以完具。且有天下者患不爲焉。有爲焉而不可者。今誠能一酉意於用威。一賞罰。一號令。一擧動。無不一切出於威。嚴用刑法。而不赦有罪。力行果斷。而不牽衆人之是非。用不測之刑。用不測之賞。而使天下之人視之如風雨雷電。遽然而至。截然而下。不知其

所從發。而不可逃遁。朝廷如此。然後平民益務檢愼。而奸民猾吏。亦常恐恐然懼刑法之及其身。而斂其手足。不敢輒犯法。此之謂强政。政强矣。爲之數年。而天下之勢可以復强。愚故曰。棄弱之惠以養威。則威發而天下震慄。然則以當今之勢。求所謂萬世爲帝王。而其大體卒不可革易者。其尙威而已矣」或曰。當今之世。事誠無便於尙威者。然孰知夫萬世之閒。其政之不變。而必曰威邪。愚應之曰。威者。君之所恃以爲君也。一日而無威。是無君也。久而政弊。變其小節。而參之以惠。使不至若秦之甚可也。擧而棄之過矣。或者又曰。王者任德不任刑。任刑。霸者之事。非所宜言。此又非所謂知理者也。夫湯武皆王也。桓文皆霸也。武王乘紂之暴。出民於炮烙斬刖之地。苟又遂多殺人多刑人以爲治。則民之心去矣。故其治一出於禮義。彼湯則不然。桀之惡固無以異紂。然其刑不若紂暴之甚也。而天下之民化其風。淫惰不事法度。書曰。有衆率怠

弗協。而又諸侯昆吾氏首爲亂。於是誅鋤其强梗怠惰不法之人。以定紛亂。故記曰。商人先罰而後賞。至於桓文之事。則又非皆任刑也。桓公用管仲。管仲之書好言刑。故桓公之治常任刑。文公長者。其佐狐趙先魏。皆不說以刑法。其治亦未嘗以刑爲本。而號亦爲霸。而謂湯非王而文非霸也得乎。故用刑不必霸。而用德不必王。各觀其勢之何所宜用而已。然則今之勢。何爲不可用刑。用刑何爲不曰王道。彼不先審天下之勢。而欲應天下之務難矣。

蘇氏族譜引

蘇　洵

蘇氏族譜。譜蘇氏之族也。蘇氏出於高陽。而蔓延於天下。唐神堯初。長史味道刺眉州。卒於官。一子留於眉。眉之有蘇氏自此始。而譜不及者。親盡也。親盡則曷爲不及。譜爲親作也。凡子得書而孫不得書者何也。以著代也。自吾之父以至吾之高祖。仕不仕。娶某氏。享年幾。某日卒。皆書。而他不書者。何也。詳吾之所自出也。自吾

之父。以至吾之高祖。皆曰諱某。而他則遂名之。何也。尊吾之所自出也。譜爲蘇氏作。而獨吾之所自出得詳與尊。何也。譜吾作也。嗚呼。觀吾之譜者。孝悌之心可以油然而生矣。情見於親。親見於服。服始於衰。而至於緦麻。而至於無服。無服則親盡。親盡則情盡。情盡則喜不慶。憂不弔。喜不慶。憂不弔。則塗人也。吾所與相視如塗人者。其初兄弟也。兄弟其初一人之身也。悲夫一人之身分而至於塗人。吾譜之所以作也。其意曰。分至於塗人者勢也。勢吾無如之何也。幸其未至於塗人也。使其無至於忽忘焉可也。嗚呼。觀吾之譜者。孝悌之心可以油然而生矣。系之以詩曰。

服始於衰、而至於緦麻、

吾父之子。今爲吾兄。吾疾在身。兄呻不寧。數世之後。不知何人。彼死而生。不爲戚欣。兄弟之情。如足與手。其能幾何。彼不相能彼獨何心。

潮州韓文公廟碑

蘇　軾

匹夫而爲百世師。一言而爲天下法。是皆有以參天地之化。關盛衰之運。其生也有自來。其逝也有所爲。故申呂自嶽降。而傅説爲列星。古今所傳。不可誣也。孟子曰。我善養吾浩然之氣。是氣也。寓於尋常之中。而塞乎天地之閒。卒然遇之。則王公失其貴。晉楚失其富。良平失其智。賁育失其勇。儀秦失其辯。是孰使之然哉。其必有不依形而立。不恃力而行。不待生而存。不隨死而亡者矣。故在天爲星辰。在地爲河嶽。幽則爲鬼神。而明則復爲人。此理之常。無足怪者。自東漢以來。道喪文敝。異端並起。歷唐貞觀開元之盛。輔以房杜姚宋。而不能救。獨韓文公起布衣。談笑而麾之。天下靡然從公。復歸於正。蓋三百年於此矣。文起八代之衰。道濟天下之溺。忠犯人主之怒。而勇奪三軍之帥。此豈非參天地。關盛衰。浩然而獨存者乎。蓋嘗論天人之辨。以謂人無所不至。惟天不容僞。智可以欺王公。不可以欺豚魚。力可以得天下。不可以得匹夫匹婦之

申呂自嶽降、而傅説爲列星、

八代、

心。故公之精誠。能開衡山之雲。而不能回憲宗之惑。能馴鱷魚之暴。而不能弭皇甫鎛李逢吉之謗。能信乎南海之民。廟食百世。而不能使其身一日安於朝廷之上。蓋公之所能者天也。其所不能者人也。始潮人未知學。公命進士趙德爲之師。自是潮之士。皆篤於文行。延及齊民。至於今號稱易治。信乎孔子之言。君子學道則愛人。而小人學道則易使也。潮人之事公也。飲食必祭。水旱疾疫。凡有求必禱焉。而廟在刺史公堂之後。民以出入爲艱。前太守欲請諸朝作新廟。不果。元祐五年。朝散郎王君滌來守是邦。凡所以養士治民者。一以公爲師。民既悅服。則出令曰。願新公廟者聽。民讙趨之。卜地於州城之南七里。期年而廟成。或曰。公去國萬里。而謫於潮。不能一歲而歸。沒而有知。其不眷戀於潮也審矣。軾曰。不然。公之神在天下者。如水之在地中。無所往而不在也。而潮人獨信之深。思之至。焄蒿悽愴。若或見之。譬如鑿井得泉。而曰水專在

齊民、

焄蒿悽愴、

倒景、

百揆、

是。豈理也哉。元豐七年。詔封公昌黎伯。故榜曰昌黎伯韓文公之廟。潮人請書其事於石。因作詩以遺之。使歌以祀公。其辭曰。

公昔騎龍白雲鄉。手抉雲漢分天章。天孫爲織雲錦裳。飄然乘風來帝旁。下與濁世掃粃糠。西游咸池略扶桑。草木衣被昭回光。追逐李杜參翱翔。汗流籍湜走且僵。滅沒倒景不得望。作書詆佛譏君王。要觀南海窺衡湘。歷舜九疑弔英皇。祝融先驅海若藏。約束鮫鱷如驅羊。鈞天無人帝悲傷。謳吟下招遣巫陽。犦牲雞卜羞我觴。於粲荔丹與蕉黃。公不少留我涕滂。翩然被髮下大荒。

司馬温公神道碑銘　蘇　軾

上卽位之三年。朝廷清明。百揆時敍。民安其生。風俗一變。異時薄夫鄙人。皆洗心易德。務爲忠厚。人人自重。恥言人過。中國無事。四譯稽首請命。惟西羌夏人。叛服不常。懷毒自疑。數入爲寇。上命諸將。按兵不戰。示以形勢。不數月。生致大首領鬼章青宜結闕下。夏

人十數萬寇涇源。至鎭戎城下。五日無所得。一夕遁去。而西羌兀征聲延。以其族萬人來降。黃河始決曹村。旣築靈平。復決小吳。橫流五年。朔方騷然。而今歲之秋。積雨彌月。河不大溢。及冬。水入地益深。有北流赴海。復禹舊迹之勢。凡上所欲。不求而獲。而其所惡不麾而去。天下曉然知天意與上合。庶幾復見至治之成。家給人足。刑措不用。如咸平景德閒也。或以問臣軾。上與太皇太后安所施設而及此。臣軾對曰。在易大有上九。自天祐之。吉無不利。孔子曰。天之所助者順也。人之所助者信也。履信思乎順。又以尙賢也。是以自天祐之。吉無不利。今二聖躬信順以先天下。而用司馬公。以致天下士。應是三德矣。且以臣觀之。公仁人也。天相之矣。何以知其然也。曰。公以文章名於世。而以忠義自結人主。朝廷知之可也。四方之人。何自知之。士大夫知之可也。農商走卒。何自知之。中國知之可也。九夷八蠻。何自知之。方其退居於洛。渺然如顏子之在陋巷。纍然如屈原之在陂澤。其與民相忘也久矣。而名震天下。如雷霆。如河漢。如家至而日見之。聞其名者。雖愚無知如婦人孺子。勇悍難化如軍伍夷狄。以至於姦邪小人。雖惡其害己。仇而疾之者。莫不斂衽變色。咨嗟大息。或至於流涕也。元豐之末。臣自登州入朝。過八州以至京師。民知其與公善也。所在數千人。聚而號呼於馬首曰。寄謝司馬丞相。愼毋去朝廷。厚自愛以活百姓。如是者蓋千餘里不絕。至京師。聞士大夫言。公初入朝。民擁其馬。至不得行。衞士見公。擎跪流涕者。不可勝數。公懼而歸洛。遼人夏人遣使入朝。與吾使至虜中者。虜必問公起居。而遼人勅其邊吏曰。中國相司馬矣。愼毋生事開邊隙。其後公薨。京師之民。罷市而往弔。鬻衣以致奠。巷哭以過車者。蓋以千萬數。上命戶部侍郎趙瞻。內侍省押班馮宗道。護其喪歸葬。瞻等既還。皆言民哭公哀甚。如哭其私親。四方來會葬者。蓋數萬人。而嶺南封州父老。相率致祭。且

炷爇於手頂、

稽天之潦、

作佛事。以薦公者。其詞尤哀。炷爇於手頂。以送公葬者。凡百餘人。而畫像以祠公者。天下皆是也。此豈人力也哉。天相之也。匹夫而能動天。亦必有道矣。非至誠一德。其孰能使之。記曰。惟天下之至誠。爲能盡其性。能盡其性。則能盡人之性。能盡人之性。則能盡物之性。能盡物之性。則可以贊天地之化育矣。書曰。惟尹躬曁湯。咸有一德。克享天心。又曰。德惟一。動罔不吉。德二三。動罔不凶。或以千金與人。而人不喜。或以一言使人。而人死之者。誠與不誠故也。稽天之潦。不能終朝。而一綫之溜。可以達石者。一與不一故也。誠而一。古之聖人。不能加毫末於此矣。而況公乎。故臣論公之德至於感人心。動天地。巍巍如此。而蔽之以二言。曰誠。曰一。公諱光。字君實。其先河内人。晉安平獻王孚之後。王之裔孫征東大將軍陽。始葬今陝州夏縣涑水鄕。子孫因家焉。曾祖諱政。以五代衰亂。不仕。贈太子太保。祖諱炫。擧進士。試秘書省校書郎。終於耀州富平

期親尊屬、
青苗、助役、
保甲、保馬、
襚、

縣令。贈太子太傅。考諱池。寶元慶歷閒名臣。終於兵部郎中天章閣待制。贈太師温國公。曾祖妣薛氏。祖妣皇甫氏。妣聶氏。皆封温國太夫人。公始以進士甲科。事仁宗皇帝。至天章閣待制知諫院。始發大議。乞立宗子爲後。以安宗廟。宰相韓琦等。因其言遂定大計。事英宗皇帝。爲諫議大夫龍圖閣直學士。論陝西刺義勇爲民患。及內侍任守忠姦蠹。乞斬以謝天下。守忠竟以譴死。又論濮安懿王當準先朝封贈期親尊屬故事。天下義之。事神宗皇帝。爲翰林學士御史中丞。西戎部將嵬名山。欲以横山之衆降。公極論其不可納。後必爲邊患。已而果然。勸帝不受尊號。遂爲萬世法。及王安石爲相。始行青苗助役農田水利。謂之新法。公首言其害。以身爭之。當時士大夫不附安石。言新法不便者。皆倚公爲重。帝以公爲樞密副使。公以言不行。不受命。乃以爲端明殿學士。出知永興軍。遂以留司御史臺。及提擧崇福宮。退居於洛。十有五年。及上卽位。太皇太后攝政。起公爲門下侍郞。遷正議大夫。遂遷左僕射。公首更詔書。以開言路。分別邪正。進退其甚者十餘人。旋罷保甲保馬市易。及諸道新行鹽鐵茶法。最後遂罷助役青苗。方議取士擇守令監司。以養民。期於富而敎之。凜凜乎嚮至治矣。而公臥病。以元祐元年九月丙辰朔。薨於位。享年六十八。太皇太后聞之慟。上亦感涕不已。時方祀明堂。禮成不賀。二聖皆臨其喪。哭之哀甚。輟視朝。贈太師温國公。襚以一品禮服。謚曰文正。官其親屬十人。公娶張氏。禮部尙書存之女。封清河郡君。先公卒。追封温國夫人。子三人。童唐皆早亡。康今爲秘書省校書郞。孫二人。植柏。皆承奉郞。以元祐二年正月辛酉。葬於陝之夏縣涑水南原之晁村。上以御篆表其墓道。曰忠清粹德之碑。而其文以命臣軾。臣蓋嘗爲公行狀。而端明殿學士范鎭。取以志其墓矣。故其詳不復再見。而獨論其大槪」議者徒見上與太皇太后進公之速。用公之盡。而不知神

宗皇帝知公之深也。自士庶人至於卿大夫。相與爲賓師朋友。道足以相信。而權不足以相休戚。然猶同己則親之。異己則疎之。未有聞過而喜。受誨而不怒者也。而況於君臣之閒乎。方熙寧中。朝廷政事。與公所言。無一不相違者。書數十上。皆盡言不諱。蓋自敵以下所不能堪。而先帝安受之。非特不怒而已。乃欲以爲左右輔弼之臣。至爲敍其所著書。讀之於邇英閣。不深知公而能如是乎。二聖之知公也。知之於既同。而先帝之知公也。知之於方異。故臣以先帝爲難」。昔齊神武皇帝寢疾。告其子世宗曰。侯景專制河南十四年矣。諸將皆莫能敵。惟慕容紹宗可以制之。我故不貴。留以遺汝。而唐太宗亦謂高宗。汝於李勣無恩。我今責出之。汝當授以僕射。乃出勣爲疊州都督。夫齊神武唐太宗。雖未足以比隆先帝。而紹宗與勣。亦非公之流。然古之人君所以爲其子孫長計遠慮者。類皆如此。寧其身不受知人之名。而使其子專享得賢之利。先帝知公如此。而卒不盡用。安知其意不出於此乎」臣既書其事。乃拜手稽首而作詩曰。

於皇上帝。子惠我民。孰堪顧天。惟聖與仁。聖子受命。如堯之初。神母詔之。匪亟匪徐。聖神無心。孰左右之。民自擇相。我興授之。其相維何。太師温公。公來自西。一馬二童。萬人環之。如渴赴泉。孰不見公。莫如我先。二聖忘己。惟公是式。公亦無我。惟民是度。民曰樂哉。既相司馬。爾賈於途。我耕於野。士曰時哉。既用君實。我後子先。時不可失。公如麟鳳。不鷙不搏。羽毛畢朝。雄狡率服。爲政一年。疾病半之。功則多矣。百年之思。知公於異。識公於微。匪公之思。神考是懷。天子萬年。四方來同。薦於清廟。神考之功。

前赤壁賦

蘇　軾

壬戌之秋。七月既望。蘇子與客泛舟。遊於赤壁之下。清風徐來。水波不興。擧酒屬客。誦明月之詩。歌窈窕之章。少焉月出於東山之

斗牛、一葦、
羽化、桂棹、蘭槳、空明、流光、望美人兮天一方、
嫋嫋、
嫠婦、危坐、
山川相繆、
寄蜉蝣於天地、

上。徘徊於斗牛之間。白露橫江。水光接天。縱一葦之所如。陵萬頃之茫然。浩浩乎如馮虛御風。而不知其所止。飄飄乎如遺世獨立。羽化而登仙。於是飲酒樂甚。扣舷而歌之。歌曰。桂棹兮蘭槳。擊空明兮泝流光。渺渺兮予懷。望美人兮天一方。客有吹洞簫者。倚歌而和之。其聲嗚嗚然。如怨如慕。如泣如訴。餘音嫋嫋。不絕如縷。舞幽壑之潛蛟。泣孤舟之嫠婦」蘇子愀然。正襟危坐。而問客曰。何爲其然也。客曰。月明星稀。烏鵲南飛。此非曹孟德之詩乎。西望夏口。東望武昌。山川相繆。鬱乎蒼蒼。此非孟德之困於周郎者乎。方其破荊州。下江陵。順流而東也。舳艫千里。旌旗蔽空。釃酒臨江。橫槊賦詩。固一世之雄也。而今安在哉。況吾與子。漁樵於江渚之上。侶魚蝦而友麋鹿。駕一葉之扁舟。舉匏樽以相屬。寄蜉蝣於天地。渺滄海之一粟。哀吾生之須臾。羨長江之無窮。挾飛仙以遨遊。抱明月而長終。知不可乎驟得。託遺響於悲風」蘇子曰。客亦知夫水與

月乎。逝者如斯。而未嘗往也。盈虛者如彼。而卒莫消長也。蓋將自其變者而觀之。則天地曾不能以一瞬。自其不變者而觀之。則物與我皆無盡也。而又何羨乎。且夫天地之間。物各有主。苟非吾之所有。雖一毫而莫取。惟江上之清風。與山間之明月。耳得之而爲聲。目遇之而成色。取之無禁。用之不竭。是造物者之無盡藏也。而吾與子之所共適」客喜而笑。洗盞更酌。肴核既盡。杯盤狼藉。相與枕藉乎舟中。不知東方之既白。

後赤壁賦

蘇軾

是歲十月之望。步自雪堂。將歸于臨皐。二客從予。過黃泥之坂。霜露既降。木葉盡脫。人影在地。仰見明月。顧而樂之。行歌相答」已而歎曰。有客無酒。有酒無肴。月白風清。如此良夜何。客曰。今者薄暮。舉網得魚。巨口細鱗。狀如松江之鱸。顧安所得酒乎。歸而謀諸婦。婦曰。我有斗酒。藏之久矣。以待子不時之需。於是攜酒與魚」復遊

披蒙茸、踞虎豹、
登虯龍、攀栖鶻之危巢、
俯馮夷之幽宮、
戛然、
蹁躚、

於赤壁之下。江流有聲。斷岸千尺。山高月小。水落石出。曾日月之幾何。而江山不可復識矣。予乃攝衣而上」履巉巖。披蒙茸。踞虎豹。登虯龍。攀栖鶻之危巢。俯馮夷之幽宮。蓋二客不能從焉。劃然長嘯。草木震動。山鳴谷應。風起水湧。予亦悄然而悲。肅然而恐。凜乎其不可留也。反而登舟。放乎中流。聽其所止而休焉」時夜將半。四顧寂寥。適有孤鶴。橫江東來。翅如車輪。玄裳縞衣。戛然長鳴。掠予舟而西也。須臾客去。予亦就睡。夢一道士。羽衣蹁躚。過臨皐之下。揖予而言曰。赤壁之遊樂乎。問其姓名。俛而不答。嗚呼噫嘻。我知之矣。疇昔之夜。飛鳴而過我者。非子也邪。道士顧笑。予亦驚悟。開戶視之。不見其處。

陳州爲張安道論時事書

蘇轍

伏以中外臣庶。各有職事。越職而言。國有常憲。臣守土陳州。非有言責。而輒言之。計其狂愚。茲實有罪。然臣伏念頃以老疾。不任吏

事。陛下未忍廢棄。親擇便地。以遂安養。將辭之日。面承德音。以爲大臣之義。皆當爲國謀慮。不宜以中外爲嫌。有所不盡。古人有言。雖乃身在外。乃心罔不在王室。伏惟聖德廣大。無所不容。而臣自到任以來。於今一歲。心目昏眩。有加無瘳。故嘗乞丐餘生。求還閭舍。區區之誠。久而未獲。陛下視臣志氣之衰至此。豈復有意別白是非。而與世俗爭議也哉。是以得失之間。久而無所與。今者竊有所懷。上爲陛下參之官吏。下爲陛下驗之百姓。而安危之機。實在於此。自惟受恩累聖。邦之休戚。身實同之。志力雖衰。於義不可嘿已。然臣之所欲言者。非敢遠引前古。逆探未然。以惑陛下之聰明也。凡皆陛下之所嘗試。而臣愚之所與聞者耳」臣伏見陛下卽位之始。計慮深遠。凡有所建。動合天心。始議山陵。深恤費用之廣。推明先帝薄葬之命。以詔有司。四方聞之。無不感泣。其後一年之間。誕布號令。勸率宗族。惇孝悌之行。勉勵州郡。先農桑之政。復轉對

常平、并營、雇役、揀兵 出錢 當宁、

以廣言路。議徭役以寬民力。盛德之事。不可具記。是時天下雖大變之後。而無不翹然想聞德音。以忘其憂。兩宮歡欣。九族親睦。羣臣萬民。蒙福而安。紛紜之議。不至於朝廷。謗讟之聲。不聞於閭里。陛下優游無爲。而天下已治矣。爲國如此。豈不樂哉。陛下自今視之。當日之政。其爲可悔恨者凡有幾。以臣視之。非獨陛下無所悔恨。雖天下之人。亦未有以爲失當者也。何者。政令簡易。而人情之所安耳。易曰。易則易知。簡則易從。易知則有親。易從則有功。有親則可久。有功則可大。向使陛下推行此道。終始不變。則臣以爲可久可大之功。可得而致矣。其後求治太切。用意過當。姦臣緣隙。得進邪說。始議開邊。以中上旨。於是延安有橫山之謀。保安有招誘之計。陛下餞之以金帛。假之以干戈。小人貪功。慮害不遠。輕發深入。結怨西戎。攘奪尺寸無用之土。空竭內府累世之積。大者疲弊秦雍。小者身死寇讎。西鄙騷然不寧。而陛下始一悔矣。然而陛下

天姿英果。有漢武宏達之量。雖復兵吏失律。而立功之意。未嘗少衰。是以左右大臣。測知此心。復進財利之說。陛下樂聞其利。而未暇深究其害。於是舉而從之。置條例司。而講求天下之遺利。己酉之秋。新政始出。自是以來。凡所變革。不可悉數。其最大者。一出而爲常平青苗。再出而爲揀兵并營。三出而爲出錢雇役。四出而爲保甲教閱。四者並行於世。官吏疑惑。兵民憤怨。諫爭者章交於朝。誹謗者聲播於市。陛下不勝其煩。爲之當宁太息。日昃而不食矣。然猶幸其成功。力排衆人之議。而固守之。天下方共厭苦。而不知其所止也。而揀兵併營之策。其害先見。武夫凶悍。爲怨最深。爲患最急。陛下知其不可。於是多支月糧。復收退卒。以順適其意。而陛下既再悔矣。然軍中之口。猶復洶洶不靖。陛下雖推恩撫之。而終不以爲惠。反謂陛下畏之耳。不幸邊臣失算。再生戎心。帷幄之臣。謀之不臧。不務安之。而務撓之。臨遣執政。付以疆事。多出金幣。豫

書誥勅。以成其深入之計。當此之時。天下之心。知其必敗矣。而陛下與一二臣者。方以爲萬舉而萬全。既而出兵無人之境。築城不守之地。困弊腹心。以求無益之功。使秦晉之民。父子流離。肝腦塗地。戎人徼勸。受屈。已築之城。隨卽傾覆。救援之兵。相繼潰叛。四方震動。君臣宵旰。而後下罪己之詔。投竄元宰。以謝二鄙。而陛下既三悔矣。夫此三者。方其未悔也。陛下亦以爲是邪非邪。陛下犯逆衆心。力行而不顧。其必以爲是不以爲非也。然而其終卒至於此。然則方今陛下之所是而未悔者。無乃亦類此歟」臣聞衆而不可欺者民也。勇而不可犯者兵也。險而不可侮者隣國也。今陛下既已欺民犯兵而侮隣國矣。夫犯兵侮隣。變速而禍小。至於欺民。則變遲而禍大。變速而禍小者。瓦解之憂也。變遲而禍大者。土崩之患也。今瓦解之憂。陛下既知悔矣。土崩之患。陛下未以爲意。此臣之所以寒心也。易曰。不遠復。無祇悔。元吉。事之未敗也。陛下不悟

其非。必俟其敗而後悔。如向三者。則陛下之復已遠。而悔亦大矣。且臣觀之。方今陛下之所是而未悔者。亦有三而已。青苗助役保甲。三者之弊。臣不復言矣。何者。言事者論其不可。非一人也。百姓毀壞支體。燻灼耳目。嫁母分居。賤賣田宅。以自脫免。非一家也。陛下其亦知之矣。徘徊而不改。使民無所告訴。加之以水旱。繼之以饑饉。積悍之民。奮爲羣盜。侵淫蔓延。滅而復起。英雄乘間而作。振臂一呼。而千人之衆。可得而聚也。如此而勝廣之形成。此所謂土崩之勢也。臣恐陛下至此。雖欲復悔。而無所及矣。故臣願陛下取卽位之政與今日之事。而試觀之。天下擾擾不安。孰與今日之甚。羣臣交口爭辯。孰與今日之衆。陛下聽覽疲倦。孰與今日之多。悔恨自責。孰與今日之切。陛下誠以此較之。則不待臣言之終」而得失可以自決矣。且夫卽位之政。陛下之本心也。今日之事。臣下之過計也。陛下棄卽位之本心。而徇臣下之過計。臣竊以爲過也」雖

繳進

然臣竊聽之道路方今陛下則亦悔之矣悔之而不變非陛下之意也迫於建議之臣耳夫人臣進謀於其君苟事之不遂而變以從衆則人主有以測其深淺人主有以測其深淺則其用捨之命在於人主此人臣之所以不便也臣竊痛陛下爲社稷之計欲改過以安天下而怙權固位之臣持之而不釋陛下聰明睿知廢置自我而獨爲此鬱鬱也漢宣帝與趙充國擊匈奴魏相非之以爲當與平昌侯樂昌侯平恩侯及有識者詳議乃可此三人者非賢於趙充國也然而與國同憂樂無僥倖功名之心與希望爵賞之意則過於充國遠甚充國猶不可聽而況不如充國者哉陛下將安民保國而與喜功伐好權利者謀之臣不知其可也臣不勝區區忘身憂國之誠是以勢疎而言切惟陛下察之

爲兄軾下獄上書

蘇轍

臣聞困急而呼天疾痛而呼父母者人之至情也臣雖草芥之微

而有危迫之懇惟天地父母哀而憐之臣早失怙恃惟兄軾一人相須爲命今者竊聞其得罪逮捕赴獄擧家驚號憂在不測臣竊思念軾居家在官無大過惡惟是軾性愚直好談古今得失前後上章論事其言不一陛下聖德廣大不加譴責軾狂狷寡慮竊恃天地包含之恩不自抑畏頃年通判杭州及知密州日每遇物托興作爲歌詩語或輕發向者曾經臣寮繳進陛下置而不問軾感荷恩貸自此深自悔咎不敢復有所爲但其舊詩已自傳播臣誠哀軾愚於自信不知文字輕易迹涉不遜雖改過自新而已陷於刑辟不可救止軾之將就逮也使謂臣曰軾早衰多病必死於牢獄死固分也然所恨者少抱有爲之志而遇不世出之主雖齟齬於當年終欲効尺寸於晩節今遇此禍雖欲改過自新洗心以事明主其道無由況立朝最孤左右親近必無爲言者惟兄弟之親試求哀於陛下而已臣竊哀其志不勝手足之情故爲冒死一言

隕越

昔漢淳于公得罪其女子緹縈請沒爲官婢以贖其父漢文因之遂罷肉刑今臣螻蟻之誠雖萬萬不及緹縈而陛下聰明仁聖過於漢文遠甚臣欲乞納在身官以贖兄軾非敢望末減其罪但得免下獄死爲幸兄軾所犯若顯有文字必不敢拒抗不承以重得罪若蒙陛下哀憐赦其萬死使得出於牢獄則死而復生宜何以報臣願與兄軾洗心改過粉骨報効惟陛下所使死而後已臣不勝孤危迫切無所告訴歸誠陛下惟寬其狂妄特許所乞臣無任祈天請命激切隕越之至

撫州顏魯公祠堂記

曾鞏

贈司徒魯郡顏公諱眞卿事唐爲太子太師與其從父兄杲卿皆有大節以死至今雖小夫婦人皆知公之爲烈也初公以忤楊國忠斥爲平原太守策安祿山必反爲之備祿山旣擧兵與常山太守杲卿伐其後賊之不能直闚潼關以公與杲卿撓其勢也在肅

宗時數正言宰相不悅斥去之又爲御史唐旻所構連輒斥李輔國遷太上皇居西宮公首率百官請問起居又輒斥代宗時與元載爭論是非載欲有所壅蔽公極論之又輒斥楊炎盧杞旣相德宗益惡公所爲連斥之猶不滿意李希烈陷汝州杞卽以公使希烈希烈初慙其言後卒縊公以死是時公年七十有七矣天寶之際久不見兵祿山旣反天下莫不震動公獨以區區平原遂折其鋒四方聞之爭奮而起唐卒以振者公爲之倡也當公之開土門同日歸公者十七郡得兵二十餘萬由此觀之苟順且誠天下從之矣自此至公歿垂三十年小人繼續任政天下日入於弊大盜繼起天子輒出避之唐之在朝臣多畏怯觀望能居其間一忤於世失所而不自悔者寡矣至於再三忤於世失所而不自悔者蓋未有也若至於起且仆以至於七八遂死而不自悔者則天下一人而已若公是也公之學問文章往往雜於神仙浮屠之說不皆

合於理。及其奮然自立。能至於此者。蓋天性然也。故公之能處其死。不足以觀公之大。何則及至於勢窮。義有不得不死。雖中人可勉焉。況公之自信也歟。維歷忤大奸。顚跌撼頓。至於七八。而終始不以死生禍福爲秋毫顧慮。非篤於道者。不能如此。此足以觀公之大也。夫世之治亂不同。而士之去就亦異。若伯夷之清。伊尹之任。孔子之時。彼各有義。夫既自比於古之任者矣。乃欲睠顧回隱以市於世。其可乎。故孔子惡鄙夫不可以事君。而多殺身以成仁者。若公非孔子所謂仁者歟。今天子至和三年。尚書都官郎中知撫州聶君厚載。尚書屯田員外郎通判撫州林君慥。相與慕公之烈。以公之嘗爲此邦也。遂爲堂而祠之。既成。二君過予之家。而告之曰。願有述。夫公之赫赫不可蓋者。固不繫於祠之有無。蓋人之嚮往之不足者。非祠則無以致其志也。聞其烈。足以感人。況拜其祠。而親炙之者歟。今州縣之政。非法令所及者。世不復議。二君獨

能追公之節。尊而事之。以風示當世。爲法令之所不及。是可謂有志者也。

越州趙公救菑記

曾鞏

熙寧八年夏。吳越大旱。九月。資政殿大學士右諫議大夫知越州趙公。前民之未饑。爲書問屬縣。菑所被者幾鄉。民能自食者有幾。當廩於官者幾人。溝防構築。可僦民使治之者幾所。庫錢倉粟可發者幾何。富人可募出粟者幾家。僧道士食之羨粟書於籍者。其幾具存。使各書以對。而謹其備。州縣吏錄民之孤老疾弱。不能自食者。二萬一千九百餘人。以告。故事。歲廩窮人。當給粟三千石而止。公斂富人所輸及僧道士食之羨者。得粟四萬八千餘石。佐其費。使自十月朔。人受粟日一升。幼小半之。憂其衆相躁也。使受粟者男女異日。而人受二日之食。憂其且流亡也。於城市郊野。爲給粟之所。凡五十有七。使各以便受之。而告以去其家者勿給。計官

閉糴、　菑沴、　豈弟、

爲不足用也。取吏之不在職。而寓於境者。給其食而任以事。不能自食者。有是具也。能自食者。爲之告富人。無得閉糴。又爲之出官粟。得五萬二千餘石。平其價予民。爲糶粟之所。凡十有八。使糴者自便如受粟。又僦民完城四千一百丈。爲工三萬八千。計其傭與錢。又與粟再倍之。民取息錢者。告富人縱予之。而待熟。官爲責其償。棄男女者。使人得收養之。明年春。大疫。爲病坊。處疾病之無歸者。募僧二人。屬以視醫藥飲食。令無失所。時凡死者。使在處隨收瘞之。法。廩窮人。盡三月當止。是歲盡五月止。而事有非便文者。公一以自任。不以煩其屬。有上請者。或便宜多輒行。公於此時。早夜憊心力不少懈。事鉅細必躬親。給病者藥食。多出私錢。民不幸罹旱疫。得免於轉死。雖死得無失斂埋。皆公力也。是時旱疫被於吳越。民饑饉疾癘。死者殆半。菑未有鉅於此也。天子東向憂勞。州縣推布上恩。人人盡其力。公所拊循。民尤以爲得其依歸。所以經營

綏輯先後始終之際。委曲纖悉。無不備者。其施雖在越。其仁足以示天下。其事雖行於一時。其法足以傳後。蓋菑沴之行。治世不能使之無。而能爲之備。民病而後圖之。與夫先事而爲計者。則有間矣。不習而有爲。與夫素得之者。則有間矣。予故采於越。得公所推行。樂爲之識其詳。豈獨以慰越人之思。將使吏之有志於民者。不幸而遇歲之菑。推公之所已試。其科條可不待頃而具。則公之澤豈小且近乎。公元豐二年。以大學士。加太子少保。致仕。家於衢。其直道正行。在於朝廷。豈弟之實。在於身者。此不著。著其荒政可師者。以爲越州趙公救菑記云。

祭歐陽文忠公文

王安石

夫事有人力之可致。猶不可期。況乎天理之溟漠。又安可得而推。惟公生有聞於當時。死有傳於後世。苟能如此足矣。而亦又何悲。如公器質之深厚。智識之高遠。而輔學術之精微。故充於文章。見

迍邅　扳、　泯然

於議論。豪健俊偉。怪巧瑰琦。其積於中者。浩如江河之停蓄。其發於外者。爛如日星之光輝。其清音幽韻。淒如飄風急雨之驟至。其雄辭閎辨。快如輕車駿馬之奔馳。世之學者。無問乎識與不識。而讀其文。則其人可知。嗚呼。自公仕宦四十年。上下往復。感世路之崎嶇。雖迍邅困躓。竄斥流離。而終不可掩者。以其公議之是非。既壓復起。遂顯於世。果敢之氣。剛正之節。至晚而不衰。方仁宗皇帝臨朝之末年。顧念後事。謂如公者。可寄以社稷之安危。及夫發謀決策。從容指顧。立定大計。謂千載而一時。功名成就。不居而去。其出處進退。又庶乎英魄靈氣。不隨異物腐散。而長在乎箕山之側。與潁水之湄。然天下之無賢不肖。且猶爲涕泣而歔欷。而況朝士大夫。平昔遊從。又予心之所嚮慕而瞻依。嗚呼。盛衰興廢之理。自古如此。而臨風想望。不能忘情者。念公之不可復見。而其誰與歸。

傷仲永　王安石

金谿民方仲永。世隸耕。仲永生五年。未嘗識書具。忽啼求之。父異焉。借旁近與之。卽書詩四句。幷自爲其名。其詩以養父母收族爲意。傳一鄕秀才觀之。自是指物作詩立就。其文理皆有可觀者。邑人奇之。稍稍賓客其父。或以錢幣乞之。父利其然也。日扳仲永。環謁於邑人。不使學。余聞之也久。明道中。從先人還家。於舅家見之。十二三矣。令作詩。不能稱前時之聞。又七年。還自揚州。復到舅家問焉。曰。泯然衆人矣。王子曰。仲永之通悟。受之天也。其受之天也。賢於材人遠矣。卒之爲衆人。則其受於人者不至也。彼其受之天也。如此其賢也。不受之人。且爲衆人。今夫不受之天。固衆人。又不受之人。得爲衆人而已邪。

前出師表　蜀　諸葛亮

臣亮言。先帝創業未半。而中道崩殂。今天下三分。益州罷弊。此誠危急存亡之秋也。然侍衞之臣。不懈於內。忠志之士。忘身於外者。

宮中府中、　不毛、

蓋追先帝之殊遇。欲報之於陛下也。誠宜開張聖聽。以光先帝遺德。恢弘志士之氣。不宜妄自菲薄。引喩失義。以塞忠諫之路也。宮中府中。倶爲一體。陟罰臧否。不宜異同。若有作姦犯科。及爲忠善者。宜付有司。論其刑賞。以昭陛下平明之治。不宜偏私。使內外異法也。侍中侍郞郭攸之費禕董允等。此皆良實。志慮忠純。是以先帝簡拔以遺陛下。愚以爲宮中之事。事無大小。悉以諮之。然後施行。必能裨補闕漏。有所廣益也。將軍向寵。性行淑均。曉暢軍事。試用於昔日。先帝稱之曰能。是以衆議擧寵爲督。愚以爲營中之事。事無大小。悉以諮之。必能使行陣和睦。優劣得所也。親賢臣。遠小人。此先漢所以興隆也。親小人。遠賢臣。此後漢所以傾頽也。先帝在時。每與臣論此事。未嘗不歎息痛恨於桓靈也。侍中尙書長史參軍。此悉貞亮死節之臣也。願陛下親之信之。則漢室之隆。可計日而待也。臣本布衣。躬耕於南陽。苟全性命於亂世。不求聞達於

諸侯。先帝不以臣卑鄙。猥自枉屈。三顧臣於草廬之中。諮臣以當世之事。由是感激。遂許先帝以驅馳。後値傾覆。受任於敗軍之際。奉命於危難之間。爾來二十有一年矣。先帝知臣謹愼。故臨崩寄臣以大事也。受命以來。夙夜憂慮。恐付託不效。以傷先帝之明。故五月渡瀘。深入不毛。今南方已定。甲兵已足。當獎帥三軍。北定中原。庶竭駑鈍。攘除姦凶。興復漢室。還於舊都。此臣之所以報先帝而忠陛下之職分也。至於斟酌損益。進盡忠言。則攸之禕允之任也。願陛下託臣以討賊興復之效。不效則治臣之罪。以告先帝之靈。若無興德之言。則責攸之禕允等之咎。以彰其慢。陛下亦宜自謀。以諮諏善道。察納雅言。深追先帝遺詔。臣不勝受恩感激。今當遠離。臨表涕泣。不知所云。

後出師表　諸葛亮

先帝深慮漢賊不兩立。王業不偏安。故託臣以討賊。以先帝之明。

突將無前、賨叟、

量臣之才。固當知臣伐賊才弱敵彊。然不伐賊。王業亦亡。惟坐而待亡。孰與伐之。是故託臣而弗疑也。臣受命之日。寢不安席。食不甘味。思惟北征宜先入南。故五月渡瀘。深入不毛。臣非不自惜也。顧王業不可偏安於蜀都。故冒危難以奉先帝之遺意也。而議者謂爲非計。今賊適疲於西。又務於東。兵法乘勞。此進趨之時也。謹陳其事如左。高帝明並日月。謀臣淵深。然涉險被創。危然後安。今陛下未及高帝。謀臣不如良平。而欲以長策取勝。坐定天下。此臣之未解一也。劉繇王朗各據州郡。論安言計。動引聖人。羣疑滿腹。衆難塞胸。今歲不戰。明年不征。使孫策坐大。遂幷江東。此臣之未解二也。曹操智計。殊絕於人。其用兵也。髣髴孫吳。然困於南陽。險於烏巢。危於祁連。偪於黎陽。幾敗北山。殆死潼關。然後僞定一時耳。況臣才弱。而欲以不危而定之。此臣之未解三也。曹操五攻昌霸不下。四越巢湖不成。任用李服。而李服圖之。委任夏侯。而夏侯

敗亡。先帝每稱操爲能。猶有此失。況臣駑下。何能必勝。此臣之未解四也。自臣到漢中。中閒朞年耳。然喪趙雲陽羣馬玉閻芝丁立白壽劉郃鄧銅等。及曲長屯將七十餘人。突將無前。賨叟青羌散騎武騎一千餘人。此皆數十年之內所糾合四方之精銳。非一州之所有。若復數年。則損三分之二。當何以圖敵。此臣之未解五也。今民窮兵疲。而事不可息。事不可息。則駐與行。勞費正等。而不及蚤圖之。欲以一州之地。與賊持久。此臣之未解六也。夫難平者事也。昔先帝敗軍於楚。當此時。曹操拊手謂天下已定。然後先帝東連吳越。西取巴蜀。擧兵北征。夏侯授首。此操之失計。而漢事將成也。然後吳更違盟。關羽毀敗。秭歸蹉跌。曹丕稱帝。凡事如是。難可逆料。臣鞠躬盡力。死而後已。至於成敗利鈍。非臣之明所能逆覩也。

蘭亭記

晉 王羲之

脩禊事、 流觴曲水、 齊彭殤、

永和九年。歲在癸丑。暮春之初。會於會稽山陰之蘭亭。脩禊事也。群賢畢至。少長咸集。此地有崇山峻嶺。茂林脩竹。又有清流激湍。映帶左右。引以爲流觴曲水。列坐其次。雖無絲竹管絃之盛。一觴一詠。亦足以暢敍幽情。是日也。天朗氣清。惠風和暢。仰觀宇宙之大。俯察品類之盛。所以游目騁懷。足以極視聽之娛。信可樂也。夫人之相與俯仰一世。或取諸懷抱。晤言一室之內。或因寄所託。放浪形骸之外。雖趣舍萬殊。靜躁不同。當其欣於所遇。暫得於己。怏然自足。曾不知老之將至。及其所之既倦。情隨事遷。感慨係之矣。向之所欣。俛仰之閒。已爲陳迹。猶不能不以之興懷。況脩短隨化。終期於盡。古人云。死生亦大矣。豈不痛哉。每覽昔人興感之由。若合一契。未嘗不臨文嗟悼。不能喩之於懷。固知一死生爲虛誕。齊彭殤爲妄作。後之視今。亦猶今之視昔。悲夫。故列敍時人。錄其所述。雖世殊事異。所以興懷。其致一也。後之覽者。亦將有感於斯文。

歸去來辭

晉 陶潛

熹微、衡宇、 庭柯、 矯首、 景翳翳、盤桓、復駕言兮焉求、 巾車、窈窕、 帝鄉、

歸去來兮。田園將蕪。胡不歸。既自以心爲形役。奚惆悵而獨悲。悟已往之不諫。知來者之可追。實迷途其未遠。覺今是而昨非。舟搖搖以輕颺。風飄飄而吹衣。問征夫以前路。恨晨光之熹微。乃瞻衡宇。載欣載奔。僮僕歡迎。稚子候門。三逕就荒。松菊猶存。攜幼入室。有酒盈罇。引壺觴以自酌。眄庭柯以怡顏。倚南牕以寄傲。審容膝之易安。園日涉以成趣。門雖設而常關。策扶老以流憩。時矯首而遊觀。雲無心以出岫。鳥倦飛而知還。景翳翳以將入。撫孤松而盤桓。歸去來兮。請息交以絕游。世與我而相遺。復駕言兮焉求。悅親戚之情話。樂琴書以消憂。農人告予以春及。將有事于西疇。或命巾車。或棹孤舟。既窈窕以尋壑。亦崎嶇而經丘。木欣欣以向榮。泉涓涓而始流。善萬物之得時。感吾生之行休。已矣乎。寓形宇內復幾時。曷不委心任去留。胡爲遑遑欲何之。富貴非吾願。帝鄉不可

耘耔、　惠連、　康樂、羽觴、　金谷、

期。懷良辰以孤往。或植杖而耘耔。登東皐以舒嘯。臨清流而賦詩。聊乘化以歸盡。樂夫天命復奚疑。

春夜宴桃李園序

唐　李白

夫天地者。萬物之逆旅。光陰者。百代之過客。而浮生若夢。爲歡幾何。古人秉燭夜遊。良有以也」況陽春召我以煙景。大塊假我以文章。會桃李之芳園。序天倫之樂事。羣季俊秀。皆爲惠連。吾人詠歌。獨慚康樂」幽賞未已。高談轉清。開瓊筵以坐花。飛羽觴而醉月。不有佳作。何伸雅懷。如詩不成。罰依金谷酒數。

弔古戰場文

唐　李華

浩浩乎平沙無垠。夐不見人。河水縈帶。羣山糾紛。黯兮慘悴。風悲日曛。蓬斷草枯。凛若霜晨。鳥飛不下。獸挺亡羣。亭長告余曰。此古戰場也。常覆三軍。往往鬼哭。天陰則聞。傷心哉。秦歟漢歟。將近代歟」吾聞夫齊魏徭戍。荊韓召募。萬里奔走。連年暴露。沙草晨牧。河

腷臆、　耗斁、　期門、組練、　淅淅、　冪冪、

冰夜渡。地濶天長。不知歸路。寄身鋒刃。腷臆誰訴。秦漢而還。多事四夷。中州耗斁。無世無之。古稱戎夏。不抗王師。文敎失宣。武臣用奇。奇兵有異於仁義。王道迂闊而莫爲。嗚呼噫嘻」吾想夫北風振漠。胡兵伺便。主將驕敵。期門受戰。野豎旄旗。川廻組練。法重心駭。威尊命賤。利鏃穿骨。驚沙入面。主客相搏。山川震眩。聲折江河。勢崩雷電。至若窮陰凝閉。凛冽海隅。積雪沒脛。堅冰在鬚。鷙鳥休巢。征馬踟躕。繒纊無溫。墮指裂膚。當此苦寒。天假强胡。憑陵殺氣。以相翦屠。徑截輜重。横攻士卒。都尉新降。將軍復沒。屍塡巨港之岸。血滿長城之窟。無貴無賤。同爲枯骨。可勝言哉。鼓衰兮力盡。矢竭兮絃絕。白刃交兮寶刀折。兩軍蹙兮生死決。降矣哉終身夷狄。戰矣哉骨暴沙礫。鳥無聲兮山寂寂。夜正長兮風淅淅。魂魄結兮天沈沈。鬼神聚兮雲冪冪。日光寒兮草短。月色苦兮霜白。傷心慘目。有如是邪」吾聞之。牧用趙卒。大破林胡。開地千里。遁逃匈奴。漢傾

飮至、穆穆、　荼毒、　六王、　鉤心鬪角、囷囷焉、

天下。財殫力痡。任人而已。其在多乎。周逐獫狁。北至太原。旣城朔方。全師而還。飮至策勳。和樂且閑。穆穆棣棣。君臣之間。秦起長城。竟海爲關。荼毒生靈。萬里朱殷。漢擊匈奴。雖得陰山。枕骸遍野。功不補患」蒼蒼烝民。誰無父母。提攜捧負。畏其不壽。誰無兄弟。如足如手。誰無夫婦。如賓如友。生也何恩。殺之何咎。其存其沒。家莫聞知。人或有言。將信將疑。悁悁心目。寢寐見之。布奠傾觴。哭望天涯。天地爲愁。草木凄悲。弔祭不至。精魂無依。必有凶年。人其流離。嗚呼噫嘻。時邪命邪。從古如斯。爲之柰何。守在四夷。

阿房宮賦

唐　杜牧

六王畢。四海一。蜀山兀。阿房出。覆壓三百餘里。隔離天日。驪山北構而西折。直走咸陽。二川溶溶。流入宮墻。五步一樓。十步一閣。廊腰縵回。簷牙高啄。各抱地勢。鉤心鬪角。盤盤焉。囷囷焉。蜂房水渦。矗不知其幾千萬落。長橋臥波。未雲何龍。複道行空。不霽何虹。高

妃嬪媵嬙、　熒熒、擾擾、　轆轆、　三十六年、　邐迤、　九土、　獨夫、戍卒、

低冥迷。不知西東。歌臺煖響。春光融融。舞殿冷袖。風雨凄凄。一日之內。一宮之間。而氣候不齊。妃嬪媵嬙。王子皇孫。辭樓下殿。輦來于秦。朝歌夜絃。爲秦宮人。明星熒熒。開粧鏡也。綠雲擾擾。梳曉鬟也。渭流漲膩。棄脂水也。煙斜霧横。焚椒蘭也。雷霆乍驚。宮車過也。轆轆遠聽。杳不知其所之也。一肌一容。盡態極妍。縵立遠視。而望幸焉。有不得見者。三十六年。燕趙之收藏。韓魏之經營。齊楚之精英。幾世幾年。取掠其人。倚疊如山。一旦不能有。輸來其間。鼎鐺玉石。金塊珠礫。棄擲邐迤。秦人視之。亦不甚惜」嗟夫。一人之心。千萬人之心也。秦愛紛奢。人亦念其家。柰何取之盡錙銖。用之如泥沙。使負棟之柱。多於南畝之農夫。架梁之椽。多於機上之工女。釘頭磷磷。多於在庾之粟粒。瓦縫參差。多於周身之帛縷。直欄横檻。多於九土之城郭。管絃嘔啞。多於市人之言語。使天下之人。不敢言而敢怒。獨夫之心。日益驕固。戍卒叫。函谷擧。楚人一炬。可憐焦土」

浩浩湯湯、　遷客騷人、　亭亭、

嗚呼。滅六國者。六國也。非秦也。族秦者。秦也。非天下也。嗟夫。使六國各愛其人。則足以拒秦。秦復愛六國之人。則遞三世。可至萬世而爲君。誰得而族滅也。秦人不暇自哀。而後人哀之。後人哀之。而不鑑之。亦使後人復哀後人也。

岳陽樓記

宋　范仲淹

慶曆四年春。滕子京謫守巴陵郡。越明年。政通人和。百廢具興。乃重修岳陽樓。增其舊制。刻唐賢今人詩賦于其上。屬予作文以記之。予觀夫巴陵勝狀。在洞庭一湖。銜遠山。呑長江。浩浩湯湯。橫無際涯。朝暉夕陰。氣象萬千。此則岳陽樓之大觀也。前人之述備矣。然則北通巫峽。南極瀟湘。遷客騷人。多會于此。覽物之情。得無異乎。若夫霪雨霏霏。連月不開。陰風怒號。濁浪排空。日星隱耀。山岳潛形。商旅不行。檣傾楫摧。薄暮冥冥。虎嘯猿啼。登斯樓也。則有去國懷鄕。憂讒畏譏。滿目蕭然。感極而悲者矣。至若春和景明。波瀾

不驚。上下天光。一碧萬頃。沙鷗翔集。錦鱗游泳。岸芷汀蘭。郁郁青青。而或長煙一空。皓月千里。浮光躍金。靜影沈璧。漁歌互答。此樂何極。登斯樓也。則有心曠神怡。寵辱皆忘。把酒臨風。其喜洋洋者矣。嗟夫。予嘗求古仁人之心。或異二者之爲。何哉。不以物喜。不以己悲。居廟堂之高。則憂其民。處江湖之遠。則憂其君。是進亦憂。退亦憂。然則何時而樂邪。其必曰。先天下之憂而憂。後天下之樂而樂歟。噫微斯人。吾誰與歸。

愛蓮說

宋　周敦頤

水陸草木之花。可愛者甚蕃。晉陶淵明獨愛菊。自李唐來。世人甚愛牡丹。予獨愛蓮之出淤泥而不染。濯清漣而不妖。中通外直。不蔓不枝。香遠益清。亭亭淨植。可遠觀。而不可褻翫焉。予謂。菊。花之隱逸者也。牡丹。花之富貴者也。蓮。花之君子者也。噫。菊之愛。陶後鮮有聞。蓮之愛。同予者何人。牡丹之愛。宜乎衆矣。

版、　柅、　踽踽焉、　洋洋焉、　有假官借師、苟具文書、　舍菜、四代之學、

諫院題名記

宋　司馬光

古者諫無官。自公卿大夫。至于工商。無不得諫者。漢興以來始置官。夫以天下之政。四海之衆。得失利病。萃于一官。使言之。其爲任亦重矣。居是官者。當志其大。捨其細。先其急。後其緩。專利國家。而不爲身謀。彼汲汲於名者。猶汲汲于利也。其間相去何遠哉。天禧初。眞宗詔置諫官六員。責其職事。慶曆中。錢君始書其名于版。光恐久而漫滅。嘉祐八年。刻著于石。後之人將歷指其名而議之曰。某也忠。某也詐。某也直。某也曲。嗚呼。可不懼哉。

獨樂園記

司馬光

迂叟平日讀書。上師聖人。下友羣賢。窺仁義之原。探禮樂之緖。自未始有形之前。曁四達無窮之外。事物之理。擧集目前。可者學之。未至夫可。何求於人。何待於外哉。志倦體疲。則投竿取魚。執衽采藥。決渠灌花。操斧剖竹。濯熱盥水。臨高縱目。逍遙徜徉。惟意所適。

明月時至。淸風自來。行無所牽。止無所柅。耳目肺腸。卷爲己有。踽踽焉洋洋焉。不知天壤之間復有何樂可以代此也。因合而命之曰獨樂。

袁州學記

宋　李覯

皇帝二十有三年。制詔州縣立學。惟時守令。有哲有愚。有屈力殫慮。祗順德意。有假官借師。苟具文書。或連數城。亡誦絃聲。倡而不和。敎尼不行。三十有二年。范陽祖君無擇知袁州。始至。進諸生。知學官闕狀。大懼人才放失。儒效闊疎。無以稱上意旨。通判潁川陳君侁。聞而是之。議以克合。相舊夫子廟。陿隘不足改爲。乃營治之東。厥土燥剛。厥位面陽。厥材孔良。殿堂門廡。黝堊丹漆。擧以法故。生師有舍。庖廩有次。百爾器備。並手偕作。工善吏勤。晨夜展力。越明年成。舍菜且有日。盱江李覯。諗于衆曰。惟四代之學。考諸經可見已。秦以山西鏖六國。欲帝萬世。劉氏一呼。而關門不守。武夫健

將賣降恐後何邪詩書之道廢人惟見利而不聞義焉耳孝武乘豐富世祖出戎行皆孳孳學術俗化之厚延于靈獻草茅危言者折首而不悔功烈震主者聞命而釋兵羣雄相視不敢去臣位尚數十年教道之結人心如此今代遭聖神爾袁得賢君俾爾由庠序踐古人之迹天下治則譚禮樂以陶吾民一有不幸尤當仗大節爲臣死忠爲子死孝使人有所賴且有所法是惟朝家教學之意若其弄筆墨以徼利達而已豈徒二三子之羞抑亦爲國者之憂

書洛陽名園記後

宋　李格非

洛陽處天下之中挾殽黽之阻當秦隴之襟喉而趙魏之走集蓋四方必爭之地也天下當無事則已有事則洛陽必先受兵余故嘗曰洛陽之盛衰天下治亂之候也方唐正觀開元之閒公卿貴戚開館列第於東都者號千有餘邸及其亂離繼以五季之酷其

池塘竹樹兵車蹂蹴廢而爲丘墟高亭大榭煙火焚燎化而爲灰燼與唐共滅而俱亡無餘處矣余故嘗曰園囿之興廢洛陽盛衰之候也且天下之治亂候於洛陽之盛衰而知洛陽之盛衰候於園囿之興廢而得則名園記之作余豈徒然哉嗚呼公卿大夫方進於朝放乎一己之私自爲之而忘天下之治忽欲退享此得乎唐之末路是已

上高宗封事

宋　胡銓

謹按王倫本一狎邪小人市井無賴頃緣宰相無識遂擧以使虜惟務詐誕欺罔天聽驟得美官天下之人切齒唾罵今者無故誘致虜使以詔諭江南爲名是欲臣妾我也是欲劉豫我也劉豫臣事醜虜南面稱王自以爲子孫帝王萬世不拔之業一旦豺狼改慮捽而縛之父子爲虜商鑒不遠而倫又欲陛下效之夫天下者祖宗之天下也陛下所居之位祖宗之位也柰何以祖宗之天下

梓宮、　變故、　陵夷、　陸梁、　穹廬、

爲犬戎之天下以祖宗之位爲犬戎藩臣之位陛下一屈膝則祖宗廟社之靈盡汙夷狄祖宗數百年之赤子盡爲左衽朝廷宰執盡爲陪臣天下士大夫皆當裂冠毀冕變爲胡服異時豺狼無厭之求安知不加我無禮如劉豫也哉夫三尺童子至無知也指犬豕而使之拜則怫然怒今醜虜則犬豕也堂堂天朝相率而拜犬豕曾童孺之所羞而陛下忍爲之邪倫之議乃曰我一屈膝則梓宮可還太后可復淵聖可歸中原可得嗚呼自變故以來主和議者誰不以此啗陛下哉而卒無一驗是虜之情僞已可知矣陛下尙不覺悟竭民膏血而不恤忘國大讎而不報含垢忍恥擧天下而臣之甘心焉就令虜決可和盡如倫議天下後世謂陛下何如主況醜虜變詐百出而倫又以奸邪濟之梓宮決不可還太后決不可復淵聖決不可歸中原決不可得而此膝一屈不可復伸國勢陵夷不可復振可爲痛哭流涕長太息也向者陛下間關海道

危如累卵當時尙不肯北面臣虜況今國勢稍張諸將盛銳士卒思奮只如頃者醜虜陸梁僞豫入寇固嘗敗之於襄陽敗之於淮上敗之於渦口敗之於淮陰較之前日蹈海之危已萬萬矣儻不得已而遂至於用兵則我豈遽出虜人下哉今無故而反臣之欲屈萬乘之尊下穹廬之拜三軍之士不戰而氣亦索此魯仲連所以義不帝秦非惜夫帝秦之虛名惜夫天下大勢有所不可也今內而百官外而軍民萬口一談皆欲食倫之肉謗議洶洶陛下不聞正恐一旦變作禍且不測臣切謂不斬王倫國之存亡未可知也雖然倫不足道也秦檜以腹心大臣而亦爲之陛下有堯舜之資檜不能致陛下如唐虞而欲導陛下如石晉近者禮部侍郎曾開等引古誼以折之檜乃厲聲曰侍郎知故事我獨不知則檜之遂非狠愎已自可見而乃建白令臺諫從臣僉議可否是乃畏天下議已而令臺諫從臣共分謗耳有識之士皆以爲朝廷無人吁

伴食、 薰衕、 蒸藜含糲 逋播、 爲輪爲彈、與化往來、蟲臂鼠肝、隨天付予、

可惜哉。孔子曰。微管仲。吾其被髮左衽矣。夫管仲。霸者之佐耳。尙能變左衽之區。爲衣冠之會。秦檜。大國之相也。反驅衣冠之俗。歸左衽之鄕。則檜也不唯陛下之罪人。實管仲之罪人矣。孫近附會檜議。遂得參知政事。天下望治。有如饑渴。而近伴食中書。漫不可否事。檜曰。虜可講和。近亦曰。可和。檜曰。天子當拜。近亦曰。當拜。臣嘗至政事堂。三發問。而近不答。但曰。已令臺諫侍從議矣。嗚呼。參贊大政。徒取充位如此。有如虜騎長驅。尙能折衝禦侮邪。臣竊謂。秦檜孫近亦可斬也。臣備員樞屬。義不與檜等共戴天。區區之心。願斬三人頭。竿之藁街。然後羈留虜使。責以無禮。徐興問罪之師。則三軍之士。不戰而氣自倍。不然臣有赴東海而死耳。寧能處小朝廷求活邪。

卻聘書

宋 謝枋得

夷齊雖不仕周。食西山之薇。亦當知武王之恩。四皓雖不仕漢。茹

商山之芝。亦當知高帝之恩。況蒸藜含糲于大元之名地乎。大元之赦某屢矣。某受大元之恩亦厚矣。若效魯仲連蹈東海而死則不可。今旣爲大元之游民矣。莊子曰。呼我爲馬者。應之以爲馬。呼我爲牛者。應之以爲牛。世之人有呼我爲宋之逋播臣者亦可。呼我爲大元遊惰民者亦可。呼我爲宋頑民者亦可。呼我爲大元之逸民者亦可。爲輪爲彈。與化往來。蟲臂鼠肝。隨天付予。若貪戀官爵。昧于一行。縱大元仁恕。天涵地容。哀憐孤臣。不忍加戮。某有何面目見大元乎。某與太平草木同沾聖朝之雨露。生稱善士。死表于道曰。宋處士謝某之墓。雖死之日。而生之年。感恩感德。天實臨之。司馬子長有言。人莫不有一死。死或重於泰山。或輕于鴻毛。先民廣其說曰。慷慨赴死易。從容就義難。公亦可以察某之心矣。

新定漢文卷之五 終

讀例	卷壹 卷貳 版權所有	卷三 卷四 卷五
明治三十三年三月七日印刷	明治三十二年七月十一日印刷	明治三十二年十一月二十五日印刷
明治三十三年三月十一日發行	明治三十二年七月十四日發行	明治三十二年十一月二十八日發行
	明治三十三年七月廿五日訂正再版印刷	明治三十三年七月二十五日訂正再版印刷
	明治三十三年七月三十日發行	明治三十三年七月三十日發行

訂正新定漢文 讀例 定價金拾八錢 從壹至五 各定價金參拾五錢

編輯兼發行者 東京市日本橋區馬喰町貳丁目壹番地 興文社

印刷者 同所 代表者 鹿島長次郎

印刷所 同所 興文社工場

發行所 東京市日本橋區馬喰町二丁目一番地 興文社

關西大賣捌 大阪市東區南久寶寺町四丁目 前川善兵衛

編集復刻版
明治漢文教科書集成
補集Ⅰ　明治初期の「小学」編
（第8巻〜第10巻・別冊1）

2017年12月10日　第1刷発行
揃定価（本体81,000円＋税）

編・解説者　木村　淳
発行者　小林淳子
発行所　不二出版株式会社
東京都文京区向丘1-2-12
TEL 03（3812）4433
印刷所　富士リプロ
製本所　青木製本
乱丁・落丁はお取り替えいたします。

第10巻　ISBN978-4-8350-8163-2
補集Ⅰ（全4冊 分売不可 セットISBN978-4-8350-8160-1）